《中国西部基础教育文库》编委会

中国西部基础教育文库/教育部财务司组编

教育政策的监测与评价研究

——以“西部地区基础教育发展”项目影响力评价为例

杜育红　主编

人民教育出版社

·北京·

图书在版编目(CIP)数据

教育政策的监测与评价研究/杜育红主编. —北京：
人民教育出版社，2011
（中国西部基础教育文库）
ISBN 978-7-107-23389-0

Ⅰ. ①教…
Ⅱ. ①杜…
Ⅲ. ①基础教育-教育政策-西北地区 ②基础教育-教育政策-西南地区
Ⅳ. ①G639.20

中国版本图书馆 CIP 数据核字（2011）第 043630 号

人民教育出版社 出版发行
网址：http://www.pep.com.cn
北京人卫印刷厂印装 全国新华书店经销
2011 年 8 月第 1 版 2011 年 8 月第 1 次印刷
开本：787 毫米×1 092 毫米 1/16 印张：22.5
字数：360 千字 印数：0 001～3 000 册
定价：29.40 元
如发现印、装质量问题，影响阅读，请与本社出版科联系调换。
（联系地址：北京市海淀区中关村南大街 17 号院 1 号楼 邮编：100081）

《中国西部基础教育文库》

序　言

为实现“两基”目标，促进义务教育均衡发展，在中央和地方政府切实加大财政投入的同时，我国政府积极引进外资，从1992年到2002年先后利用世界银行贷款组织实施了四个农村基础教育发展项目，贷款及配套资金总额达10.65亿美元，覆盖21个省（自治区）的466个国家级和省级贫困县（旗），其中包括11个西部省（自治区）的255个贫困县（旗），对当地普及九年义务教育起到了积极的促进作用。

2003年11月11日，中英两国政府及世界银行签订了“西部地区基础教育发展”项目（以下简称“西发项目”）三方协议，正式启动第五个中国农村基础教育发展项目。该项目于2004年5月20日正式生效。为实施西发项目，世界银行提供1亿美元硬贷款（固定利率贷款），主要用于改善四川、云南、广西、宁夏和甘肃五个省（自治区）（以下统称为“项目省”）112个县的小学、初中的办学条件，提高教育教学质量和教育行政管理水平；英国国际发展部提供3 440万美元赠款，主要用于在项目省中选择部分县的中小学开展从英国引进的“学校发展计划”和“参与式教师培训”两项改革课题研究和试点工作。此外，英国国际发展部还另提供443.2万美元赠款，由我国教育部组织有关专家和项目省开展5项课题研究活动，以及为项目省实施西发项目提供专家咨询服务。英国政府赠款支持的5项课题研究如下。

（一）农村贫困学生就学资助制度研究：由西北师范大学教育学院金东海教授牵头的课题组承担。这项研究的调查范围涉及四川、甘肃、河南和湖北四省，调查对象包括政府机构、学校、学生家庭，研究的主要内容是：（1）确定学生就学资助的目的与任务，以提高义务教育的产出；（2）了解农村学生就学所需支付的成本情况，以及学生家庭的教育支付能力；（3）评价现有资助对农村义务教育阶段学生就学的影响；（4）提出完善农村义务教育阶段学生就学资助的政策建议。

（二）中西部地区农村中小学合理布局结构研究：由华中师范大学范先佐教授牵头的课题组承担。该研究采用问卷、访谈、查阅文献、观察等方式对中西部地区的湖北、河南、广西、云南、陕西、内蒙古等6省

（自治区）38个县（市）177个乡镇的中小学布局调整情况进行调查研究，了解我国农村中小学布局调整的背景、目的、方式、成效与问题，在此基础上提出进一步完善我国农村中小学布局结构调整的政策性建议。

（三）西发项目的影响力评价研究：由北京师范大学教育管理学院杜育红教授牵头的课题组承担。该研究目的是为了更好地实现西发项目的总体目标，并通过项目影响当地人群的行为方式与教育观念，提高当地政府及相关群体的教育管理能力。影响力评价不仅包括对项目本身的投入过程与产出过程的评价，还包括对项目产生的直接效果与间接效果的评价。该研究涉及西部5个省（自治区）的112个县，抽样调查涉及15个县、244所学校、约2.2万名学生、3 000多名教师和2 000多个村民，采集的数据量多达500多万条。

（四）农村教育改革课题研究：由北京师范大学教育学院袁桂林教授牵头的课题组承担。该课题主要是针对西部农村教育的具体问题，利用行动研究的方式，把研究和项目省的改革实践结合起来，以期促进农村教育改革发展。该课题组将5个项目省提交的10个研究课题分为三类：(1) 教育机会问题；(2) 教育质量问题；(3) 教育资源配置问题。从2006年开始，课题组深入试点县，和县教育局及有关专家进行了研讨，指导项目单位开展研究工作。

（五）“学校发展计划与参与式教师培训”国家级技术支持研究：由北京大学教育学院陈向明教授牵头的课题组承担。该研究主要是根据“学校发展计划”和“参与式教师培训”的要求，指导项目省制订工作计划，对省级专家、县级专家进行培训和技术指导，评估、总结成果和经验。

目前，上述5个课题的研究工作已全部结束。各课题组撰写了系统翔实的研究报告，分别提交给了我国教育部财务司、世界银行和英国国际发展部北京办事处，得到了各方的充分肯定。其中，陈向明教授课题组的成果《学校发展计划与学校自主发展》、《参与式教学与教师专业发展》已由北京大学出版社于2008年12月出版。应该说，这些研究成果的取得十分不易，得益于英国国际发展部提供的资金支持、技术指导和世界银行给予的帮助，凝聚了各课题组成员的辛勤劳动和学术智慧。各项目省（自治区）、市（地、州）、县（旗）教育行政部门和项目学校大力配合、积极参与，为研究工作的顺利完成作出了贡献。为以适当的方式呈现、发掘并推广这些研究成果，我们请金东海、范先佐、杜育红、袁桂林四位教授牵头的课题组对其研究报告进行了修改、完善和充实，以《中国西部基础教育文库》的名义结集出版，希望得到基础教育理论与实践工作者们的批评与指正。

谨此为序。

2010年11月20日

（本序作者系教育部财务司巡视员）

本书前言

本书是在北京师范大学教育经济研究所承担的世界银行贷款/英国政府赠款“西部地区基础教育发展”项目（以下简称“西发项目”）影响力评价课题成果基础上完成的。西发项目影响力评价的实施过程，也是我们课题组成员不断学习影响力评价方法与技术的过程。随着研究工作的不断深入，我们对影响力评价方法与技术的挖掘也越来越深入。我们发现，这一领域不仅具有非常高的实践价值，而且也是计量经济理论发展的一个重要方向。为了与大家分享我们在三年多的时间里实施西发项目影响力评价的体会与经验，本书包括三部分内容。第一部分是课题组根据合同要求完成的西发项目影响力评价报告。这是一个运用影响力评价方法来对一项教育投入进行监测与评价的案例，也是我们课题组全体成员三年工作的最主要成果。第二部分是对教育政策监测与评价方法与技术的介绍。这是我们在课题研究过程中对教育政策监测与评价方法技术学习的一个总结，呈现出来与大家共同分享，同时也有助于大家理解西发项目影响力评价的理论背景与方法基础。第三部分是七篇探讨教育投资效益的学术论文。这些论文都是在西发项目监测与评价调查数据的基础上，对教育投入效果的深入分析，并且涉及了一些重要的教育政策（如学校布局结构调整、寄宿制学校、提高农村学校教师质量等）。

一、影响力评价的技术保证

细心的读者可能已经发现，在本书的书名中出现了“监测与评价”及“影响力评价”两个术语，为避免混淆先作简单的澄清。监测与评价（monitoring and evaluation，M&E）是国际组织及许多国家政府制定、实施政策的一个重要环节，也是提高政策有效性的重要手段。影响力评价（impact evaluation）则是监测与评价的一种具体模式。在实践中，对政策或投资项目的监测与评价是任何一项政策或项目实施的一个重要环节，应该不是一个新事物。这样一个看似不新的事物之所以让我们课题组成员兴奋，其关键在于如何能够真正科学客观地实施政策或项目的监测与评价。这里便涉及监测与评价的方法和技术问题。在此，我们以西发项目影响力评价的实施为例，将以数据为基础的科学评价方法作一简要归纳，以区别于过去以工作经验为基础的评价方式。

影响力评价是目前国际项目评价中广泛采用的方法。它基于大规模抽样调查，收集项目目标群体的相关信息，比较项目实施前后目标群体发生的变化，① 考察项目的实施是否对个人、群体或者社会产生了预期的效果，效果有多大。影响力评价主要回答以下问题：项目的目标群体锁定情况，项目投入的执行情况以及项目干预对个人、群体或者社会带来的影响。影响力评价最关键之处是在控制其他影响因素的情况下，剥离出项目对目标群体的净影响（pure impact）。因此，它对研究设计有非常严格的要求。

从西发项目影响力评价的实施过程看，以下五个方面的技术为评价的科学性提供了有力的保证。

（一）严密的研究设计是科学评价的基础

西发项目影响力评价与国内以往教育投资项目或教育政策评价的最大区别在于，西发项目影响力评价是建立在非常严密的研究设计基础之上的评价。影响力评价的核心问题是确定项目实施对项目目标群体产生的净影响，而这种净影响的确定关键在于研究设计能否剥离非项目因素②对项目结果所产生的影响。坎贝尔和斯坦利（Campbell & Stanley，1971）指出，要排除非项目因素产生的干扰，可以通过实验设计（experiment design）或者准实验设计（quasi-experiment design）找出对照组（没有参与项目的群体）以及实验组（参与项目的群体），基于对比研究获得项目所产生净影响的有效估计。

在实验设计中，样本的选择是随机的，实验组和对照组的特征基本相同。随机抽样消除了组间平均系统误差，对照组作为实验组没有获得项目的很好替代，两组间的差异即项目所产生的影响。但是，在错综复杂的社会经济现实中，对社会经济项目进行严格的实验设计极其困难，可行性低，大部分社会经济项目的影响力评价都采用了准实验设计。准实验设计是从那些没有获得项目的群体中选择对照组，作为项目参与者若处于不参加状态时的一个替代，再通过统计技术进行比较研究以消除外部因素对项

---

① World Bank. *Impact Evaluation of World Bank Agriculture and Rural Development Projects: Methodology and Selected Findings*. http://cdj.oxfordjournals.org/cgi/reprint/26/4/306.pdf，1991.

② 例如，调查样本所处外部环境的变化、因调查产生的“霍桑效应”、自我发展等非项目因素同样对结果指标存在影响。

目评价结果产生的影响，其可操作性强，并可从中获得其他诸多决策者关心的问题（Heckman and Smith，1995）。

西发项目影响力评价采用的是准实验设计，即具有对照组的追踪重复测量。这种研究设计的优点不仅在于通过重复测量反映产出指标和结果指标在项目实施前后的变化。更重要的是，通过比较实验组和对照组之间变化的大小，评价具体的项目投入对某一项产出或结果的影响。

西发项目影响力评价准实验设计框架如下。

(1) 抽样学校分为实验组学校和对照组学校。将西部五省区①接受土建项目的学校作为项目学校总体，将未接受土建项目的学校作为非项目学校总体，实验组学校和对照组学校分别从项目学校总体和非项目学校总体中进行分层随机抽样，小学样本分省（自治区）、县、乡镇三层随机抽样，初中样本分省（自治区）、县两层随机抽样。分层随机抽样保证了我们可以用较小的样本进行评价，不仅减少了评价成本，而且基于分层随机抽样中的抽样因子可以较好地预测项目干预总体和未干预总体的整体结果。

(2) 调查涉及180所小学（90所实验组小学和90所对照组小学）和90所初中（45所实验组初中和45所对照组初中），调查对象包括校长、教师、学生和社区代表。

(3) 西发项目影响力评价课题组分别于2006年11月和2008年11月进行了两轮大规模实地抽样调查。问卷调查采用追踪重复测量的形式，即2008年11月，课题组追踪了2006年所调研的学校，并对学生进行重复测量。

(4) 为重点考察西发项目对学生发展所产生的影响，课题组专门对学生发展的结果状况进行了两方面的考察。一方面，进行了学生语文和数学学业能力测验，测验工具由教学专家和心理学专家共同编制。数学测试主要考察学生了解数学在实际生活中的作用、作出有理据的判断、运用数学解决实际问题的能力。语文测验主要考察学生理解、运用及反思文章内容的能力。另一方面，学生填写了学校适应问卷，分师生关系、问题行为、学校满意度、学科自我概念等维度考察学生心理发展状况。

（二）科学的抽样方法是有效评价的前提

公共政策的一个重要特点就是涉及面广，影响因素多。在大多数的情

① 西发项目涉及甘肃省、四川省、云南省和宁夏回族自治区、广西壮族自治区，全书简称五省区。

况下，由于成本太高，很难对政策涉及的各群体做全样本的监测与评价。一个可行的方法是使用统计技术，通过科学的抽样，在有限样本的情况下推断总体的状况，既能保证客观准确，又能降低成本。西发项目覆盖了西部五省区112个县几千所学校，受益学生众多。因此，影响力评价不可能抽取所有的学校进行调查。为了对学生进行整体评价，我们本着科学合理的原则进行抽样。为了保证样本的代表性，2006年我们采用依概率比例系统抽样（systematic sampling with probability proportional to size）的方法，分为县、乡镇、学校、班级四级抽样。这种抽样方法考虑了项目县的人口数量和项目的受益面，对项目覆盖的112个县按比例进行随机抽取。2008年没有进行重新抽样，主要是对2006年的样本学校进行追踪调查。以小学为例，小学的抽样首先依据项目县的规模从112个项目县中抽取15个项目县；其次，依据项目乡镇的人口规模，从15个项目县中各抽取3个项目乡镇；再次，依据学校的在校生数规模，从3个项目乡镇中各抽取4所学校（包括2所项目小学和2所非项目小学）；最后在抽样小学的四、六年级中分别随机抽取一个班。抽样班的所有学生以及抽样年级的所有教师，即为我们的调研对象。科学的抽样使西发项目影响力评价可以以较低的成本完成对项目的整体评价。

（三）全面系统可操作的指标体系是监测的核心

监测的英文是monitoring，它关注正在发生的事，是对项目全程进行常规的（routine）、连续的（continuous）、同步的（daily）、微观的（micro）评价（assessment）。通过监测，可以获得关键性指标的连续信息，分析项目的资源（人、财、物）是否严格按照预期规划进行配置，项目是否按照预定的标准和程序执行，用于特定目标群体的资源是否真正落实到位，项目的预期目标是否实现等。如果把项目或政策比做一艘航船，那么监测就可以帮助管理者掌舵这艘航船，确保它沿着预期的方向航行。

良好的指标体系是实施监测的核心。监测指标体系是由一系列具有针对性、可得性、可跟踪性和时效性的指标构成的。根据指标测量的对象以及用途，可以将监测指标分为投入（input）指标、产出（output）指标和结果（outcome）指标。投入指标主要测量为了实现项目目标而进行的人、财、物的投入，主要用来分析项目的资源是否严格按照预期规划分配；产出指标主要测量通过项目投入所获得的直接福利，即项目投入对项目覆盖对象带来的直接变化，主要用来分析用于特定目标群体的资源是否落实到位；结果指标测量的是项目产出的获得、使用情况以及满意度等，即分析项目产出对目标群体带来的直接的或间接的影响，主要用来分析项目目标的达成情况。其中，前两类指标均属于中间指标，结果指标属于终期指标。中间指标测量的仅仅是项目或政策的干预情况以及这种干预带来的直接产出，仅与该项目或政策的实施相关，而终期指标与项目的目标息息相关，测量项目目标的达成情况。

西发项目的总目标是改善西部地区五个省区的基础教育质量，提高贫困学生尤其是少数民族学生与女童的入学率与完成率，使他们能够接受高质量的基础教育。围绕这一总目标，西发项目影响力评价研究按照投入、产出和结果的逻辑框架构建相关的监测指标体系。

西发项目主要进行了以下三方面的投入：(1) 学校办学条件，包括学校基础设施、计算机设备、课桌椅及图书；(2) 教师培训，包括参与式教学培训（participatory teaching training，PTT)、新课程培训、教育公平培训等方面；(3) 学校发展规划（school development planning，SDP)，主要包括对校长和教师实施学校发展规划的培训，通过这一培训，改变他们传统的学校管理理念，以使他们在学校日常管理中采用学校发展规划的管理方式，促进学校教育质量的提高。投入指标主要是围绕以上三个方面进行设置。

产出指标对应于项目所进行的投入活动。西发项目影响力评价研究从以下四个方面考察项目的产出：(1) 学校办学条件投入的使用状况；(2) 教师质量的变化，包括教师学历和职称的变化情况等；(3) 教师对参与式教学的理解状况；(4) 校长对学校发展规划的理解状况。

结果指标直接反映项目预期的目标，考察项目预期目标的达成情况。上文指出，西发项目的目标是提高西部地区基础教育的质量。因此，对应于项目的目标，影响力评价从以下三个方面考察项目的结果：(1) 学生入学率与辍学率的变化；(2) 学生语文、数学成绩的变化；(3) 毕业生语文、数学考试通过率的变化，其中特别关注项目对女童、少数民族学生等目标人群的影响。

通过上述指标体系的建立，就可以比较精细化地监测项目活动，获取大量项目执行情况的数据，为系统科学地评价项目效果奠定基础。

（四）丰富可靠的数据是精细化监测与评价的最重要资源

为了实施上述监测与评价，获取相关数据至关重要。以西发项目影响力评价为例，该研究主要使用了五个来源的数据：(1) 大规模调查（即西发项目监测与评价调查)；(2) 项目县和项目学校基本信息数据库；(3) 质性案例研究；(4) 各类统计年鉴；(5) 五省区项目实施的年度报告。

西发项目监测与评价调查（basic education in western areas monitoring survey，BEWAMS）对学校校长、教师、学生以及村民、村干部进行了问卷调查，还对中小学学生进行了标准化测试。该调查共进行了两轮：第一轮于2006年11月进行；第二轮在两年之后，即2008年11月进行。第二轮调查对第一轮调查同样的学校和部分同样的学生（2006年就读于小学四年级和初中一年级学生）进行了回访。调查样本既包括接受了项目投入的学校，即实验组学校，也包括没有被项目覆盖的学校，即对照组学校。该调查收集的信息包括各种项目投入情况、资源使用情况、学生的学业成绩和学校适应性，学校办学条件的改善情况，以及学校、教师和学生的基本情况。

项目县和项目学校基本信息数据库是课题组根据影响力评价的目的和内容，要求所有的项目县都提供有关该县社会经济状况、教育发展情况以及西发项目执行情况等方面的信息。此外，也要求所有根据项目计划接受过或者应该接受土建投入的学校提供相关信息，如学校经费、在校生数、教师数及其教师质量、学校办学条件等。

质性案例研究是对前两类量化数据的重要补充，目的在于全面深入地对西发项目的影响力进行评价。我们选取了若干项目县和学校进行案例研究。研究方法包括深度访谈和参与式观察等。在PTT个体访谈中，我们采用了焦点访谈法和参与式观察法。此外，我们还对那些接受了PTT培训并且反映培训效果良好的教师进行了案例研究。这些案例研究为我们了解教师在实际教学中的参与式教学行为以及培训前后的改变提供了基础。在SDP项目评价中，我们选取了5个项目省区共计8所学校进行了SDP执行情况的深度访谈。用人类学田野调查中常用的结构访谈法对校长、教师、学生和村民进行了访谈，了解他们参与学校活动的程度。

以上三类数据是西发项目影响力评价课题组收集的一手数据。此外，报告中的部分数据来自于各级各类统计年鉴或五省区项目实施年度报告。在西发项目的影响力评价中，项目组充分挖掘和使用各方面的数据，以使各类来源的数据相互验证，更加全面、客观地考察项目的影响力。

（五）科学合理的计量模型是教育政策监测与评价的重要工具

与随机实验设计相比，准实验设计存在着选择性偏差问题，需要通过各种计量方法进行调整才能获得客观可靠的评价。在随机实验设计中，实验组与对照组都是随机选择的，二者具有相同的基本特征，实验组与对照组之间的差异就是项目干预的影响。但在教育政策评价实践中，真正能够做到随机实验设计的研究少之又少，大多是自然状态下，在项目干预对象中选择实验组，在未接受项目干预的对象中选择对照组。这种选择方法客观上造成了实验组与对照组并不来自同一个总体，会出现选择性偏差的问题。因此，在准实验设计中，一般都是通过一定的统计处理来解决选择性偏差问题。

比较常用的解决选择性偏差问题的方法主要有倍差法（difference in difference method，DID）、配对法（matching method）、工具变量法（instrument variable method）等。其中倍差法比较适用于纵向数据的统计分析。西发项目的影响力评价采用具有对照组的重复测量准实验设计，能够获得受益群体的纵向数据，同时能够获得同一群体的追踪数据和同一群体的面板数据，比较适合采用倍差法进行项目的影响力评价。

关于倍差法，莫菲特（Moffitt，1991）指出，在能够获得纵向数据时，使用 DID 方法可以有效地消除选择偏差，对项目的真实影响作出一致估计。西发项目影响力评价在 2006 年对项目学校和非项目学校进行了调查，并在 2008 年对同一批样本进行了追踪调查，获得了两阶段的面板数据。根据这一评价模型，我们设计了西发项目影响力评价的倍差法模型。

基于投入产出模型，我们建立了西发项目影响力评价的具体模型。Y_{it} 表示 i 学校在 t 年的结果变量（本研究基于 i 学校抽样学生成绩、学生学校适应性、抽样教师素质指标、教师对参与式教学的理解状况、校长对学校发展规划的理解状况分别建立模型）；向量 $X_{it}=(x_{it}^1, x_{it}^2, \cdots, x_{it}^k)$ 表示 i 学校在 t 年的 k 个可能对相应结果变量产生影响的可观测变量（学校规模、生均经费、学生特征聚类变量等）；a_i是虚拟变量，$i=1$ 表示 i 学校是项目学校，$i=0$ 表示 i 学校是非项目学校，d_i 即为项目对 i 学校所产生的影响，反映出在控制了其他所有因素影响的情况下，参与项目对学校结果变量产生的影响；其中，$i=1, 2, \cdots, n$；$t=2006, 2008$。具体如（1）—（4）所示：

$$Y_{i2006}=f(X_{i2006})+U_{i2006} \quad (1)$$

$$Y_{i2008}=f(X_{i2008})+d\cdot a_i+U_{i2008} \quad (2)$$

在模型中，U_{it} 表示不可观测的因素，$U_{it}=\phi_i+\theta_t+\varepsilon_{it}$，$\phi_i$ 表示只与自身相关、不随个体变化的共同趋势部分；θ_t 表示只与时间相关、不随个体变化的外部趋势项，例如，在中国进行的“农村地区义务教育新机制改革”；ε_{it} 表示独立随机误差项；ϕ_i、θ_t 与 ε_{it} 相互独立，且期望为零。

由于 ϕ_i 的存在，U_{it} 与 a_i、X_{it} 相关，所以不能基于（2）式直接估计项

目影响 d_i。但是基于样本在两个时点的差，可以消除与时间无关的系数 ϕ_i，估计得到（3）式：

$$\Delta Y_i = f(\Delta X_i) + d \cdot a_i + \Delta U_t = f(\Delta X_i) + d \cdot a_i + \Delta \theta_t + \Delta \varepsilon_{it} \quad (3)$$

再利用项目组和非项目组期望之差来消除共同趋势，得到项目影响效应 d：

$$d = E(\Delta Y_i \mid a_i = 1, X_i = X^0) - E(\Delta Y_i \mid a_i = 0, X_i = X^0) \quad (4)$$

基于（1）—（4）的倍差模型，西发项目影响力评价可以获得项目干预对学生数学与语文发展状况、学生学校适应性以及教师素质的影响，也可以获得西发项目干预对学校教师对参与式方法的理解程度、对学校校长对学校发展规划理解的影响。

二、影响力评价实施的启示

以上五个方面我们主要介绍了影响力评价及其与过去以工作经验为基础的评价的主要区别。在西发项目影响力评价的研究过程中，我们深切体会到影响力评价，或者更广泛一点看，对教育政策的监测与评价对于提高教育政策制定与实施的科学性非常重要。如果能够在教育政策的制定、实施中更多地使用影响力评价的理念与方法，将会很大地提高教育政策的有效性，对于中国教育的进一步发展也将大有裨益。从西发项目影响力评价实施的过程来看，我们认为以下三点启示非常重要。

（一）重视国际通用方法与中国具体国情的有机结合

影响力评价早已成为国际组织公共项目评价的必备环节，但它在中国教育领域中的运用尚处于起步阶段。对中国教育投资项目实施影响力评价不能简单照搬国际通用方法，应充分重视与中国国情的结合。一方面，在中国国力迅速提高、政府高度重视教育发展的背景下，大量教育项目几乎在同一时点同时展开，很难找到纯粹的对照组。某一项目的对照组同时又是另一项目的实验组，而另一项目的影响可能比被评价项目的影响更大。国际通用方法的使用可能面临更多局限，应重视改进现有方法，构建适合中国的影响力评价方法。另一方面，与当前中国教育投资项目更多采用投资部门自评的方式相比，国际项目影响力评价多采用第三方评价，强调评价者、投资者、管理者、干预对象等相关利益群体的参与配合，重视对评价结果的“再评价”，这可以提高评价的科学化程度。但是，这种第三方评价及对结果“再评价”在中国的实现面临着价值理念、经济成本等限制，推广前必须经过充分的论证或实践。

（二）充分完备的数据信息是科学评价的基础

数据是科学评价项目的基石，建立完备的数据库是教育投资项目影响力评价获得有效结论的基础。西发项目影响力评价建立了西发项目监测与评价的数据库（BEWAMS），保证了课题组能就西发项目对学生发展的影响进行影响力评价。但正如前面所述，西发项目影响力评价在具体实施中面临一些实际困难，究其根源也主要是由于数据和信息的缺乏造成的。因此，应当能将科学评价教育投资项目的理念与方法充分贯彻到投资项目实施的每个环节，充分重视数据收集工作，构建达到国际水平的教育项目数据库，为实施评价等提供完备的数据信息。

（三）重视项目远期影响效应的评价

从西发项目影响力评价的实施来看，它是在项目实施中和实施结束时就项目对学生发展的影响展开的评价。由于滞后性的存在，项目中和项目结束时往往处于项目能量积蓄期，项目影响并未完全释放，某些项目的影响甚至需要多年才能显现。从国际组织的经验来看，很多公共投资项目都实施了远期影响力评价，对项目干预效果进行更加全面充分的评价。中国教育投资项目的影响力评价同样应重视远期影响效应的评价，当然，这无疑面临着评价时效性以及经费攀升的挑战。因此，要对项目实施远期影响力评价，相关政府部门必须理解影响力评价对于保证项目目标、促进教育事业发展的重要意义，从各个方面提供真正的支持。

目　录

上编　“西部地区基础教育发展”项目影响力评价研究

下编　教育投资效益的实证研究

上编

“西部地区基础教育发展”项目影响力评价研究

第一章　导　论

“西部地区基础教育发展”项目（basic education in western areas project）旨在通过一系列活动，支持并促进中国政府高质量、高水平地实现“普九”目标并巩固“普九”成果，促进入学机会公平。“西部地区基础教育发展”项目（以下简称“西发项目”）影响力评价目的在于监控项目的实施和进展，评价项目活动对目标群体的影响程度，确保项目的有效实施。

影响力评价是目前国际组织项目评价中广泛采用的方法。它基于大规模抽样调查，收集项目目标群体的相关信息，比较项目实施前后其目标群体发生的变化，考察项目的实施是否对个人、群体或者社会产生了预期的效果，效果有多大。除了抽样调查之外，影响力评价所需要的信息也需要通过质性研究方法获取的信息加以补充。影响力评价主要回答以下问题：项目的目标群体锁定情况，项目投入的执行情况以及项目干预对个人、群体或者社会带来的影响。影响力评价最关键之处是在控制其他影响因素的情况下，剔除项目对目标群体的净影响。因此，它对研究设计有非常严格的要求，研究者通常采用随机实验设计或准实验设计，两种实验设计的目的均为控制项目之外的影响因素来考察项目的净影响，差别在于前者把影响力评价作为项目的一部分，通过随机方法选择实验组和对照组，能最大程度地剥离出项目的净影响；后者则是在项目开始之后从项目干预群体中随机抽取实验组，从未受项目干预的群体中抽取对照组。本研究采用的是具有对照组的追踪重复测量准实验设计，能够通过对比实验组和对照组在实验前和实验后的变化，评价具体的项目投入对某项产出或结果的影响。

本章作为报告的导论，首先对“西部地区基础教育发展”项目进行简要介绍，其次介绍西发项目影响力评价以及西发项目监测与评价调查。此外，还对项目地区的基本情况进行概述。

第一节 “西部地区基础教育发展”项目

为了普及九年义务教育，巩固已经取得的“普九”成果，保障所有儿童都能高水平、高质量地完成九年义务教育，近些年来，中国政府不断加大对西部农村贫困地区基础教育的各类投入。配合中国政府的上述政策目标，由世界银行（World Bank）贷款，英国政府国际发展部（Department for International Development）赠款，中国政府配套支持，三方共同在中国西部贫困地区实施“西部地区基础教育发展”项目。

一、项目目标与项目活动

西发项目的宗旨是支持并促进中国政府高质量、高水平地实现“普九”目标并巩固“普九”成果，促进入学机会公平。项目的目标是在甘肃省、广西壮族自治区、宁夏回族自治区、四川省和云南省的贫困地区普及高质量的九年义务教育。项目的预期成果包括增加贫困儿童入学机会，提高师资水平和学生学业成绩，提高项目省（自治区）、项目县教育行政部门的规划与管理能力等。项目的预期活动包括校舍修建与维修；补充教学仪器设备和图书资料；进行教师与管理人员培训；开展基础教育改革研究活动，包括开展学校发展规划（school development planning，以下简称SDP）、参与式教学培训（participatory teaching training，以下简称PTT）试点活动和在10个县开展农村教育改革的试点活动等。

二、项目执行情况

西发项目资金来自世界银行贷款、英国政府国际发展部赠款以及中国政府的配套资金。项目计划总投资额为1.8亿美元（其中世界银行贷款1亿美元，英国政府国际发展部赠款3 340万美元，中国中央和地方政府配套5 000万美元）。截至2007年末，约70%的世界银行贷款到账，其中甘肃和宁夏资金已全部投入使用，广西和云南使用了60%的资金。

项目从2003年起开始执行，到2008年末结束。为了反映主要的项目投入（土建学校数、实施PTT和SDP的学校数）及其执行情况，我们根据各省区年度报告绘制了图1.1和图1.2。图1.1和图1.2分别是小学和初中土建项目、PTT和SDP项目学校的变化情况。从图中可以看出各类项目活动实施的进度不尽相同，其中土建项目开始得最早，参与式教学培训和学校发展规划的实施较晚。需要说明的是，各省区上报的数据存在标准不统一的地方（特别是在土建项目上）。有的年份数据是累计数（例如2005年的土建学校数其实是2004年和2005年的合计数），有的年份数据则是当年实际发生数。为了更好地进行比较，反映各类投入的执行进度，我们对数据进行了调整以便估算出当年数。本报告撰写时还未获得2008年的数据，因此数据只收集到了2007年。除了云南和广西以外，大部分地区都基本上完成了预定的项目执行目标。

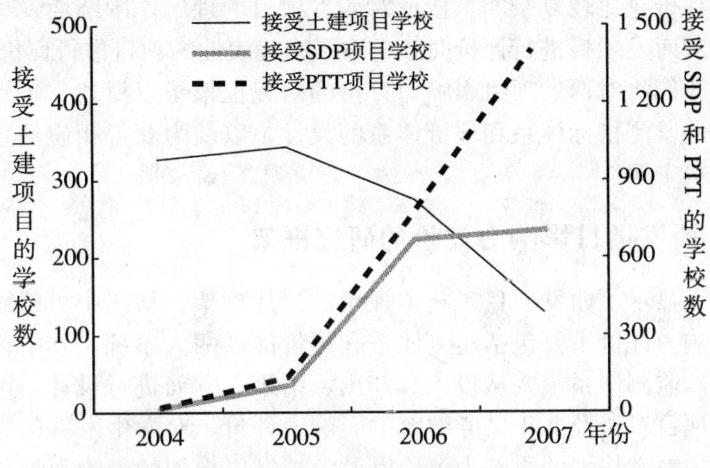

数据来源：五省区年度报告，2004—2007年。

图1.1　西发项目投入情况（小学）

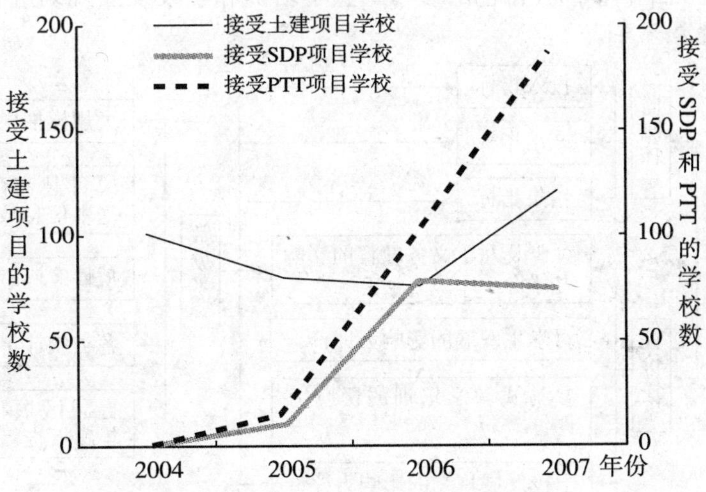

数据来源：五省区年度报告，2004—2007年。

图1.2　西发项目投入情况（初中）

第二节　西发项目影响力评价

影响力评价主要是通过大规模调查以及收集其他相关信息，考察项目的实施情况，以及项目实施对覆盖地区及人群的影响程度。西发项目包括多种干预措施，如参与式教学培训、学校发展规划等，因此对西发项目进行影响力评价是比较复杂的。依据对西发项目的理解，围绕西发项目的目标，我们对西发项目进行评价时，选取了有代表性的项目进行评价。

以下我们将对西发项目影响力评价的研究框架予以概述，重点介绍影响力评价的监测指标体系和评价体系的设计，以及为获得相应信息所需的数据和资料来源。

一、西发项目影响力评价的研究框架

图 1.3 显示了西发项目影响力评价的总体框架。从图中可以看出，西发项目影响力评价主要包括监测体系和评价体系两大系统，其中评价体系更为重要。监测体系主要从投入、产出、结果三方面进行设计。评价体系主要包括项目对普及九年义务教育的影响力评价、对学生发展的影响力评价、参与式教学培训的影响力评价以及学校发展规划的影响力评价四个方面。我们既分析了西发项目的各项干预措施对目标群体的影响程度，同时也对西发项目中非常有特色的参与式教学培训和学校发展规划进行了专门评价。

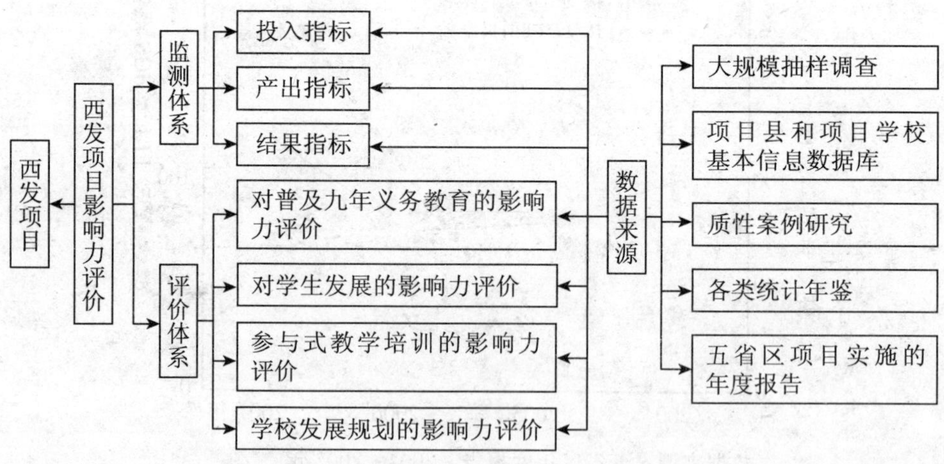

图 1.3　西发项目影响力评价的研究框架

（一）西发项目的监测指标体系

对西发项目的实施进行监测是影响力评价的重要内容之一。为了追踪项目的实施进程以及项目产生的结果，选择合适的指标并建立系统的指标体系是非常必要的。指标是一种特殊的、可观测、可测量的定量或定性因素或变量，它们通常通过项目的预期投入、产出和结果来评价项目带来的变化或绩效。① 根据指标与项目目标的关联程度，可以把指标分为投入指标、产出指标和结果指标。本研究的监测框架主要关注投入、产出、结果三方面的指标，构建科学合理的、系统的指标体系。

西发项目影响力评价的监测指标体系见第二章表 2.1。从表中我们可以看出，其监测指标体系主要包括投入、产出、结果指标，各类指标设置的目的各不相同。投入指标是为了考察为实现项目目标而进行的投入情况，通过学校办学条件投入、教师培训、校长培训三类指标来考察；产出指标是为了考察项目投入对学校、学生带来的福利变化，主要通过学校办学条件的使用、寄宿生比例的变化、教师质量的变化等指标来考察；结果指标的目的主要是分析项目产出对目标群体带来的直接或间接影响，主要包括学生学业成绩变化、学生入学率变化、学生辍学率变化等指标。西发项目的监测指标体系从投入、产出、结果三个方面系统地考察项目的实施和项目实施带来的影响。而且，这些具体指标是可测的，同项目的目的是相关的，具有较强的科学性和可操作性。但是，这样的指标体系仍然存在一些缺陷。在具体的监测过程中，我们难以分辨出这些指标的变化在多大程度上是由项目带来的，而不是项目之外的因素，如政策因素导致的寄宿生比例的变化。另外，指标体系中的部分指标并不是完全意义上的量化指标，如校长对 SDP 的理解，对于这类指标的测量，需要结合使用质性与量化的方法，其测量结果只能在一定程度上反映该指标的内涵。

（二）西发项目的评价体系

从图 1.3 中我们看到，西发项目影响力评价主要包括项目对普及九年义务教育的影响力评价、对学生发展的影响力评价、参与式教学培训的影响力评价以及学校发展规划的影响力评价四个部分。其中前两个部分主要

---

① Francesca Bastagli，Aline Coudouel & Giovanna Prennushi. *Poverty Monitoring Guidance Note* 1 *Selecting Indicators*. http://www.worldbank.org/poverty，2004.

是考察项目作为一个整体对学生所产生的影响力；后两个部分则是考察西发项目中非常有特色的两个子项目对目标群体的影响程度。

项目对九年义务教育普及情况的影响力评价是通过入学率、在校生数等指标进行分析，并考察具体的项目投入（如土建项目）对义务教育普及情况的影响。同时，我们还分析了中国政府近年来的一些政策（如“两免一补”和学校布局结构调整）对项目地区义务教育普及情况的影响。

项目对学生发展的影响力评价是通过对学生成绩、学校适应性等指标的分析来进行的。考察了项目学校和非项目学校不同性别、民族、家庭背景、学校特征及学生的发展差异。

对参与式教学培训（PTT）项目的影响力评价，主要是通过参加参与式教学培训的教师数量、培训时间以及培训满意度等指标对各项目省区PTT实施所产生的阶段性效果与最终效果进行跟踪研究，客观评价PTT对项目县、项目学校与教师带来的影响。

对学校发展规划（SDP）项目的影响力评价，旨在研究和建立一套有效评价SDP项目执行情况的指标系统，为SDP项目的开展和项目活动方案的调整提供依据，以确保SDP项目取得实效。主要的评价指标包括，校长对SDP观念的理解程度、社区居民对学校活动的参与程度等，以考察SDP项目在培训和实施前后学校的变化以及社区成员发挥的作用，对SDP实施的直接效果和间接效果进行评价，改进SDP培训的实施。

二、西发项目影响力评价的数据来源

为了实施上述监测与评价，相关数据的获取至关重要。我们的研究所需数据主要有五个来源：（1）大规模调查（即西发项目监测与评价调查）；（2）项目县和项目学校基本信息数据库；（3）质性案例研究；（4）各类统计年鉴；（5）五省区项目实施的年度报告。本部分重点介绍西发项目自身收集数据的三个来源，也就是以上五类数据来源中的前三类数据。

（一）西发项目监测与评价调查

西发项目监测与评价调查对学校校长、教师、学生以及村民、村干部进行了问卷调查，还对中小学学生进行了标准化测试。该调查共进行了两轮：第一轮于2006年11月进行；第二轮在两年之后，即2008年11月进行。第二轮调查对第一轮调查同样的学校和部分同样的学生（2006年小学四年级及初中一年级学生）进行了回访。调查样本既包括接受了项目投入的学校，即实验组学校，也包括没有被项目覆盖的学校，即对照组学校。该调查收集的信息包括各种项目投入情况、资源使用情况、学生的学业成绩和学校适应性，学校办学条件的改善情况，以及学校、教师和学生的基本情况。

（二）项目县和项目学校基本信息数据库

项目组根据影响力评价的目的和内容，要求所有的项目县都提供有关该县社会经济状况、教育发展情况以及西发项目执行情况等方面的信息。此外，也要求所有根据项目计划接受过或者应该接受土建投入的学校提供相关信息，如学校经费、在校生数、教师数及其教师质量、学校办学条件等。按照研究计划，上述信息应该每年提供一次（2006 年、2007 年和 2008 年）。但是 2006 年，112 个项目县中只有 76 个县上报了数据（约为 2/3），并且有的县所报数据不完整或者数据质量不理想。2007 年，100 多个县上报了数据。但是数据收集过程非常耗时间，2007 年的数据直到 2009 年年初才收集到，并且数据质量存在诸多问题，因此我们没有再收集 2008 年的数据。

（三）质性案例研究

为了对 PTT 和 SDP 执行情况进行评价，我们选取了若干项目县和学校进行案例研究。研究方法包括深度访谈和参与式观察等。

在 PTT 个体访谈中，我们采用了焦点访谈法和参与式观察法。此外，我们还对那些接受了 PTT 培训并且反映培训效果良好的教师进行了案例研究。这些案例研究为我们了解教师在实际教学中的参与式教学行为以及培训前后的改变提供了基础。

在 SDP 项目评价中，我们选取了 5 个项目省区共计 8 所学校进行 SDP 执行情况的深度访谈。用人类学田野调查中常用的结构访谈法对校长、教师、学生和村民进行了访谈，了解他们参与学校活动的程度。

以上三类数据均为西发项目影响力评价课题组收集的数据。此外，报告中的部分数据来自于各级各类统计年鉴或五省区项目实施年度报告。在西发项目的影响力评价中，项目组充分挖掘和使用各方面的数据。各类来源的数据能够相互验证，以便更全面、更客观地考察项目的影响力。

第三节　西发项目监测与评价调查

两次大规模抽样调查是本影响力评价最主要的数据来源。大规模抽样调查共进行了两轮，第一、二轮调查分别于2006年11月和2008年11月进行，问卷调查在学校（小学和初中）层面展开。根据一定的抽样规则，我们在2006年随机抽取一批学校进行调查，并在2008年对这些学校进行了重复调查。

为了测评西发项目对学生发展的影响力，按照西发项目的研究设计，本研究采取具有对照组的追踪重复调查法。这种研究设计既可以观察产出指标和结果指标随时间变化的程度（通过前后比较），同时还可以确定西发项目对这种变化的贡献程度（通过实验组和对照组的比较）。按照这种设计，一方面我们可以根据2006年和2008年的变化来评价西发项目对学生的影响。另一方面，也可以通过项目学校与非项目学校的对比来发现西发项目对项目学校的净影响。西发项目监测与评价调查实施中非常重要的几点，包括对照组的选择问题、抽样方法、问卷设计问题以及数据质量问题。

一、项目学校和非项目学校的定义

影响力评价最核心的问题是剥离出项目对目标群体的净影响。为了达到这个目的，提高影响力评价的客观性和可靠性，在评价的研究设计中应当选择与实验组对应的对照组，以此通过对比实验组和对照组的前后变化来考察项目的净影响。关于对照组，最理想的状态是对照组与实验组之间除了是否接受项目干预这项因素存在差异以外，其他有可能对结果产生影响的因素完全相同。也就是说，除了是否实施项目之外，实验组和对照组的差异应该最小化。但是这种理想的状态往往是难以实现的。西发项目是由多个子项目组成的，项目投入包括土建、计算机、图书、PTT与SDP投入等内容，每项投入所覆盖的学校不尽相同。西发项目作为多投入项目，当学校接受了不止一项的项目投入时，每种投入都有自己的影响，并且不同投入之间还可能存在正的外部性和交互作用。鉴于项目的复杂性，项目学校和非项目学校的界定是非常具有挑战性的。

经过研究发现，土建投入的资金占据了西发项目的最大部分，而且相对其他投入来说，接受土建投入的学校数量最多，所以课题组将土建学校界定为项目学校。表1.1是根据两次抽样调查所得的数据，对西发项目和非西发项目学校的分布进行了分析。从表中发现，西发项目中土建项目学校占学校总数的比例在小学和初中分别为23.2%，30.7%，土建项目学校中接受其他项目投入的学校比例比较高，也就是说土建项目学校也占据了其他项目投入的绝大部分。因此，这类学校无疑是西发项目最大的受益对象。但值得注意的是，非项目学校可能并非完全没有接受西发项目投入的学校。而且在西发项目之外，许多其他的项目也会对这些学校进行土建、教师和校长培训等方面的投入。另外，在对PTT和SDP项目的影响力进行评价时，项目学校是根据独立评价的需要重新界定的。

表1.1 西发项目投入与其他项目投入情况

	西发项目投入				
	土建	办学条件	PTT	SDP	没有投入
小学					
接受各项投入的学校比例	23.2	59.1	45.4	46.9	21.9
西发项目土建项目校中接受各项投入的学校比例	100.0	79.3	70.5	65.9	0.0
初中					
接受各项投入的学校比例	30.7	42.4	8.4	43.4	32.5
西发项目土建项目校中接受各项投入的学校比例	100.0	58.7	17.4	55.0	0.0
	其他项目投入				
	土建	办学条件	设备	培训	没有投入
小学					
接受各项投入的学校比例	12.6	12.9	45.7	38.0	41.7
西发项目土建项目校中接受各项投入的学校比例	10.8	21.5	50.8	41.3	41.2
初中					
接受各项投入的学校比例	21.7	18.8	75.7	45.9	16.6
西发项目土建项目校中接受各项投入的学校比例	16.9	21.6	82.9	43.7	15.8

数据来源：西发项目监测与评价调查，2008年。

注：其他项目包括10种不同的由政府或国际组织支持的项目。

基于上述原因，本报告中我们将项目学校定义为“接受过西发项目土建投入的学校”。在界定项目学校和非项目学校之后，我们在项目学校中根据一定的原则进行抽样，在项目地区的非项目学校中随机选择对照组学校。这一方法保证了学校样本对于总体的代表性。

二、抽样说明

西发项目覆盖了西部五省区的大量学校，受益学生众多。因此，影响力评价不可能抽取所有的学校进行调查。为了对学生进行整体评价，我们本着科学合理的原则进行抽样。为了保证样本的代表性，2006 年我们采用依概率比例系统抽样的方法，分为县、乡镇、学校、班级四级抽样。这种抽样方法考虑了项目县的人口数量和项目的受益面，对项目覆盖的 112 个县按比例进行随机抽取（详见附录 1 抽样方法）。2008 年没有进行重新抽样，主要是对 2006 年的样本学校进行追踪调查。需要注意的是，采用这种方法进行的抽样，样本对整个项目是有代表性的，但不能分省（自治区）来进行评价。本部分我们分别介绍了 2006 年的抽样方法、2008 年的追踪方法以及西发项目监测与评价调查的样本规模。

（一）2006 年的抽样方法

根据研究设计，2006 年我们采用依概率比例系统抽样的方法抽取项目学校和非项目学校。由于小学和初中的情况有所不同（我们可以在一个项目乡镇内部同时选取到项目小学和非项目小学，但是对于初中而言，我们只能在项目乡镇选取项目初中，而在非项目乡镇选取非项目初中），我们对小学和初中抽样采取了不同的方法。

小学的抽样过程为：首先，依据项目县的规模从 112 个项目县中抽取 15 个项目县；其次，依据项目乡镇的人口规模，分别从 15 个项目县中各抽取 3 个项目乡镇；再次，依据学校的在校生数规模，分别从 3 个项目乡镇中各抽取 4 所学校（包括 2 所项目小学和 2 所非项目小学）；最后，在抽样校的四、六年级中分别随机抽取一个班。抽样班的所有学生以及抽样年级的所有教师即为我们的调研对象。另外，我们还随机抽取了当地 10 位村民或村干部进行了调查。

初中的抽样过程为：首先，在已经抽取的 15 个项目县的基础上，依据学校在校生数规模，分别从 15 个项目县各抽取 6 所初中（包括 3 所项目初中和 3 所非项目初中）；然后，在抽样校的初一、初三年级中分别随机抽取一个班。抽样班的所有学生以及抽样年级的所有教师即为我们的调研对象。同样，我们也随机抽取了当地 10 位村民或村干部进行了调查。

从上述对小学和初中抽样的过程来看，两个样本反映的总体是不一样的：小学是在项目乡镇内部进行抽样，因此样本反映的仅仅是项目乡镇（共计 742 个乡镇）的初等教育情况；初中是在项目县内部进行抽样，这样就同时包括了项目乡镇和非项目乡镇（共计 1 840 个乡镇），因此样本反映了项目县内部所有乡镇的学校、教师、学生的情况。

（二）2008 年的追踪方法

西发项目影响力评价的研究设计是具有对照组的追踪重复调查。因此，对样本的追踪调查是其中非常重要的一个环节。在 2006 年大规模调查的基础上，课题组于 2008 年又对这些学校进行了追踪调查。2008 年主要是对 2006 年调研的小学四年级和初中一年级学生进行追踪调查，同时分别随机抽取样本校 2008 年小学四年级和初中一年级的一个班级进行调查。

对于 2006 年的小学四年级和初中一年级学生的追踪调查是非常关键的一环。我们对这部分学生的追踪调查进行了非常严格的设计。考虑到抽样班学生从小学四年级升入六年级及初中一年级升入初中三年级时，可能会分散到不同的班级，课题组在 2006 年登记了这些学生的姓名、班级等个人信息，2008 年采用点名的方式把这部分学生重新组织起来进行调查和测试。另外，还有一部分学生由于学校布局结构调整而转入了另外的学校就读，对于这些学生，我们对他们的转入校进行了调查，以保证最大程度地进行追踪调查。

（三）样本规模

我们在 15 个县的 250 多所学校进行了调查活动，共调查了 2 万多名学生。2008 年样本包含的学校数相对于 2006 年样本要少一些。这一方面是因为 2008 年第二次调查的时候有一些小学因为布局调整而关闭，另一方面则是因为 2008 年调查的部分小学没有六年级学生（即非完全小学）而被删除。对于后一种情况，我们对在 2006 年接受过调查但是 2008 年转入其他学校的学生尽可能地进行了跟踪调查。这样做可以追踪到更多的学生，但同时也导致 2006 年调查过的一些学校在 2008 年样本中被删除。表 1.2 反映的是经过上述技术处理后，2006 年和 2008 年分别被调查到的学校样本情况。从表中可以看出，2006 年的样本中，小学涉及了 157 所学校的 11 569 名学生和 863 名教师；其中项目学校为 80 所，占样本学校的半数以上，项目学校的学生数、教师数均占样本学生、教师总数的半数以上。2008 年小学样本与 2006 年类似。在初中阶段，2006 年和 2008 年的样本均涉及 87 所中学，其中项目学校 44 所，占样本学校总数的半数以上，学生数和教师数也分别达到了样本学生、教师总数的一半以上。此外，2006 年和2008年分别调查了2 390名左右的村民，其中约1 200名村民来自项目学校所在的社区。

表1.2　西发项目监测与评价调查样本规模

	小学			初中			村民
	学校数	学生数	教师数	学校数	学生数	教师数	
2006年							
项目学校	80	5 971	444	44	4 799	625	1 195
非项目学校	77	5 598	419	43	4 757	608	1 187
总计	157	11 569	863	87	9 556	1 233	2 382
2008年							
项目学校	80	5 892	696	44	5 188	904	1 210
非项目学校	77	5 525	656	43	5 123	876	1 181
总计	157	11 417	1 352	87	10 311	1 780	2 391

数据来源：西发项目监测与评价调查，2006年和2008年。

三、问卷类型

根据研究设计和评价的需要，我们设计了一组问卷，包括校长问卷、村民村干部问卷、教师问卷、教室观察表、学生问卷以及学生数学和语文能力标准化测验。测试的学生包括小学四、六年级，初中一、三年级抽样学生。每类问卷的主要信息见表1.3。

表1.3　小学和初中调查问卷及试卷

问卷类型	描述
校长问卷	学校基本信息，在校生数，办学条件，西发项目和其他项目的投入，学校财务信息，校长个人基本信息以及职称。所有抽样小学和初中的校长均填写此问卷。
村民村干部问卷	关于被访者个人以及学校在社区中的作用等基本信息。我们针对每一所抽样学校都调查了相应的村民代表。
教师问卷	关于教师个人的基本信息，参与PTT和其他教师培训的情况，教学方法，使用教具以及对学校和教学的态度等。小学四、六年级和初中一、三年级的所有教师接受了调查。在某些特殊情况下，我们还随机选取了其他一些教师。

续表

问卷类型	描述
教室观察表	小学四、六年级和初中一、三年级学生所在教室的办学条件（课桌椅、黑板等）的观察记录。
学生问卷	学生个人的基本信息，学习习惯，使用学校资源情况，家校距离，社会经济背景以及学校适应性。所有小学四、六年级和初中一、三年级随机抽取的班级的学生均接受了调查。
学生数学、语文能力测验	数学能力测试主要了解学生对数学在实际生活中的作用的认识、作出有理据的判断，运用数学解决实际问题，成为一个具有推理和建构能力的人等方面的发展程度；语文测验主要区分学生在理解、运用及反思文章内容方面的发展程度。

四、田野调查与数据质量

为了保证数据质量，课题组精心设计了田野调查的每一个环节。在调查前，课题组开发了调研的培训手册。培训手册详细描述了问题说明，设计了数据调查员进入每所学校后的时间安排和工作环节，尤其是对学生问卷的发放与回收作了严密的安排。每个县的数据调研工作由课题组两位专家负责。课题组专家到县里之后的职能主要包括：培训数据调查员，让其了解数据调研的工作环节；随机抽取若干所学校检查数据收集的过程；对数据调查员回收的问卷进行核对，确保问卷的完整性。具体调研过程如下。

（1）课题组专家到达项目省区，检查问卷、试卷等各类物品是否完整，并向省区项目办收集 2004—2008 年西发项目实施的年度报告。

（2）课题组专家到达项目县。首先，检查该县县级信息表的填写是否完整。其次，召开数据调查员培训大会。在培训大会上，课题组专家随机抽取各个学校的抽样班级，依照回避原则和随机原则来分配数据调查员所要调研的学校，并对他们发放调研培训手册、各类问卷、试卷。最后，详细介绍数据收集过程中的工作环节、需要注意的事项等。

（3）在数据调查员进入学校调研的同时，课题组专家将随机抽取该县的若干所学校，检查数据调查员的数据收集工作，以确保田野调查按照预期的环节进行，保证数据质量。

（4）课题组专家回收各类问卷、试卷。在这个过程中，课题组专家仔细核对回收的问卷、试卷的数量，核对校长问卷中的相关重要信息，对试卷进行密封，填写问卷、试卷回收表。

(5) 课题组专家清点并带回回收的问卷、试卷、县级信息表、西发项目实施的年度报告等资料。

我们的调查对象包括校长、教师、学生以及村民、村干部。数据调查员将对样本校的校长发放校长基本情况调查表，对抽样小学的四、六年级或抽样初中的初一、初三年级所有教师发放教师基本情况调查表，对随机抽取的抽样班学生进行学生问卷调查和学生发展能力测试，村民、村干部问卷则由数据调查员在学校附近随机抽取村民填写。

这样的设计和数据收集过程，从程序上保证了数据的质量。

第四节　项目地区基本情况

作为项目评价的一部分，我们需要判断项目是否覆盖了预期的目标地区和群体，因此有必要对项目地区的基本情况加以说明，这样可以更好地了解资源分配是否向相对贫困地区倾斜。基于这样的目的，我们分别分析了项目地区和抽样县的地理位置、经济发展状况，教师、学生和校长的特征等。

一、项目地区地理位置

图 1.4 反映了项目省区在中国的分布状况，包括西北的甘肃、宁夏，西南的广西、四川和云南，共覆盖了西部五个省区。图 1.5、图 1.6、图 1.7、图 1.8、图 1.9 分别是甘肃、广西、宁夏、四川和云南省的项目县和抽样县分布情况。从图中我们可以看到，西发项目覆盖了甘肃的 17 个县、广西的 18 个县、宁夏的 20 个县、四川的 28 个县以及云南的 29 个县，共 112 个项目县。西发项目影响力评价抽取了 15 个县进行研究，包括甘肃的华池县，广西的融安、凌云和天等县，宁夏的同心区和惠农县，四川的岳池、资中、会理和古蔺县，云南的永德、禄丰、富源、广南县和隆阳区。从图中项目县和抽样县的分布来看，各省区的项目实施状况不尽相同。比如，宁夏西发项目几乎覆盖了整个自治区；在四川和广西，西发项目集中在西部地区；在甘肃，西发项目集中在南部地区；而在云南，西发项目在全省的分布较均匀，没有呈现出明显的集中趋势。西发项目在各省区分布情况的差异可能是对各省区的地形、地区经济发展情况的一个反映。

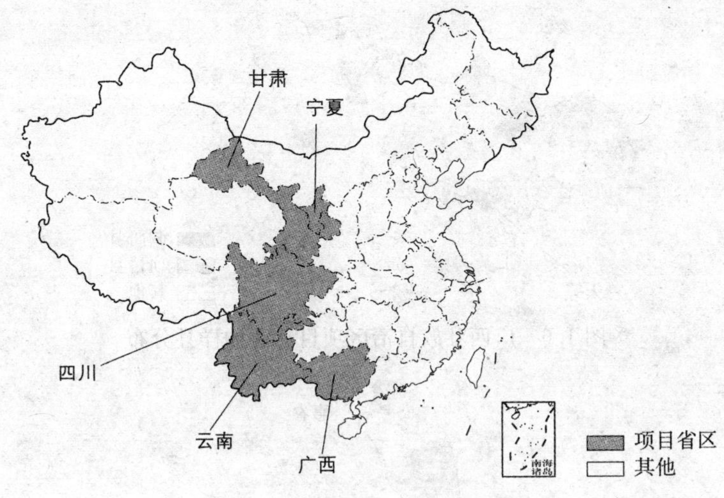

图 1.4　项目省区地理位置

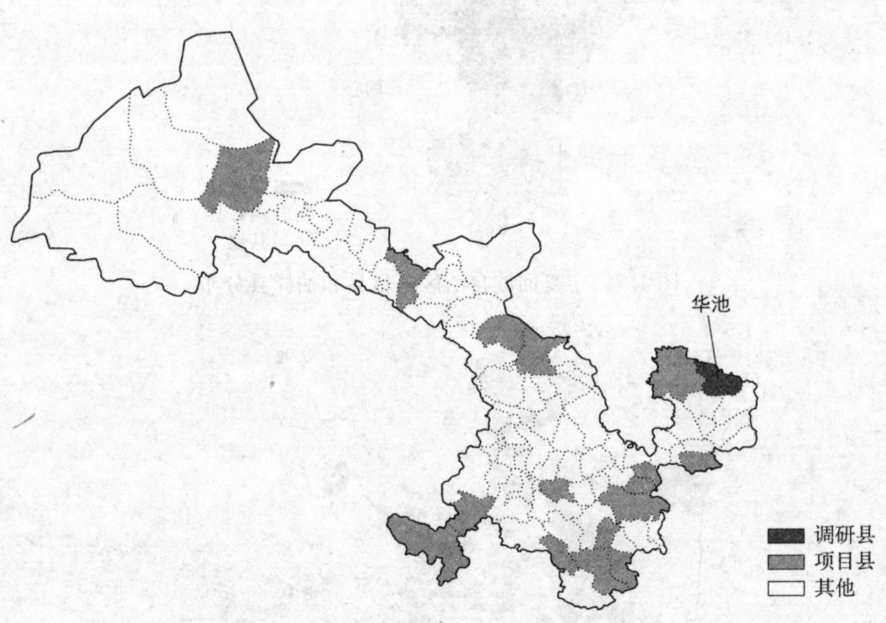

图 1.5　甘肃省项目县和抽样县分布

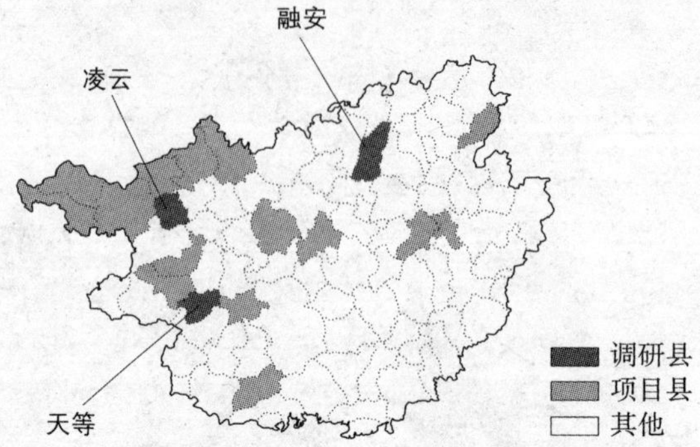

图 1.6　广西壮族自治区项目县和抽样县分布

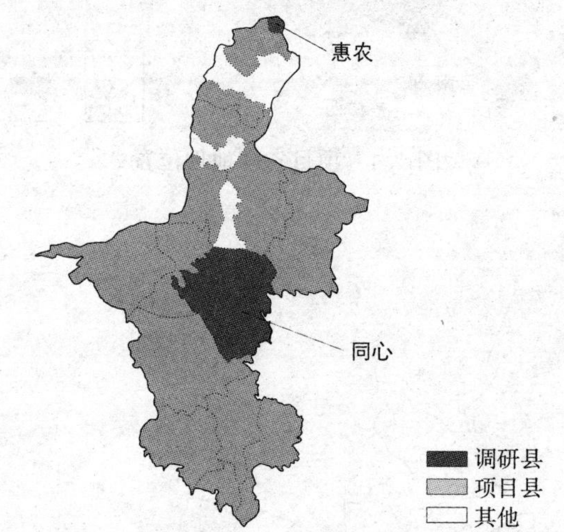

图 1.7　宁夏回族自治区项目县和抽样县分布

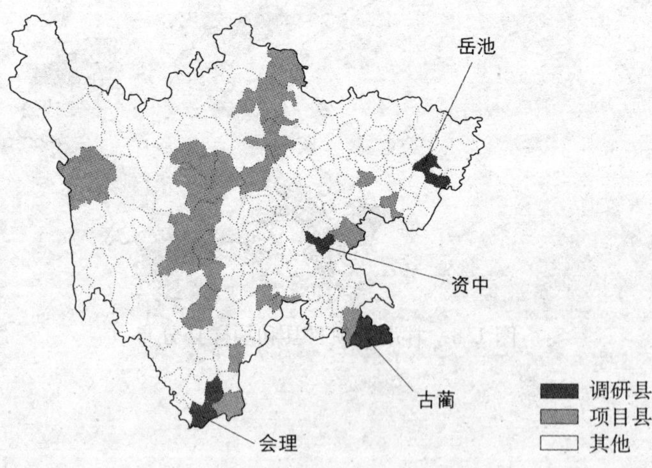

图 1.8　四川省项目县和抽样县分布

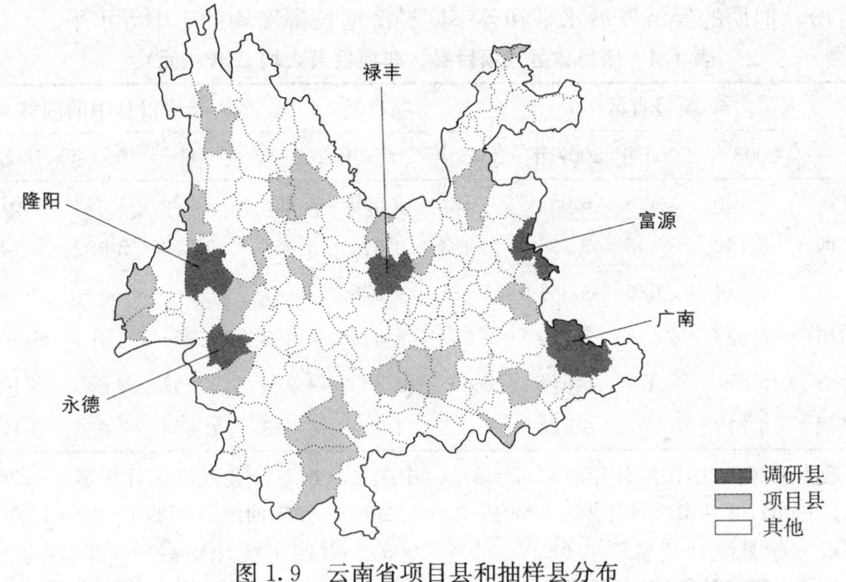

图 1.9　云南省项目县和抽样县分布

二、经济发展状况

西发项目的总体目标是支持西部贫困地区的基础教育，因此需要对项目县的经济发展状况进行分析，以便于考察项目覆盖的地区是否符合西发项目的预期目标。考虑到项目实施的时间跨度比较长，我们分析了项目县2003年、2005年和2007年的基本发展指标。

首先，我们比较了项目县的经济发展状况与各省区的平均状况。然后，我们把项目县的情况与国家级贫困县（本书中简称“国贫县”）进行了比较，以便确定项目地区的经济发展水平。

表1.4显示了5个项目省区、省区内项目县以及非项目县中的国贫县2003—2007年人均GDP的变化情况。表中数值均调整为以2003年价格计算的实际人均GDP。从整体上来看，这几年间，不管是各省区平均水平，还是项目县和国贫县的经济发展，人均GDP均有不同程度增长。对比项目县与项目省区的情况发现，项目县各个年度的人均GDP均低于项目省区的平均水平；对比项目县与国贫县发现，三个年度，项目县的人均GDP均高于国贫县。因此可以说，项目覆盖了项目省区的贫困地区，但并不一定覆盖了项目省区最贫困的地区。对比各省区的情况发现，宁夏回族自治区以及该自治区的项目县人均GDP在各个年度均为五省区最高，甘肃省以及该省的项目县、国贫县人均GDP较低，广西壮族自治区人均GDP各个年度的绝对增长额和相对增长幅度最大，四川和云南在五省区中属于人口规模较大

的省份，他们的经济发展水平和各年度经济增长幅度均处于中等水平。

表 1.4　项目省区、项目县、非项目县人均 GDP（元）

	项目省区			项目县			非项目县中的国贫县		
	2003 年	2005 年	2007 年	2003 年	2005 年	2007 年	2003 年	2005 年	2007 年
甘肃	5 429	5 418	6 051	3 726	3 556	4 103	1 876	1 843	2 018
广西	6 169	6 438	7 136	3 491	3 616	4 368	3 360	3 602	3 746
宁夏	7 734	7 686	8 351	5 438	5 078	5 847	——	——	——
四川	6 623	6 519	7 170	3 957	4 044	4 393	3 054	3 464	3 903
云南	5 871	6 074	6 574	3 882	4 235	4 972	2 651	2 805	3 168
平均	6 246	6 299	6 922	4 065	4 109	4 643	2 658	2 856	3 179

数据来源：《中国统计年鉴》（2008），《中国县（市）社会经济统计年鉴》（2004，2006，2008），《甘肃统计年鉴》（2004，2006，2008），《广西统计年鉴》（2004，2006，2008），《宁夏统计年鉴》（2004，2006，2008），《四川统计年鉴》（2004，2006，2008），《云南统计年鉴》（2004，2006，2008）。

注：表中人均 GDP 均以 2003 年为基期，数值均为按年末人口数加权平均计算的实际人均 GDP。

其次，我们还将项目县学生的家庭社会经济状况同农村贫困地区、低收入地区以及农村地区的平均水平进行了对比。我们以是否拥有彩色电视机、固定电话、摩托车等固定资产以及是否拥有自来水设施作为测量社会经济状况的指标。如表 1.5 所示，2006 年项目县学生的经济状况与农村低收入地区（2006 年全国低收入人口标准为人均年收入低于 944 元）的情况类似，好于国家划定的贫困线（2006 年全国农村贫困标准为人均年收入低于 693 元）以下的家庭经济状况，即好于农村贫困地区家庭经济状况，但是低于农村地区的平均水平。可见，项目覆盖的对象为经济状况较差的人群。

表 1.5　项目地区学生家庭社会经济状况（%）

	项目地区		农村地区		
	小学	初中	贫困地区	低收入地区	全国平均
彩电	69.8	74.6	62.9	69.6	89.4
电话	48.5	57.1	34.9	38.5	64.1
摩托车	30.5	30.7	21.6	25.2	44.6
自来水	55.9	64.2			

数据来源：西发项目监测与评价调查，2006 年和 2008 年；2007 年中国农村贫困监测报告。

三、学生、教师与校长特征

西发项目关注弱势群体问题，特别是关注少数民族学生、女生的情况。所以，我们首先考察了项目地区女生、少数民族学生和家庭日常交流语言为少数民族语言的学生比例在两年间的变化。其次，考察了项目县和非项目县教师的学历和职称情况。最后，考察了校长的性别、民族分布。

表 1.6 反映了项目地区的学生特征变化。在各个年度，小学和初中女生比例接近 50%，同时该比例在两年间略有增加。小学少数民族学生比例和家庭日常交流语言为少数民族语言的学生比例两年间均有所上升，初中的情况也类似。需要指出的是，初中少数民族学生比例远低于小学少数民族学生比例，这是由于二者样本反映的总体情况不一样所致。小学样本反映的是项目乡镇的情况，而初中样本反映的是项目县的情况。

表 1.6　项目地区女生与少数民族学生比例（%）

	小学		初中	
	2006 年	2008 年	2006 年	2008 年
女生比例	47.2	48.7	47.7	48.0
少数民族学生比例	30.0	32.3	17.5	16.8
家庭日常交流语言为少数民族语言的学生比例	15.4	19.4	8.7	8.9

数据来源：西发项目监测与评价调查，2006 年和 2008 年。

表 1.7 比较了 2006 年项目省区和抽样县专任教师的学历、职称情况。小学项目乡镇教师的学历水平低于项目省区的平均水平，主要反映在项目县具有专科及以上学历的教师比例明显低于项目省区的平均水平；项目县与项目省区在职称上的差距更加明显，项目县具有小学高级及以上职称的教师比例大大低于项目省区的平均水平。初中项目县教师的学历、职称水平均同样低于项目省区的平均水平，特别是项目县未评职称的教师比例较高。不过，初中项目县和项目省区在学历和职称上的差距没有小学阶段明显。

表 1.7　2006 年项目省区/县教师学历、职称水平（%）

	小学		初中	
	项目省区	项目县	项目省区	项目县
按学历分				
本科及以上	5.6	6.9	34.1	34.9

续表

	小学		初中	
	项目省区	项目县	项目省区	项目县
专科	52.0	40.7	61.6	58.0
高中	40.4	50.2	4.2	6.8
高中以下	2.1	2.1	0.1	0.3
总计	100	100	100	100
按职称分				
中学高级	0.2	0.8	4.8	2.7
小学高级	40.1	22.3		
小学/中学一级	45.2	40.1	34.1	21.7
小学/中学二级	8.8	13.4	44.5	44.1
小学/中学三级	0.3	1.5	8.5	12.1
未评职称	5.4	20.6	8.0	16.5
其他		1.3		2.8
总计	100	100	100	100

数据来源：西发项目监测与评价调查，2006 年；《中国教育统计年鉴（2006）》。

最后，我们还分析了校长的性别和民族情况。从前后两年的数据来看（见表 1.8），小学校长中女性和少数民族的比例有所下降，但是初中校长中相应的比例则保持不变甚至有所增加。

表 1.8 项目地区中小学校长的民族、性别构成（%）

	少数民族		女性	
	2006 年	2008 年	2006 年	2008 年
小学	25.1	19.4	7	3.6
初中	12.8	13	1.7	4.9

数据来源：西发项目监测与评价调查，2006 年和 2008 年。

上述分析表明，项目地区尽管不是项目省区最贫困的地区，但也是项目省区中相对较贫困或欠发达的地区。项目较好地覆盖了目标群体，对女性、少数民族、家庭社会经济地位较差人群等弱势群体有一定的倾斜。

第二章　西发项目的监测

监测是在项目的实施过程中，系统地、连续地收集、分析有关项目投入、实施、产出、结果等方面的信息，以监督项目是否按照预期开展和实施，项目的预期目标是否实现。监测有助于项目管理者和其他利益相关人对项目动态的了解，追踪项目的实施情况、资源分配情况和目标达成情况。本章从投入、产出和结果三个维度构建了西发项目监测指标体系，依据西发项目影响力评价的研究设计，主要围绕学校办学条件改善、教师培训及校长培训三方面，对西发项目的投入、产出和结果进行监测。

第一节　概　　述

一、项目监测的概念

监测的英文是 monitoring，它关注正在发生的事，是对项目全程进行常规的（routine）、连续的（continuous）、同步的（daily）、微观的（micro）评价（assessment）。通过监测，可以获得关键性指标的连续信息，分析项目的资源（人、财、物）是否严格按照预期规划进行配置，项目是否按照原定的标准和程序执行，用于特定目标群体的资源是否真正落实到位，项目的预期目标是否实现等。由于信息反馈的周期短，项目管理者能通过监测迅速掌握项目执行过程的细节信息，进而确保在项目执行中及时发现问题并进行分析，及时总结项目执行过程中的经验教训，调整项目设计或出台配套措施，促成预期目标的实现。

二、项目监测的指标体系

建立良好的指标体系是实施项目监测的核心。一个良好的指标体系①必须具备四个特征：（1）针对性，即所设计的指标必须紧扣项目的目标，能准确获得项目的关键信息；（2）可得性，即通过一定的方法，可以获得相关指标的数据；（3）可跟踪性，即指标不是一次性的，而应在项目实施过程中持续可得，这是获得项目进展纵向信息的前提；（4）时效性，即指标所提供的信息必须及时。事实上，项目监测的重要特征是通过短周期的信息反馈，保证项目管理者及时发现问题，监测的成功与否与提供信息的时间密切相关。

监测指标体系是由一系列具有针对性、可得性、可跟踪性及时效性的指标构成的。根据指标测量的对象以及用途，可以将监测指标分为投入指标、产出指标和结果指标。三类指标中，投入指标主要测量为了实现项目目标而进行的人、财、物的投入，主要用来分析项目的资源是否严格按照预期规划分配；产出指标主要测量通过项目投入所获得的直接福利，即项目投入对项目覆盖对象带来的直接变化，主要用来分析用于特定目标群体的资源是否落实到位；结果指标测量的是项目产出的获得、使用情况以及满意度等，即分析项目产出对目标群体带来的直接或间接影响，主要用来分析项目目标的达成情况。其中，前两类指标均属于中间指标，结果指标属于终期指标。中间指标测量的仅仅是项目或政策的干预情况以及这种干预带来的直接产出，仅与该项目或政策的实施相关；而终期指标与项目的目标息息相关，测量项目目标的达成情况。

西发项目的总目标是改善西部五省区的基础教育质量，提高贫困学生，尤其是少数民族学生与女童的入学率与完成率，使他们能够接受高质量的基础教育。围绕这一总目标，本研究将按照投入、产出和结果的逻辑框架构建相关的监测指标体系。同时，在构建指标体系的过程中，我们重视这些指标在项目学校和非项目学校之间横向与纵向对比的可行性。

在项目的监测指标体系中，投入指标是对项目投入状况的测量。西发项目主要进行了以下三方面的投入：（1）学校办学条件，包括学校基础设施、计算机设备、课桌椅及图书；（2）教师培训，包括参与式教学

① World Bank. *Performance Monitoring Indicators: A Handbook for Task Managers*. http://www.worldbank.org/html/opr/pmi/pmi.pdf，1996.

培训、新课程培训、教育公平培训等方面；（3）学校发展规划，主要包括对校长和教师实施学校发展规划的培训，通过这些培训，改变他们传统的学校管理理念，以使他们在学校日常管理中采用学校发展规划的管理方式，促进学校教育质量的提高。此处，对于学校发展规划的监测指标主要考察学校开展SDP的情况。投入指标主要围绕以上三个方面进行设置。

产出指标对应于项目所进行的投入活动。本研究从以下四个方面考察项目的产出：（1）学校办学条件投入的使用状况；（2）教师质量的变化，包括教师学历和职称的变化情况；（3）教师对参与式教学的理解状况；（4）校长对学校发展规划的理解状况。

结果指标直接反映项目预期的目标，考察项目预期目标的达成情况。上文指出，西发项目的目标是提高西部地区基础教育的质量。因此，对应于项目的目标，本研究从以下三个方面考察项目的结果：（1）学生入学率与辍学率的变化；（2）学生语文、数学成绩的变化；（3）毕业生语文、数学考试通过率的变化，其中特别关注项目对女童、少数民族学生等目标人群的影响。

综上所述，本章将基于投入、产出、结果的逻辑框架，设计西发项目的监测指标体系，如表2.1所示。

表2.1 监测指标体系

	内涵	指标
结果	项目产出给目标人群带来的影响效应	学生能力的发展
		学生入学率的变化
		学生辍学率的变化
		学生考试通过率的变化
产出	项目投入活动给学校带来的直接变化	学校办学条件的使用
		教师质量的变化
		教师对参与式教学的理解
		校长对学校发展规划的理解
投入	为了实现预期目标所进行的投入	物质设施投入
		教师培训
		校长培训

第二节　西发项目的投入

依据项目的总目标，西发项目的投入主要集中在学校办学条件、教师培训和学校发展规划三个方面。围绕以上三个方面，本研究设计了项目投入的监测指标体系（具体见表 2.2），并依据指标体系对西发项目投入状况进行了分析。

表 2.2　项目投入的监测指标

	投入范围	投入的监测指标
学校办学条件	土建项目	是否获得土建项目
		获得的土建项目是否包含宿舍建设
	图书	校均图书册数
		生均图书册数
	计算机	校均计算机台数
	课桌椅	校均课桌椅
		生均课桌椅
	学生宿舍	校均宿舍面积
		寄宿生生均宿舍面积
		学校是否有自来水供应
		学校是否有热水供应
		学校是否有围墙
		学校是否有防火安全设施
		学校是否有应急照明设施
教师培训	参与培训	参加西发项目培训的教师比例
		参加其他培训的教师比例
		参与西发项目培训的类型细分
学校发展规划	开展 SDP	开展 SDP 学校的比重
		开展 SDP 学校的类型
		开展 SDP 学校的办学条件
		开展 SDP 学校的学生家庭社会经济地位

一、学校办学条件投入

达到一定标准的学校办学条件是学校正常运转的基础与前提。西发项目主要通过对学校进行土建、计算机、图书、课桌椅、学生宿舍的投入来改善学校办学条件，进而提高学校的办学质量。本小节首先根据实地调研数据和各个项目省区上报的数据两个信息来源，交叉检验项目办学条件投入的总体状况，然后进一步详细分析学校办学条件各方面的投入情况。

（一）总体状况

我们依据实地调研数据以及各项目省区上报的数据对西发项目办学条件投入的总体状况进行了分析。表 2.3 显示，根据调研数据，西发项目对小学项目学校的投入情况为平均每校新建教学楼面积 456.87 平方米，每校新增 2.56 台计算机；对初中项目学校平均每校投入新建教学楼面积 1 115.64 平方米，校均新增 16.78 台计算机。根据各项目省区上报的数据，西发项目对小学项目学校投入平均每校新建教学楼面积 612.82 平方米，每校新增 3.36 台计算机；对中学项目学校平均每校投入新建教学楼面积 1 212.17 平方米，13.85 台计算机。① 对比两种来源的数据结果，在校均新增建筑面积以及校均新增计算机台数这两个指标上，尽管项目省区上报的数据和我们实地调查数据存在一些差异，但差异并不是很大。如果考虑抽样误差、测量误差等，两种来源途径的数据具有较大的可比性。由此可见，项目的投入基本上是按照项目的计划完成的。

表 2.3　西发项目在学校办学条件中的投入

	小学		初中	
	官方数据	调查数据	官方数据	调查数据
校均新增建筑面积（平方米）	612.82	456.87	1 212.17	1 115.64
校均新增计算机数（台）	3.36	2.56	13.85	16.78

数据来源：五省区年度报告，2004—2007 年；西发项目监测与评价调查，2006 年和 2008 年。

① 学校办学条件的投入远不止土建以及计算机，但对于其他指标，项目省区上报数据与项目实地调研数据在统计口径上存在差异。因此，表 2.3 并没有呈现图书、课桌椅、学生宿舍等指标在两个数据来源中的总体投入状况。

(二) 土建项目

在西部农村贫困地区的中小学中，依然存在一定数量的危房校舍。危房对学生学习环境的安全构成威胁，从而影响了学校的教育质量。另外，随着国家各项惠农政策的实施，农村适龄儿童入学率和普及率进一步提高，这就进一步加大了学生对学校校舍的需求。校舍面积的不足，导致初中班级规模较大，学生寄宿的需求不能得到满足，这些都已成为制约农村基础教育事业发展的瓶颈。因此，学校校舍改善是提高教育质量非常重要的一个方面，加大农村中小学土建项目投入对于农村基础教育质量的提高具有不可忽视的重要作用。西发项目将土建项目投入作为最重要的投入之一，它是西发项目中投入资金最多的项目。

在对西发项目的土建投入进行考察时，本研究选择了学校是否获得土建项目以及获得的土建项目是否包含新建宿舍面积这两个指标（见表2.4)。从对中小学接受土建项目的分析结果来看，在小学阶段，获得土建项目的学校占学校总数的23.2%，其中有新增宿舍面积的学校占学校总数的11.4%。在初中阶段，获得土建项目的学校占学校总数的30.7%，其中有新增宿舍面积的学校占学校总数的21.8%。

表2.4 中小学接受土建项目情况

	小学（%）	初中（%）
没有获得土建项目	76.8	69.3
有土建项目但没有新增宿舍面积	11.8	8.9
有土建项目其中包含新增宿舍面积	11.4	21.8
合计	100.0	100.0

数据来源：西发项目监测与评价调查，2006年和2008年。

(三) 图书、计算机以及课桌椅

拥有一定数量的图书、计算机以及课桌椅是国家对学校办学条件的基本要求。对图书、计算机以及课桌椅的投入也是西发项目在学校办学条件投入中的另一重要内容。在表2.5中分别呈现了项目学校和非项目学校在2006年以及2008年各项投入指标的变化情况。数据显示，在项目覆盖地区，不管是项目学校和非项目学校的横向比较还是2006年和2008年的纵向比较，项目地区中小学在图书、计算机以及课桌椅的配置水平上都有所提高，项目学校的配置水平高于非项目学校。从变化的百分比来看，项目学校两年间图书配置的增长幅度要大于非项目学校。

表 2.5　项目学校和非项目学校图书、计算机以及课桌椅变化情况

		项目学校			非项目学校		
		2006 年	2008 年	变化百分比（%）	2006 年	2008 年	变化百分比（%）
小学	图书						
	校均图书册数	1 957.96	2 593.00	32.4	1 264.11	1 591.37	25.9
	生均图书册数	7.66	10.44	36.3	6.57	8.36	27.2
	课桌椅						
	校均课桌椅套数	——	253.55	——	——	171.51	——
	生均课桌椅套数	——	0.88	——	——	0.78	——
	计算机						
	校均计算机台数	——	5.88	——	——	2.03	——
初中	图书						
	校均图书册数	9 941.80	12 318.20	23.9	10 970.96	12 726.30	16.0
	生均图书册数	14.03	15.58	11.0	9.90	10.90	10.1
	课桌椅						
	校均课桌椅套数	——	749.52	——	——	897.84	——
	生均课桌椅套数	——	0.97	——	——	0.87	——
	计算机						
	校均计算机台数	——	50.79	——	——	45.98	——

数据来源：西发项目监测与评价调查，2006 年和 2008 年。

注：校均课桌椅套数指标缺失值比重是 8%。

1. 小学阶段情况

项目小学的校均图书册数从 2006 年的 1 957.96 册增加到 2008 年的 2 593.00 册，增加了 32.4%；而非项目小学的校均图书册数从 2006 年的 1 264.11 册增加到 2008 年的 1 591.37 册，增加了 25.9%。为剔除学校规模因素，我们进一步考察了生均图书册数指标，项目小学的生均图书册数在 2006 年和 2008 年分别为 7.66 册和 10.44 册，两年增加了 36.3%；非项目小学的生均图书册数两年分别为 6.57 册和 8.36 册，两年间增加了 27.2%。由此可见，从均数来看，项目小学的校均图书册数、生均图书册数在各个年度均高于非项目小学；从增量上来看，项目小学两年的增长幅度同样也高于非项目小学。

项目小学的校均课桌椅在 2008 年为 253.55 套，非项目小学为 171.51 套；项目小学的生均课桌椅在 2008 年为 0.88 套，非项目小学为 0.78 套。从这些指标中可以看到，不管在项目小学还是非项目小学，都还没有保证每名学生都拥有一套桌椅，项目覆盖地区的学校所拥有的课桌椅仍然不足。

项目小学的校均计算机台数在 2008 年为 5.88 台，非项目小学为 2.03 台。由此可见，在项目覆盖地区，尽管项目小学所拥有的计算机数量高于非项目小学，但是，就整体而言，西部农村小学所拥有的计算机数量较少。随着信息科技的发展，应当加大计算机投入以满足学校的需求。

2. 初中阶段情况

项目初中校均图书册数从 2006 年的 9 941.80 册增加到 2008 年的 12 318.20 册，增加了 23.9%；非项目初中校均图书册数从 2006 年的 10 970.96 册增加到 2008 年的 12 726.30 册，增加了 16.0%。为剔除学校规模因素，我们进一步考察了生均图书册数指标。项目初中的生均图书册数从 2006 年的 14.03 册增加到 2008 年的 15.58 册，增加了 11.0%；非项目初中的生均图书册数从 2006 年的 9.90 册增加到 2008 年的 10.90 册，增加了 10.1%。由此可见，在项目覆盖地区，不管是项目初中还是非项目初中，校均图书册数以及生均图书册数都有所增加。同时，项目初中的校均图书册数、生均图书册数在各个年度均高于非项目初中，项目初中两年的增长幅度也高于非项目初中。

项目初中的校均课桌椅在 2008 年为 749.52 套，非项目初中为 897.84 套。在生均课桌椅指标上，项目初中和非项目初中在 2008 年分别为 0.97 套、0.87 套。学校课桌椅的投入还不是很充足，不管在项目初中还是非项目初中均没有保证每名学生都拥有一套桌椅。

项目初中的校均计算机台数在 2008 年为 50.79 台，非项目初中为 45.98 台。从总体上看，中学计算机的拥有量比小学多，但是中学的规模远大于小学，且在中学阶段，师生对于运用计算机辅助教学的需求远远大于小学，50 台左右的校均拥有量可能仍然无法满足学校对计算机的需求。

（四）学生宿舍条件

随着农村中小学布局结构的调整，寄宿生比例不断提高，对学生宿舍的需求越来越大，加快学生宿舍建设刻不容缓，因此西发项目投入中学生宿舍的建设是一个重要的方面。对学生宿舍条件投入的监测指标主要包括三个方面：学校校均宿舍面积、供水情况（是否拥有自来水、是否供应热水）以及安全设施（是否拥有围墙、是否有防火设施、是否有应急灯）。总体来看，项目的干预起到了积极的作用。项目学校在学生宿舍面积、供水情况以及安全设施的配置率等方面有所改善，非项目学校的情况较为薄弱。我们将使用各投入指标来分别分析小学和初中学生宿舍条件（见表2.6、表2.7）。

1. 小学阶段情况

2008年与2006年相比，项目学校的校均学生宿舍面积增加了332.4%，非项目学校的校均学生宿舍面积增加了13.9%。为了剔除学校规模的影响，我们计算寄宿生生均宿舍面积指标，项目学校的寄宿生生均宿舍面积从2006年的1.46平方米增加到2008年的4.05平方米，两年增加了177.9%；对于非项目学校而言，尽管校均宿舍面积仍有所增加，但增加的速度没有跟上寄宿生规模的增加，这就导致寄宿生生均宿舍面积从2006年的1.53平方米下降到2008年的1.50平方米，下降了2.2%。

2008年与2006年相比，项目学校的自来水供应覆盖比重增加了9.5%，非项目学校该比重增加了4.0%。自来水供应的覆盖率有着不同程度的增长。总体来看，50%左右的学校能为学生提供自来水。项目学校的热水供应覆盖比重两年间下降了2.4%，非项目学校下降了18.2%。项目学校和非项目学校在热水供应的覆盖比重上都有不同程度的下降。这有待进一步分析，可能的原因是新学校建成后配套设施的建设还没有完全跟上。

表2.6 项目小学和非项目小学宿舍条件变化情况

寄宿设施	项目学校			非项目学校		
	2006年	2008年	变化百分比（%）	2006年	2008年	变化百分比（%）
校均宿舍面积（平方米）	64.77	280.6	332.4	63.41	72.22	13.9
寄宿生生均宿舍面积（平方米）	1.46	4.05	177.9	1.53	1.50	−2.2
有自来水学校比重（%）	42.9	52.4	9.5	46.9	50.9	4.0
供应热水学校比重（%）	60.2	57.8	−2.4	60.5	42.3	−18.2
有围墙的学校比重（%）	88.0	89.3	1.2	57.5	79.0	21.5
有防火设施学校比重（%）	52.7	78.7	26.0	22.8	42.9	20.1
有应急灯学校比重（%）	50.3	44.8	−5.6	22.8	36.9	14.1

数据来源：西发项目监测与评价调查，2006年和2008年。

注：校均宿舍面积指标缺失值比重是8%。

在校园围墙方面，2008 年与 2006 年相比，项目学校有围墙的比重增加了 1.2%，非项目学校有围墙的比重增加了 21.5%。在防火设施方面，项目学校有防火设施的比重两年间增加了 26.0%，非项目学校这一比重增加了 20.1%。在应急灯配置方面，2008 年与 2006 年相比，项目学校有应急灯配置的比重下降了 5.6%，非项目学校有应急灯配置的比重提高了 14.1%。项目学校应急灯配置有所下降。这一现象产生的原因还有待进一步分析，可能是由于新学校建成后配套设施的建设还没有完全跟上。通过以上分析可知，在这两年间，项目小学和非项目小学在学校安全设施建设方面都有不同程度的改进。不过项目覆盖地区小学的安全设施的配置仍然有待改进，项目学校仍有超过 10%的学校没有围墙，有超出 20%的学校没有防火设施，有超过 55%的学校没有应急灯；非项目学校有 21%的学校没有围墙，有超过 57%的学校没有防火设施器材，有超过 63%的学校没有应急灯。安全设施配置不足是学校的安全隐患，应当加以关注并设法改进。

2. 初中阶段情况

2008 年与 2006 年相比，项目学校的校均学生宿舍面积增加了 92.9%。与此相对应，非项目学校的校均学生宿舍面积却减少了 11.9%。为了剔除学校规模的影响，我们计算了寄宿生生均宿舍面积指标。项目学校的寄宿生生均宿舍面积两年间增加了 63.2%；对于非项目学校而言，寄宿生生均宿舍面积从 2006 年的 2.52 平方米下降到 2008 年的 2.06 平方米，下降了 18.3%。

2008 年与 2006 年相比，项目学校的自来水供应覆盖比重提升到 90%以上，两年间增加了 54.2%；非项目学校的自来水供应覆盖比重增加了 2.3%，2008 年仍有近 37%的学校没有自来水供应。在热水供应方面，项目学校 2008 年的热水供应覆盖比重达到了 90.3%，非项目学校的热水供应覆盖比重下降了 30.8%。由此可见，由于项目的干预，项目学校的供水情况好于非项目学校。

在校园围墙方面，2008 年与 2006 年相比，项目学校有围墙的学校比重增加了 44.6%，非项目学校这一比重减少了 5.4%；在防火设施方面，项目学校有防火设施的学校比重两年间增加了 8.3%，非项目学校增加了 4.3%；在应急灯配置方面，2008 年与 2006 年相比，项目学校有应急灯配置的比重下降了 2.0%，非项目学校有应急灯配置的比重提高了 5.0%。由此可见，在这两年间，总体而言，项目初中和非项目初中在学校安全设施建设方面有不同程度的改进。

表 2.7 项目初中和非项目初中宿舍情况比较

寄宿设施	项目学校			非项目学校		
	2006 年	2008 年	变化百分比（%）	2006 年	2008 年	变化百分比（%）
校均宿舍面积（平方米）	1 350.22	2 604.12	92.9	1 312.33	1 156.48	−11.9
住宿生生均宿舍面积（平方米）	2.73	4.46	63.2	2.52	2.06	−18.3
有自来水学校比重（%）	36.0	90.2	54.2	61.2	63.5	2.3
供应热水学校比重（%）	89.4	90.3	0.9	91.0	60.2	30.8
有围墙的学校比重（%）	54.0	98.6	44.6	87.2	81.8	−5.4
有防火设施学校比重（%）	77.9	86.1	8.3	90.0	94.2	4.3
有应急灯学校比重（%）	74.2	72.2	−2.0	74.2	79.2	5.0

数据来源：西发项目监测与评价调查，2006 年和 2008 年。

总之，通过对中小学学生宿舍条件情况的分析发现，从绝对值来看，初中学生宿舍面积、供水情况、安全设施均好于小学，项目学校明显好于非项目学校，初中的项目学校配套设施建设比较到位。对于为什么小学和初中表现出不同的变化趋势，原因还有待于进一步分析。另外，在学生宿舍条件的各个方面，西部农村中小学还存在一定的投入不足等问题，需要进一步加大投入。

二、教师培训投入

教师培训是西发项目的重要投入之一。西发项目教师培训主要包括参与式教学培训、新课程培训、教育公平培训及其他。其中参与式教学培训和教育公平培训体现了西发项目的精神和特色，新课程培训是配合国家的新课程改革而开展的，另外还包括旨在提高教师的学历水平和知识水平的一般培训。参与式教学培训是整个西发项目教师培训中非常重要的一个方面。它主要是对教师进行参与式教学理念、方法的培训。参与式教学是近二十年发展起来的一种新型教学方法，是全体师生共同建立民主、和谐、热烈的教学氛围，让不同层次的学生都拥有同等参与和发展机会的一种有效学习方式，是一种合作式的教学方法。它强调充分调动学习者的积极性，培养学生的创新精神，进而提高教育质量。

从我们的实地调查数据中可以看到，从 2006 年到 2008 年，接受西发项目培训的教师比重有所提高。就西发项目教师培训的具体类型而言，参与式教学培训的投入在中小学均占到了 40%以上；但就整体而言，教师获得培训的机会较少，有超过一半的教师从未接受过任何培训。以下我们将对小学和初中分别进行具体评价。

（一）小学阶段教师培训情况

从图 2.1 中我们可以发现，在 2006 年的有效样本中，参加过培训的教师比例为 46.6%。其中，参加了西发项目培训的教师为 27.7%，没有参加过西发项目但是参加了其他培训的教师比重为 18.9%。在 2008 年的有效样本中，参加过培训的教师比例有所下降。但随着西发项目投入的不断深入，参加西发项目培训的教师比重上升为 30.5%。图 2.2 呈现了 2008 年小学教师接受西发项目各种类型培训的情况。从中可以看出，2008 年在参加西发项目培训的教师中，接受参与式教学培训的教师占 42.0%，接受新课程培训的占 11.1%，接受教育公平培训的占 0.6%，接受其他培训的占 46.4%。

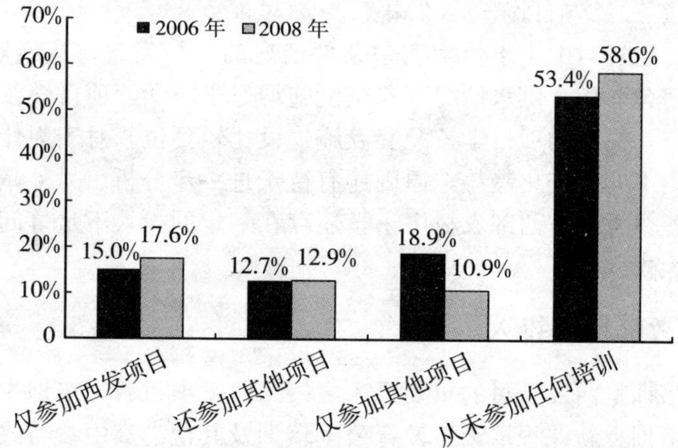

数据来源：西发项目监测与评价调查，2006 年和 2008 年。

图 2.1 小学阶段教师参与培训情况

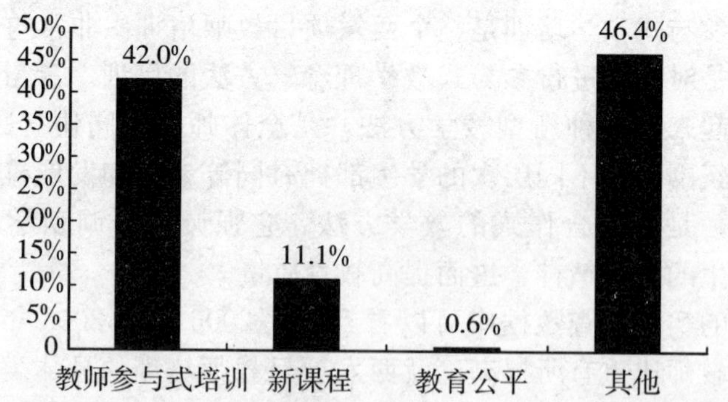

数据来源：西发项目监测与评价调查，2006 年和 2008 年。

图 2.2 2008 年小学教师接受西发项目各种类型培训的情况

（二）初中阶段教师培训情况

从图 2.3 中我们可以发现，在 2006 年的有效样本中，参加过培训的教师比例为 47.7%。其中，参加了西发项目培训的教师比重为 25.5%，没有参加过西发项目但是参加了其他培训的教师比重为 22.2%。在 2008 年的有效样本中，参加过培训的教师比例有所下降。但随着我们项目的不断深入，参加西发项目培训的教师比重上升为 27.8%。图 2.4 呈现了 2008 年初中教师接受西发项目各种类型培训的情况。从中可以看出，在参加西发项目培训的教师中，接受参与式教学培训的教师比重为 41.1%，接受新课程培训的占 17.6%，接受教育公平培训的占 0.2%，接受其他培训的占 41.2%。

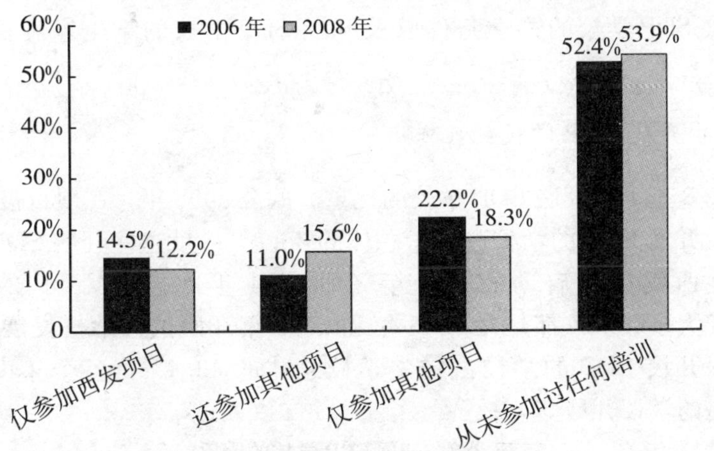

数据来源：西发项目监测与评价调查，2006 年和 2008 年。

图 2.3　初中阶段教师参与培训情况

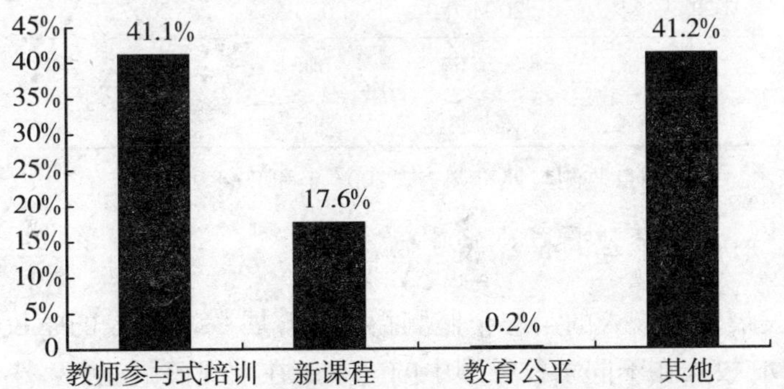

数据来源：西发项目监测与评价调查，2006 年和 2008 年。

图 2.4　2008 年初中教师参加西发项目各种类型培训的情况

三、学校发展规划投入

学校发展规划（SDP）是一种新的学校管理理念和工具。其目的是将学校建设成社区的学校，加强社区与学校的关系，通过自下而上、上下结合的方式，依据社区的需要来管理学校。它强调不同群体平等参与学校管理，发挥所有相关利益群体的作用，是一种注重学校自我管理能力的管理思想和管理模式。西发项目在西部五省区开展了中小学校长的学校发展规划培训，通过培训来转变和更新校长的学校管理理念，进而提升教育质量，促进学校的长远发展。本部分主要通过分析 SDP 的开展情况来考察学校发展规划的投入。根据监测指标体系，对于学校发展规划投入的分析主要使用四个指标：开展 SDP 学校的比重、开展 SDP 学校的学校类型、开展 SDP 学校的办学条件以及开展 SDP 学校的学生家庭社会经济地位。

（一）开展 SDP 学校的比重

表 2.8 显示了开展 SDP 学校的比重。截至 2008 年，在项目覆盖地区，小学阶段开展 SDP 的学校占小学总体的 46.9%。就这些开展 SDP 的小学而言，在西发项目启动的第一年（即 2004 年），开展 SDP 的学校为 15.6%，大多数学校都是在 2005 年和 2006 年开始执行学校发展规划的。初中阶段开展 SDP 的学校占初中学校总体的 43.4%，各个年度均新增 20%左右的学校开展 SDP。

表 2.8　开展 SDP 学校的比重

	开展 SDP 学校比重（%）	开展 SDP 学校中，各年度的执行情况（年度累积百分比）			
		2004 年	2005 年	2007 年	2008 年
小学	46.9	15.6	50.1	95.2	100
初中	43.4	21.9	50.7	81.3	100

数据来源：西发项目监测与评价调查，2006 年和 2008 年。

（二）开展 SDP 学校的学校类型

学校发展规划投入的第二个监测指标是开展 SDP 学校的学校类型，主要考察 SDP 投入在不同学校类型中的分布。在大规模调查中，小学主要包括村完小、乡镇中心小学和九年一贯制学校三种类型，初中主要包括了普通初中、九年一贯制学校和完中三种类型。表 2.9 和 2.10 中分别呈现了小学和初中开展SDP学校的学校类型。

在小学，表2.9显示，2006年，SDP项目学校中，村完小、乡镇中心小学和九年一贯制学校所占的比例分别为73.6%、23.3%和3.1%；2008年，SDP项目在三类学校中的分布分别为66.5%、31.3%和2.2%。由此可见，SDP项目覆盖学校大多数为村完小，其次是乡镇中心小学和九年一贯制学校。

在初中，表2.10显示，2006年，普通初中、九年一贯制学校分别占获得SDP投入的初中学校总数的61.2%、38.8%（当年没有选择完中作为SDP学校）；在2008年，普通初中、九年一贯制学校和完中分别占获得SDP投入的初中学校总数的49.8%、43.3%和6.9%。SDP项目重点关注的是普通初中，其次是九年一贯制学校，办学条件最好的完中在SDP学校中的比重最小。

（二）开展SDP学校的办学条件

为了考察项目投入是否对学校办学条件较差的学校有所倾斜，本研究分析了开展SDP学校的办学条件。学校办学条件指标是使用因素分析法分别对中小学办学的人力、物质和经费三方面指标整合而得，然后依据学校办学条件指标得分的高低将调研学校划分为办学条件较低、中等和较高三类水平。

在小学，表2.9显示，2006年开展SDP的小学中办学条件较低、中等和较高学校的比重分别为30.1%、34.4%和35.5%，2008年三类学校的比重分别为32.7%、36.8%和30.5%。2008年与2006年相比，获得SDP投入的学校中，办学条件属于中等和较低水平的学校所占比例有所上升。这在一定程度上说明，西发项目SDP投入越来越体现出向办学条件薄弱的学校倾斜的特征。

在初中，表2.10显示，2006年开展SDP的初中学校办学条件处于较低、中等和较高水平的比重分别为39.7%、25.6%和34.7%，2008年分别为39.0%、18.1%和43.0%。整体而言，办学条件属于中等和较低水平的学校占据了绝大部分比例。这说明，在初中阶段，西发项目SDP投入主要关注的是办学条件较差或者中等的学校。

（四）开展SDP学校的学生家庭社会经济地位

为了考察项目投入是否对家庭经济困难的学生倾斜，本研究也把开展SDP学校的学生家庭社会经济地位作为一个重要的投入指标。课题组使用加权方法对学生问卷中各项家庭社会经济地位指标进行整合，得到了学生家庭社会经济地位指数（socioeconomic status，SES），然后根据SES得分的高低将调研学生划分为家庭经济状况较差、中等和较好三个类别。

在小学，表2.9显示，2006年开展SDP的小学中家庭经济地位处于较差、中等和较好三个水平的学生比例分别为34.8%、32.5%和32.7%，2008年三类学生比例分别为31.4%、33.6%和35.1%。由此可见，在开展SDP的小学中，有接近70%的学生家庭经济地位处于中低水平。这在一定程度上可以说明西发项目SDP投入对家庭经济地位较差的学生有所倾斜。

表2.9　小学开展SDP学校的学校类型、办学条件及学生家庭社会经济地位（%）

	SDP学校		非SDP学校	
	2006年	2008年	2006年	2008年
学校类型				
村完小	73.6	66.5	93	89.6
乡镇中心小学	23.3	31.3	4.1	7.3
九年一贯制学校	3.1	2.2	2.8	3.1
学校办学条件				
较低	30.1	32.7	36.1	30.8
中等	34.4	36.8	31.7	33
较高	35.5	30.5	32.3	36.2
学生家庭社会经济地位				
较低	34.8	31.4	32	35.2
中等	32.5	33.6	34.2	33.2
较高	32.7	35.1	33.9	31.6

数据来源：西发项目监测与评价调查，2006年和2008年。

在初中，表2.10显示，2006年开展SDP的初中家庭经济地位处于较差、中等和较好三个水平的学生比例分别为31.4%、32.9%和35.7%，2008年三类学生比例分别为29.7%、34.6%和35.6%。由此可见，在开展SDP的初中学校中，有接近65%的学生家庭经济条件处于中低水平。

在学校发展规划投入的监测指标中，开展SDP学校的比重指标考察了 SDP 投入的总体实施情况，而后三个指标从开展 SDP 学校的学校类型、办学条件和学生家庭社会经济地位三个方面来考察 SDP 投入的项目覆盖情况。整体而言，在获得 SDP 投入的学校中，办学条件较好的学校比重较小，SDP 学校的学生家庭社会经济地位较低。这在一定程度上可以说明，SDP 项目的投入对薄弱学校有所倾斜，以促进这些学校教育质量的提高。

表 2.10　初中开展 SDP 学校的学校类型、办学条件及学生家庭社会经济地位（%）

	SDP 学校		非 SDP 学校	
	2006 年	2008 年	2006 年	2008 年
学校类型				
普通初中	61.2	49.8	77.4	82.3
九年一贯制学校	38.8	43.3	19.5	12.5
完中	0	6.9	3.1	5.2
学校办学条件				
较低	39.7	39.0	27.5	25.8
中等	25.6	18.1	39.6	45.8
较高	34.7	43.0	32.9	28.4
学生家庭社会经济地位				
较低	31.4	29.7	35.1	36.5
中等	32.9	34.6	33.7	32.2
较高	35.7	35.6	31.2	31.3

数据来源：西发项目监测与评价调查，2006 年和 2008 年。

第三节　西发项目的产出

项目的产出是指项目各项投入对项目覆盖群体带来的直接变化。依据西发项目的项目投入活动，我们从办学条件的使用、教师质量的变化、对参与式教学的理解和对学校发展规划的理解四个方面构建了产出指标体系（具体见表 2.11）。根据这一指标体系，我们使用西发项目监测与评价调查的数据，对 2006 年和 2008 年项目产出的状况进行分析。

表 2.11　项目产出的监测指标

	产出的监测指标
学校办学条件的使用	平均每月到图书馆借阅图书的总人数（教师和学生）
	2008 年教师从图书馆借书的比例
	生均每周借书册数
	平均每位教师每周使用计算机小时数
	学校学生中寄宿生所占比重
教师质量的变化	教师学历的变化
	教师职称的变化
对参与式教学的理解	教师对参与式教学的理解
对学校发展规划的理解	校长对学校发展规划的理解

一、学校办学条件的使用

学校办学条件投入是西发项目的重要投入之一，主要包括了对土建、图书、计算机、课桌椅等方面的投入。其产出就是项目覆盖地区的教师和学生对这些办学条件的使用情况以及给他们带来的变化。本研究主要通过图书和计算机的使用状况对西发项目学校办学条件投入的产出进行考察。此外，通过考察寄宿生的比重来间接地分析学校住宿条件的使用情况。表 2.12 即为学校办学条件的使用情况。以下我们分别对小学和初中办学条件的使用情况进行分析。

表 2.12　学校办学条件的使用情况

		2006 年		2008 年	
		项目学校	非项目学校	项目学校	非项目学校
小学	平均每月到图书馆借阅图书的总人数（教师和学生）	292.2	253.99	396.27	226.01
	教师从图书馆借过书的比例	——	——	66.7	51.3
	生均每周借书册数	——	——	1.73	1.03
	平均每位教师每周使用计算机小时数	1.68	1.55	2.43	2.26

续表

		2006年		2008年	
		项目学校	非项目学校	项目学校	非项目学校
初中	平均每月到图书馆借阅图书的总人数（教师和学生）	1 436.52	945.39	1 444.02	1 372.75
	教师从图书馆借过书的比例	——	——	64.9	49.9
	生均每周借书册数	——	——	0.81	0.83
	平均每位教师每周使用计算机小时数	1.63	1.96	2.56	2.52

数据来源：西发项目监测与评价调查，2006年和2008年。

注："教师从图书馆借过书的比例"指标指的是2008年调研时持有从图书馆借阅图书的教师比例。

（一）小学阶段情况

表2.12显示，在每月到图书馆借阅图书的人数这一指标上，2006年项目小学均为292.2人，非项目小学均为253.99人；2008年，项目小学每月到图书馆借阅图书的人数上升到校均396.27人，非项目小学下降到校均226.01人。在教师借阅图书的相关指标上，项目小学的教师在2008年持有从图书馆借出图书的比例为66.7%，非项目小学该比例为51.3%。在生均每周借阅图书指标上，项目小学学生在2008年生均每周借阅图书1.73册，非项目小学为1.03册。由此可见，在图书使用方面，项目小学师生对图书的使用情况好于非项目小学。

表2.12中，在教师每周使用计算机小时数这一指标上，项目小学从2006年的1.68小时上升到2008年的2.43小时，非项目小学两个年度平均每位教师每周使用计算机的小时数分别是1.55小时和2.26小时。由此可见，从2006年到2008年，项目小学和非项目小学教师在使用计算机的时间上都有所增加，项目小学教师比非项目小学教师平均每周使用时间多10分钟左右。

（二）中学阶段情况

表2.12显示，在每月到图书馆借阅图书的人数这一指标上，2006年

项目初中校均为 1 436.52 人，非项目初中校均为 945.39 人。2008 年，项目初中每月到图书馆借阅图书的人数为 1 444.02 人，非项目初中校均为 1 372.75 人，项目初中的校均指标两年均高于非项目学校。在教师借阅图书的相关指标上，项目初中的教师在 2008 年调研时持有从图书馆借出图书的比例为 64.9%，非项目初中该比例为 49.9%。在生均每周借阅图书指标上，项目初中学生 2008 年生均每周借阅图书 0.81 册，非项目初中为 0.83 册。

表 2.12 中，在项目学校教师每周使用计算机小时数这一指标上，项目初中从 2006 年的 1.63 小时上升到 2008 年的 2.56 小时，非项目初中两个年度平均每位教师每周使用计算机小时数从 2006 年的 1.96 小时上升到 2008 年的 2.52 小时。可以说，从 2006 年到 2008 年，项目初中和非项目初中教师在计算机使用的时间上相差不大。

（三）小学和初中寄宿生的变化

近几年来，中国政府为了整合农村地区的优质教育资源而进行了学校布局结构的调整，撤并了一些生源少的教学点或学校。这一政策所带来的一大变化就是部分学生上学距离变远而需要寄宿，因此可能会带来寄宿生一定比例的提高，对寄宿条件需求也越来越高。西发项目把改善寄宿条件作为重要投入之一，投入了相当比例的资金，因此我们把寄宿生变化作为一个重要的学校办学条件产出指标单列出来，以间接考察西发项目学生宿舍条件的使用情况。

表 2.13 显示了 2006 年和 2008 年中小学寄宿生比例。从中可以看出，不管是小学还是初中，不管是项目学校还是非项目学校，从 2006 年到 2008 年，校均寄宿生比重都有不同程度的上升。这在一定程度上说明，西发项目对学校寄宿条件的投入，正好迎合了学生不断增长的寄宿需求。小学阶段校均寄宿生比例增长较快，而且项目学校两年间增长的比例明显大于非项目学校；初中同小学相比，两年寄宿生比重均较大，项目学校与非项目学校两年间增长的速度没有太大差异。对于两年间小学校均寄宿生比重变化明显大于初中这一现象而言，可能是由于小学阶段学生宿舍条件短缺较为严重，西发项目对小学寄宿条件予以了较多关注。

表 2.13　中小学寄宿生比例

	项目学校			非项目学校		
	2006 年	2008 年	变化	2006 年	2008 年	变化
小学校均寄宿生比重（%）	17.8	29.1	11.2	19.6	23.3	3.7
初中校均寄宿生比重（%）	73.5	75.4	1.9	47.5	51.7	4.2

数据来源：西发项目监测与评价调查，2006 年和 2008 年。

二、教师质量的变化

西发项目对教师的投入主要是教师培训投入，包括参与式教学培训、新课程培训、教育公平培训和其他培训等。其中，其他培训主要指的是西发项目为了提高教师的学历水平和知识水平的一般性培训。从西发项目监测与评价调查数据可知，2008 年，小学和初中教师中接受过西发项目培训的比例分别为 46.36%和 41.15%。我们通过教师质量的变化来考察教师培训投入的产出，而教师质量的变化，主要使用教师学历和教师职称两个指标来测量。但需要明确的是，教师学历和职称的变化并不一定都是西发项目带来的。表 2.14 和表 2.15 分别呈现了项目地区小学、初中专任教师学历、职称情况。总体来看，经过项目的干预，项目覆盖地区的农村中小学教师质量状况自 2006 年到 2008 年有了一定的改进。以下我们对小学和初中阶段教师质量的变化分别进行评价。

（一）小学阶段

表 2.14 反映了项目地区小学专任教师的学历（当前学历）和职称情况。小学教师学历分为本科及以上、专科、高中、高中以下四类。小学教师的学历主要集中在专科，其次为高中，二者合计约 90%左右。从 2006 年到 2008 年，小学教师的学历水平有所提高，特别是项目县小学教师的主体从以前的高中学历为主提高到以专科学历为主。此外，对比 2006 年和 2008 年的数据，项目县两年间专科、本科及以上学历教师的比例越来越大，而高中及以下学历教师的比例越来越小，也就是说在教师学历上，项目县改进的速度比较快。

小学教师职称分为中学高级、小学高级、小学一级、小学二级、小学三级、未评职称、其他共七类。小学教师职称主要集中在小学一级，其次是小学高级，二者合计约 70%左右。对比表 2.14 中项目省区和项目县的数据发现，项目县小学教师的职称水平普遍低于项目省区；从时间上来看，小学教师的职称水平有所提高，具体表现在小学一级及以上职称的教师比例越来越大，小学二级及以下职称的教师比例越来越小。因此可以说，项目县的教师职称水平略差于项目省区，项目县两年间教师职称的提高幅度较大。

表 2.14　项目地区小学专任教师学历、职称情况（%）

	项目省区		项目县	
	2005 年	2007 年	2006 年	2008 年
按学历分				
本科及以上	3.9	7.8	6.9	12.7
专科	46.9	55.4	40.7	54.2
高中	46.7	35.1	50.2	30.5
高中以下	2.5	1.7	2.1	2.5
总计	100.0	100.0	100.0	100.0
按职称分				
中学高级	0.2	0.2	0.8	0.2
小学高级	38.2	41.6	22.3	29.0
小学一级	45.1	45.1	40.1	43.9
小学二级	10.9	7.5	13.4	10.7
小学三级	0.4	0.3	1.5	1.0
未评职称	5.3	5.4	20.6	13.8
其他	—	—	1.3	1.5
总计	100.0	100.0	100.0	100.0

数据来源：西发项目监测与评价调查，2006 年和 2008 年；《中国教育统计年鉴》，2005 年和 2007 年。

（二）中学阶段

表 2.15 反映了项目地区初中专任教师学历和职称情况。初中教师学历分为本科及以上、专科、高中、高中以下四类。从表中可以看出，初中教师的学历主要集中在专科，其次为本科及以上，二者合计约 95%左右。对

比表中项目省区和项目县的数据发现，项目县的教师学历水平略低于项目省区的总体水平。对比不同时间点的数据发现，初中专任教师学历表现出本科及以上学历教师比例的逐渐提高和专科及以下学历教师的比例逐渐降低的趋势，项目县初中学校本科及以上学历的教师比例两年间提高幅度较大。

初中教师职称分为中学高级、中学一级、中学二级、中学三级、未评职称、其他共六类。从表中可以看出，初中教师职称主要集中在中学二级，其次是中学一级，二者合计大约70%左右。对比项目省区和项目县的数据发现，项目省区中学二级及以上职称的教师比例明显高于项目县，也就是说项目县教师职称低于项目省区的平均水平。对比不同时间点的数据发现，项目省区和项目县两年间均表现为中学一级及以上职称的教师比例逐渐提高，中学一级以下职称的教师比例逐渐降低。

表 2.15　项目地区初中专任教师学历、职称情况（%）

	项目省区		项目县	
	2005 年	2007 年	2006 年	2008 年
按学历分				
本科及以上	27.3	41.7	34.9	49.5
专科	67.1	54.9	58.0	46.7
高中	5.5	3.3	6.8	3.4
高中以下	0.1	0.1	0.3	0.5
总计	100.0	100.0	100.0	100.0
按职称分				
中学高级	4.1	5.6	2.7	4.4
中学一级	32.7	35.4	21.7	24.1
中学二级	44.8	44.0	44.1	41.0
中学三级	10.4	7.4	12.1	12.6
未评职称	8.0	7.6	16.5	12.5
其他	——	——	2.8	5.5
总计	100.0	100.0	100.0	100.0

数据来源：西发项目监测与评价调查，2006 年和 2008 年；《中国教育统计年鉴》，2005 年和 2007 年。

三、教师对参与式教学的理解

参与式教学培训（PTT）是西发项目教师投入中的重要组成部分。在教学理念方面，参与式教学有很多创新之处。参与式教学培训的主要目标是传播参与式教学理念，推广参与式教学，指导教师在实践中开展参与式教学活动，增加教学活动的吸引力，并不断提高教学质量，以促进教师专业成长。通过参与式教学培训，更新教师观念，提高教师教学专业水平、学习能力、反思能力以及研究能力等。对于PTT的产出，主要通过教师对PTT的理解指标来考察。考虑到PTT的执行情况和力度在各个学校之间不尽相同，而且只有参加了一定数量和强度的PTT之后才能对教师产生影响，才能在一所学校内形成实施参与式教学的氛围。我们对PTT项目学校进行了严格的界定，将全校教师接受PTT达到10人天以上的学校或教师人均接受PTT量达到1天以上的学校界定为PTT项目学校。

在中小学教师问卷中，课题组专门设计了“对参与式教学的认识”量表。在合成教师对PTT的理解指标时，我们选择了区分度和代表性较好的五个题目。表2.16呈现了我们考察教师对PTT的理解时所选取的五个题目以及答案的选项。从表中可以看出，在教师对PTT的理解上，我们主要通过教师对“参与式教学会削弱学生的基础知识和基本技能”、“搞了参与式教学就很难完成教学任务”、“在大班额班级中不适合开展参与式教学”、“参与式教学是舶来品，不适合中国国情”、“在参与式教学中，教师不能讲授教学内容”五道题目来考察。这五项内容对于PTT理念有较好的代表性，同时也有较好的区分度。如果教师在这五道题上均选择了“非常不同意”或“有些不同意”，则认为该教师对PTT有较好的理解。我们用对PTT具有较好理解的教师占教师总数的比例来衡量项目学校和非项目学校教师对PTT的理解程度。

表2.16　教师对PTT的理解相关题项

序号	陈述	非常不同意	有些不同意	一般	有些同意	非常同意
1	参与式教学会削弱学生的基础知识和基本技能。	1	2	3	4	5
2	搞了参与式教学就很难完成教学任务。	1	2	3	4	5
3	在大班额班级中不适合开展参与式教学。	1	2	3	4	5

续表

序号	陈述	非常不同意	有些不同意	一般	有些同意	非常同意
4	参与式教学是舶来品，不适合中国国情。	1	2	3	4	5
5	在参与式教学中，教师不能讲授教学内容。	1	2	3	4	5

题目来源：西发项目监测与评价调查《小学教师基本情况调查表（2008年）》。

表2.17显示了对参与式教学具有较好理解的教师比例。从表中可以看出，在PTT项目小学和初中，对PTT具有较好理解的教师比例高于非PTT项目学校，PTT项目的开展对教师的观念产生了一定的影响，PTT学校的教师更有可能在教学中引入参与式教学方式。对比小学和初中教师发现，小学教师对PTT的理解略好于初中。此外，初中项目学校和非项目学校教师对PTT的理解差异大于小学。出现这种现象的原因可能是初中学校的教学压力较大，教师对于参与式教学方式和理念的重视程度不如小学阶段教师。通过以上分析可知，项目学校教师对PTT有较好的理解，项目对教师的理念或多或少地产生了积极的影响。

表2.17　教师对参与式教学具有较好理解的比重（%）

	PTT学校	非PTT学校	整体
小学	36.9	29.3	31.2
初中	28.5	15.0	18.7

数据来源：西发项目监测与评价调查，2006年和2008年。

四、校长对学校发展规划的理解

学校发展规划是西发项目投入中的重要组成部分。SDP是指在学校层次，通过自下而上的方式，广泛征求社区群众意见，由学校和社区自主制定的关于社区教育未来发展的规划。它倡导自下而上、广泛参与、切实具体、实事求是、自主管理等理念。它被认为是改善学校管理、提高学校质量的一种有效的手段和工具。对于SDP的产出，我们主要通过校长对SDP的理解来衡量。另外，本部分报告中SDP项目学校是指在2006—2008年参与了西发项目SDP项目的学校。

在中小学校长问卷中，课题组专门设计了对学校发展规划的认识量表。综合考虑题目的代表性和区分度，我们选取了其中的四道题目来考察校长对SDP的理解，如表2.18所示。这四道题目分别是“学生有权利参与学校发展规划的制定与实施"、"教职员工积极参与学校发展规划的制定与实施"、"学生积极参与学校发展规划的制定与实施"、"家长和村民有权利参与学校发展规划的制定与实施"。这些题目与 SDP 的内容和目的是一致的，能反映 SDP 的核心理念，具有较好的代表性，同时题目的区分度也较好。对于这四道题目，如果校长均选择了"比较符合"或"完全符合"，则认为该校长对学校发展规划有较好的理解。我们用对 SDP 具有较好理解的校长占校长总数的比例来衡量项目学校和非项目学校校长对 SDP 的理解程度。

表 2.18　校长对 SDP 的理解相关题项

序号	陈述	很不符合	不太符合	比较符合	完全符合
1	学生有权利参与学校发展规划的制定与实施。	1	2	3	4
2	教职员工积极参与学校发展规划的制定与实施。	1	2	3	4
3	学生积极参与学校发展规划的制定与实施。	1	2	3	4
4	家长和村民有权利参与学校发展规划的制定与实施。	1	2	3	4

题目来源：西发项目监测与评价调查《小学校长基本情况调查表（2008 年）》。

表 2.19 显示了对 SDP 具有较好理解的校长比重。从表中可以看出，SDP 项目学校和非 SDP 项目学校的校长对 SDP 的理解状况存在很大的差别，这种差别在初中表现得尤为突出。同时，小学校长对 SDP 的理解好于初中校长，尤其是在非 SDP 项目学校内部，小学和初中之间的差异非常明显。产生这种现象的原因可能是，由于面临较大的升学压力，在没有 SDP 项目投入的情况下，初中校长对 SDP 的相关理念关注较少。总体来看，SDP 项目学校校长对 SDP 的理解好于非项目学校，SDP 项目的投入提高了学校校长对 SDP 的理解，这将有利于学校的长远发展。

表 2.19　校长对 SDP 具有较好理解的比重（%）

	SDP 学校	非 SDP 学校	整体
小学	66.5	45.9	55.6
初中	55.5	6.5	30.5

数据来源：西发项目监测与评价调查，2006 年和 2008 年。

第四节　西发项目的结果

西发项目投入的总目标是提高西部农村地区基础教育质量，提高适龄儿童的入学率，特别是促进少数民族学生和女童的九年义务教育的高质量实现。结果指标应当与项目预期达成的目标紧密相关。西发项目影响力评价对于结果的监测指标主要包括入学率和辍学率、学生能力发展以及毕业生的语文、数学考试通过率。依据结果指标体系，我们使用两类数据分析了结果指标在项目干预过程中的变化趋势，以此说明项目投入的结果。第一类数据是各级教育行政部门上报的项目地区入学率和辍学率，以及毕业生语文和数学考试通过率；第二类数据是课题组对项目覆盖地区中小学生语文、数学能力的重复测量。

一、入学率和辍学率

在此，我们没有呈现各省区入学率和辍学率的具体数据，而是根据一定的方法，合成了五省区总的入学率和辍学率数据。在合成这个总的入学率和辍学率数据时，我们以各省区的人口数占五省区人口总数的比例作为权重，① 然后用加权平均的方法合成该指标。图 2.5 至图 2.7 反映了项目地区中小学入学率在 2004—2007 年的变化，我们按照学生的性别和民族分别进行考察。总体上，五省区中小学入学率在这四年间平稳上升。入学率在男女生之间的差异有所减小，少数民族适龄儿童入学率在 2004—2007 年也呈逐步上升趋势。

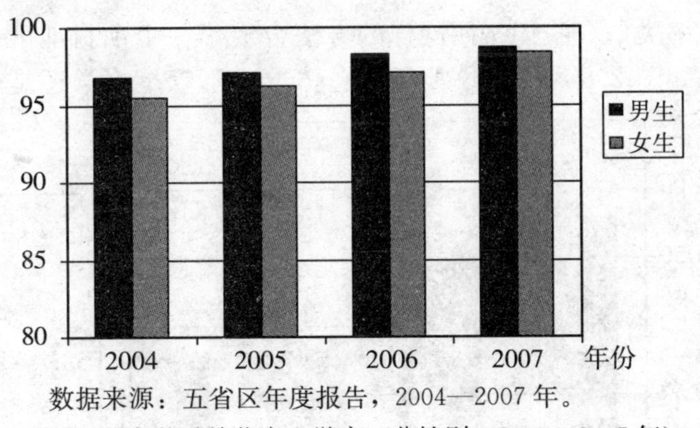

数据来源：五省区年度报告，2004—2007 年。

图 2.5　小学适龄儿童入学率（分性别，2004—2007 年）

---

① 按照此方法计算出的五省区权重分别为：甘肃 0.058，广西 0.242，宁夏 0.127，四川 0.248，云南 0.325。

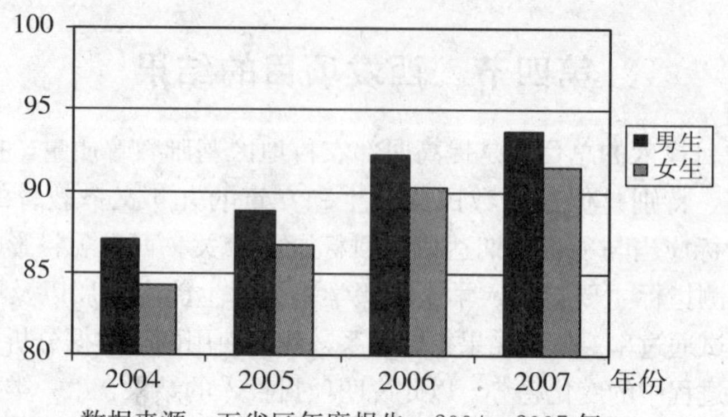

数据来源：五省区年度报告，2004—2007 年。

图 2.6　初中适龄儿童入学率（分性别，2004—2007 年）

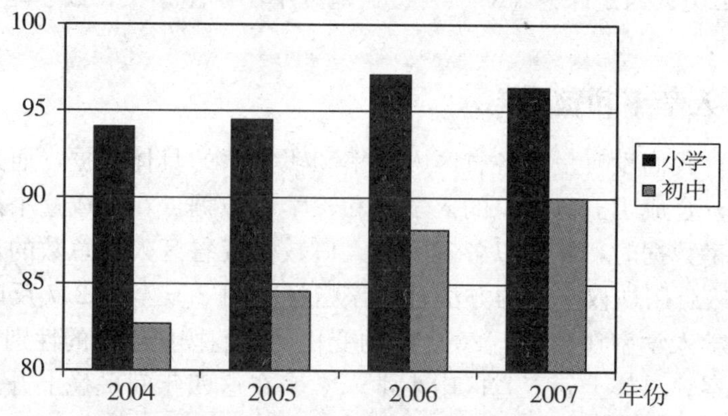

数据来源：五省区年度报告，2004—2007 年。

图 2.7　少数民族适龄儿童入学率（分小学和初中，2004—2007 年）

与入学率类似，我们按照同样的方法合成了一个项目地区总的辍学率数据，结果如图 2.8 和图 2.9 所示。总体上，不管是小学还是初中，不管

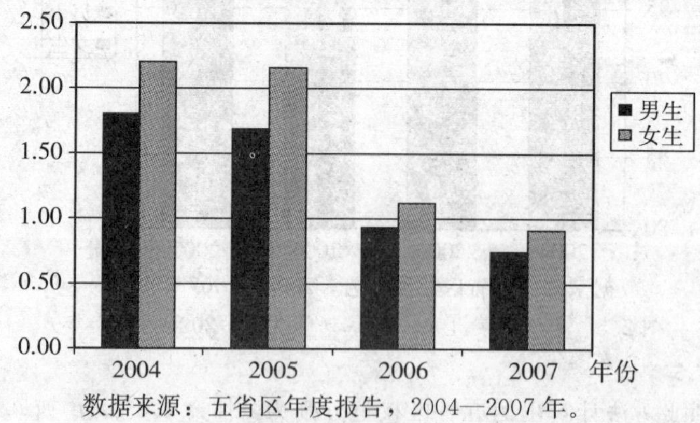

数据来源：五省区年度报告，2004—2007 年。

图 2.8　项目地区小学辍学率（2004—2007 年）

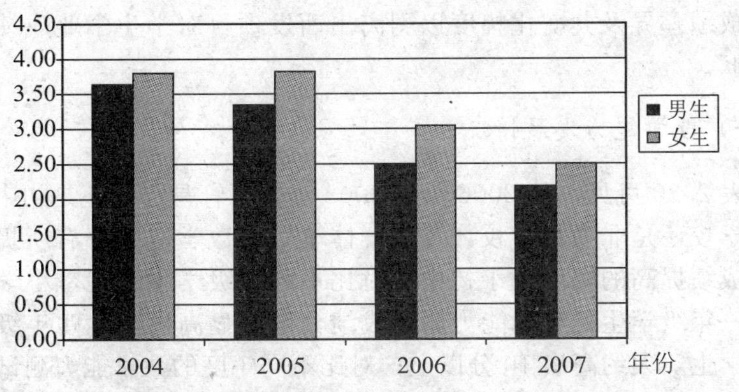

数据来源：五省区年度报告，2004—2007 年。

图 2.9　项目地区初中辍学率（2004—2007 年）

是男生还是女生，辍学率在这四年内平稳下降。但是，初中的辍学率高于小学，女生的辍学率高于男生。

二、学生能力发展

西发项目的主要目标是提高西部地区的基础教育质量。教育质量主要体现在学生发展上。为了客观评价学生的发展情况，影响力评价课题组于 2006 年和 2008 年对小学和初中学生进行了语文和数学标准化能力测试。能力测试的测量工具是由相关的教学专家和教育与发展心理学专家共同编制的，经过了信度和效度的检验，而后用于对抽样学生的施测。我们的标准化测试与现行同教材相配合的测试学生知识掌握水平的考试有较大区别，我们主要考察学生的数学、语文能力发展，而不仅仅是学生的知识掌握水平。其中，数学测验以评价学生数学能力为主，参考 TIMSS（third international mathematics and science study，第三次国际数学与科学学习趋势评价）试题的形式与内容，采用了 20 道四选一或五选一的标准化试题。这些试题可以区分学生在了解数学在实际生活中的作用，作出有理据的判断，运用数学解决实际问题，成为一个具有推理和建构能力的人等方面的发展程度。语文测验主要区分学生在理解、运用及反思文章内容方面的程度。小学语文测验是由理解字词和句子、判断句子正误、阅读理解短文等题型组成，初中语文测验全部是由阅读理解短文的题型组成。小学主要测试了四、六年级学生，初中测试了初一、初三年级学生。小学或初中内部的两个年级试题是一样的。2008 年，课题组追踪了 2006 年测试的小学四年级和初中一年级学生（分别升入小学六年级和初中三年级），并对他们进行了重复测量。课题组通过分析项目学校与非项目学校学生

的学业成绩差异及其变化幅度以剥离出西发项目对学生学业成绩进步的“净影响”。

（一）数学能力发展情况

从表2.20可见，从2006年到2008年，不管是小学还是初中，不管是项目学校还是非项目学校，各个群体学生的数学成绩都有所提高，而且小学成绩提高的幅度大于初中。对比不同年级学生发现，小学六年级和初中三年级学生的数学能力测试成绩分别明显高出小学四年级和初中一年级学生，大约高出10分以上；对比不同年度的数学能力测试成绩发现，项目学校和非项目学校两年间的测试成绩基本上均有一定程度的提高；对比项目学校和非项目学校发现，项目学校同一年级的学生成绩均高于非项目学校的学生成绩，项目学校的学生两年之间有更大的进步幅度。

（二）语文能力发展情况

从表2.20可见，在语文能力测试成绩上，从2006年到2008年，部分学校学生的成绩出现了一定程度的退步情况。对比不同年级学生发现，小学六年级和初中三年级学生的语文能力测试成绩分别高于小学四年级和初中一年级学生，大约高出10分左右；对比不同年度的语文能力测试成绩发现，项目学校2008年的语文能力测试成绩普遍高于2006年，而非项目学校2008年的成绩普遍略低于2006年。对比项目学校和非项目学校发现，2008年，项目学校同一年级的学生成绩普遍高于非项目学校。

表2.20　从2006年到2008年学生成绩变化

		项目学校			非项目学校		
		2006年	2008年	变化	2006年	2008年	变化
数学	小学	67.69	70.28	2.59	64.77	67.32	2.55
	四年级	61.52	63.70	2.18	57.84	60.91	3.07
	六年级	73.22	75.75	2.53	71.71	73.19	1.48
	初中	70.26	71.49	1.23	70.51	70.99	0.48
	初一年级	62.54	65.12	2.58	63.09	64.59	1.50
	初三年级	79.92	80.81	0.89	79.02	79.19	0.17

续表

		项目学校			非项目学校		
		2006 年	2008 年	变化	2006 年	2008 年	变化
语文	小学	53.89	57.81	3.92	53.37	54.01	0.64
	四年级	49.07	52.65	3.59	47.92	45.61	−2.32
	六年级	58.21	62.09	3.88	58.83	61.70	2.88
	初中	48.08	48.25	0.16	49.67	48.11	−1.56
	初一年级	43.35	45.34	1.99	45.41	44.81	−0.60
	初三年级	54.00	52.51	−1.49	54.56	52.35	−2.21

数据来源：西发项目监测与评价调查，2006 年和 2008 年。

通过以上分析学生的数学、语文能力发展情况发现，整体来看，2008 年学生的能力发展略好于 2006 年，项目学校学生的数学、语文能力测试成绩在各个年度均好于非项目学校，而且项目学校两年间的进步幅度大于非项目学校。显然，项目对学生的能力发展产生了一定程度的积极影响。

三、毕业生语文、数学考试通过率

除了课题组专门编制的语文、数学标准化能力测试外，我们还考察了项目地区中小学毕业生的语文、数学考试通过率，从另一个侧面反映项目地区的学生发展情况。该数据是由五省区项目办上报的。之所以将 2001 年和 2007 年这两年的数据进行对比，是因为在 2001 年我们进行了西发项目的可行性论证，这一年度的数据可以反映项目实施之前的学生发展情况；2007 年是课题组撰写报告时所能得到的最新数据，可以反映项目实施之后的学生发展情况。这样，将 2001 年和 2007 年的数据进行对比，可以近似地看做项目实施前后学生发展情况的一个对比。

如图 2.10 所示，从 2001 年到 2007 年，不管是男生还是女生，五省区小学毕业生的语文、数学考试通过率都有了很大提高。从五省区平均水平来看，2001 年五省区小学毕业生语文、数学考试的平均通过率分别为 75.28%、78.47%，到 2007 年，上升为 87.26%、89.58%。

图 2.11 为项目地区初中毕业生的语文、数学考试通过率。从图中可以看出，从 2001 年到 2007 年，不管是男生还是女生，五省区初中毕业生语文、数学考试通过率有了很大提高。2001 年五省区初中毕业生语文、数学考试的平均通过率分别为 65.89%、71.44%，到 2007 年，上升为 79.59%、84.17%。对比发现，语文考试通过率普遍高于数学，男生普遍

高于女生，小学普遍高于初中。

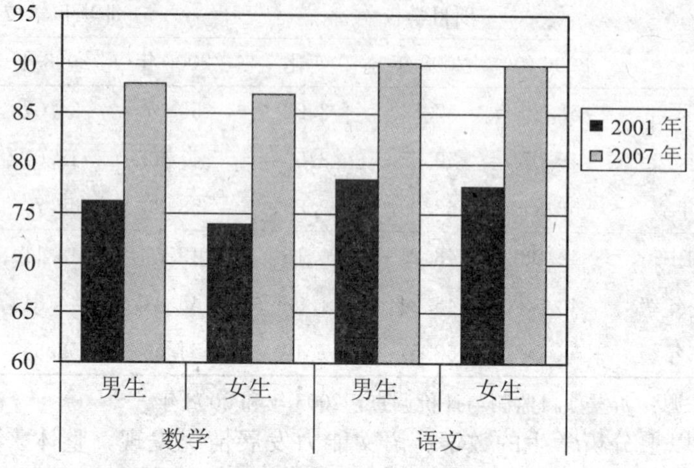

数据来源：五省区年度报告，2001 年和 2007 年。

图 2.10 项目地区小学毕业生考试通过率（2001 年和 2007 年）

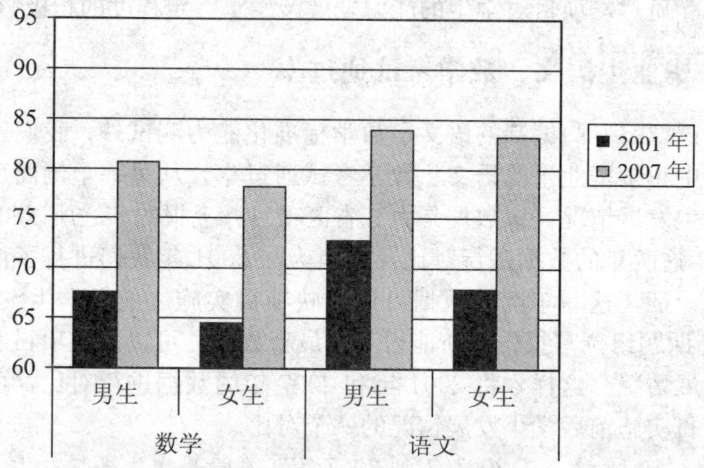

数据来源：五省区年度报告，2001 年和 2007 年。

图 2.11 项目地区初中毕业生考试通过率（2001 年和 2007 年）

第五节 本章小结

本章从投入、产出和结果三个方面设计了西发项目的监测指标体系。利用大规模抽样调查、县级和学校基本信息库、五省区上报的项目实施年度报告、各类统计年鉴等来源的数据，对项目的投入、产出和结果进行了分析，同时对项目投入是否覆盖了目标人群，项目对目标人群是否带来了预期的变化等问题进行了回答。通过本部分对西发项目的监测，得出以下结论。

第一，西发项目计划得到了很好的执行。

第二，项目投入在一定程度上改善了学校办学条件。项目学校在图书、计算机以及课桌椅的配置水平上都有所提高，且好于非项目学校的配置数量。但西发项目学校办学条件投入的净影响还无法确定。

第三，从产出指标来看，教师和学生更多地使用图书、计算机等资源，教师的学历水平和职称得到了一定程度的提高。PTT 项目学校教师对参与式教学法有较好的理解，SDP 项目学校的校长对 SDP 的理解也好于非 SDP 项目学校。

第四，从入学率和辍学率指标来看西发项目的结果，五省区小学和初中阶段适龄儿童入学率从 2004 年到 2007 年呈上升态势；五省区项目覆盖的小学、初中女童平均入学率不断上升，辍学率从 2004 年到 2007 年平稳下降，但女生辍学率高于男生；少数民族适龄儿童入学率在 2004 年到 2007 年之间也呈逐步上升趋势。这意味着促进西部农村地区普及九年义务教育的项目预期目标较好地实现了，但还需要特别关注女童的巩固率。

第五，从学生发展角度来看，西发项目对学生发展的作用是显著的。从时间跨度来看，学生能力发展测试的成绩在两年之间有明显提高。从 2001 年到 2007 年，五省区小学和初中毕业生的语文、数学考试通过率也有很大提高，不过女生通过率低于男生；从项目学校和非项目学校的对比来看，项目学校的学生发展略好于非项目学校。

第六，项目投入覆盖了薄弱学校和弱势群体，较好地与项目的锁定目标达到了一致。如 SDP 培训倾向于投入办学条件薄弱的中小学校，覆盖的学生大多数是家庭经济条件处于中低水平的学生。由此可见，项目资源投入对比较薄弱的学校和较贫困的人群有所倾斜。

第三章 项目活动对五省区义务教育普及情况的影响力评价

在第二章中，我们按照投入、产出和结果的逻辑框架，介绍了西发项目影响力评价的监测指标体系以及指标在项目实施前后的变化。从第三章到第六章，我们将从不同角度或内容对西发项目的影响力进行评价。具体而言，第三章和第四章是对西发项目两个重要目标的实现程度的评价，第五章和第六章是对西发项目中两项有特色的子项目的评价。

西发项目的目标主要包括两个方面：第一方面是西发项目对五省区义务教育普及情况的影响，第二方面是西发项目对项目覆盖地区学生发展的影响。本章主要评价西发项目对第一方面目标的实现程度。比如，我们将考察项目实施前后五省区义务教育普及情况的变化，以及义务教育普及情况在项目地区和非项目地区、在不同性别和民族的学生之间的差异。此外，在项目实施期间，中国政府出台了一些农村义务教育发展方面的政策，如学校布局结构调整、农村义务教育经费保障机制等，本章也关注这些政策对义务教育普及情况的影响。

义务教育的普及情况，主要通过两个指标来反映：一是绝对量的指标，即在校生数；二是相对量的指标，即入学率。在校生数的数据主要来源于西发项目监测与评价调查以及国家发布的各类统计年鉴。入学率的数据主要来源于五省区项目办的年度报告以及县级和学校基本信息库。在西发项目监测与评价调查中，我们没有收集入学率数据。这是因为入学率数据的获得必须进行入户调查。中国义务教育（尤其是小学阶段）的入学率已经很高，要甄别入学率在2006—2008年的细微变化，需要进行大规模的入户调查。而大规模调查的成本非常高，考虑到其高成本和种种限制，我们没有进行大规模入户调查，没有收集入学率数据。

第一节 项目地区中小学入学率的变化

西发项目的一个重要目标是要提高项目地区学生的入学水平。在项目设计之初，对于项目省区和项目县的选择，一个重要原则是优先资助尚未“普九”的贫困县，或已“普九”但后来出现滑坡现象的县。针对这一目标，本节从入学率的角度，分析项目地区在入学方面的改善情况。

入学率指标包括两种：净入学率和毛入学率。净入学率是严格意义上的入学率，它只考虑在校生中的学龄人口；而毛入学率的要求相对宽松，它把所有的在校生都纳入计算范围，不管其是否处在学龄阶段。相应的计算公式如下：

净入学率＝(在校学龄人口数÷学龄人口总数)×100％

毛入学率＝(全部在校学生数÷学龄人口总数)×100％

由此可见，净入学率考察的是国家法定年龄学生的入学情况，能较好地反映学龄人口的入学情况。而毛入学率除了考察学龄人口外，还考察了提前或推迟入学的学生入学情况。这种提前或推迟入学的现象在中国农村广泛存在。因此，本节将两者结合起来使用，这样能够更加全面地反映项目地区学龄人口、提前或推迟入学学生的入学情况。本部分的净入学率数据从项目省区的年度报告中获得，而毛入学率则是利用县级信息库计算而得。

一、五省区中小学净入学率

图 3.1 呈现了五省区小学适龄儿童的净入学率，我们分男生和女生分别进行考察（详见附表 3.1）。总体而言，五省区的小学净入学率从 2004 年的 96％左右增长到 2007 年的 98％左右。对比不同省区的数据发现，云南、宁夏、广西的小学净入学率较高，甘肃、四川的小学净入学率较低。不过四川省的小学净入学率逐年提高，而且幅度较大，而甘肃省在 2007 年有所下降。从不同性别来看，女生净入学率略低于男生，但二者的差距随着时间推移而逐渐减小。具体来说，五省区小学入学率在男女生之间的差异由 2004 年的 1.29％降低到 2007 年的 0.39％。

图 3.2 显示了五省区初中适龄儿童的净入学率，同样分性别来考察（详见附表 3.1）。总体来看，五省区的初中净入学率由 2004 年的 82％左右上升到 2007 年的 92％左右。对比不同省区的数据发现，甘肃、广西的初中净入学率较低，其他省区较高。不过甘肃、广西四年间提高较快，

到2007年与其他几个省区基本持平。从不同性别来看，男生的初中净入学率略高于女生，不过二者之间的差距越来越小。具体而言，五省区初中净入学率在男女之间的差异由2004年的2.61%降低到2007年的2.31%。尤其是在广西，男女生的初中净入学率在几年间差距缩小非常明显。

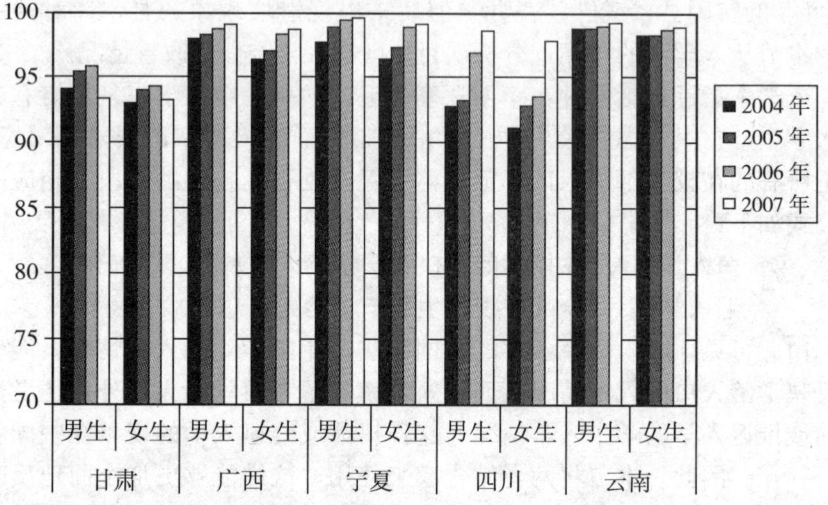

数据来源：五省区年度报告，2004—2007年。

图3.1　五省区小学适龄儿童入学率（2004—2007年）

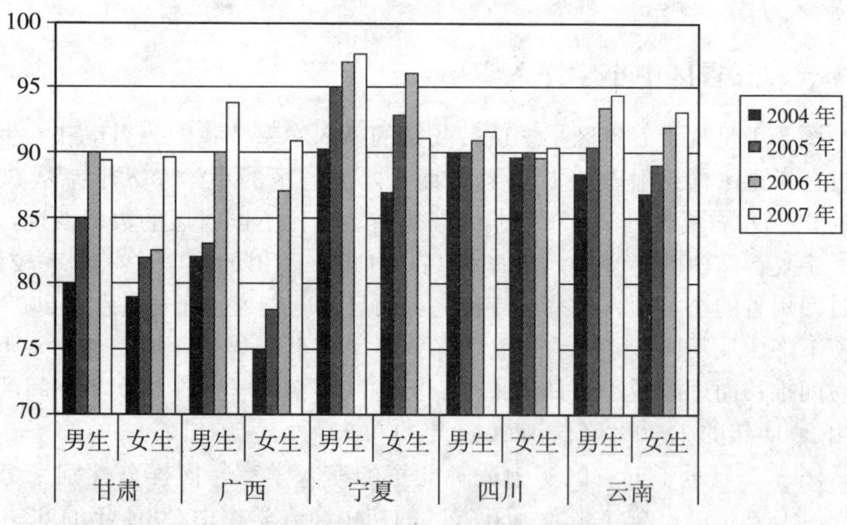

数据来源：五省区年度报告，2004—2007年。

图3.2　五省区初中适龄儿童入学率（2004—2007年）

图 3.3 显示了五省区中小学少数民族学生的净入学率。在小学阶段，总体来看，净入学率从 2004 年的 92%左右上升到 2007 年的 97%左右。五省区中，广西、宁夏、云南少数民族学生的净入学率较高，甘肃、四川较低。在初中阶段，总体来看，少数民族入学率各年度提高的幅度非常大，不同省区的情况有所不同，总的趋势都在不断提高。

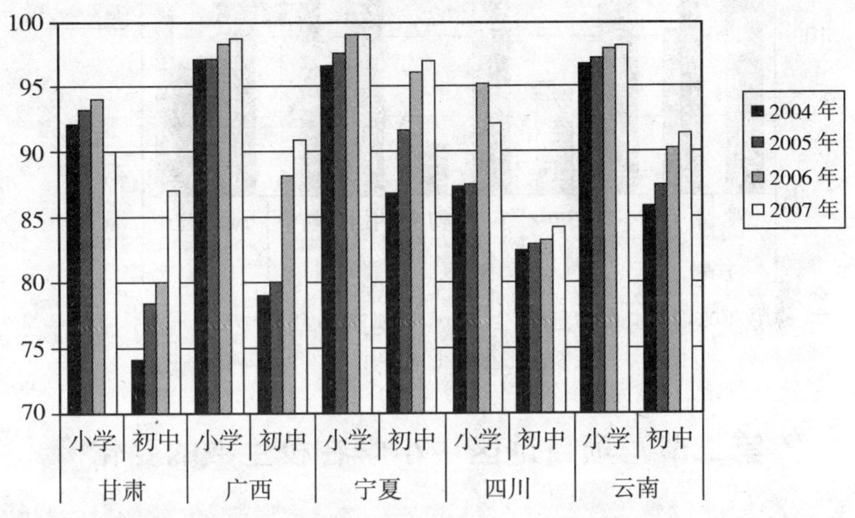

数据来源：五省区年度报告，2004—2007 年。

图 3.3　五省区少数民族适龄儿童入学率（2004—2007 年）

综上所述，五省区中小学净入学率逐年提高，男女生之间的差距逐年缩小，少数民族学生的净入学率提高幅度较大。

二、五省区中小学毛入学率

根据县级信息库收集的各项目县在校生数和学龄人口数据，我们计算了五省区中小学毛入学率。图 3.4 显示，从 2005 年到 2006 年，毛入学率在五省区总体来说呈上升趋势（2006 年甘肃小学、初中毛入学率都有所下降）。毛入学率比净入学率高出很多，这可能是因为部分学生迟于官方规定的年龄入学，也可能是因为复读、辍学之后重返校园等。

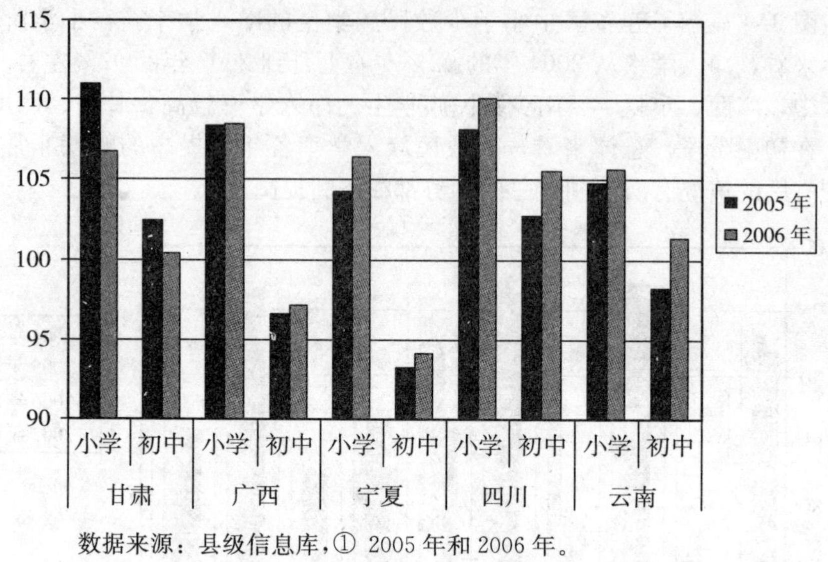

数据来源：县级信息库，① 2005 年和 2006 年。

图 3.4　五省区中小学毛入学率（2005—2006 年）

第二节　项目地区中小学在校生数的变化

入学率能够有效地反映义务教育的普及程度。但如果同时考察绝对量的在校生数指标，不仅可以间接地反映义务教育入学情况，对入学率数据起到验证作用，还能够告诉我们学校对教育资源的真正需求量。

一、项目乡镇的学龄人口数

在校生数是反映义务教育普及情况的绝对量指标。但是，我们不能单纯从在校生数的变化来推断一个地区义务教育普及情况的变化。因为，在校生数还受学龄人口数的影响。比如，一个地区的在校生数增加（减少）了，这并不能说明该地区的义务教育普及情况好转（恶化）了，而可能是因为学龄人口增加（减少）所致。所以，本小节在分析项目地区在校生数变化情况之前，先介绍了项目地区 2006 年和 2008 年的学龄人口数。这样，当分析项目地区在校生数的变化情况时，就可以紧密结合学龄人口数的变化情况这一背景信息，从而作出更有理据的判断。

---

①　考虑到两年的数据要匹配，最终只有 71 个县的数据进入计算。具体包括甘肃的 11 个县、广西的 12 个县、宁夏的 9 个县、四川的 9 个县和云南的 30 个县。

但问题是，课题组无法直接获得项目乡镇的学龄人口数，而只掌握了2003 年项目乡镇的人口数。课题组想到的办法是，利用项目省区的人口统计学指标和项目乡镇的人口数来估算项目乡镇的学龄人口数。以小学学龄人口数为例，具体的推算方法如下。首先，假设项目乡镇的出生率和自然增长率与所在省区的出生率和自然增长率相同，① 后者可以从《中国人口与就业统计年鉴》中找到。其次，根据 2003 年项目乡镇的人口数以及 2002 年该省区的自然增长率，就可以推算出 2002 年项目乡镇的人口数。再根据 2002 年项目乡镇的人口数以及 2002 年该省区的出生率，就可以推算出项目乡镇 2002 年新出生的人口数。依此类推，则可以进一步推算出 2001 年、2000 年、1999 年、1998 年和 1997 年项目乡镇新出生的人口数。最后，将 1997 年至 2002 年项目乡镇新出生的人口数加总求和，即为 2008 年项目乡镇的小学学龄人口估算数。理由是，2008 年小学在校生的年龄在 6 岁至 11 岁之间，那么他们的出生年份就在 1997 年至 2002 年之间。那么，1997 年至 2002 年之间出生的人口数便为 2008 年小学学龄人口数。初中学龄人口数的推算方法与小学相同，具体的推算结果如表 3.1 所示。

表 3.1　项目乡镇学龄人口的估算数（千人）

	初中			小学			小学六年级		
	2006 年	2008 年	变化百分比(%)	2006 年	2008 年	变化百分比(%)	2006 年	2008 年	变化百分比(%)
广西	173	161	−6.9	294	277	−5.8	53	49	−7.5
云南	251	252	0.4	496	486	−2.0	82	85	3.7
四川	154	160	3.9	289	254	−12.1	54	51	−5.6
甘肃	42	43	2.4	76	68	−10.5	15	13	−13.3
宁夏	89	89	0.0	175	171	−2.3	30	30	0.0
总计	709	705	−0.6	1 330	1 256	−5.6	234	228	−2.6

数据来源：《中国人口与就业统计年鉴》中不同年份的出生率和自然增长率以及 2003 年项目乡镇人口数据。

表 3.1 显示，从各省区的情况来看，两年间初中学龄人口数变化不大，总体略有下降，广西下降的幅度较大。小学学龄人口数有明显下降，其中

① 这种假设存在一定的不合理之处，因为省区级层面的人口统计学指标并不一定适用于乡镇层面，而且我们也没有考虑人口流动以及婴儿死亡的情况。

四川、甘肃下降的幅度均超过了10%。小学六年级同小学总体相比，学龄人口的下降幅度较小。这说明，随着时间推移，学龄人口下降的速度越来越快。总体来看，小学和初中学龄人口均有下降的趋势。在学龄人口减少的背景下，即使义务教育普及率有所提高，也有可能出现在校生数下降的趋势。

二、小学在校生数的变化

在上一小节对学龄人口数的介绍基础上，我们接下来分析项目地区中小学在校生数的变化。利用《中国县（市）社会经济统计年鉴》提供的县层面的在校生数，我们一方面对2003年、2005年和2007年三年的在校生数进行了纵向比较；① 另一方面，我们也注重项目县与非项目县之间的横向比较，并将非项目县中的国贫县单独提出来，作为项目县的一个对照组。此外，我们还利用西发项目监测与评价调查数据，分析了项目地区中小学生的性别和民族构成变化。

通过上一小节分析学龄人口数的变化趋势，我们得知，在校生数的减少将是一种合理的趋势。不过，表3.2对比项目县和非项目县的情况发现，非项目县在校生数下降的幅度大于项目县。这在一定程度上可以说明项目的投入对义务教育的普及可能产生了一定的影响。

表3.2　小学在校生数在项目县与其他县之间的比较（千人）

	项目县			非项目县					
				国贫县			其　他		
	2003年	2005年	2007年	2003年	2005年	2007年	2003年	2005年	2007年
甘肃	503.41	512.78	500.05	1 441.73	1 379.01	1 291.54	862.69	805.16	756.44
广西	477.41	439.55	437.97	488.12	448.46	431.55	3 057.52	2 755.41	2 696.05
宁夏	433.64	447.82	445.80	—	—	—	—	—	—
四川	1 228.45	1 138.71	1 127.62	1 140.05	1 139.17	1 164.34	3 485.02	3 189.42	2 993.72
云南	890.46	879.81	894.21	2 022.95	1 963.79	1 995.22	1 150.94	1 156.46	1 156.53
整体	3 543.36	3 418.67	3 405.64	5 092.86	4 930.42	4 882.65	8 556.18	7 906.45	7 602.73

数据来源：《中国县（市）社会经济统计年鉴》和五省区统计年鉴。

① 撰写本书时可获得的最新数据为2007年的数据。某些县由于三年的数据不完整，所以没有纳入计算，市区也没有纳入计算。

表 3.3 显示了项目地区小学四年级学生的性别、民族构成变化。之所以只选择小学四年级作为分析的对象，是因为 2006 年和 2008 年小学四年级学生均为随机抽取的，具有较好的代表性。而小学六年级学生在 2006 年为随机抽取，在 2008 年主要是追踪 2006 年调查过的小学四年级学生，并非随机抽样。表 3.3 显示，项目地区女生和少数民族学生所占比例在两年间都有小幅增长。女生所占比例从 2006 年的 47.4%增加到 2008 年的 48.7%。少数民族学生所占比例在两年间增长幅度较大，从 2006 年的 29.5%增加到 2008 年的 32.4%。

表 3.3 项目地区小学四年级学生的性别、民族构成（%）

	2006 年	2008 年
女生所占比例	47.4	48.7
少数民族学生所占比例	29.5	32.4

数据来源：西发项目监测与评价调查，2006 年和 2008 年。

三、初中在校生数的变化

同小学一样，我们首先利用官方统计年鉴上的数据来考察初中在校生数。需要说明的是，《中国县（市）社会经济统计年鉴》并没有提供单独的初中在校生数，而是将初中和高中的在校生数合并在一起。因此，本部分县级层面的在校生数实际上是初中和高中的整体数据。表 3.4 显示，项目县的中学在校生数在 2003—2005 年基本稳定，在 2005—2007 年有所增长。在非项目县中的国贫县，中学在校生数的增长幅度较大。但是在其他县，增长幅度小于项目县。

表 3.4 中学在校生数在项目县与其他县之间的比较（千人）

	项目县			非项目县					
				国贫县			其 他		
	2003 年	2005 年	2007 年	2003 年	2005 年	2007 年	2003 年	2005 年	2007 年
甘肃	204.4	239.2	264.8	651.3	755.9	789.8	550.0	561.9	604.4
广西	283.0	270.6	260.8	275.3	272.3	265.2	1 818.5	1 808.1	1 743.5
宁夏	241.2	247.5	256.2	—	—	—	—	—	—
四川	739.1	679.8	681.0	549.4	591.7	655.7	2 296.4	2 300.5	2 349.5
云南	448.2	480.3	506.0	872.4	919.3	989.9	688.1	712.3	742.3
整体	1 915.9	1 917.3	1 968.8	2 348.4	2 539.3	2 700.6	5 352.9	5 382.8	5 439.7

数据来源：《中国县（市）社会经济统计年鉴》和五省区统计年鉴。

表 3.5 显示了项目地区初中一年级学生的性别和民族构成变化。之所以只选择初中一年级作为分析的对象，其原因与上文中只选择小学四年级学生进行分析一样。对比发现，初中一年级学生中女生所占比例有小幅增长，少数民族学生比例基本保持不变。对比小学和初中发现，小学和初中的少数民族学生所占比例有很大差别。这主要是由抽样的代表性不同所致：小学是在项目乡镇层面抽样，而初中是在项目县层面抽样。因此，所有的抽样小学都来自项目乡镇，少数民族学生比例较高；而初中学校中的非项目初中来源于非项目乡镇，少数民族学生比例较低。

表 3.5　项目地区初中一年级学生的性别、民族构成（%）

	2006 年	2008 年
女生所占比例	46.6	47.8
少数民族学生所占比例	16.9	16.7

数据来源：西发项目监测与评价调查，2006 年和 2008 年。

第三节　政策/项目干预和在校生数

在前一节中，我们并没有将在校生数的变化与具体某一项政策或项目干预结合起来考虑。在本节中，我们将探讨近年来中国政府实施的一些重要教育政策（如“两免一补”、农村中小学布局结构调整）对中小学在校生数的影响。同时，也考察西发项目投入，尤其是土建投入对在校生数的影响。

一、“两免一补”和在校生数

“两免一补”是指免除义务教育阶段学生的杂费和教科书费，并补助贫困寄宿生的生活费。这是我国政府普及和巩固九年义务教育、支持农村地区教育发展、切实减轻农民负担的重要举措。从 2001 年国家向贫困地区困难学生提供免费教科书开始，“两免一补”的内容不断充实，标准不断提高，覆盖面不断扩大。到 2006 年，所有农村学生都能享受到“两免”政策的优惠，享受寄宿生生活补助的学生人数不断扩大。“两免一补”对农村地区义务教育的普及和巩固起到了重要作用。

表 3.6 呈现了 2006 年和 2008 年西发项目覆盖地区获得“两免一补”的学生比例。从该表中可以看出，2006 年至 2008 年间，获得“两免一补”资助的学生比例有了很大提高，没有数学教科书或者语文教科书的学生比

例有所下降。

表 3.6　2006 年和 2008 年学生资助情况（%）

	小学		初中	
	2006 年	2008 年	2006 年	2008 年
获得免杂费的学生比例	77.8	100.0	78.9	100.0
获得免费教科书的学生比例	51.0	100.0	40.6	100.0
获得寄宿生补助的学生比例	45.0	90.5	34.0	78.0
没有数学教科书的学生比例	1.2	0.9	0.8	0.8
没有语文教科书的学生比例	1.4	0.9	0.7	0.6

数据来源：西发项目监测与评价调查，2006 年和 2008 年。

注：表中 2008 年小学和初中获得“两免”的比例均为 100%，该数据是根据国家政策实施进展（2008 年“两免一补”覆盖了所有农村义务教育阶段学生）推算所得，而不是调研所得数据。

我们进一步考察了该政策对在校生数的影响。在学生问卷中，我们询问了学生是否获得“两免一补”的各项资助。根据此信息，我们计算出 2006 年各学校获得免杂费的学生比例和获得免费教科书的学生比例之和（以下简称“两免”比例之和）。然后将抽样学校按照“两免”比例之和分成高比例组和低比例组。在 2006—2008 年，低比例组的学校将获得较多的补助以实现免除所有学生的学杂费，因而我们预期低比例组学校的在校生数将获得较大幅度增加。

表 3.7 呈现了高比例组和低比例组在 2006—2008 年在校生数的校均变化情况。从表中可以看出，高比例组和低比例组两年之间在校生数的校均变化差别不大，小学和初中都没有出现我们期望的结果。出现这种情况，或许是由于抽样学校的“两免”比例是利用抽样学生信息估算得到的，而这种估算方法并不是很完善。

表 3.7　“两免”和在校生数变化（人）

	小学	初中
高比例组	7.35	88.07
低比例组	7.48	73.64
合计	7.41	80.77

数据来源：西发项目监测与评价调查，2006 年和 2008 年。

同样，我们还计算了2006—2008年各学校寄宿生获得生活补助比例的差值（以下简称“一补”之差）。研究发现，不论是在小学还是初中，“一补”之差越大的学校，在校生数变化越小；“一补”之差越小的学校，在校生数变化反而越大。进一步分析发现，2006—2008年，“一补”之差较大的学校大多有教学点关闭，并且所在地区的学龄人口减少；“一补”之差较小的学校寄宿生中获得生活补助的绝对人数在增长。简言之，不论是小学还是初中，寄宿生数都在扩大，“两免一补”政策在其中起了一定的作用。

二、学校布局调整和在校生数

为提高农村中小学办学质量和规模效益，我国从2000年开始，从各地区的自然条件和经济社会发展需要出发，将比较分散的农村中小学校和教学点适当集中起来，重新进行区域内中小学网点布局和规划，这就是农村中小学布局调整工作。实施这一政策的原因主要是：近年来学龄人口不断减少，出现了一些空巢学校；城镇化也导致农村人口逐渐向小城镇集中，造成部分农村地区办学规模小、办学分散；另外，农村地区部分小学还存在着规模小、办学条件差、无法保障教育质量的情况。但是，学校布局调整在改善农村地区办学条件的同时，也带来了部分学生上学距离变远、学校住宿条件短缺等新的问题。我们使用西发项目监测与评价调查数据，分析了西部五省区农村中小学布局调整情况，并尝试分析其与在校生数变化之间的关系。

表3.8显示了2004—2008年项目学校布局调整情况。从表中可以看出，2006—2008年与2004—2006年相比，教学点关闭的数量减少了，这表示学校布局结构调整进入了稳定时期。关闭教学点的平均学生规模呈现大幅度下降，从2004—2006年的平均38人下降到2006—2008年的平均15人。此外，关闭的教学点距离学校越来越远了，关闭的教学点位于少数民族地区的比例有所下降。县级信息表里的相关数据也证实了上述结论。县级信息表里包括了2006年和2008年项目乡镇所有学校和教学点的名单。从这个名单的变化可以看出样本学校的布局调整情况。四川和云南的某些县保留了大部分教学点，而广西、甘肃和宁夏有很大的调整，其中有个别学校是由于乡镇合并而导致的学校布局变化。

表 3.8　2004—2008 年项目学校布局调整情况

	2004—2006 年	2006—2008 年
每所学校关闭教学点的平均数量（个）	1.63	0.99
关闭教学点距离学校的平均距离（公里）	4.18	4.86
关闭教学点位于少数民族地区的比例（%）	26.80	20.30
关闭教学点的平均规模（人）	38.00	15.00

数据来源：西发项目监测与评价调查，2006 年和 2008 年。

为了探讨学校布局调整对在校生数的影响，我们分析了在校生数与教学点关闭之间的关系，如表 3.9 所示。从表中可以看出，没有教学点关闭的学校，其在校生数增加的幅度最大；有教学点关闭的学校，其在校生数变化不明显或有小幅减少。对于这样的状况，我们不能简单地得出结论认为教学点关闭导致了在校生数的减少，而要综合考虑学龄人口的变化。通过分析项日乡镇所有学校的在校生数和布局调整情况发现，当有教学点关闭时，其他教学点和完全学校的在校生数也趋于减少；相反，如果没有教学点关闭，同时学龄人口仍在增加，那么完全学校的在校生数也在增加。由此可见，我们不能简单地认为关闭教学点造成了在校生数的减少。事实上，由于学龄人口减少导致入学需求减少，进而使得教学点关闭。

对于教学点关闭与寄宿生比例的关系，表 3.9 显示，不论是否有教学点关闭，寄宿生比例均在上升。由此看来，寄宿生比例和关闭教学点之间没有必然的联系。

表 3.9　学校布局调整和在校生数变化（人）

	在校生数校均变化	寄宿生比例（%）	
		2006 年	2008 年
只在 2006 年之前关闭了教学点	−0.11	19.3	21.9
只在 2006 年之后关闭了教学点	9.47	22.6	20.9
在 2006 年之前和之后都有教学点关闭	−1.50	22.1	30.0
没有关闭教学点	38.20	15.1	21.8

数据来源：西发项目监测与评价调查，2006 年和 2008 年。

三、西发项目投入和在校生数

土建投入是西发项目最重要的投入。为了考察西发项目土建投入与在校生数之间的关系，我们将西发项目的土建投入分为没有新增土建项目、只有新增教室和既有新增教室又有新增宿舍三类。从这三类学校在校生数的变化来分析西发项目土建投入与在校生数的关系。表 3.10 显示，对于小学来说，没有新增土建项目的学校校均在校生数略有减少，其他两类学校校均在校生数有不同幅度的增加。只有新增教室的学校和既有新增教室又有新增宿舍的学校校均在校生数分别增加了 5.71 人和 29.26 人。对于初中来说，即使没有土建项目的学校，在校生数也在增加。没有新增土建项目的学校、新增土建项目中只有教室的学校和新增土建项目中既有教室又有宿舍的学校校均在校生数分别增加了 74.09 人、64.39 人和 112.38 人。从表中可以看出，不管是小学还是初中，新增土建项目和在校生数之间存在正相关关系，尤其是新增土建项目中既有教室又有宿舍的学校，在校生数增加的幅度最大。

表 3.10　土建投入和在校生数校均变化（人）

	小学	初中
没有新增土建项目	−0.05	74.09
新增土建项目中只有教室	5.71	64.39
新增土建项目中既有教室又有宿舍	29.26	112.38
合计	7.41	80.77

数据来源：西发项目监测与评价调查，2006 年和 2008 年。

此外，我们最初设想利用一阶差分模型分析西发项目投入是否有利于提高在校生数。但是，相关指标的缺失值太多，如“2008 年新增建筑面积”这个指标，小学的有效样本数是 80，初中有效样本数是 49，分别占样本总数（157 所小学，87 所初中）的 51%和 56%。此外，有 83 所小学的在校生数在 2006—2008 年是降低或不变的（即一阶差分变量不大于 0），占样本总数的 53%；有 29 所初中的在校生数是降低或不变的，占样本总数的 33%。这种数据结构反映出小学在校生数呈减少趋势，初中在校生数的减少趋势相对不是很明显，这与学龄人口的变化趋势有关。

由于小学学龄人口呈明显减少的趋势，所以不太容易剥离西发项目投入对小学在校生数的影响。我们尝试以 2006—2008 年在校生数增加的初中样本为例，分析西发项目投入与在校生数之间的关系。考虑到 2008 年新增建筑面积、教室面积和宿舍面积这些指标的缺失值太多，我们又综合考虑样本学校的其他信息，希望能够更正一些缺失值。比如，只要一所学校是项目学校，则认为它有新增建筑面积；而如果一所学校是非项目学校，则认为它没有新增建筑面积。经过这样的处理后，新建立的模型 R^2 值特别低，使得对回归结果的任何分析都容易引起质疑。

第四节　本章小结

由于项目地区复杂的人口背景，再加上其他政策干预的影响，我们很难剥离出西发项目对五省区义务教育普及情况的净影响。但是，我们仍然发现了以下一些有意义的结论。

第一，五省区中小学入学率在项目实施期间平稳上升，女童和少数民族学生入学率呈现同样的趋势。

第二，项目县小学和初中在校生数基本稳定或有小幅增长。小学四年级学生中女生、少数民族学生比例有小幅上升；初中一年级学生中女生比例上升，少数民族学生比例基本保持不变。

第三，教学点关闭的最主要原因是学龄人口的减少。当在校生数减少时，有较多的教学点被关闭；而当在校生数增加时，没有或很少有教学点被关闭。我们推测，教学点的关闭，主要是由学龄人口数减少引起的。

第四，新增土建项目对在校生数有正向影响，其中既有新增教室又有新增宿舍的土建项目学校，在校生数的增加尤为明显。

第四章 项目活动对五省区学生发展的影响力评价

第三章分析了西发项目对义务教育普及情况的影响，本章我们将分析西发项目对项目地区学生发展的影响。我们主要关注 2006—2008 年项目学校和非项目学校学生在学业成绩和学校适应性方面的发展情况，同时试图分析西发项目在学生发展过程中发挥的作用。本部分使用的数据主要来自西发项目监测与评价调查，这个调查是对中国西部五个省区的农村小学和初中学校及其学生的大规模抽样调查。报告中的图、表如无特殊说明，数据来源均为：西发项目监测与评价调查，2006 年和 2008 年。在正文中，我们主要呈现了一些重要的图表，详细数据可见附表 4.1 至附表 4.24。

第一节 概 述

在第一章中，我们介绍了西发项目影响力评价的抽样方法和研究设计。本节我们将围绕西发项目对学生发展的影响分析，进一步介绍我们的研究设计，然后概述课题组对学生发展的测量工具，并从总体上分析标准化能力测验成绩的分布情况。

一、研究设计

西发项目影响力评价的研究设计采用的是具有对照组的追踪重复测量。课题组分别于 2006 年和 2008 年两次对样本学校的小学四、六年级学生与初中一、三年级学生进行了语文和数学标准化能力测试，同时也通过学校适应性量表考察了这些学生的学校适应性。根据影响力评价的目标，我们最终的目的是追踪项目学校和非项目学校同一群体的学生，通过学生发展变化及其影响因素的分析，获得西发项目对学生发展影响的净效应。图 4.1 呈现了我们的研究设计，反映了我们的追踪情况。

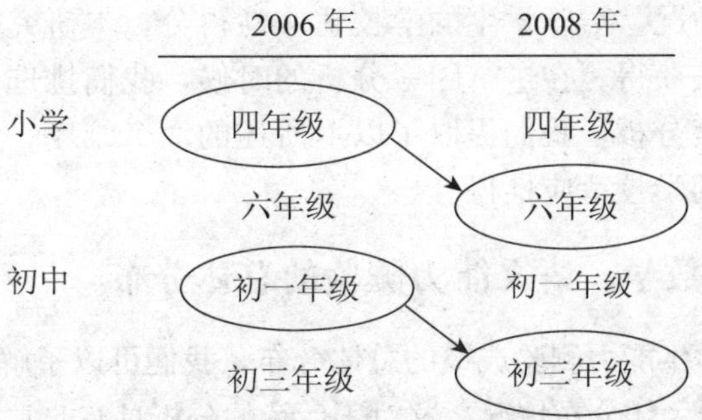

图 4.1　研究设计及测试学生所在的年级

二、学生发展的测量

对于学生发展的测量，我们主要考察了学生数学能力发展情况、学生语文能力发展情况以及学生的学校适应性。在西发项目影响力评价中，对学生发展的测量是最关键的一个技术环节，因为项目的结果主要通过学生发展来体现。为了能科学、全面地评价学生的发展情况，课题组并没有直接使用学校的期末考试或毕业考试成绩，而是借鉴国际上对学生能力发展测量比较成熟的测量技术手段，以期测量出学生的能力发展情况。同时，为了能全面地考察学生的发展情况，我们还对学生的学校适应性进行了测量。

对于学生能力的发展情况，第二章已经进行了详细的叙述，本章不再赘述。本部分将主要介绍学校适应性以及对学校适应性的测量。学校适应性是心理学界的一个重要研究领域。学者们对于学校适应性并没有一个比较一致的界定，在众多研究中，拉德的界定被广泛接纳和采用。拉德（Ladd，1996）认为学校适应性就是在学校背景下愉快地参与学校活动并取得学业成功的状况。① 学生的学校适应性程度是反映其身心健康发展的重要指标，同时，学校适应性也会在一定程度上影响学生的学业成绩。因此，非常有必要对学生的学校适应性进行测量，并把学生的学校适应性作为反映学生发展情况的指标之一。对于学生的学校适应性，我们参考国内外已有的成熟量表，编制了适合中国农村地区的学生学校适应性量表。量表为里克特式五分量表，题目涉及了学生对学校的满意度、师生关系、问题行为、教师对学生的评价、数学自我概念和语文自我概念等方面。这六个方面反映了学校适应性的重要内涵，反映了学生的情感、态度、价值观

① 参见储小庆：《农村寄宿小学生学校适应问题及对策研究》，西南大学硕士学位论文 2009 年。

等方面的发展情况。对于学生的学校适应性得分，本研究主要通过探索性因素分析的方法获得。在进行因素分析的时候，我们挑选了区分度较好的题目。通过因素分析，我们提取了以上所述的六个维度，六个维度的得分总和即为学生的学校适应性得分。

三、学生数学、语文能力测验的总体分布

通过分析学生能力测验成绩的总体分布，我们可以了解学生数学、语文能力测试成绩的大体分布情况。这对于后续的分析具有非常重要的意义。

图 4.2 显示了小学四年级学生数学、语文能力测验成绩的分布情况。从图中我们可以看出，在小学四年级，不管是数学还是语文成绩，2008 年的曲线右偏于 2006 年的成绩曲线，即 2008 年的成绩均略高于 2006 年。数学成绩方面，2006 年和 2008 年成绩主要分布在 40 分到 90 分之间，2008 年 60 分以上学生的比例明显高于 2006 年学生。语文成绩方面，两年成绩主要分布在 40 分至 70 分之间，分数较低。这可能是因为我们编制的语文能力测试试题难度系数较大。另外，从图中可以看出，小学四年级学生的数学、语文成绩近似服从正态分布。

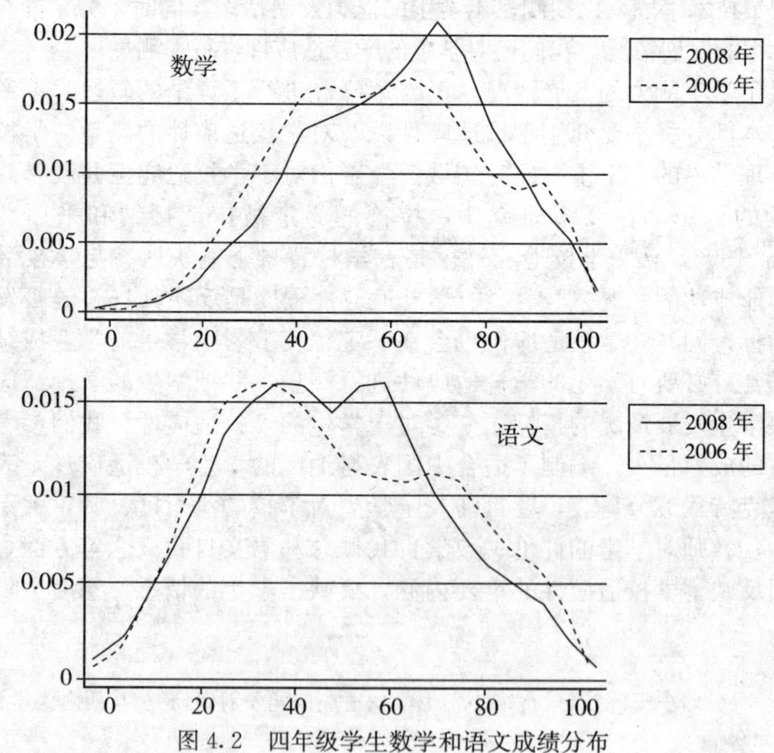

图 4.2　四年级学生数学和语文成绩分布

图 4.3 为 2006 年及 2008 年小学六年级学生数学、语文成绩分布图。从图中看出，2008 年的数学、语文成绩分布均右偏于 2006 年的成绩，即 2008 年的成绩均略高于 2006 年的成绩。数学成绩方面，2006 年和 2008 年成绩主要分布在 70 分到 100 分之间，成绩明显高于四年级学生；两年均有一半左右的学生成绩在 70 分以上；从 80 分以上学生所占的比例来看，2008 年学生比例明显大于 2006 年。语文成绩方面，两年成绩主要分布在 50 分至 80 分之间，同样高于四年级学生；2008 年 70 分及以上的学生比例明显高于 2006 年。从该图中可以看出，小学六年级学生语文成绩也可近似认为服从正态分布，而数学成绩分布为截尾分布，这可能是数学能力测验试题的难度系数较低所致。

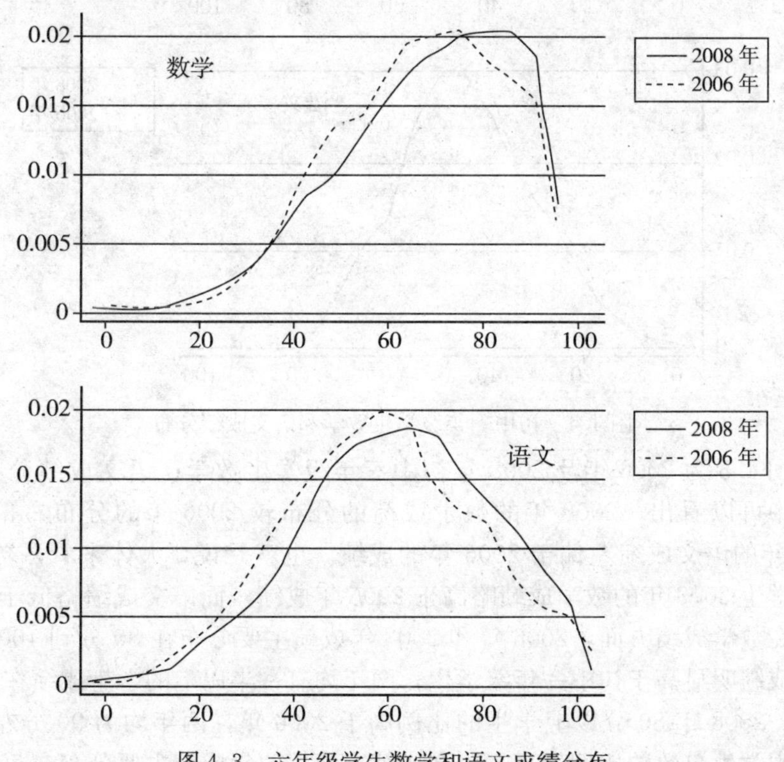

图 4.3　六年级学生数学和语文成绩分布

图 4.4 为 2006 年及 2008 年初中一年级学生数学、语文成绩分布图。从图中我们可以看出，2008 年的成绩均略高于 2006 年。数学成绩方面，2006 年和 2008 年成绩主要分布在 60 分到 80 分之间，半数以上的学生数学能力测验成绩超过了 60 分，2008 年 60 分以上学生的比例明显大于 2006 年。语文成绩方面，两年成绩主要分布在 40 分至 60 分之间，分数较低，

这可能与语文能力测试试题的难度系数较高有关。从该图中可以得出初中一年级学生的数学、语文成绩近似服从正态分布。

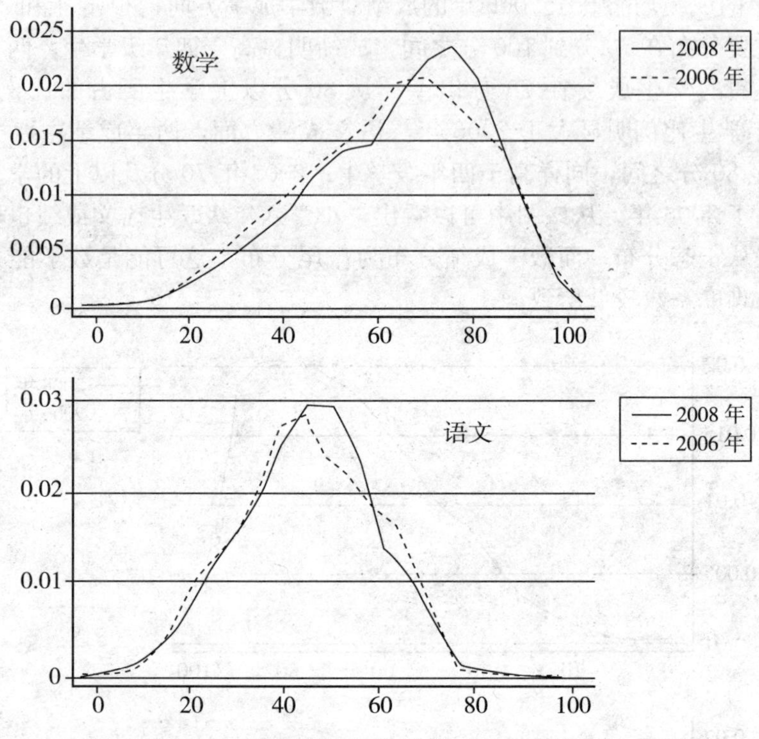

图 4.4 初中一年级学生数学和语文成绩分布

图 4.5 为 2006 年及 2008 年初中三年级学生数学、语文成绩分布图。从图中可以看出，2008 年的数学成绩的分布较 2006 年的分布右偏，而 2008 年的语文成绩左偏于 2006 年的成绩。也就是说，大体来看，初中三年级学生 2008 年的数学成绩略高于 2006 年成绩，而语文成绩略低于 2006 年。在数学成绩方面，2006 年和 2008 年成绩主要分布在 80 分到 100 分之间，成绩明显高于初中一年级学生；两年均有一半以上的学生成绩在 80 分以上，2008 年 80 分以上学生的比例高于 2006 年，两年均为 90 分左右的学生占学生总数的比例最高。语文成绩方面，两年成绩主要分布在 50 分至 70 分之间，同样高于初中一年级学生；2006 年 60 分及以上的学生所占的比例高于 2008 年，两年均为 60 分左右的学生占学生总数的比例最高。从该图中可以看出，初中三年级学生两年语文成绩可近似认为服从正态分布，而两年的数学成绩分布为截尾分布。

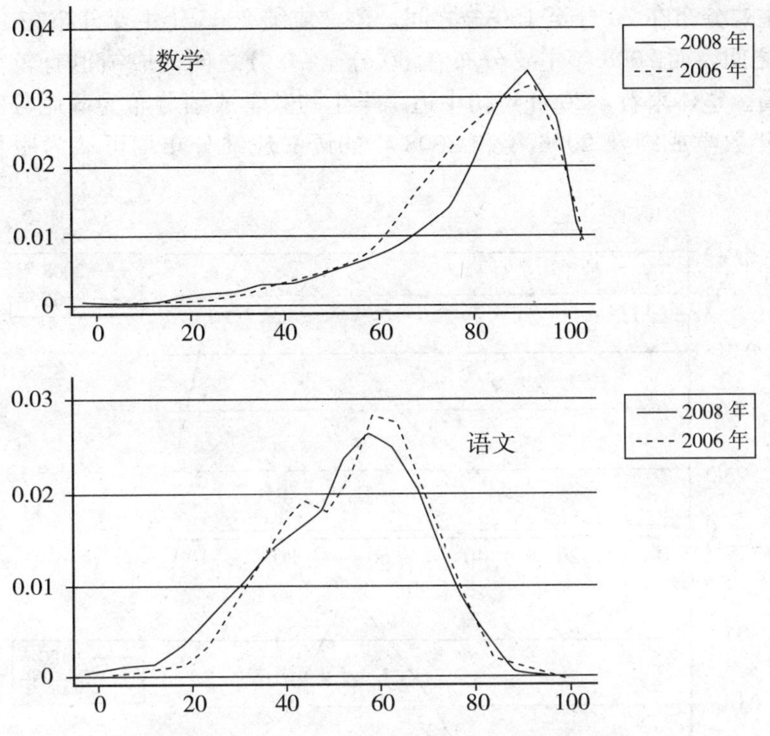

图 4.5　初中三年级学生数学和语文成绩分布

图 4.6 为 2006 年及 2008 年小学追踪学生的数学、语文成绩分布图。这部分学生 2006 年为小学四年级学生，到 2008 年，他们升入了小学六年级，所以两年是同一批学生。从成绩的分布图可以看出，2008 年的数学、语文成绩大大高于 2006 年的成绩。在数学成绩上，这组学生 2006 年数学成绩主要分布在 40 分至 70 分之间，而 2008 年主要分布在 70 分至 100 分之间。在语文成绩上，2006 年主要分布在 30 分至 60 分之间，而 2008 年主要分布在 60 分至 80 分之间，成绩有很大幅度的提高。对于追踪学生成绩的大幅提升在多大程度上是由项目带来的，我们还需要进行深入的分析。整体来看，2008 年小学追踪学生的数学成绩分布为截尾分布，而 2006 年数学成绩及 2006 年和 2008 年的语文成绩分布均可认为服从正态分布。

图 4.7 为 2006 年及 2008 年初中追踪学生数学、语文成绩分布图。2006 年这部分学生是初中一年级学生，2008 年升入初中三年级。从成绩分布图可以看出，2008 年的数学、语文成绩大大高于 2006 年的成绩。数学成绩 2006 年主要分布在 60 分至 80 分之间，而 2008 年这组学生的数学

成绩主要分布在 70 分至 100 分之间。语文成绩 2006 年主要分布在 40 分至 60 分之间，而 2008 年主要分布在 50 分至 70 分之间，成绩也有较大幅度的提高。整体来看，2008 年初中追踪学生的数学成绩分布为截尾分布，而 2006 年数学成绩及 2006 年和 2008 年的语文成绩分布均可认为服从正态分布。

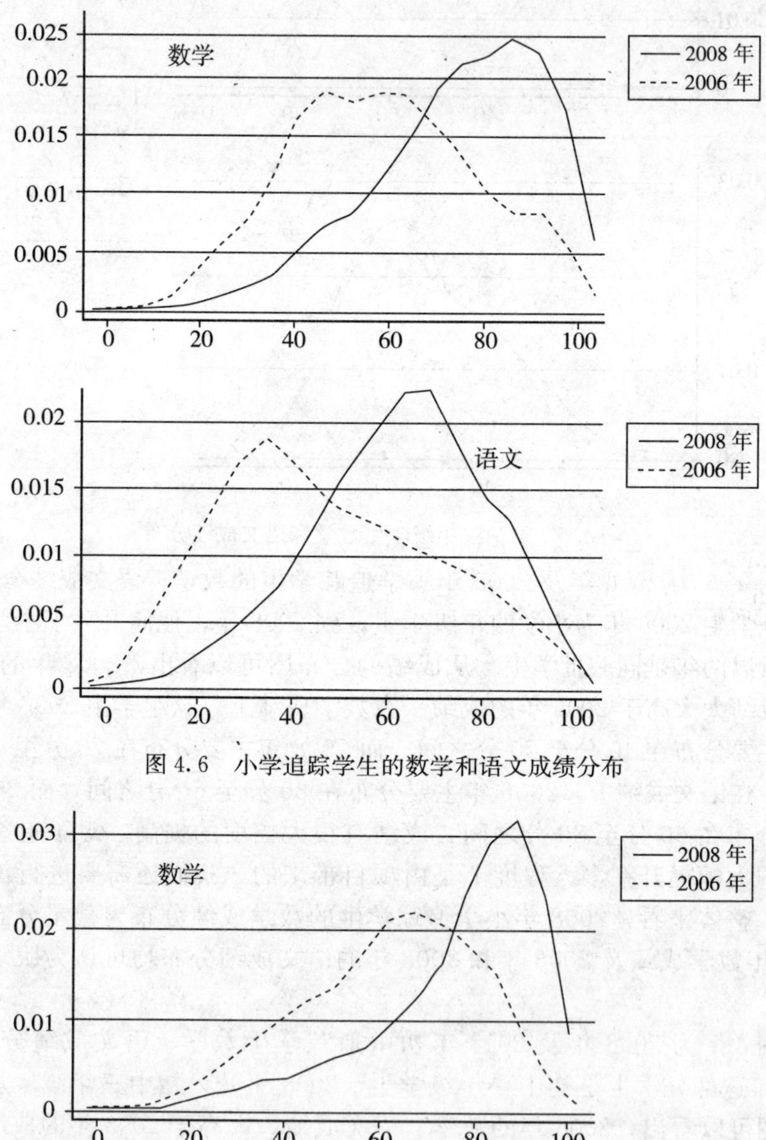

图 4.6　小学追踪学生的数学和语文成绩分布

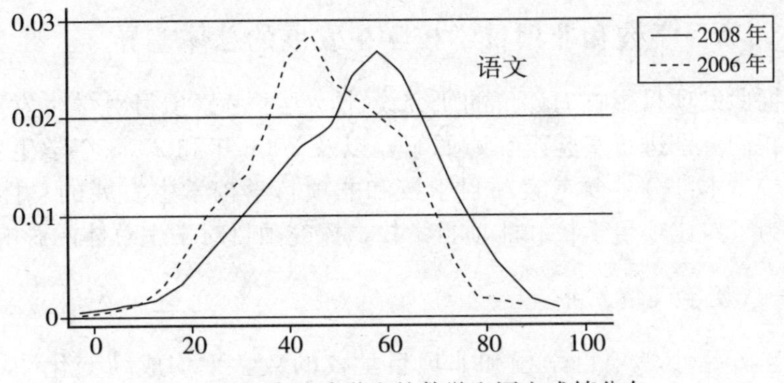

图 4.7　初中追踪学生的数学和语文成绩分布

总之，通过图 4.2 至图 4.7 中不同年级以及追踪学生 2006 年和 2008 年的数学和语文能力测试成绩分布图，可以发现以下三个重要的趋势。(1) 整体来看，在所有年级中，2008 年的成绩分布曲线与 2006 年相比靠右。这说明，学生的学习成绩在两年间有明显的进步，这也是项目地区学生两年间学业成绩取得进步的一个非常重要的证据。(2) 低年级学生（小学四年级和初中一年级）的数学和语文成绩可以近似地认为服从正态分布，高年级学生（小学六年级和初中三年级）的语文成绩可近似认为服从正态分布，但数学成绩分布是截尾分布。这增加了我们进行深入研究的难度。(3) 追踪学生两年间学业成绩的进步幅度非常明显。学生从低年级升入高年级，学业成绩得到提高，这是符合常理的。不过，这可能与我们这两年采用了相同的试卷对学生进行测试也有一定关系。

第二节　学生的学业成绩差异分析

在上一节中，我们介绍了西发项目影响力评价的研究设计以及学生学业成绩的总体分布情况。本节进一步分析学生的学业成绩，具体包括三个部分。第一，考察项目学校和非项目学校学生发展的总体差异，旨在通过对照项目学校和非项目学校学生学业成绩的差异来探究项目对学生总体的影响。第二，考察不同个人特征学生的学业成绩发展差异，旨在通过选取项目关注的或者与国家政策紧密相关的个人特征指标，考察具有不同个人特征学生的学业成绩差异，以此来分析项目的实施是否关注了弱势群体，项目的实施是否促进了弱势群体更快的发展。第三，考察不同学校特征学生的学业成绩发展差异，旨在从学校层面上来看，西发项目是否对弱势学校学生有所倾斜。

一、项目学校和非项目学校学生发展的总体差异

根据西发项目影响力评价的研究设计，为了考察项目对学生发展的净影响，我们分别进行实验组和对照组，以及 2006 年和 2008 年学生发展差异的比较。本部分主要考察项目学校和非项目学校学生发展的总体差异，目的是为了对比项目学校和非项目学校，探究项目对学生总体的影响。

（一）数学成绩差异

图 4.8 是小学项目学校和非项目学校的数学平均成绩变化图，附表 4.1 中呈现了具体的数学成绩变化值。从图中我们可以发现，不论是项目学校还是非项目学校，对于同一年级的学生来说，2008 年的成绩均高于 2006 年的成绩。这说明从总体上来看，西部农村地区小学数学学业成绩两年间有所提升。从小学四年级和六年级学生的对比来看，两年均为六年级学生的数学成绩大大高于四年级学生；从项目学校与非项目学校的对比来看，项目学校六年级学生两年间提高的幅度较大，四年级差异不明显，不过总体上项目学校的成绩均高于非项目学校。

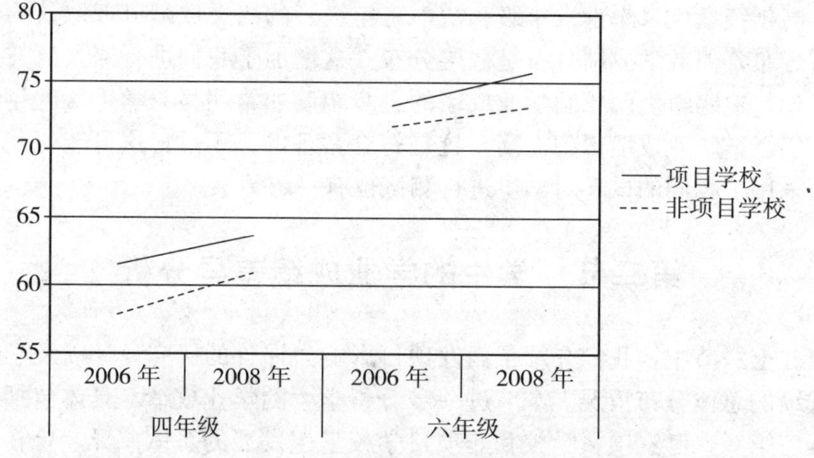

图 4.8　小学项目学校和非项目学校 2006 年及 2008 年不同年级学生的数学平均成绩

在初中阶段，图 4.9 显示，2008 年与 2006 年相比，同一年级学生的学业成绩有不同程度的提高。从初中一年级和初中三年级学生的对比来看，初中三年级学生的数学成绩大大高于初中一年级学生；从项目学校和非项目学校的对比来看，总体上项目学校两年间数学成绩提高的幅度大于非项目学校，初中一年级学生尤其明显。

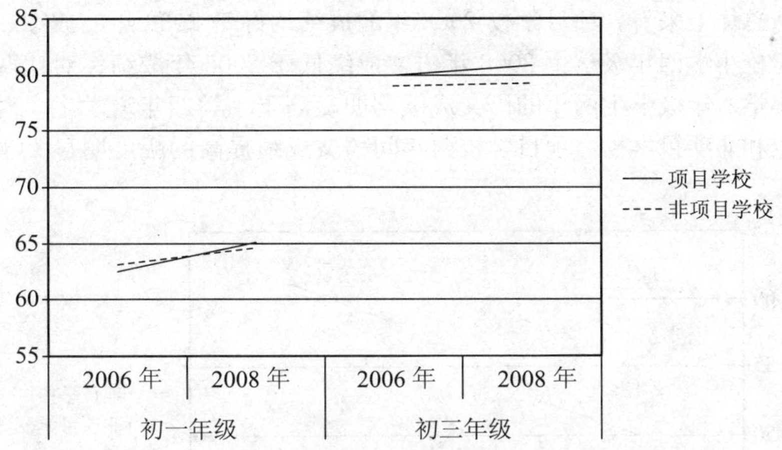

图 4.9　初中项目学校和非项目学校 2006 年及 2008 年不同年级学生的数学平均成绩

图 4.10 显示的是小学和初中追踪学生 2006 年和 2008 年的数学平均成绩。在小学阶段，项目学校数学成绩提高的幅度略小于非项目学校；在初中阶段，项目学校数学成绩提高的幅度高于非项目学校。

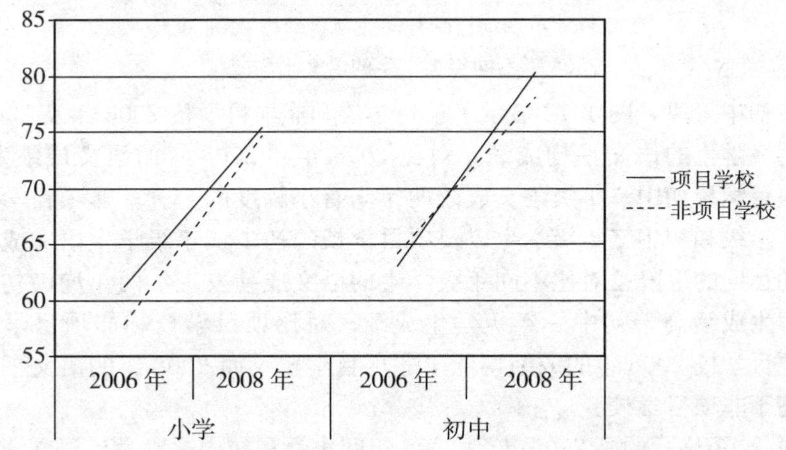

图 4.10　2006 年和 2008 年间追踪学生数学成绩变化

从总体上看，2008 年与 2006 年相比，农村中小学的数学成绩普遍提高了。在初中阶段，项目学校学生两年间的进步幅度明显高于非项目学校；在小学阶段，项目学校与非项目学校提高的幅度差异不明显。

（二）语文成绩差异

图 4.11 显示的是小学项目学校和非项目学校学生的语文成绩变化情

况。从总体上来看，项目学校2008年的成绩均好于2006年的成绩，而非项目学校小学四年级学生2008年语文成绩低于2006年成绩；对比两个年级，小学六年级学生两年的语文成绩均明显高于小学四年级学生；对比项目学校和非项目学校，项目学校两年间语文成绩提高的幅度明显大于非项目学校。

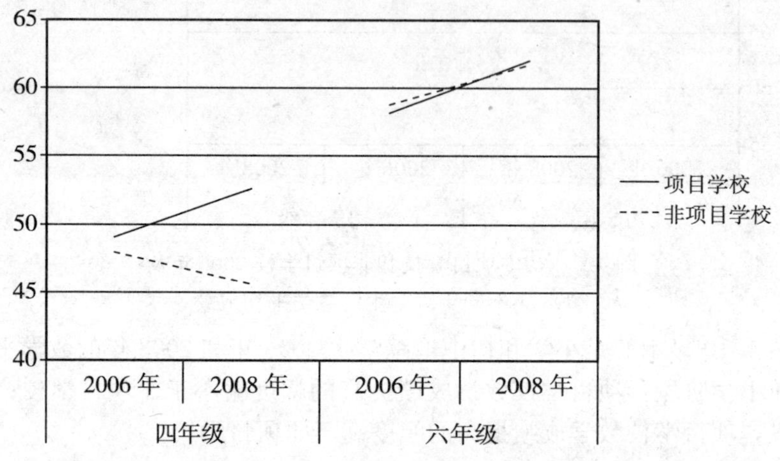

图4.11　小学项目学校和非项目学校2006年及2008年不同年级学生的语文平均成绩

在初中阶段，图4.12显示了项目学校和非项目学校2006年及2008年不同年级学生的语文平均成绩。对比2006年和2008年的语文成绩发现，只有项目学校初中一年级语文成绩两年间有小幅度的上升，非项目学校的初中一年级和初中三年级学生以及项目学校的初中三年级学生语文成绩均有不同程度的下降；对比不同年级学生的语文成绩发现，两年均为初中三年级学生成绩高于初中一年级学生成绩；对比项目学校和非项目学校发现，项目学校2006年的成绩均低于非项目学校，而2008年的语文平均成绩均高于非项目学校。

图4.13显示的是2006年到2008年间小学和初中追踪学生语文成绩变化情况。在初中阶段，项目学校成绩提高的幅度高于非项目学校；在小学阶段，项目学校成绩提高的幅度略低于非项目学校。

总体来看，西部农村地区两年间的语文平均成绩出现了一定程度的下降趋势。这些地区的语文教学应该引起关注，尤其是在初中阶段。从项目学校和非项目学校的对比来看，基本上表现为项目学校两年间成绩提高的幅度大于非项目学校。

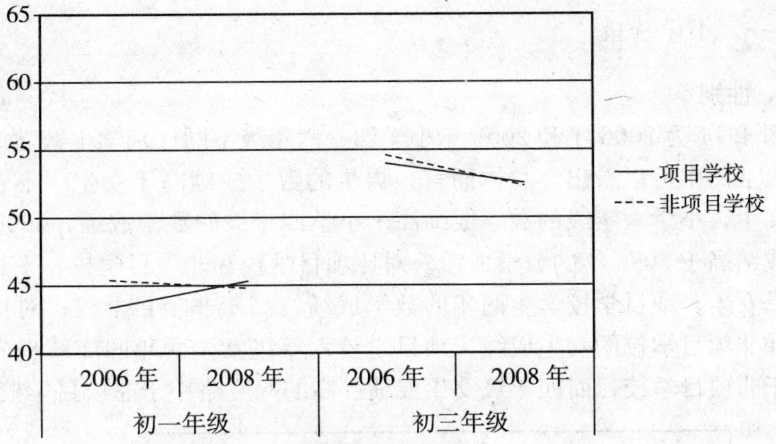

图 4.12　初中项目学校和非项目学校 2006 年及 2008 年不同年级学生的语文平均成绩

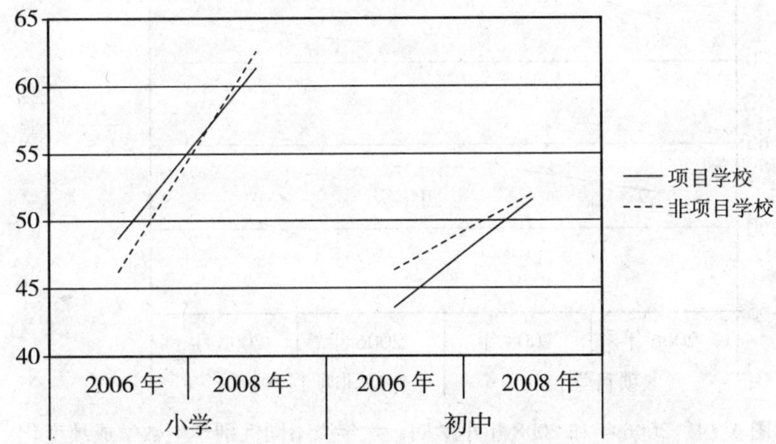

图 4.13　2006 年和 2008 年间追踪学生语文成绩变化

二、不同个人特征学生的学业成绩差异

西发项目影响力评价研究特别关注女童、少数民族学生等弱势群体，也特别关注国家重要的教育政策对学生产生的影响。基于这两方面的考虑，我们在比较不同个人特征学生的学业成绩差异时主要采用了以下五类指标：性别、民族、是否曾在教学点就读、是否寄宿生以及学生的家庭社会经济地位。我们分小学和初中，针对以上五类指标比较学生的学业成绩差异。

（一）小学阶段

1. 性别

图 4.14 为 2006 年和 2008 年小学四、六年级不同性别学生数学成绩变化图。从图中可以看出，总体而言，男生的数学成绩高于女生。不管男生还是女生，小学六年级的数学成绩高于小学四年级的数学成绩，2008 年的数学成绩高于 2006 年的数学成绩。对比项目学校和非项目学校，不管是男生还是女生，项目学校学生两年的数学成绩均高于非项目学校；对比项目学校和非项目学校的女生成绩，项目学校六年级女生两年间成绩提高的幅度大于非项目学校，而四年级女生成绩提高的幅度略小于非项目学校。

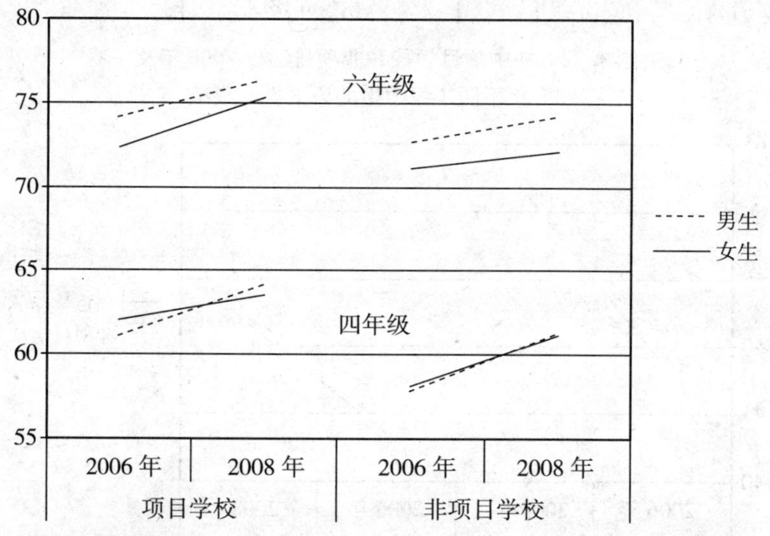

图 4.14　2006 年和 2008 年小学四、六年级不同性别学生数学成绩变化

图 4.15 显示了 2006 年和 2008 年小学四、六年级不同性别学生语文成绩变化情况。从图中可以看出，非项目学校四年级男生和女生的语文成绩在两年间有所下降，而项目学校四、六年级男生和女生以及非项目学校六年级男生和女生 2008 年的语文成绩均高于 2006 年的成绩。六年级学生的语文成绩高于四年级学生，女生的语文成绩基本上均高于男生。对比项目学校和非项目学校发现，不管是男生还是女生，项目学校两年间成绩提高的幅度大于非项目学校学生，男生提高的幅度大于女生。

图 4.16 是不同性别的追踪学生数学和语文成绩变化图。从图中我们可以看出，男生和女生的数学、语文成绩在两年间均有大幅提高，不过男生成绩提高的幅度大于女生。此外，不管是男生还是女生，项目学校两年间

成绩进步的幅度和非项目学校差异不大。

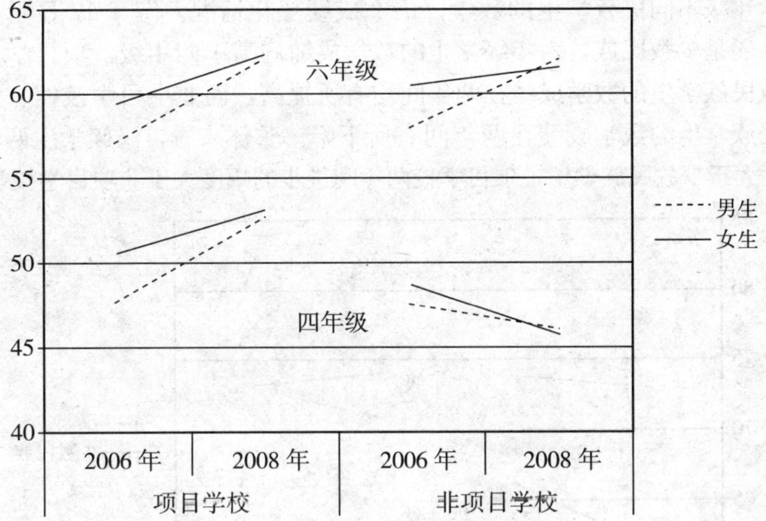

图 4.15　2006 年和 2008 年小学四、六年级不同性别学生语文成绩变化

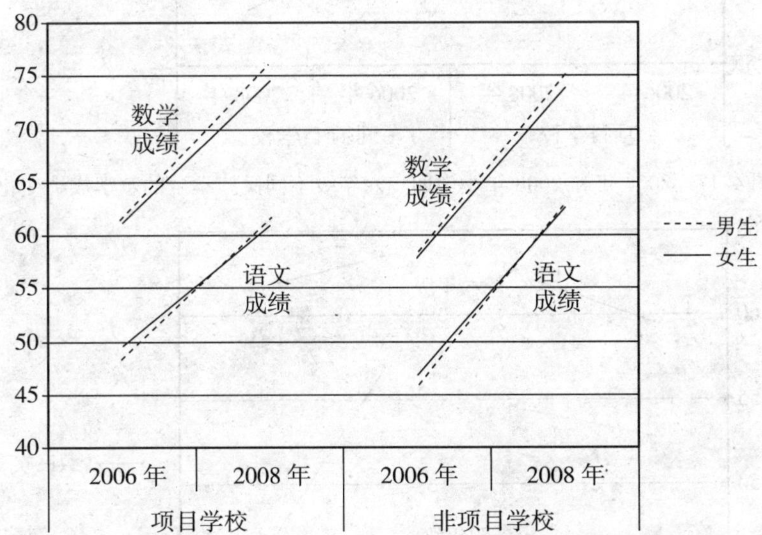

图 4.16　2006 年和 2008 年不同性别的追踪学生数学、语文成绩变化

2. 民族

在民族方面，我们主要分析不同民族特征和不同家庭日常交流语言学生的学业成绩差异。其中，前者考察汉族和少数民族学生的学业成绩差异，后者考察家庭日常交流语言为汉语普通话、汉语地方话的学生和家庭日常交流语言为少数民族语言的学生学业成绩之间的差异。

在民族特征方面，图 4.17 和图 4.18 分别呈现了 2006 年和 2008 年小学四、六年级不同民族学生的数学、语文成绩变化情况。图 4.17 显示，不管是汉族还是少数民族，六年级学生的数学成绩均高于四年级，项目学校汉族和少数民族学生的数学成绩在两年间均有所提高，而非项目学校四、六年级少数民族学生的数学成绩在两年间有所下降。整体来看，汉族学生两年进步的幅度大于少数民族学生，项目学校两年间进步的幅度大于非项目学校学生。

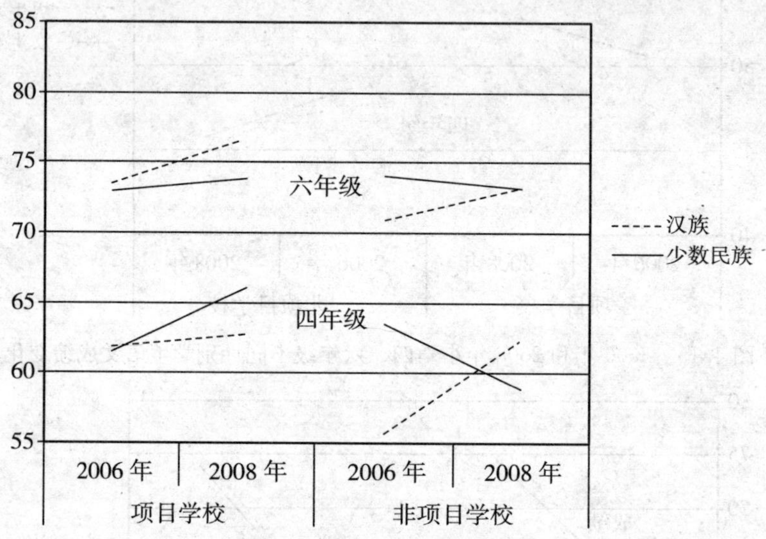

图 4.17　2006 年和 2008 年小学四、六年级不同民族学生的数学成绩变化

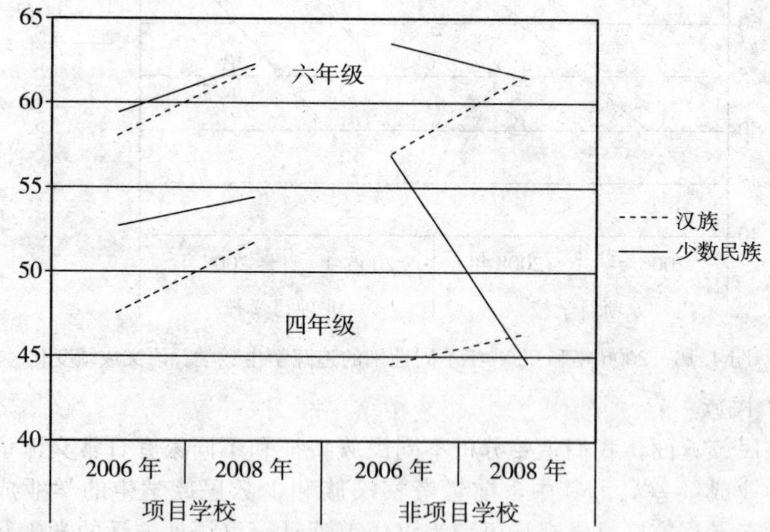

图 4.18　2006 年和 2008 年小学四、六年级不同民族学生的语文成绩变化

在语文成绩上，图 4.18 显示，六年级学生的语文成绩高于四年级学生，项目学校汉族和少数民族学生的语文成绩在两年间均有所提高，而非项目学校四、六年级少数民族学生的语文成绩在两年间有较大幅度的下降。整体来看，汉族学生两年间进步的幅度略大于少数民族学生，项目学校两年间进步的幅度大于非项目学校学生。

图 4.19 为不同民族的追踪学生 2006 年和 2008 年数学及语文成绩变化图。从图中可以看出，不管是项目学校还是非项目学校，汉族学生和少数民族学生在两年间成绩均有较大提高。不过，汉族学生成绩提高的幅度较大。此外，非项目学校汉族学生成绩提高的幅度略大于项目学校汉族学生，而少数民族学生成绩提高的幅度上，项目学校和非项目学校差别不大。

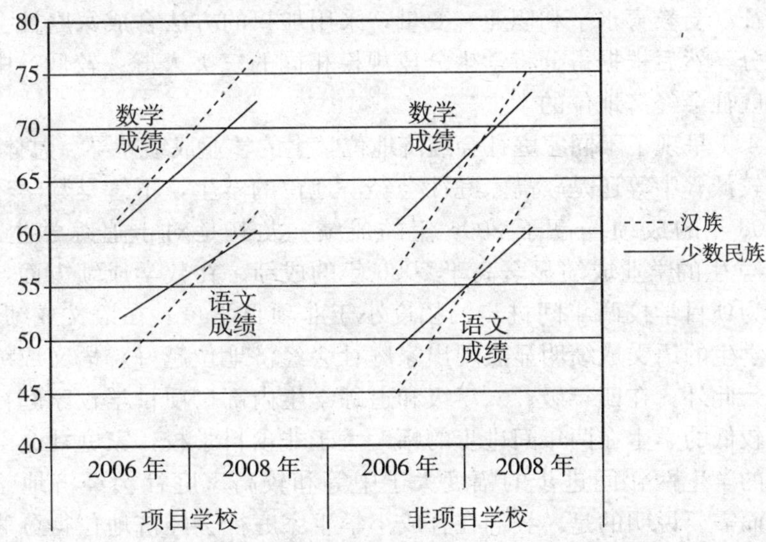

图 4.19　2006 年和 2008 年不同民族的追踪学生数学、语文成绩变化

在家庭日常交流语言特征方面，我们把家庭日常交流语言为少数民族语言的学生单独作为一组，与这组学生对应的是家庭日常交流语言为汉语普通话或汉语地方话的学生。分析发现，不管是项目学校还是非项目学校，家庭日常交流语言为汉语普通话或汉语地方话的学生数学和语文成绩普遍高于家庭日常交流语言为少数民族语言的学生，而且后者成绩提高的幅度较小。需要特别关注的是，对于家庭日常交流语言为少数民族语言的学生来说，项目学校两年间的学业成绩均为正向的增长，而非项目学校两年间成绩没有提高或者有所下降。对比不同民族特征和不同家庭日常交流语言特征学生的学业成绩差异发现，汉族学生与少数民

族学生的学业成绩差异没有表现出比较一致的规律，而家庭日常交流语言为少数民族语言的学生，学业成绩明显低于家庭日常交流语言为汉语普通话或汉语地方话的学生。可见少数民族学生和汉族学生在学业成绩上的差异主要是由语言差异造成的。此外，项目学校少数民族或家庭日常交流语言为少数民族语言的学生两年间成绩提高的幅度显然大于非项目学校。

3. 家庭社会经济地位

已有研究表明，家庭社会经济地位是影响学生学业成绩的主要因素之一。为此，我们也考察了不同社会经济地位家庭学生的学业成绩差异。关于家庭社会经济地位指标，① 我们综合考虑家庭的物质资本、文化资本和社会资本，使用家庭拥有的不同种类的耐用品、有权享用的公共服务及父母的特征（受教育水平和职业）变量，采用加权的方法合成家庭社会经济地位得分，然后根据得分将学生分成规模相同的三类人群：较低、中等和较高家庭社会经济地位的学生。

表 4.1 呈现了不同家庭社会经济地位学生的学业成绩差异。总体来看，不管是较低、中等还是较高家庭社会经济地位的学生，不管是数学还是语文，2008 年的成绩均高于 2006 年的成绩。尤其是对于追踪学生来说，2008 年学生的学业成绩显著高于 2006 年的成绩。在数学成绩方面，基本上表现为项目学校两年间进步的幅度小于非项目学校。在语文成绩方面，六年级学生的语文成绩明显表现出家庭社会经济地位越好，语文成绩越高的趋势。此外，在四年级、六年级和追踪学生内部，项目学校家庭社会经济地位较低的学生在两年间进步的幅度大于非项目学校，家庭社会经济地位较低的学生两年间进步的幅度大于中等和较高家庭社会经济地位的学生。然而需要说明的是，我们在合成小学生家庭社会经济地位得分时失去了数量相对较大的个案，这可能会在一定程度上影响我们的分析结论，而且整体来说，项目乡镇内部的学生家庭背景特征比较相似，很难清晰地区分他们之间的差别。

① 在合成家庭社会经济地位指标时，小学和初中采用了同样的方法。

表 4.1 2006 年和 2008 年小学不同家庭社会经济地位学生的数学、语文成绩变化

			项目学校			非项目学校			项目学校和非项目学校
			2006 年	2008 年	变化	2006 年	2008 年	变化	差异
数学成绩	四年级	较低	64.19	62.78	−1.41	62.21	62.04	−0.16	−1.24
		中等	62.97	64.60	1.63	58.87	62.85	3.98	−2.35
		较高	61.42	67.65	6.23*	56.27	62.90	6.64*	−0.41
	六年级	较低	73.18	76.14	2.96	73.89	73.93	0.04	2.92
		中等	73.77	75.32	1.55	70.99	74.59	3.60	−2.04
		较高	74.39	77.44	3.05	71.70	73.02	1.32	1.73
	追踪学生	较低	63.30	75.68	12.38*	59.04	74.30	15.25*	−2.88
		中等	60.94	75.15	14.21*	58.77	76.49	17.72*	−3.50
		较高	60.94	77.37	16.43*	56.14	74.44	18.30*	−1.87
语文成绩	四年级	较低	49.32	52.17	2.85	51.00	44.58	−6.41	9.26
		中等	51.33	53.80	2.46	48.77	47.09	−1.68	4.14
		较高	49.45	56.43	6.98*	45.88	47.88	2.00	4.98
	六年级	较低	56.60	60.94	4.34	59.81	60.81	1.00	3.34
		中等	59.08	62.35	3.27	57.44	62.45	5.01	−1.74
		较高	60.49	63.87	3.38	61.29	63.56	2.27	1.11
	追踪学生	较低	50.35	60.72	10.37	48.41	61.74	13.34*	−2.97
		中等	49.48	61.92	12.44*	46.58	64.03	17.45*	−5.01
		较高	48.71	63.22	14.51*	43.25	62.98	19.73*	−5.22

数据来源：西发项目监测与评价调查，2006 年和 2008 年。

注：* 表示在 10%的水平上存在显著性差异。

4. 与政策相关的个人特征

本部分中与政策相关的个人特征主要包括是否寄宿生和是否曾在教学点就读两方面。这两项指标均与国家的学校布局结构调整政策紧密相关。

图 4.20 呈现了寄宿生与非寄宿生数学成绩的变化情况。从图中可以看出，项目学校寄宿生在两年之间数学成绩有所下降或基本持平，而项目学校的非寄宿生以及非项目学校的寄宿生和非寄宿生两年之间的数学成绩均有不同幅度的提高。另外，非寄宿生的数学成绩基本上均高于寄宿生。

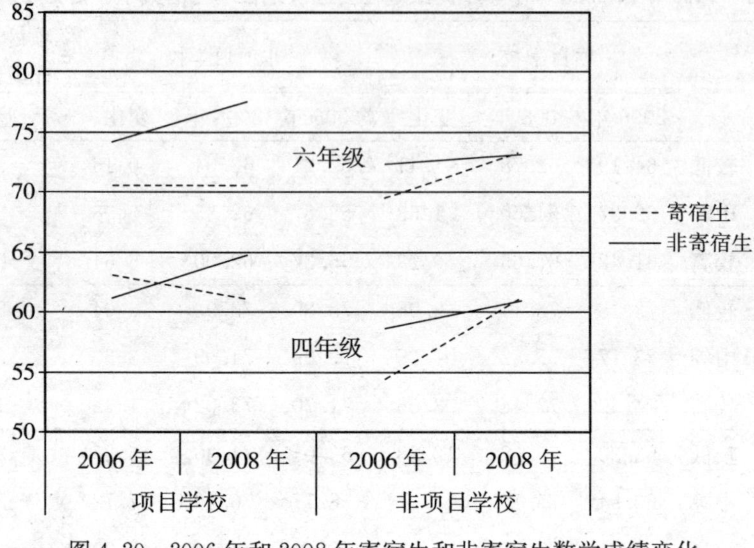

图 4.20　2006 年和 2008 年寄宿生和非寄宿生数学成绩变化

图 4.21 呈现了寄宿生与非寄宿生语文成绩的变化情况。从图中可以看出，六年级的寄宿生和非寄宿生在两年间成绩均有提高，而四年级中，项目学校的寄宿生和非项目学校的非寄宿生成绩有所下降，项目学校四年级寄宿生和非寄宿生两年的成绩均高于非项目学校。此外，整体来看，非寄宿生的语文成绩基本上均高于寄宿生。

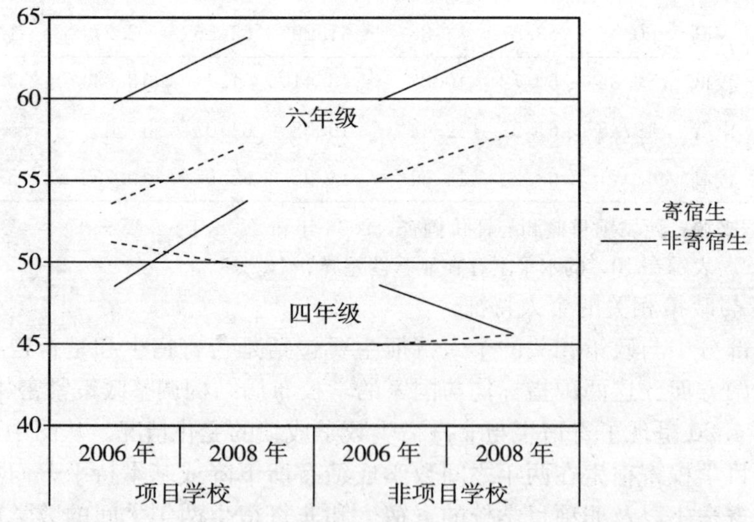

图 4.21　2006 年和 2008 年寄宿生和非寄宿生语文成绩变化

图 4.22 呈现了 2006 年和 2008 年追踪学生中寄宿生与非寄宿生数学、语文成绩的变化情况。从图中可以看出，两年间，寄宿生和非寄宿生学业成绩均有较大幅度提升，项目学校非寄宿生成绩提高的幅度大于寄宿生，非项目学校寄宿生提高的幅度大于非寄宿生。另外，同图 4.20 和图 4.21 一样，追踪学生的数据分析也表明，非寄宿生的学业成绩基本上均高于寄宿生。

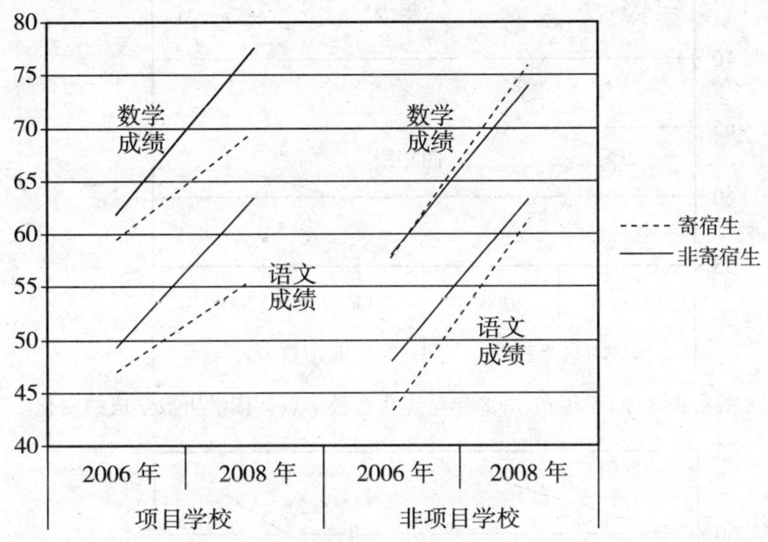

图 4.22　2006 年和 2008 年追踪学生中寄宿生和非寄宿生数学、语文成绩变化

通过本部分的分析发现，非寄宿生的学业成绩一般高于寄宿生。我们推测这可能是因为非寄宿生一般是城镇家庭学生或者家庭离学校距离较近的学生，而寄宿生一般是家庭住址较偏远，曾经在教学点学习的学生。也就是说，非寄宿生一般是家庭社会经济地位较好的学生。这部分学生的学业成绩较高，这一结论与上一部分不同家庭社会经济地位学生的学业成绩差异分析的结论是一致的。

图 4.23 呈现了 2006 年和 2008 年是否曾在教学点就读学生的数学成绩变化情况。从图中可以看出，项目学校和非项目学校六年级学生中曾经在教学点就读的学生数学成绩在两年间呈现下降趋势，四年级和六年级学生中从未在教学点就读的学生两年间成绩有不同幅度的增长。对比发现，从未在教学点就读的学生数学成绩整体高于曾经在教学点就读的学生。

图 4.24 呈现了 2006 年和 2008 年是否曾在教学点就读学生语文成绩的变化情况。整体来看，从未在教学点就读的学生语文成绩高于曾在教学点就读的学生成绩。项目学校曾在教学点就读的学生起点成绩较低，但其两

年间学业成绩的进步幅度大于项目学校从未在教学点就读的学生，同时也大于非项目学校曾在教学点就读的学生。

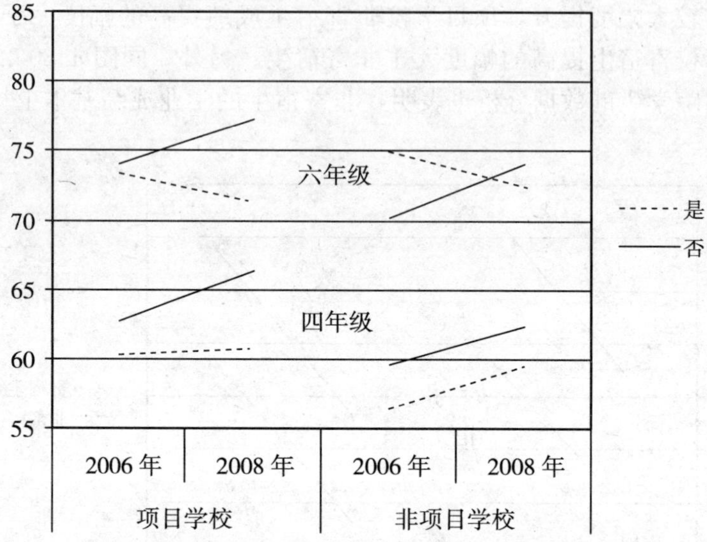

图 4.23　2006 年和 2008 年是否曾在教学点就读学生数学成绩变化

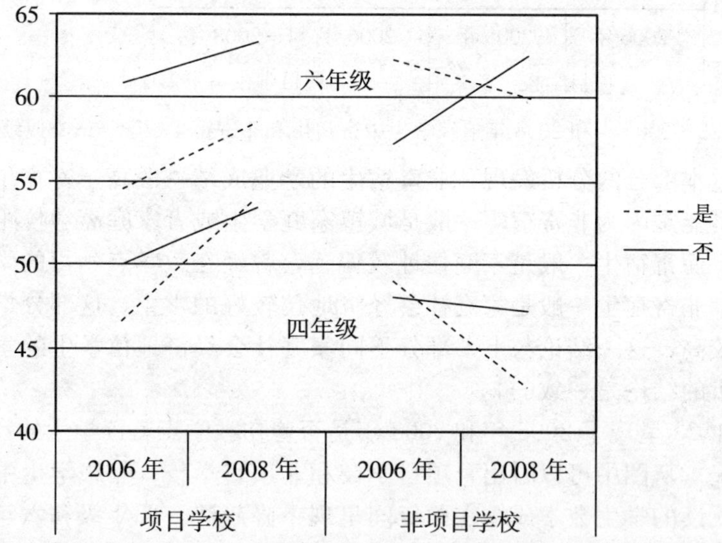

图 4.24　2006 年和 2008 年是否曾在教学点就读学生语文成绩变化

图 4.25 呈现了 2006 年和 2008 年是否曾在教学点就读的追踪学生数学、语文成绩的变化情况。整体来看，从未在教学点读过书的学生数学、语文成绩高于曾在教学点就读的学生成绩。项目学校和非项目学校曾在教

学点就读的学生两年间学业成绩的进步幅度与从未在教学点就读的学生大体相当。

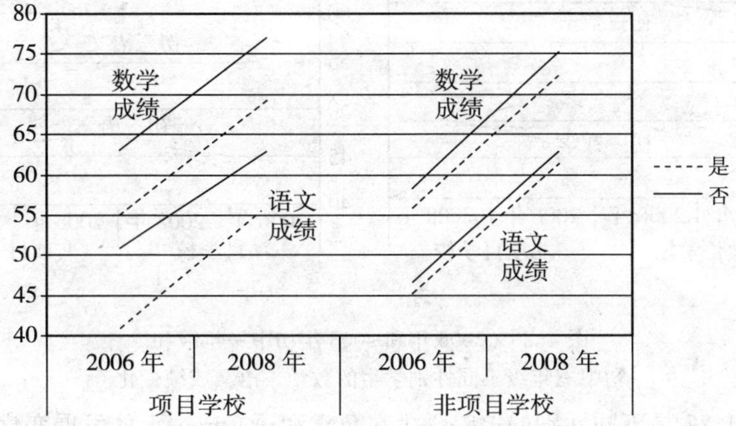

图 4.25 2006 年和 2008 年是否曾在教学点就读的追踪学生数学、语文成绩变化

我们的研究发现，曾在教学点就读的学生学业成绩较差。这可能是由于教学点一般办学条件较差，师资力量较为薄弱，进而影响了学生的学业成绩。近几年来国家对义务教育阶段的学校布局进行了调整，撤除了一些办学条件不好的教学点或学校，优化了教育资源，提高了办学条件。结合我们的研究来看，可以说国家的这一政策有利于促进学生发展，是有可取之处的。

（二）初中阶段

本部分分析初中阶段不同个人特征学生的学业成绩差异。由于初中阶段不同个人特征学生的学业成绩差异与小学相似，所以本部分在描述时较为简略，归纳了不同个人特征学生学业成绩差异的主要趋势。

1. 性别

图 4.26 是初中一年级和初中三年级不同性别学生在两年间的学业成绩变化图。从图中我们可以看出以下五点。（1）与小学相比，初中学生的学业成绩表现出更明显的性别差异，男生的数学成绩较好，女生的语文成绩较好。（2）2006 年至 2008 年，初中学生的学业成绩提高不是很明显，尤其是在语文成绩上。在某些情况下，学生的语文成绩呈现下降趋势。（3）在起点成绩上，项目学校的数学起点成绩较高，语文起点成绩较低。（4）对比项目学校和非项目学校两年间成绩的变化发现，不管是男生还是女生，项目学校两年间成绩提高的幅度大于非项目学校。（5）对比男生和

女生，他们两年间成绩变化的趋势没有显著差异。

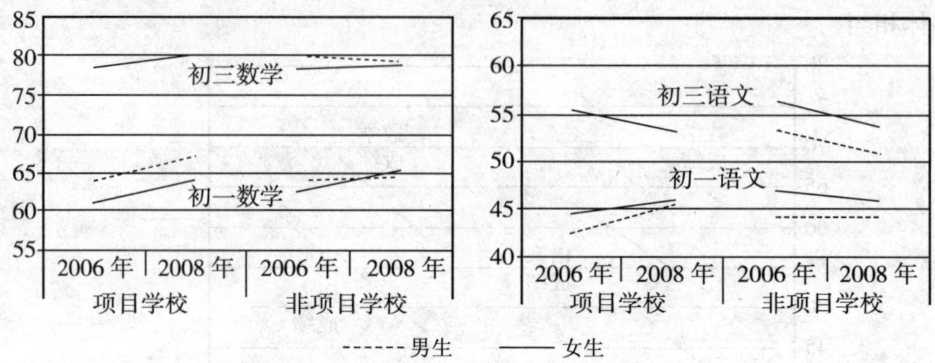

图 4.26　2006 年和 2008 年初中一年级和
初中三年级不同性别学生的数学、语文成绩变化

图 4.27 是不同性别的追踪学生在数学和语文成绩上的发展变化图。从图中可以看出，追踪学生也表现为男生的数学成绩较好，女生的语文成绩较好。项目学校男生和女生两年间成绩增长的幅度分别大于非项目学校，女生两年间成绩增长的幅度大于男生。此外，数学成绩两年间的进步幅度大大高于语文成绩。

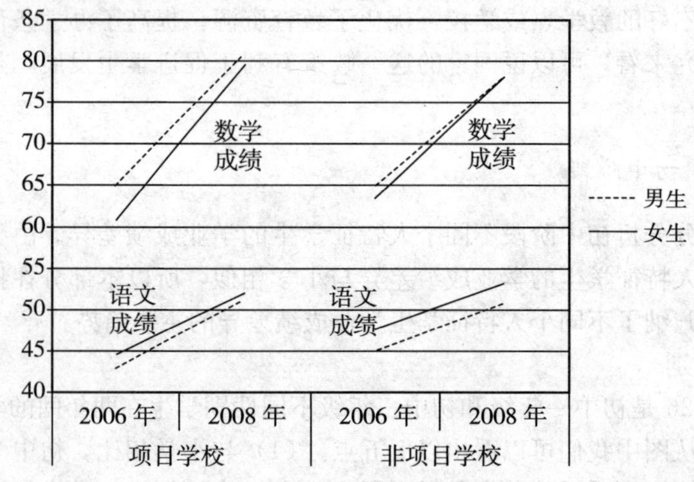

图 4.27　2006 年和 2008 年初中不同性别的追踪学生数学、语文成绩变化

2. 民族

本部分考察具有不同民族特征、采用不同家庭日常交流语言的学生在学业成绩发展方面的差异。图 4.28 是初中一年级和初中三年级不同民族学生在两年间的学业成绩变化图。从图中我们可以看出以下两点。（1）在初

中阶段，汉族和少数民族学生在学业成绩上的差异非常明显，汉族学生数学、语文成绩基本上均高于少数民族学生。（2）从 2006 年到 2008 年，非项目学校汉族和少数民族学生在学业成绩方面的差距有缩小的趋势，而在项目学校，汉族和少数民族学生的学业成绩差距两年间基本没有变化。

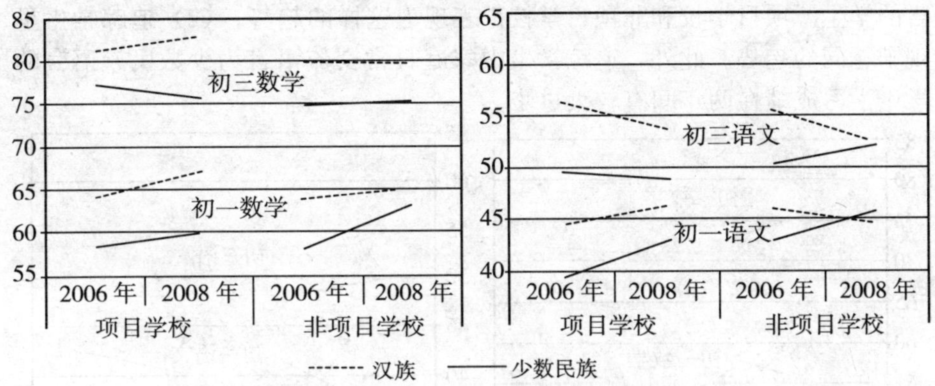

图 4.28　2006 年和 2008 年初中一年级和初中三年级不同民族学生的数学、语文成绩变化

图 4.29 是不同民族的追踪学生在两年间的学业成绩变化图。从图中我们可以看出，追踪学生的成绩变化与前面的分析结论比较一致。略有差别的是，对于追踪学生来说，2006 年到 2008 年成绩均呈正向的增长趋势，而且这种正向增长是显著的（即两年的成绩有显著性差异）。

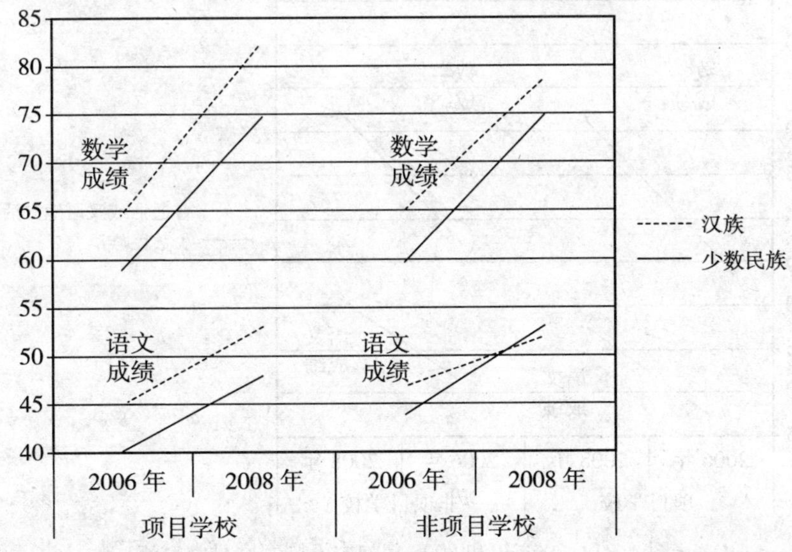

图 4.29　2006 年和 2008 年初中不同民族的追踪学生数学、语文成绩变化

在不同家庭日常交流语言学生的学业成绩发展方面，图 4.30 和图 4.31 呈现了不同家庭日常交流语言的学生在数学成绩和语文成绩上的变化情况。从图中我们可以看出以下两点。（1）家庭日常交流语言为汉语普通话和汉语地方话的学生成绩明显高于家庭日常交流语言为少数民族语言的学生。项目学校和非项目学校都表现为这样的趋势。（2）追踪学生呈现了相同的趋势。此外，追踪学生中家庭日常交流语言为少数民族语言的学生学习成绩在两年间有较大进步。

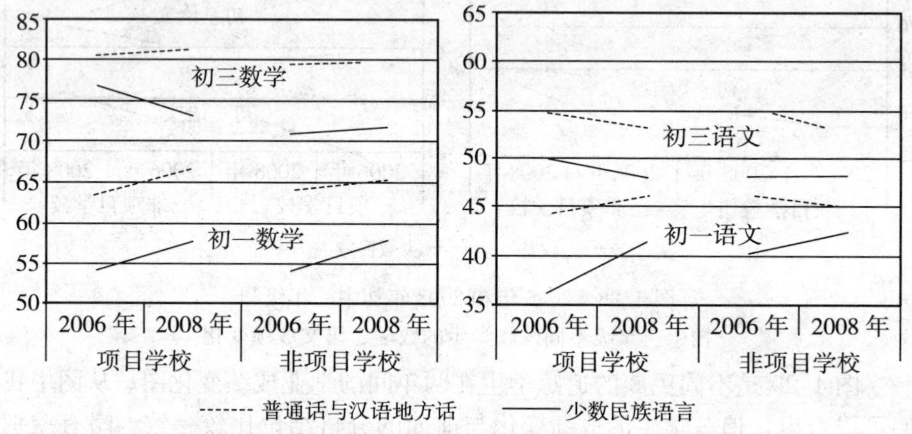

图 4.30　2006 年和 2008 年初中一年级和初中三年级不同家庭日常交流语言学生的数学、语文成绩变化

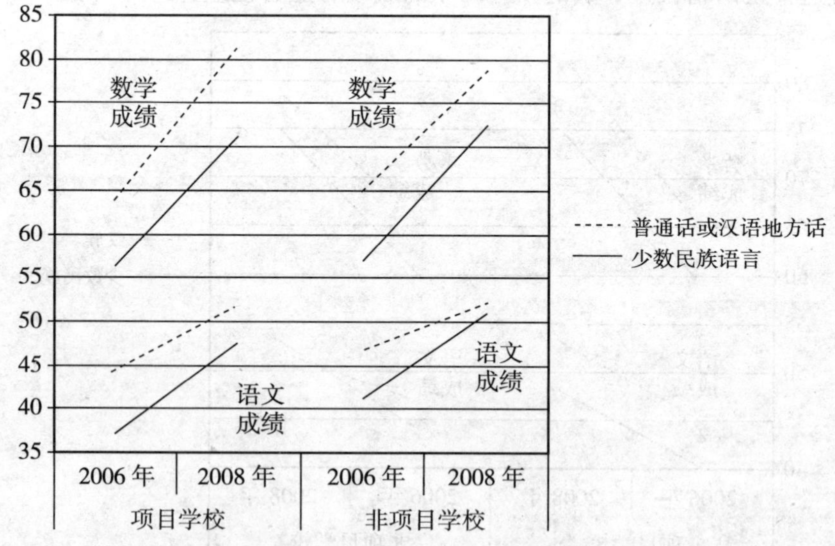

图 4.31　2006 年和 2008 年初中不同家庭日常交流语言的追踪学生数学、语文成绩变化

3. 家庭社会经济地位

表 4.2 呈现了 2006 年和 2008 年初中不同家庭社会经济地位学生的数学、语文成绩变化情况。从表中可以看出，初中不同家庭社会经济地位学生比较明显地表现为，家庭社会经济地位越好，学生数学和语文成绩越高。对比项目学校和非项目学校学生发现，项目学校学生两年间成绩进步的幅度基本上均大于非项目学校，尤其是项目学校家庭社会经济地位较低的学生两年间成绩增长的幅度大于非项目学校。此外，不同家庭社会经济地位追踪学生的学业成绩表现出相似的趋势。

表 4.2　2006 年和 2008 年初中不同家庭社会经济地位学生的数学、语文成绩变化

			项目学校			非项目学校			项目学校和非项目学校
			2006 年	2008 年	变化	2006 年	2008 年	变化	差异
数学成绩	初一年级	较低	60.25	66.02	5.77*	60.13	62.37	2.25	3.52
		中等	62.14	65.90	3.76	63.83	64.33	0.50	3.26
		较高	67.50	66.73	−0.77	66.18	67.64	1.46	−2.23
	初三年级	较低	79.01	78.76	−0.24	76.21	76.35	0.13	−0.38
		中等	79.15	80.75	1.60	78.45	78.67	0.22	1.38
		较高	81.54	84.25	2.72*	82.10	81.92	−0.18	2.90
	追踪学生	较低	61.36	78.43	17.07*	60.83	76.18	15.35*	1.72
		中等	63.62	80.92	17.30*	64.08	77.59	13.51*	3.79
		较高	65.81	83.10	17.28*	66.17	79.93	13.77*	3.52
语文成绩	初一年级	较低	41.17	46.35	5.18*	43.70	42.68	−1.02	6.20*
		中等	42.68	45.49	2.81*	45.82	45.09	−0.72	3.53*
		较高	47.55	46.11	−1.44	47.22	47.35	0.14	−1.57
	初三年级	较低	52.37	50.40	−1.96	52.19	50.70	−1.50	−0.47
		中等	53.29	52.36	−0.93	54.37	52.15	−2.21	1.28
		较高	55.94	57.03	1.09	56.67	54.19	−2.49	3.58
	追踪学生	较低	41.90	49.84	7.94*	45.24	50.94	5.70*	2.24
		中等	43.80	51.91	8.11*	46.09	51.94	5.85*	2.26
		较高	46.24	55.23	8.99*	47.20	52.90	5.70*	3.29

数据来源：西发项目监测与评价调查，2006 年和 2008 年。

注：* 表示在 10%的水平上存在显著性差异。

4. 与政策相关的个人特征：是否寄宿生

图 4.32 和 4.33 呈现了寄宿生和非寄宿生在数学和语文成绩上的变化情况。从图中我们可以看出以下三点。（1）寄宿生同非寄宿生相比，学业成绩较差。（2）项目学校的寄宿生成绩同非项目学校的寄宿生相比，相对较好。（3）追踪学生表现出相同的趋势，寄宿生和非寄宿生之间差别不是很大。

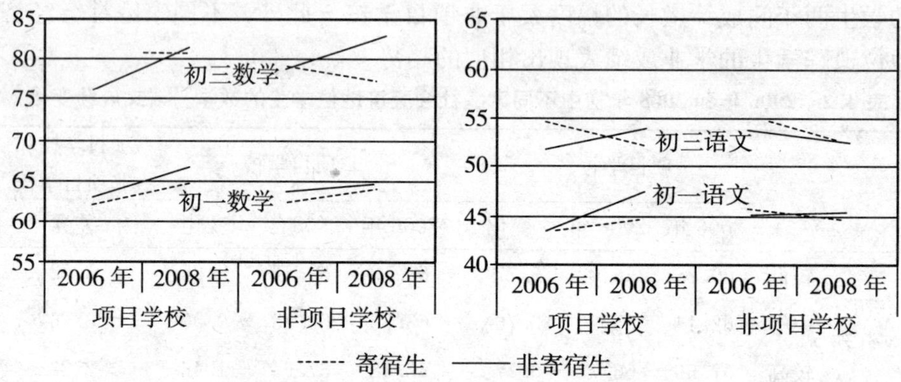

图 4.32　2006 年和 2008 年初中一年级和初中三年级寄宿生和非寄宿生数学、语文成绩变化

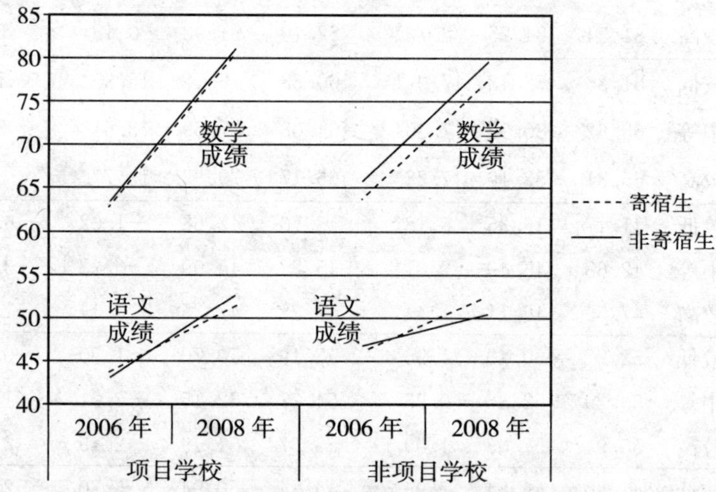

图 4.33　2006 年和 2008 年初中追踪学生中寄宿生和非寄宿生数学、语文成绩变化

对于追踪学生，我们进一步考察了 2006 年未寄宿而 2008 年寄宿的学生和两年都未寄宿的学生在学业成绩上的差异。图 4.34 即为他们之间的学业成绩变化图，从中我们可以得出如下两点结论。（1）2006 年未寄宿而

2008 年寄宿的学生数学和语文的起点成绩较低。（2）2006 年未寄宿而 2008 年寄宿的学生两年间成绩的进步幅度较大。

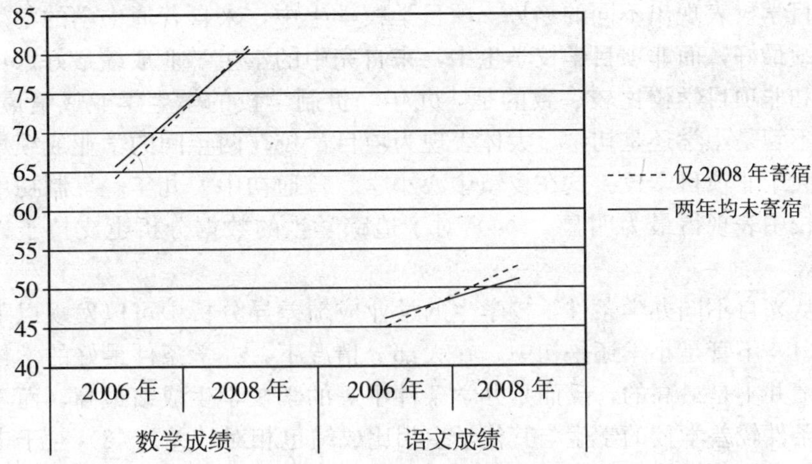

图 4.34　2006 年和 2008 年初中追踪学生中寄宿生（2006 年未寄宿而 2008 年寄宿）和非寄宿生（两年均未寄宿）数学、语文成绩变化

三、不同学校特征学生的学业成绩差异

不同学校特征方面，我们主要关注学校类型和学校办学条件两个指标。本部分通过分析不同学校特征学生的平均数学、语文成绩差异来考察学校类型和学校办学条件与学生的学业成绩之间的关系。其中，在学校类型方面，我们的样本中，小学主要包括了村完小、乡镇中心小学、九年一贯制学校和教学点（仅追踪学生中有部分学生来自教学点）四种类型，初中包括了普通初中（三年制）、九年一贯制学校和完中（同时有初中部和高中部的中学）三种类型。学校办学条件主要指的是为了维持学校正常运转而进行的硬件投入、人力资源投入和经费投入。本研究综合考虑学校的人力、财力、物力资源，采用因子分析的方法提取学校办学条件公因子，获得学校办学条件得分，然后依据得分将学校分成了数量相同的办学条件较差、中等和较好三类。其中，通过因子分析，最终考察的变量主要包括：生均图书册数、生均计算机台数、生均事业性教育经费支出、生均公用经费、生均校舍建筑面积和生均教室面积等。

附表 4.11 至附表 4.14 为不同学校类型、不同办学条件学校学生的学业成绩变化表。从来自不同类型学校学生的学业成绩差异分析中可以发现以下四点。（1）在小学，大部分情况下乡镇中心小学的学生学业成绩较高，而九年一贯制学校的学生学业成绩相对较差，这种趋势在 2008 年表现得尤为突出；在追踪学生中，部分学生所在的学校为教学点，从成绩对比中可以看出，教学点的学生学业成绩相对较差。(2) 在初中，项目学校和非项目学校表现出不同的趋势：项目学校学生中，来自普通中学的学生学业成绩最好，而非项目学校学生中，来自完中的学生学业成绩最好。项目学校和非项目学校比较一致的是，九年一贯制学校的学生学业成绩最差。(3) 不管是小学还是初中，大体表现为项目学校在两年间的学业成绩增长幅度大于非项目学校。这在乡镇中心小学、普通初中、九年一贯制初中几类学校中表现得最为明显。(4) 对于追踪学生的数据分析也支持了以上结论。

从来自不同办学条件学校学生的学业成绩差异分析中可以发现以下三点。(1) 不管是小学还是初中，在大部分情况下，办学条件最好的学校学生成绩并不是最高的，反而是办学条件中等的学校学生成绩最高，而学校办学条件较差学校的学生与其他学生相比成绩也相对较差。(2) 对于来自较差办学条件学校的学生来说，项目学校的起点成绩（2006 年的成绩）与非项目学校相比较低，而项目学校这部分学生两年间学业成绩的提高幅度大于非项目学校。(3) 对于追踪学生的数据分析同以上结论相似。

当然，对不同办学条件学校学生的学业成绩差异分析显示，在各个群体内部，办学条件与学生学业成绩之间关系所表现出来的趋势并不是完全一致的。这可能是由于我们在合成学校办学条件得分时考虑的因素还不能完全代表学校的办学条件情况，尤其是在学校的教师资源配置方面。

综上所述，我们的研究可以得出以下主要结论。(1) 项目学校两年间成绩提高的幅度大于非项目学校。这在一定程度上说明了项目的实施对学生发展产生了正向影响。(2) 项目学校的弱势群体得到了更快的发展。这说明项目适当地向弱势群体进行了倾斜。在不同个人特征学生的学业能力测试成绩上：(1) 男生的数学成绩较好，而女生的语文成绩较好；(2) 汉族学生的学业成绩好于少数民族学生；(3) 非寄宿生的学业成绩略好于寄宿生；(4) 曾经在教学点就读的学生学业成绩较差；(5) 学生的家庭社会经济地位越好，学业成绩相对较高。值得一提的是，在寄宿生问题上，我们对初中追踪学生中两年均未寄宿的学生和 2006 年未寄宿而 2008 年寄宿的学生进行了对比分析，发现 2006 年未寄宿而 2008 年寄宿的学生 2006 年成绩较低，但是在两年间他们获得了较大的进步。我们推测一般寄宿生是家庭住址离学校较远的学生，他们如果每天回家，花费在路上的时间较多，导致他们成绩相对其他学生较差；到了 2008 年，他们选择寄宿，节省了路途上的时间用来学习，因此带来了他们成绩的较大幅度增长。从这一方面来说，寄宿政策对于家庭住址较远的学生来说，是利大于弊的。在不同学校特征学生的学业能力测试成绩上，办学条件最好的学校学生成绩不一定是最高的，中等办学条件学校的学生学业成绩相对较高；九年一贯制学校的学生学业成绩一般较差。

第三节　西发项目投入与学生学业成绩

前两节主要采用描述性统计的方法考察学生的平均成绩以及在不同个人特征、学校特征的学生群体间成绩的差异，本节将采用多元线性回归模型，并通过控制某些变量的方式来考察西发项目投入对于学生学业成绩增长的影响。

一、模型设定

西发项目影响力评价的目的是要用系统、科学的方法将西发项目的净影响剥离出来。因此，西发项目影响力评价采用具有对照组的追踪重复测量，主要通过比较项目学校和非项目学校的学生在两个时点的成绩差异来考察西发项目对学生学业成绩的影响。为了实现这一目标，从理论上来说，应该采用差分模型或者增值模型的方法来探究西发项目对学生学业成绩的影响。采用这两种方法可以严格控制其他因素（西发项目之外的因素）对学生学业成绩的影响，剥离出西发项目的净影响。但是，我们采用差分模型或增值模型来进行分析时，没有得出比较满意的结果，主要原因可能是小学六年级和初中三年级追踪学生的成绩分布都是截尾分布（参见图 4.3 和图 4.5）。因此，我们采用了教育生产函数模型的方法来测量学校资源投入与学生学业成绩之间的关系。这种方法可以考察投入与产出的关系，也可以从一个侧面考察西发项目投入对学生学业成绩的影响。我们主要呈现小学四年级和初中一年级学生 2006 年和 2008 年的成绩模型，① 从这些模型中可以得出比较有意义的结论。通常的教育生产函数模型如下（H. M. Levin，2000）：

$$A_t = f(F_t, T_t, OS_t)$$

其中 A 是学生学业成绩；F 表示来自学生及其家庭方面的并对学生学

① 正如图 4.2 和图 4.4 所示，小学四年级和初中一年级学生的 2006 年、2008 年成绩分布都近似服从正态分布，而非截尾分布。

业成绩有影响的各种因素，如父母受教育程度、家庭收入、学生学习动机等；T 表示教师投入因素，包括教师的资格、职称、学历、教龄、动机等；OS 表示学校的其他投入要素，包括班级规模、图书资料、仪器设备、课程等。我们的主要意图在于分析西发项目在学校办学条件和教师培训等方面的投入对学生的影响，但也必须控制一些其他的潜在因素。

在小学和初中的教育生产函数模型中，因变量分别是小学四年级、初中一年级学生的数学、语文标准化测验成绩，四个模型估计使用的数据是 2006 年和 2008 年的西发项目监测与评价调查数据。模型中的解释变量分为以下三类。

(1) 学生个体及家庭特征变量：性别（1 代表男生，0 代表女生），家庭社会经济地位①（模型中采用的是两个虚拟变量，即是否来自中等社会经济地位家庭，是否来自较好社会经济地位家庭），家庭日常交流语言（1 表示家庭日常交流语言为少数民族语言，0 表示家庭日常交流语言为汉语普通话或汉语地方话），是否寄宿生（1 代表寄宿生，0 代表非寄宿生），是否曾在教学点就读②（1 表示从教学点转至目前学校的学生，0 表示其他），能否独立完成家庭作业（1 表示能独立完成家庭作业，0 表示其他），学习期望（1 表示希望读到高中及以上，0 表示其他）。

(2) 教师特征变量：③ 当估计数学、语文成绩模型系数时，分别采用的是抽样班数学、语文教师特征变量。变量包括教师学历（这里指的是教师目前学历，对于小学教师，1 表示师专及以下学历，0 表示其他；对于初中教师，1 表示本科及以上学历，0 表示其他）、是否有教师任职资格、是否骨干教师以及教学年限。④

(3) 学校特征变量：班级规模，生均图书册数，生均计算机台数。⑤

对于上述变量间的预期关系主要有以下三个。

(1) 班级规模越小，越有利于学生成绩的提升。因此，我们预期班级

---

① 小学四年级学生 2006 年、2008 年数据文件中此变量缺失数据比例分别高达 15.8%、24.5%，所以在小学成绩模型中删去此变量。

② 此变量仅在小学成绩模型中存在。

③ 学生数学、语文成绩模型中的所有教师特征变量均是针对抽样班的数学、语文教师而言的。

④ 小学成绩模型中无教学年限变量，因为有太多的缺失值（2008 年抽样班数学、语文教师教龄变量的缺失数据比例分别高达 19.5%、20.2%）。

⑤ 此变量仅存在于 2008 年成绩模型，因为 2006 年西发项目监测与评价数据文件中无此变量。

规模和学生成绩之间是一种负相关关系（此变量与西发项目在校舍建筑方面的投入间接关联）。

(2) 图书类型越丰富，学生就越爱去借阅，这将有利于学生成绩的提高。增加计算机台数也是如此。同时我们预期这些资源被有效使用（图书、计算机属于西发项目的另一类重要投入）。

(3) 教师资格、高等教育背景、教龄应当对学生成绩产生正效应（这属于西发项目的教师培训投入可能发挥效应的领域）。

此外，还有两个与政策相关的变量：是否寄宿生和是否曾就读于教学点。事实上，这两个变量的系数可以为教学点的低教育质量和寄宿是否影响学生成绩提供证据。

其余变量均为控制变量，我们预期家庭社会经济地位、学生学习期望应当对学业成绩产生正效应。获得激励的教师也应当对成绩有正效应，我们试图将骨干教师变量作为此类控制变量。

二、结果分析

（一）小学阶段

表 4.3 呈现的是 2006 年、2008 年小学四年级学生数学、语文成绩模型结果，* 号表示系数在统计上是显著的。从表中可以发现，所有显著的系数其符号与我们的预期一致。班级规模和成绩之间负相关，生均图书册数对于成绩有正效应，但仅在 2006 年成绩模型中出现显著正效应。尽管生均计算机台数对成绩具有正效应，但在统计意义上不显著。生均图书册数在两年的成绩模型中系数符号不一致，我们推测一种可能的原因是由于 2006 年模型中的生均图书册数与学校其他特征变量之间存在伪相关而出现错误的符号，另一种可能的原因是学校在校生数的变化而不仅是图书册数的增加会对系数值有影响，从而出现 2008 年生均图书册数的系数不再显著。此外，我们不清楚教师和学生通常借阅的是哪些类型的图书，很可能项目购置的图书与学校教学所需要使用的图书不完全一致。是否寄宿生变量对于学生成绩没有产生显著性影响，而是否曾就读于教学点变量对于成绩显示出负效应，尤其是在 2008 年数学成绩模型中为显著负效应。这为教学点的教学质量低于普通学校提供了一个证据。

表 4.3　2006 年、2008 年小学四年级学生数学、语文成绩模型结果

解释变量	数学成绩模型		语文成绩模型	
	2006 年	2008 年	2006 年	2008 年
是否男生	0.24	0.52	−1.14*	−0.57
是否寄宿生	−1.93	0.18	−2.98	2.51
家庭日常交流语言是否为少数民族语言	−3.50	−5.37	−1.3	−4.13
是否曾就读于教学点	−1.06	−3.62*	−1.50	−1.09
是否期望读到高中及以上	5.71*	11.49*	4.93*	9.07*
班级规模	−0.19*	−0.19*	−0.20*	−0.15
生均图书册数	0.94*	−0.07	0.98*	−0.09
生均计算机台数	——	51.05	——	67.19
是否有教师任职资格	12.32*	10.51*	2.77	16.47*
学历是否为师专以下	0.32	0.15	−7.08*	2.87
是否骨干教师	4.03	3.61	4.06	2.86
R^2	0.12	0.10	0.12	0.06

注：* 表示系数在 0.05 水平上显著异于 0。

（二）初中阶段

表 4.4 呈现的是 2006 年、2008 年初中一年级学生数学、语文成绩模型结果。初中数据文件中的数据更完整，因而初中成绩模型中包括的变量数多于小学成绩模型，我们可以由此得出更多有意义的结论。与小学模型一样，所有关键变量和统计显著变量的系数符号与我们的预期一致。班级规模和成绩之间负相关，但在 2008 年的模型中系数不再显著。我们推测其原因是土建项目虽然能扩大校舍建筑面积，但由于学校招生数以更快的速度增长，使得班级规模未必能减小，反而可能上升。与小学情形一样，在 2006 年成绩模型中，生均图书册数对于成绩有显著正效应，但在 2008 年成绩模型中正效应不再显著。教师任职资格和教师学历变量仅在 2008 年语文成绩模型中系数显著，教龄有时和成绩是正相关，但有时与成绩呈非线性关系，即年龄较大的教师可能缺乏工作动力和应变力，出现教学质量下降的情形。总的来看，教师特征变量对于成绩的影响都不是很强，可能与我们的学业能力测试安排在上半学年有关。最后，值得关注的是，与小学情形一样，是否寄宿生变量对于学生成绩没有产生显著性影响，即寄宿生

成绩与非寄宿生成绩差异不显著。

表 4.4 2006 年、2008 年初中一年级学生数学、语文成绩模型结果

解释变量	数学成绩模型		语文成绩模型	
	2006 年	2008 年	2006 年	2008 年
是否来自中等社会经济地位家庭	0.94	0.91	1.89*	0.51
是否来自较好社会经济地位家庭	1.91	4.22*	4.11*	1.89
是否男生	0.88	0.82	−1.86*	−2.17*
是否寄宿生	−1.30	2.01	−0.08	−1.80
家庭日常交流语言是否为少数民族语言	−1.81	−1.92	−4.54*	0.02
是否期望读到高中及以上	10.49*	9.07*	6.12*	7.39*
能否独立完成家庭作业	3.11*	5.51*	0.48	0.70
生均图书册数	0.08*	0.04	0.11*	0.13
生均计算机台数	——	8.07	——	−0.11
班级规模	−0.17*	−0.12	−0.18*	−0.03
是否有任职资格	−0.95	−3.59	1.56	5.03*
学历是否本科及以上	2.57	1.59	−0.18	5.33*
是否骨干教师	4.54	−2.36	−0.20	−2.14
教龄	1.28*	0.26	0.59	1.24*
教龄的平方	−0.04*	——	−0.02	−0.06*
R^2	0.16	0.12	0.12	0.14

注：* 表示系数在 0.05 水平上显著异于 0。

总之，以上中小学生成绩模型结果反映出西发项目对于西部五省区部分农村中小学的教师培训和改善办学条件（例如提供图书、建造更多教学楼，如能伴随出现更小班级规模的话）的干预措施有助于学生学业成绩的增长。

最后需要说明的是，我们还尝试利用同样的模型分析项目学校与非项目学校的学生成绩，试图发现项目学校与非项目学校的各项学校资源变量对于成绩的不同效应差异，但是没有得到非常有意义的结论。项目学校与非项目学校模型中的系数差异不显著，不过系数的效应符号还是基本一致的，而且在中学成绩模型中这种一致性更为明显。我们推测可能是对于中学我们采用的是以乡镇为抽样单位，而小学是以学校为抽样单位，不同乡镇中学的办学条件差异不明显，不同小学办学条件差异较大（尤其是不同类型小学，如村完小和中心校），因而中学项目学校和非项目学校模型中系数差异可能更真实。

第四节　学生的学校适应性差异

对于学生的发展，我们主要从两个方面来考察：学生的学业能力测试成绩和学校适应性。前面已经对学生的学业能力测试成绩进行了细致的描述，本部分主要分析学生的学校适应性差异。学生的学校适应性指的是学生适应学校环境和参与学校生活的程度，是反映学生身心健康发展的重要指标。我们通过学校适应性量表测量学生的学校适应性，使用探索性因素分析的方法合成学生的学校适应性得分，得分越高，学校适应性越好。本部分的具体内容包括项目学校和非项目学校学生的学校适应性、不同个人特征学生的学校适应性和不同学校特征学生的学校适应性。

一、项目学校和非项目学校学生学校适应性的总体差异

表 4.5 呈现了 2006 年和 2008 年学生的学校适应性变化。从表中可以看出，在小学阶段，学生的学校适应性得分大约为 2.8 分左右；项目学校学生 2008 年的学校适应性略好于 2006 年，非项目学校学生 2008 年的学校适应性差于 2006 年；从项目学校和非项目学校的对比来看，项目学校两年间学校适应性的变化好于非项目学校；从追踪学生的学校适应性来看，他们 2008 年的学校适应性好于 2006 年。在初中阶段，学生的学校适应性得分大约为 2.5 分左右；不管是项目学校还是非项目学校，2008 年的学校适应性得分低于 2006 年，项目学校初一年级学生和非项目学校初三年级学生的学校适应性得分在两年之间显著减小；项目学校和非项目学校两年间的变化没有太大差别；追踪学生的学校适应性得分在两年间有一定幅度的下降。此外，初中学生的学校适应性得分略低于小学学生。

表 4.5　2006 年和 2008 年学生的学校适应性差异

	项目学校			非项目学校			项目学校和非项目学校
	2006 年	2008 年	变化	2006 年	2008 年	变化	差异
小学	2.90	2.96	0.05	2.84	2.63	−0.21*	0.27
四年级	3.00	2.88	−0.12	2.84	2.56	−0.29*	0.17

续表

	项目学校			非项目学校			项目学校和非项目学校
	2006年	2008年	变化	2006年	2008年	变化	差异
六年级	2.83	3.01	0.18	2.83	2.67	−0.16	0.34
追踪学生	2.88	3.15	0.27	2.89	2.93	−0.04	0.23
初中	2.61	2.45	−0.16*	2.5	2.41	−0.09	−0.07
初一年级	2.77	2.51	−0.26*	2.66	2.61	−0.04	−0.21
初三年级	2.44	2.38	−0.06	2.33	2.17	−0.16*	0.09
追踪学生	2.78	2.38	−0.39	2.66	2.17	−0.49	0.09

数据来源：西发项目监测与评价调查，2006年和2008年。

注：* 表示在10%的水平上存在显著性差异。

二、不同个人特征学生的学校适应性差异

与不同个人特征学生的学业成绩差异分析类似，我们主要选取了性别、民族、家庭社会经济地位、是否寄宿生、是否曾在教学点就读等反映学生个人特征的五类指标，其中性别、民族、家庭社会经济地位是项目特别关注的指标，是否寄宿生、是否曾在教学点就读这两个指标与国家的政策紧密相关。我们将分小学和初中，针对以上五类指标比较学生的学校适应性差异。

（一）小学阶段

表4.6呈现了小学不同性别、民族学生的学校适应性差异。从表中可以发现，在性别方面，女生的学校适应性略高于男生；不管是2006年还是2008年，项目学校男生和女生的学校适应性基本上均好于非项目学校；项目学校2008年相对于2006年的学校适应性变化好于非项目学校。

表 4.6 小学不同性别、民族学生的学校适应性差异

		项目学校			非项目学校			项目学校和非项目学校
		2006 年	2008 年	变化	2006 年	2008 年	变化	差异
	性别							
四年级	男生	2.86	2.73	−0.14	2.75	2.48	−0.27	0.13
	女生	3.15	3.03	−0.12	2.97	2.66	−0.31	0.18
六年级	男生	2.73	2.86	0.13	2.71	2.53	−0.18	0.31
	女生	2.95	3.17	0.22	3.00	2.84	−0.16	0.37
追踪学生	男生	2.78	3.03	0.25	2.68	2.68	0.00	0.25
	女生	2.99	3.31	0.32	3.14	3.23	0.09	0.23
	民族							
四年级	汉族	2.92	2.91	0.00	2.89	2.69	−0.20	0.20
	少数民族	3.25	2.82	−0.43	2.72	2.24	−0.48	0.05
六年级	汉族	2.86	3.08	0.22	2.99	2.70	−0.28*	0.50*
	少数民族	2.74	2.83	0.09	2.53	2.60	0.08	0.01
追踪学生	汉族	2.80	3.25	0.45	2.84	2.78	−0.06	0.52
	少数民族	3.15	2.84	−0.31	2.97	3.20	0.23	−0.54
家庭日常交流语言								
四年级	普通话和汉语地方话	3.04	2.95	−0.10	2.90	2.67	−0.22	0.13
	少数民族语言	2.77	2.64	−0.13	2.56	2.07	−0.49	0.37
六年级	普通话和汉语地方话	2.88	3.10	0.22	2.89	2.73	−0.16	0.37
	少数民族语言	2.57	2.56	0.00	2.43	2.40	−0.03	0.02
追踪学生	普通话和汉语地方话	2.90	3.26	0.36	2.90	2.98	0.08	0.28
	少数民族语言	2.77	2.48	−0.29	2.83	2.56	−0.27	−0.02

数据来源：西发项目监测与评价调查，2006 年和 2008 年。

注：*表示在 10%的水平上存在显著性差异。

在民族特征方面，我们主要选取了学生的民族和家庭日常交流语言两个指标。在不同民族学生的学校适应性方面，从表中发现，不管是项目学校还是非项目学校，小学四、六年级学生中汉族学生的学校适应性得分高于少数民族学生；而对于追踪学生来说，少数民族学生的学校适应性得分高于汉族学生。在不同家庭日常交流语言学生的学校适应性方面，交流语言为汉语普通话或汉语地方话的学生学校适应性得分均明显高于交流语言为少数民族语言的学生；项目学校学生两年间的变化好于非项目学校。对于不同民族学生和不同交流语言学生的数据分析发现的结论略有差异，其原因可能是部分少数民族学生并没有把少数民族语言作为家庭日常交流语言。

表 4.7 呈现了小学不同家庭社会经济地位、是否寄宿生和是否来自教学点学生的学校适应性差异。在不同家庭社会经济地位学生的学校适应性方面，基本上表现为家庭社会经济地位较低的学生学校适应性得分最高，家庭社会经济地位中等的学生学校适应性得分最低。在寄宿生和非寄宿生的学校适应性得分方面，基本上表现为非寄宿生的学校适应性略好于寄宿生。通过对比曾在教学点就读的学生和从未在教学点就读的学生在学校适应性上的差异发现，从未在教学点就读的学生学校适应性略好于曾在教学点就读的学生。此外，从项目学校和非项目学校两年间学校适应性得分变化的差异来看，项目学校两年间学校适应性得分的变化好于非项目学校。

表 4.7　小学不同家庭社会经济地位、是否寄宿生和是否来自教学点学生的学校适应性差异

		项目学校			非项目学校			项目学校和非项目学校
		2006 年	2008 年	变化	2006 年	2008 年	变化	差异
	家庭社会经济地位							
四年级	较低	3.26	2.89	−0.37	2.71	2.27	−0.44*	0.07
	中等	2.90	2.83	−0.08	2.82	2.55	−0.27	0.19
	较高	3.03	2.96	−0.07	3.10	2.91	−0.19	0.12
六年级	较低	2.98	3.22	0.24	2.82	2.68	−0.14	0.38
	中等	2.81	3.06	0.25	2.61	2.57	−0.05	0.30
	较高	2.73	2.93	0.20	3.19	2.84	−0.36	0.56*
追踪学生	较低	2.95	3.38	0.43	2.78	2.97	0.20	0.23
	中等	2.79	3.17	0.38	2.74	2.85	0.11	0.27
	较高	2.93	2.98	0.05	3.25	2.99	−0.26*	0.30

续表

		项目学校			非项目学校			项目学校和非项目学校
		2006年	2008年	变化	2006年	2008年	变化	差异
是否寄宿生								
四年级	是	3.77	2.77	−1.00	2.38	2.41	0.03	−1.03
	否	2.77	2.91	0.14	2.93	2.60	−0.33*	0.47
六年级	是	2.80	3.09	0.30*	2.40	2.59	0.19	0.10
	否	2.84	2.98	0.14	2.95	2.71	−0.24	0.38
追踪学生	是	3.15	3.18	0.03	2.43	3.01	0.58*	−0.55
	否	2.79	3.15	0.36	3.14	2.89	−0.26*	0.61*
是否来自教学点								
四年级	是	3.14	2.93	−0.21	2.85	2.17	−0.68*	0.47
	否	2.96	2.90	−0.06	2.85	2.66	−0.19	0.13
六年级	是	2.76	2.69	−0.07	2.80	2.40	−0.40*	0.33
	否	2.91	3.12	0.21	2.86	2.74	−0.12	0.33
追踪学生	是	2.67	2.73	0.06	2.48	2.81	0.33	−0.27
	否	2.92	3.25	0.33	2.97	2.95	−0.01	0.34

数据来源：西发项目监测与评价调查，2006 年和 2008 年。

注：* 表示在 10%的水平上存在显著性差异。

（二）初中阶段

表 4.8 呈现了初中不同性别、民族学生的学校适应性差异。在性别上，大体表现为女生的学校适应性得分略高于男生或男女生的差别不大。在民族上，初中一年级和追踪学生表现为汉族学生的学校适应性得分高于少数民族学生，初中三年级少数民族学生的学校适应性得分高于汉族学生。在不同家庭日常交流语言上，结论与不同民族学生的学校适应性得分差异类似，即初中一年级和追踪学生表现为家庭日常交流语言为汉语普通话或汉语地方话的学生学校适应性得分高于少数民族语言学生，初中三年级为后者得分高于前者。

表 4.8　初中不同性别、民族学生的学校适应性差异

		项目学校			非项目学校			项目学校和非项目学校
		2006 年	2008 年	变化	2006 年	2008 年	变化	差异
	性别							
初一年级	男生	2.83	2.51	−0.32*	2.62	2.46	−0.16*	−0.16
	女生	2.71	2.60	−0.10	2.70	2.81	0.11	−0.21
初三年级	男生	2.45	2.39	−0.05	2.32	2.06	−0.26*	0.21
	女生	2.44	2.36	−0.08	2.34	2.29	−0.05	−0.03
追踪学生	男生	2.89	2.42	−0.47*	2.57	2.07	−0.50*	0.04
	女生	2.74	2.42	−0.31*	2.67	2.27	−0.41*	0.09
	民族							
初一年级	汉族	2.82	2.50	−0.32*	2.67	2.64	−0.03	−0.29*
	少数民族	2.64	2.56	−0.09	2.61	2.47	−0.14	0.05
初三年级	汉族	2.36	2.37	0.01	2.31	2.15	−0.17*	0.18
	少数民族	2.61	2.40	−0.21	2.43	2.33	−0.1	−0.12
追踪学生	汉族	2.86	2.45	−0.41*	2.64	2.16	−0.48*	0.07
	少数民族	2.70	2.34	−0.36*	2.52	2.21	−0.31	−0.05
	家庭日常交流语言							
初一年级	普通话和汉语地方话	2.78	2.53	−0.26*	2.66	2.62	−0.04	−0.22
	少数民族语言	2.64	2.34	−0.30	2.56	2.48	−0.08	−0.22
初三年级	普通话和汉语地方话	2.44	2.39	−0.04	2.33	2.16	−0.17*	0.13
	少数民族语言	2.49	2.25	−0.24	2.38	2.32	−0.07	−0.17
追踪学生	普通话和汉语地方话	2.82	2.44	−0.38*	2.64	2.16	−0.48*	0.10
	少数民族语言	2.75	2.22	−0.53*	2.39	2.16	−0.22	−0.30

数据来源：西发项目监测与评价调查，2006 年和 2008 年。

注：* 表示在 10%的水平上存在显著性差异。

表 4.9 呈现了初中不同家庭社会经济地位、是否寄宿生学生的学校适应性差异。从表中可以发现，在不同家庭社会经济地位学生的学校适应性上，初一年级学生和追踪学生主要表现为家庭社会经济地位越高，学校适应性得分也越高。在寄宿生和非寄宿生的学校适应性方面，他们的学校适应性得分差别不大。

表 4.9　初中不同家庭社会经济地位、是否寄宿生学生的学校适应性差异

		项目学校			非项目学校			项目学校和非项目学校
		2006 年	2008 年	变化	2006 年	2008 年	变化	差异
家庭社会经济地位								
初一年级	较低	2.71	2.53	−0.18	2.56	2.45	−0.11	−0.07
	中等	2.82	2.53	−0.30*	2.60	2.61	0.02	−0.31*
	较高	2.76	2.64	−0.13	2.78	2.70	−0.08	−0.05
初三年级	较低	2.54	2.34	−0.20	2.30	2.14	−0.16	−0.04
	中等	2.37	2.47	0.10	2.20	2.12	−0.08	0.17
	较高	2.45	2.34	−0.11	2.46	2.27	−0.19*	0.07
追踪学生	较低	2.76	2.44	−0.32*	2.55	2.10	−0.45*	0.13
	中等	2.78	2.37	−0.41*	2.53	2.13	−0.40*	−0.01
	较高	2.90	2.46	−0.43*	2.72	2.21	−0.50*	0.07
是否寄宿生								
初一年级	是	2.77	2.52	−0.26*	2.65	2.67	0.02	−0.28*
	否	2.77	2.51	−0.26*	2.66	2.49	−0.17*	−0.09
初三年级	是	2.42	2.36	−0.05	2.32	2.24	−0.08	0.03
	否	2.54	2.43	−0.11	2.34	2.04	−0.30*	0.19
追踪学生	是	2.79	2.42	−0.37*	2.62	2.21	−0.41*	0.04
	否	2.87	2.41	−0.46*	2.63	2.08	−0.56*	0.09

数据来源：西发项目监测与评价调查，2006 和 2008 年。

注：* 表示在 10%的水平上存在显著性差异。

三、不同学校特征学生的学校适应性差异

在不同学校特征方面，我们主要关注的是学校类型和学校办学条件两

个指标。我们将分别描述小学和初中不同学校特征学生的学校适应性差异。

表 4.10 呈现了小学不同学校特征学生的学校适应性差异。从表中可以发现，在不同学校类型学生的学校适应性上，大体上表现为乡镇中心小学学生的学校适应性得分最高，其次是村完小，九年一贯制学校学生的学校适应性得分最低。此外，追踪学生中有部分学生来自教学点，这些学生的学校适应性得分明显低于其他学校的学生。在不同学校办学条件学生的学校适应性上，基本上表现为办学条件中等学校的学生学校适应性较好。

表 4.10　小学不同学校特征学生的学校适应性差异

		项目学校			非项目学校			项目学校和非项目学校
		2006 年	2008 年	变化	2006 年	2008 年	变化	差异
	学校类型							
四年级	村完小	2.75	2.63	−0.12	2.75	2.47	−0.28	0.16
	乡镇中心小学	3.43	3.08	−0.36	3.27	2.81	−0.46	0.11
	九年一贯制学校	2.37	2.80	0.42	2.61	2.72	0.11	0.31
六年级	村完小	3.14	2.93	−0.21	2.78	2.68	−0.11	−0.10
	乡镇中心小学	2.89	3.22	0.33	3.10	2.71	−0.39	0.72
	九年一贯制学校	1.97	2.60	0.62	2.19	2.38	0.18*	0.44
追踪学生	村完小	2.86	3.04	0.18	2.73	2.77	0.05	0.14
	乡镇中心小学	2.96	3.36	0.40	3.18	3.25	0.07	0.33
	九年一贯制学校	2.63	2.66	0.03	2.65	2.55	−0.10	0.13
	教学点	——	——	——	1.63	0.46	−1.17*	——

续表

		项目学校			非项目学校			项目学校和非项目学校
		2006年	2008年	变化	2006年	2008年	变化	差异
	学校办学条件							
四年级	较低	2.73	2.62	−0.11	2.76	2.49	−0.27	0.16
	中等	3.35	3.37	0.02	3.08	2.51	−0.57*	0.59
	较高	2.67	2.61	−0.07	2.70	2.94	0.24	−0.31
六年级	较低	2.45	2.86	0.41*	2.68	2.79	0.11	0.30
	中等	2.84	3.15	0.31	3.01	2.67	−0.34	0.65
	较高	3.05	3.04	−0.01	2.80	2.44	−0.36	0.34
追踪学生	较低	2.71	3.27	0.55	2.96	2.79	−0.18	0.73
	中等	3.56	2.82	−0.73	2.85	2.85	0.00	−0.73
	较高	2.69	3.18	0.48*	2.86	3.22	0.36	0.13

数据来源：西发项目监测与评价调查，2006年和2008年。

注释：*表示在10%的水平上存在显著性差异。

表4.11呈现了初中不同学校特征学生的学校适应性差异。在不同学校类型学生的学校适应性上，三类学校学生的学校适应性得分差别不是很大；在不同学校办学条件学生的学校适应性上，基本上表现为办学条件较好学校的学生学校适应性也较好，较低和中等办学条件学校的学生学校适应性得分差别不是很大。

表4.11　初中不同学校特征学生的学校适应性差异

		项目学校			非项目学校			项目学校和非项目学校
		2006年	2008年	变化	2006年	2008年	变化	差异
	学校类型							
初一年级	普通中学	2.82	2.48	−0.34*	2.66	2.72	0.06	−0.40
	九年一贯制学校	2.52	2.87	0.35*	2.64	2.35	−0.29*	0.63
	完全中学	2.13	2.50	0.38*	2.81	2.57	−0.24*	0.62

续表

		项目学校			非项目学校			项目学校和非项目学校
		2006年	2008年	变化	2006年	2008年	变化	差异
初三年级	普通中学	2.40	2.37	−0.04	2.31	2.19	−0.12	0.08
	九年一贯制学校	2.72	2.71	−0.01	2.41	2.09	−0.32	0.31
	完全中学	2.13	2.18	0.04	2.17	2.34	−0.18	0.14
追踪学生	普通中学	2.81	2.47	−0.35*	2.61	2.14	−0.47*	0.13
	九年一贯制学校	2.50	2.48	−0.02	2.57	2.26	−0.31*	0.28
	完全中学	2.99	2.13	−0.86*	2.86	2.17	0.70*	0.17
学校办学条件								
初一年级	较低	2.79	2.41	−0.37*	2.63	2.47	−0.17*	−0.21
	中等	2.71	2.46	−0.25	2.70	2.69	−0.01	−0.24
	较高	2.76	2.69	−0.07	2.65	2.72	0.07	−0.14
初三年级	较低	2.39	2.31	−0.08	2.37	2.04	−0.33*	0.25
	中等	2.13	2.26	0.13	2.22	2.19	−0.02	0.15
	较高	2.62	2.54	−0.08	2.37	2.32	−0.06	−0.03
追踪学生	较低	2.75	2.42	−0.32*	2.60	2.21	−0.39*	0.07
	中等	2.79	2.32	−0.47*	2.64	2.15	−0.49*	0.02
	较高	2.91	2.48	−0.43*	2.63	2.12	−0.50*	0.07

数据来源：西发项目监测与评价调查，2006年和2008年。

注释：*表示在10%的水平上存在显著性差异。

综上所述，本部分通过考察项目学校和非项目学校学生的学校适应性差异、不同个人特征和学校特征学生的学校适应性差异，得出如下主要结论。(1) 低年级（小学四年级和初中一年级）学生学校适应性得分分别高于高年级学生（小学六年级和初中三年级）。(2) 2008年学校适应性得分略低于2006年学生的学校适应性得分。(3) 项目学校学生的学校适应性得分略高于非项目学校，项目学校两年间学校适应性得分的变化好于非项目学校。(4) 在不同学生特征方面，女生的学校适应性得分略高于男生，汉族学生得分高于少数民族学生，家庭日常交流语言为汉语普通话或地方话的学生学校适应性得分高于家庭日常交流语言为少数民族语言的学生，非寄宿生的学校适应性得分略高于寄宿生。(5) 在不同学校特征方面，来自办学条件较好的学校学生学校适应性相对较好。

其中，高年级学生学校适应性得分略低于低年级学生。通过进一步考察原始数据，我们发现低年级比高年级学生更倾向于选择正向的选项，而高年级学生更倾向于选择"一般"，即高年级学生倾向于选择比较中立的选项。这就导致低年级学生学校适应性得分较高。从学生的心理发展水平来看，这样的结论是合理的。首先，高年级学生心理发展较为成熟，对学校、教师及自我的认识可能更加全面，在回答量表的题目时，能更加客观地作答。其次，小学六年级和初中三年级学生均为毕业班学生，面临着升学压力，在压力大的情况下容易产生烦躁、沮丧等负面的情绪，因而他们选择负向选项的可能性更大。

第五节 本章小结

基于以上分析，本章的主要结论可以总结如下。

第一，数据充分显示，2006 年到 2008 年，学生学业成绩明显提高了。尽管间隔的时间相对较短，难以分清是来自哪些项目投入的贡献，但是我们确实发现所有的项目干预与学生成绩提高之间存在正相关关系。

第二，总体上，项目学校和非项目学校之间学生两年间学业成绩变化的差异不显著，这可能受限于很难找到一个真正的对照组，并且时间间隔比较短。然而，计量模型发现了项目投入和学生成绩之间的正向关系。

第三，无论是小学还是初中，办学条件中等的学校学生的学业成绩相对较高；乡镇中心小学的学生学业成绩较高，而九年一贯制学校的学生学业成绩相对较差，这种趋势在 2008 年表现得尤为突出；初中情况与此类似，九年一贯制学校的初中生学业成绩最差。

第四，在小学，男生数学成绩略好，女生语文成绩略好；少数民族学生不仅平均成绩较低，而且进步幅度也明显要低；在追踪学生中，曾就读于教学点的学生学业成绩相对较差。在初中，不同群体学生之间的差异更明显：男生的数学成绩优于女生，女生的语文成绩优于男生；少数民族学生平均成绩更低，但是与小学不同，他们表现出与汉族学生同样的进步幅度。

第五，通过对比项目学校和非项目学校学生学业成绩情况，发现项目学校两年之间学业成绩的增量大于非项目学校，尤其是项目学校的女生、少数民族学生或家庭日常交流语言为少数民族语言的学生、来自教学点的学生、学校办学条件较差的学生两年间学业成绩的增值大于非项目学校。由此可以推知，项目在一定程度上有利于弱势群体学业成绩的发展。

第六，项目学校学生的学校适应性得分略高于非项目学校，项目学校两年间学校适应性得分的变化好于非项目学校；来自办学条件较好的学校的学生学校适应性相对较好；女生的学校适应性得分略高于男生；汉族学生得分高于少数民族学生；家庭日常交流语言为汉语普通话或地方话的学生学校适应性得分高于家庭日常交流语言为少数民族语言的学生；非寄宿生的学校适应性得分略高于寄宿生。

第五章 参与式教学培训的影响力评价

在前几章中，我们从投入、产出和结果几个方面对西发项目进行了监测，并评价了项目对义务教育普及和学生发展的影响。本章首先概述参与式教学培训影响力评价的目标，其次介绍五省区实施参与式教学培训的基本措施与经验，然后从定量的角度分析参与式教学培训项目的实施情况，最后是讨论和小结。

第一节 概 述

参与式教学培训是西发项目的重要组成部分。培训的主要目标包括：(1) 推广参与式教学。传播参与式教学理念，指导教师在实践中开展参与式教学活动，增强教学活动的吸引力，不断提高教学质量。(2) 促进教师专业成长。通过参与式教学培训，更新教师观念，提高教师教学专业水平及自我发展能力。(3) 地方培训能力建设。为地方和学校培养一批骨干教师作为培训者，并逐步建立一种良好的机制，提升地方培训能力，促进地方教育的可持续发展。

一、参与式教学培训影响力评价的目标

参与式教学培训的影响力评价主要通过形成性评价和终结性评价两种方式达到三个方面的目标：(1) 通过形成性评价了解各项目省区开展参与式教学培训的情况，发现一些可以推广的经验，识别亟待讨论和解决的问题，为进一步开展教师培训提供有益的建议；(2) 通过终结性评价对各项目省区参与式教学培训实施所产生的阶段性效果与最终效果进行跟踪研究，客观评价培训对项目县、项目学校和教师所产生的影响；(3) 通过与参与式教学培训技术援助专家、省区级培训专家、项目官员、教师、学生和家长等多方人员的合作，探讨在影响力评价这一具有挑战性的领域开展实证研究的策略和方法。

二、主要问题

在参与式教学培训的影响力评价中，我们需要回答以下一些方面的问题。

1. 各项目省区实施参与式教学培训的基本措施、经验和问题

各项目省区如何启动并组织实施参与式教学培训？培训者队伍如何组建与培训？培训内容与方式怎样？如何对培训质量予以监控和保障？在项目实施过程中出现了哪些典型经验？

2. 各项目省区接受参与式教学培训的教师人员数量及其构成

在各项目省区，有多少县、多少学校、多少教师接受了参与式教学培训？其内部构成如何？村小和教学点是否得到了足够的培训？代课教师、女教师、少数民族教师等弱势群体是否接受了足够的培训？

3. 教师对参与式教学培训的满意度

各项目省区接受过参与式教学培训的教师的满意度如何？对培训的哪些方面更满意或更不满意？接受培训的教师其满意度与其他教师的满意度是否存在显著性差异？

4. 教师参与式教学观念的转变

接受参与式教学培训之后，教师在观念和认知上发生了怎样的转变？与对照组教师相比，他们是否表现出某种显著性的差异？

5. 教师参与式教学行为的转变

在接受参与式教学培训之后，教师是否在教学行为上有所转变？与对照组教师相比，他们的教学行为是否存在显著性的差异？

6. 对学生发展的影响

参与式教学培训是否也对学生发展产生了间接影响？与非参与式教学培训学校相比，项目学校的学生是否在学校适应性、学业成绩、社会参与技能等方面表现出一定的优势？

三、研究方法

（一）资料收集与查阅

面向各省区项目办收集参与式教学培训专项总结、分年度总结、工作文件夹和成果汇编等各种反映工作进展及成果的文本与非文本资料。

（二）官员访谈

在五个项目省区各选取一位多年来一直主持参与式教学培训工作的项

目办官员或核心专家，由接受过主试培训的北京师范大学教师实施访谈。访谈的主要问题有：(1) 从 2006 年 11 月至 2008 年 11 月，本省区组织实施参与式教学培训的大致情况怎么样？(2) 在参与式教学培训方面，有哪些重要的经验？(3) 培训之后，教师、学生或者整个学校在哪些方面发生了显著的变化？(4) 如果下一轮参与式教学培训还由您或您所在的团队主持，可以在哪些方面有所改进或加强？(访谈时间为 45～60 分钟)

（三）问卷调查

课题组从五个项目省区选取了 244 所中小学作为样本学校，对样本学校的校长以及任教于小学四、六年级或初中一、三年级的教师等不同相关群体进行了问卷调查。其中，校长问卷和教师问卷都设计了一些有关参与式教学培训的问题。校长问卷涉及的问题有：(1) 专任教师接受参与式教学培训的基本情况；(2) 专任教师接受非参与式教学培训的基本情况。教师问卷中相关的问题有：(1) 教师接受参与式教学培训的次数、天数；(2) 教师对参与式教学培训的满意度；(3) 教师对参与式教学的认识；(4) 教师的参与式教学行为。

（四）个案研究

综合采用个别访谈、焦点小组、非参与式观察等多种手段，对接受过县级以上参与式教学培训并在培训后有较大变化的教师进行个案研究，着重了解他们在课堂教学实践中的参与式教学行为，并考察其教学观念和行为转变程度。

第二节　各省区实施参与式教学培训的基本措施与经验

一、各省区实施参与式教学培训的基本情况

基于从各省区项目办收集的有关文献以及对项目办官员的访谈，我们了解了各项目省区开展参与式教学培训工作的整体情况。各项目省区都积极开展参与式教学培训工作，但在基本措施方面存在很大差异。

（一）甘肃省实施参与式教学培训的基本情况

甘肃省具有较丰富的参与式教学培训经验。围绕“宣传理念，培训学

习，巡视调研”的工作思路，省项目办、省专家组与17个项目县合作，在2006年至2008年期间实施了“参与式教学策略”教师培训项目。甘肃省不仅重视培训本身，还成立了由省级骨干教师、新课程改革第一批实验区教研员、多次参加过中/英、中/欧项目培训的教师组成的省级培训专家指导组，在培训结束之后到各项目县示范学校进行巡回指导，检查和督促各项目县的参与式教学培训工作。在面向17个项目县的巡回指导中，专家组成员本着“深入课堂，了解情况，服务指导”三位同步的原则，深入到项目县和项目学校，做到了“到校必听课，听课必交流，交流必有效”。在调研中，专家组将对发现的典型问题及时进行深入分析，并改进培训实践工作。

（二）广西壮族自治区实施参与式教学培训的基本情况

广西壮族自治区参与式教学培训工作在目标设计和实践中突出两大主旨：通过参与式教学培训促进广西教师培训理念的转变以及培训形式和行为的转变，通过参与式教学培训促进受益学校落实新课程的实验，更新教师教学理念并转变教学行为，提高教学质量。在参照中英甘肃基础教育项目教师培训教材的基础上，借鉴新课程教师培训教材以及其他国际项目的优势特色，并经过自治区、县两级培训班的使用和修改，广西壮族自治区初步形成了一套具有本土特色和参与式特点的培训手册。广西参与式教学培训项目于2005年初正式启动，到2008年进入总结阶段。总体看来，广西参与式教学培训的主要特点有：基于问题设计培训课程，针对性比较强；培训过程注重以活动为载体，以学习者为中心；培训资源丰富，专家指导方式多样化。

（三）宁夏回族自治区实施参与式教学培训的基本情况

考虑到西发项目实施成果的代表性以及推广问题，宁夏回族自治区在参与式教学培训项目县选择上重点考虑少数民族地区和经济、文化、教育比较落后的南部山区；考虑到项目实施中专家所需费用以及时间、精力，宁夏回族自治区于2006年3月以中宁县和西吉县为试点开展参与式教学培训，然后推广到吴忠市、灵武市等四个第二批试点县（市），继而再逐步扩大范围。在项目开展的过程中，自治区项目办组织试点县项目官员、项目学校校长和部分教师参加自治区级参与式教学培训的同时，在各个项目县建立县级专家组，由县级专家组负责县级参与式教学培训，确保培训质量。

（四）四川省实施参与式教学培训的基本情况

四川省十分重视西发项目中的参与式教学培训工作，先后下发了《四川省教育厅关于世界银行贷款/英国政府赠款“西部地区基础教育发展项目”2006年度教师培训工作实施意见的通知》（川教［2006］67号文件）等有关文件。为了保证培训的效果，四川省专家组做了以下努力。(1) 培训者培训。在每年度培训工作开展之前，对省、县两级培训者进行省级强化培训，不仅提高了培训者的业务能力，还增强了培训团队之间的沟通与合作。(2) 问题诊断。相关部门组织专家对上轮培训教师的作业细致审读，除通过网络给予及时反馈外，还将问题转交给省级培训专家组，以提高新一轮培训的针对性与实效性。(3) 聚焦教学行为转变。培训组将促进教师教学行为改善作为重点目标，做到“三个到位”，即组织管理到位、培训多主体到位、过程监察反馈到位。(4) 开展课堂教学研讨。在培训期间，基本上每个县都组织了两天的参与式教学现场研讨，让教师参加听评课。(5) 注重培训后的校本研修。第一段集中培训之后，接受培训的校长和教师都要担负后续的校本研修活动。

（五）云南省实施参与式教学培训的基本情况

云南省将西部基础教育发展项目与云南少数民族基础教育项目（Yunnan minority basic education project，YMBEP）进行了结合，公布与实施了“PTT县级互助行动计划”，即由参与云南少数民族基础教育项目、已经开展参与式教学培训一年以上，具有比较成熟的县级培训者队伍的4个西发项目县（普洱、漾濞、永德、耿马），选派一支培训者队伍，按照就近、成片的原则，到临近的县开展参与式教学培训，省级专家进行走访支持并给予适当的评价。由于项目县较多，行动计划分两步进行，分别在2006年和2007年启动。在2006—2007学年度，将富民、元谋、禄丰等12个受助县按就近原则每3个县为一组，共4组。由每个支持县负责一组，帮助开展3个县的培训者培训，每县20人，共60人，为期8天。在2007—2008学年的第二轮培训中，30个项目县中其余14个县全部作为推动重点。在相关部门的协调下，6个非项目县也参与到互助行动计划中，加上8个比较成熟的项目县，共14个支持县，与14个受助县结成对子，进行了第三轮参与式教学县级培训者培训。

二、各省区实施参与式教学培训的有益经验

各省区在实施参与式教学培训的过程中都积累了一些有益的经验，主要体现在如下几个方面。

1. 有意识地借鉴有关国际项目经验

尽管参与式教学培训的很多理念与我国正在实施的新课程改革的理念是一致的，但相对于我国传统教学或培训而言还是新生事物，所以各项目省区在制定和实施计划的过程中，都有意识地借鉴了有关国际项目的经验。中英甘肃基础教育项目、中英西南基础教育项目、联合国儿童基金会爱生学校项目、云南少数民族基础教育项目、中欧甘肃基础教育项目等国际项目都为我们在西发项目中开展参与式教学培训提供了很多有益的启示。云南省可以说是借鉴国际项目经验的典型，有些经验值得其他地区学习。

2. 精心组建省区、县两级培训者队伍

培训者的知识结构、培训能力、教学经验、责任心、沟通风格等综合素质是制约参与式教学培训质量的关键因素。各项目省区在培训前期都认真考虑省区、县两级培训者的选任条件，组建一支高水平、负责任的培训者队伍。比如，在云南省，省级培训者都是在云南少数民族基础教育项目中负责培训工作的培训专家，所有县级培训者也都参加过云南少数民族基础教育项目省级或县级培训，然后经过考核和选拔确定。他们多数是中心学校的教导主任或片区教研员，不仅工作能力突出，而且愿意参加项目工作。又如，在四川省，省项目办在国家级培训结束后召开了省级专家工作会，重新拟订了聘请专家的标准，包括敬业精神、专业业务能力、对西发项目培训工作的兴趣等几个方面。他们还比较重视省、县两级培训者队伍的构成，尽量按照中小学校长/教师、教研人员、高校教师各占1/3的比例来考虑，适当吸纳教育行政管理者参与。

3. 培训活动体现参与式特点

各项目省区的省区、县两级培训基本上体现了参与式培训的特点。多数培训采用小组活动形式进行。比如，在云南省，培训者参考云南少数民族基础教育项目教材，围绕“以学习者为中心”的教学方法展开培训，一般一个单元一个培训主题，由三至五项活动组成。例如，在“学习与激励”单元，督导员安排了“儿童如何学习”（画学习树）、“教师如何支持儿童学习”（讨论）、“我们喜欢做什么”（活动体验）、“什么是有效激励”（讨论）等四项活动。学员在活动中体验、理解培训内容，并与自己的工作经验有机的整合起来。又如，在四川省，培训者为了调动学员参与的积极性，开展了团队合作训练（如取队名唱队歌）、分组讨论、让学员共同设计数学教案、小组间个性化朗诵竞赛等，培训气氛活跃，教师与校长参与热情较高。一位参加工作五年的女教师在访谈中提到：“过去参加的培训，几乎都用讲座，想听一点就听一点，不感兴趣就不听。这次的培训用了很多让我们参与的方法，我很感兴趣。专家、一线教师讲得非常好。”另一位参与培训的语文教师说：“这个暑假尽管因为培训多，很疲倦，很累，但这个培训还是很有趣，很吸引人，而且教学的活动也让我们感觉学起来轻松。”

4. 注重跟踪指导

各省区在开展完县级培训之后，都要求学员在实践中积极探索参与式教学，县项目办会安排培训者定时到学校进行指导或开展联片教研活动，促进学员的行为转变。比如，云南省耿马县要求学员培训结束后，在片区或学校内上一节或多节公开课，并进行集体评议与研讨。又如，广西壮族自治区要求培训结束后，每位教师在所在学校开展教学研究课，带动本校教师开展参与式教学研究活动；每所项目学校都要积极开展参与式教学校本研修活动，并及时向项目办汇报工作进展。

5. 积极开展成果生成与传播活动

多数省区开始有意识地总结成果，如收集优秀教学案例或教学反思，这种做法一方面激发项目学校开展实践探索的积极性，另一方面也有利于优秀经验向更大范围传播。

第三节　参与式教学培训项目实施情况的定量分析

一、参与式教学培训投入情况

（一）各省区接受参与式教学培训的县、学校及教师数量

在各项目省区，到底有多少学校和教师接受了参与式教学培训，其内部构成是反映参与式教学培训影响力的基本指标。基于各省区提供的有关数据报表，我们汇总形成了表 5.1 和表 5.2。表 5.1 呈现了小学在 2004—2008 年西发项目 PTT 投入情况。从表中可以看出，在西部五省区，共有 99 个县的 3 724 所小学接受了县级以上的参与式教学培训，35 782 名小学教师接受了培训。从 PTT 投入在不同学校类型之间的分布来看，PTT 投入主要分布在中心小学或完小。表 5.2 呈现了初中在 2004—2008 年西发项目 PTT 投入情况。从表中可以看出，在西部五省区，共有 38 个县的 278 所初中接受了县级以上参与式教学培训，4 231 名中学教师接受了培训。PTT 投入主要分布在乡镇学校。

表 5.1　2004—2008 年西发项目 PTT 投入（小学）

	甘肃	广西	宁夏	四川	云南	总体
实施 PTT 的县数	17	18	6	28	30	99
实施 PTT 学校数	191	138	136	617	2 642	3 724
学校类型						
县城学校	10	13	9	19	67	118
中心小学	60	54	37	186	240	577
完小	93	26	90	24	1 716	1 949
村小	20	44	0	256	458	778
教学点	8	1	0	132	161	302
接受 PTT 的教师人数	3 675	——	545	12 560	19 002	35 782
教师接受培训的人天数	26 540	——	8 673	125 600	137 959	298 772

数据来源：项目省区 PTT 执行情况报告（广西没有提供接受 PTT 人数的数据）。

表 5.2　2004—2008 年西发项目 PTT 投入（初中）

	甘肃	广西	宁夏	四川	云南	总体
实施 PTT 的县数	15	5	6	0	12	38
实施 PTT 的学校数	15	28	17	0	218	278
学校类型						
县城学校	0	5	3	0	18	26
乡镇学校	15	23	14	0	200	252
接受 PTT 的教师人数	1 487	——	219	0	2 525	4 231
教师接受培训的人天数	10 495	——	2 498	0	15 597	28 590

数据来源：项目省区 PTT 执行情况报告（广西没有提供接受 PTT 人数的数据）。

为了进一步考察培训资源是否有意识地被分配到有需要的特殊群体，我们基于 2008 年西发项目监测与评价调查数据进行了分析。表 5.3 呈现了特定群体接受培训的教师比例。该表显示，从不同性别教师接受培训的情况来看，初中女教师接受西发项目培训的比例略高于男教师，高出 2.5 个百分点，接受非西发项目培训的中小学女教师比例以及小学阶段接受西发项目培训的女教师比例略低于相应的男教师比例；从不同民族教师接受培训的情况来看，初中少数民族教师接受非西发项目培训的比例略高于汉族教师，小学阶段少数民族教师接受西发项目和非西发项目培训的比例均略低于汉族教师，初中少数民族教师接受西发项目培训的比例也低于汉族教师；对比公办教师和民办教师发现，公办教师接受西发项目培训或非西发项目培训的比例均大大高于民办教师，相差13.2～28.1个百分点。这在一定程度上表明，就整体而言，西发项目的PTT资源分配并没有对女教师、少数民族教师以及民办教师予以特殊的倾斜。

表5.3 特定群体接受培训的教师比例（%）

	小学		初中	
	西发项目培训	其他培训	西发项目培训	其他培训
男教师	32.1	25.0	27.0	30.6
女教师	27.5	21.1	29.5	27.9
汉族教师	31.8	24.7	28.6	29.8
少数民族教师	28.9	23.2	25.7	30.6
公办教师	33.4	25.8	29.5	31.6
民办教师	5.3	12.6	5.3	11.2

数据来源：西发项目监测与评价调查，2006年和2008年。

（二）PTT项目学校的界定及其接受培训的情况

在本次影响力评价中，我们比较PTT项目学校与非PTT项目学校之间在教师或学生方面的差异，以评价PTT的实施效果。PTT项目学校的界定可以采取两种做法。一种是比较宽泛的界定方法，只要学校有教师接受过学科PTT就将其界定为项目学校。另一种是比较严格的界定方法，只有当学校在2004—2008年接受学科PTT达到一定数量时，才将其界定为项目学校。在本研究中，我们采取严格的界定方法，因为只有当教师们接受一定数量的培训之后，才能在一所学校内形成实施参与式教学的必要氛围，为教师在实践中实施参与式教学创设必要的条件。

基于2008年的教师问卷调查，我们计算每一所样本学校在2004—2008年开展PTT的总次数，并将四年间全校教师接受PTT达到10人天①以上的学校或教师人均接受PTT量达到1天以上的学校界定为PTT项目学校。在加权之后，发现西部五省区一共有1 882所小学和654所中学可以被认定为PTT项目学校。

表5.4介绍了PTT项目学校与非项目学校教师接受培训的平均人天数及其差异。表中我们呈现了每所学校教师在2004—2008年期间接受西发项目PTT培训、西发项目非PTT培训、非西发项目培训的人天数以

① 接受PTT项目的人天数计算方法是：接受PTT培训的教师数×持续的天数。

及 PTT 项目学校和非 PTT 项目学校在接受培训人天数上的差异。从表中可以发现，在小学阶段，五省区共有 1 882 所 PTT 项目学校。PTT 项目学校教师接受西发项目 PTT 培训以及非西发项目培训的平均人天数大大高于非项目学校，而在西发项目的其他培训上，PTT 项目学校的平均人天数小于非项目学校。在初中阶段，五省区共有 654 所 PTT 项目学校。PTT 项目学校教师接受西发项目 PTT 培训、西发项目其他培训和非西发项目培训的平均人天数均大大高于非项目学校。整体来看，PTT 项目学校与非项目学校在教师接受西发项目 PTT 培训、西发项目非 PTT 培训、非西发项目培训的平均人天数上都存在着非常显著（$p<0.001$）的差异。

表 5.4　PTT 学校及非 PTT 学校教师接受培训的平均人天数及其差异分析

		是否 PTT 项目学校	观测值	平均数	标准差	Sig.(2-tailed)
小学	西发项目的 PTT 培训	是	1 882	2.62	2.16	0.000
		否	5 019	0.05	0.16	
	西发项目的其他培训	是	1 882	0.59	1.62	0.000
		否	5 019	1.54	4.83	
	非西发项目培训	是	1 882	3.60	4.60	0.000
		否	5 019	0.63	1.70	
	总体	是	1 882	6.81	6.65	0.000
		否	5 019	2.22	5.12	
初中	西发项目的 PTT 培训	是	654	1.52	1.35	0.000
		否	1 672	0.01	0.03	
	西发项目的其他培训	是	654	9.09	20.17	0.000
		否	1 672	0.14	1.33	
	非西发项目培训	是	654	5.82	8.16	0.000
		否	1 672	2.95	5.68	
	总体	是	654	16.43	24.68	0.000
		否	1 672	3.09	5.80	

数据来源：西发项目监测与评价调查，2006 年和 2008 年。

二、教师对 PTT 的满意度

在 2008 年西发项目监测与评价调查教师问卷中，我们采用里克特式五点量表让教师分别报告他们对自己所参加培训中培训者、培训内容、培训教材、培训过程、培训效果、培训花费及后勤安排等各方面的满意度。我们先对接受过 PTT 的小学教师（$n=175$）和初中教师（$n=109$）对 PTT 的满意度、没有接受过 PTT 的小学教师（$n=172$）和初中教师（$n=232$）对非西发项目培训的满意度进行描述统计，然后采用独立样本 t 检验比较 PTT 项目学校和非项目学校之间的差异，结果体现在表 5.5 中。

表 5.5　教师对培训的平均满意度

		培训者	培训内容	培训教材	培训过程	培训效果	培训花费	后勤安排
小学	PTT 项目学校	3.25	3.35	3.23	3.35	3.34	3.28	3.17
	非 PTT 项目学校	3.71	3.75	3.22	3.34	3.50	3.02	2.96
	Sig.(2-tailed)	0.000	0.000	0.964	0.956	0.062	0.006	0.037
初中	PTT 项目学校	3.35	3.16	2.99	3.18	3.17	3.22	3.11
	非 PTT 项目学校	3.65	3.73	2.98	3.17	3.40	2.88	2.81
	Sig.(2-tailed)	0.000	0.000	0.905	0.949	0.003	0.001	0.007

数据来源：西发项目监测与评价调查，2006 年和 2008 年。

分析结果显示如下。(1) 小学 PTT 教师的培训满意度在 3.17～3.35 之间，初中 PTT 教师的满意度在 2.99～3.35 之间，都属于一般程度。(2) 小学 PTT 教师最满意的是培训内容和培训过程，最不满意的是培训后勤服务；初中 PTT 教师最满意的是培训者，最不满意的是培训材料。(3) 中小学 PTT 教师对培训花费与后勤服务的满意度都不同程度地显著高于对照组教师。(4) 中小学 PTT 教师对培训者和培训内容的满意度都非常显著地低于对照组教师。(5) 初中 PTT 教师对培训效果的满意度非常显著地低于对照组教师。

三、教师参与式教学观念转变

在中小学教师问卷中，我们提供了 10 条有关参与式教学的陈述，要求教师根据个人真实感受报告自己的同意程度。其中，1 表示非常不同意，2 表示有些不同意，3 表示一般，4 表示有些同意，5 表示非常同意。以来自 PTT 学校接受过 PTT 的小学教师（$n=150$）和初中教师（$n=89$）为实验组，以来自非 PTT 学校没有接受过 PTT 的小学教师（$n=692$）和初中教师（$n=1037$）为对照组，分别计算两组教师对各项陈述的平均同意程度，并采用独立样本 t 检验比较两组差异，结果如表 5.6 所示。

表 5.6 教师对参与式教学的理解及其在 PTT 实验组和对照组之间的差异

	1. 参与式教学就是分组教学	2. 在参与式教学中，教师不能讲授教学内容	3. 参与式教学有助于提高学生的社会技能与学习成绩	4. 参与式教学不适合学习基础差的学生	5. 在大班额班级中不适合开展参与式教学	6. 参与式教学需要教师投入更多的时间和精力	7. 搞了参与式教学就很难完成教学任务	8. 参与式教学对教师的要求比讲授式高	9. 学生缺乏参与的热情是开展参与式教学的最大困难	10. 不改变评价体系，就无法进行参与式教学
小学										
实验组教师	2.53	1.66	4.23	2.39	2.48	3.72	2.15	4.08	3.71	3.55
对照组教师	2.73	2.15	3.98	2.82	2.93	3.72	2.53	3.81	3.69	3.44
Sig. (2-tailde)	0.062	0.000	0.003	0.000	0.000	0.988	0.000	0.004	0.838	0.341
初中										
实验组教师	2.49	1.86	4.10	2.75	2.94	3.66	2.50	4.03	3.93	3.45
对照组教师	2.75	2.16	3.99	2.92	3.20	3.91	2.80	4.05	3.91	3.79
Sig. (2-tailde)	0.042	0.019	0.269	0.234	0.075	0.070	0.028	0.918	0.873	0.013

数据来源：西发项目监测与评价调查，2006 年和 2008 年。

由表 5.6 可知，在小学，与对照组相比，实验组教师在对很多有关参与式教学陈述的同意程度上呈现出显著的差异，而且是具有积极意义的差异，也就是说实验组教师对参与式教学的认识更加积极。具体表现为以下四点。(1) 实验组教师对参与式教学效果的认识更加积极，更多地认为参与式教学有助于提高学生的社会技能与学习成绩。(2) 实验组教师对参与式教学的实施方式有更加正确的认识，对误解了参与式教学的有关陈述的同意程度显著低于对照组。他们更少地将参与式教学等同于分组教学，更少地认为在参与式教学中教师不能讲授以及搞了参与式教学就很难完成教学任务。(3) 实验组教师对参与式教学的适用范围有更加积极的认识，相对于对照组，他们更倾向于认为参与式教学也适用于大班额教学和基础较差的学生。(4) 实验组教师更多地体验到参与式教学对教师的要求比传统教学高。

在中学，实验组教师与对照组教师的差异没有小学那么大，但也呈现出一些积极的变化。主要表现在以下两点。(1) 与小学实验组教师一样，中学实验组教师对参与式教学的实施方式有更加正确的认识。他们更少地将参与式教学等同于分组教学，更少地认为在参与式教学中教师不能讲授以及搞了参与式教学就很难完成教学任务。(2) 与小学实验组教师不同，中学实验组教师更多地体验到评价制度对参与式教学深入实施的制约，更多地认为不改革评价体系就无法进行参与式教学。这可能与初中教师所教学生要参加中考有关。

四、教师参与式教学行为的表现

在本研究中，我们采用个案研究方法对西部农村接受过县级以上 PTT 之后转变较大的五名（每省区一名）小学教师进行研究，了解他们在培训之后的行为转变程度。结果发现，个案研究中的教师改变了传统的“一言堂”教学局面，将教学时间更多地用于师生互动或小组活动，引导学生积极参与教学活动，较好地体现了参与式教学的互动性和主体参与性。但是在合作性、公平性及秩序性等方面还存在一些亟待解决的问题。具体体现在：(1) 教师组织的小组活动任务不太适合学生的合作，挑战性不够；(2) 有的教师在教学中将更多的发言机会提供给学习成绩好的学生，而忽视了后进生；(3) 教师组织的小组活动角色分工不够明确，秩序性不强。

此外，在中小学教师问卷中，我们提供了 10 种体现参与式教学思想的教学行为（包括教师的教和学生的学两个方面），要求教师根据真实情况报告这些行为出现的频率。按照频率高低，共分为 5 个等级，其中 1 表示从不，2 表示偶尔，3 表示有时，4 表示经常，5 表示总是。同样以来自 PTT 学校接受过 PTT 的小学教师（$n=156$）和初中教师（$n=89$）为实验组，以来自非 PTT 学校没有接受过 PTT 的小学教师（$n=713$）和初中教师（$n=1037$）为对照组，分别计算两组教师各项教学行为的出现频率，并采用独立样本 t 检验比较两组差异。结果显示：小学实验组教师与对照组教师在各种教学行为出现频率上没有呈现出任何显著性差异；中学实验组教师与对照组教师在“让学生提出自己的疑问”（$p<0.05$）、“让学生进行角色扮演”（$p<0.01$）和“组织学生进行与学习有关的游戏活动”（$p<0.01$）上呈现出显著差异，但实验组教师得分反而显著低于对照组教师。

五、PTT 对学生发展的影响

关于 PTT 对学生发展的影响，我们主要从 PTT 对学生社会参与技能、学校适应性及语文和数学学业成绩的间接影响三个方面来考察。

（一）PTT 对学生社会参与技能的间接影响

从对项目官员和教师的访谈来看，很多人都报告了比较积极的结果，表示学生的参与意识、倾听意识、合作能力都出现了积极的变化。但是在中小学教师问卷调查中，没有证据表明 PTT 教师所教学生的社会参与技能明显好于非 PTT 教师所教的学生。在问卷中，我们要求教师根据真实情况对自己所教学生的社会参与技能进行 5 点评定，其中 1 表示很糟糕，2 表示有点糟糕，3 表示一般，4 表示较好，5 表示非常好。这些技能包括有秩序地参与、倾听他人意见、总结与汇报小组意见、与他人融洽相处、合作完成任务、支持帮助他人、尊重他人优点与不足、在课堂上大胆发言等八种。采用独立样本 t 检验，我们比较了实验组教师与对照组教师对自己所教学生的评定，结果发现实验组中小学教师对自己学生的评定与对照组教师没有显著性差异，具体结果见表 5.7。

表 5.7　PTT 学校与非 PTT 学校学生在社会参与技能上的差异分析

	教师向学生提问	教师巡视课堂	教师开展小组活动	学生参与小组讨论	学生合作完成任务	学生进行角色扮演	学生进行与学习有关的游戏活动	学生互帮互学	学生举手发言	学生操作学具或某些学习材料
小学										
PTT 项目学校	3.90	4.03	3.47	3.61	3.57	3.24	3.20	3.84	4.14	3.28
非 PTT 项目学校	3.93	4.08	3.57	3.65	3.57	3.27	3.29	3.88	4.13	3.30

续表

	教师向学生提问	教师巡视课堂	教师开展小组活动	学生参与小组讨论	学生合作完成任务	学生进行角色扮演	学生进行与学习有关的游戏活动	学生互帮互学	学生举手发言	学生操作学具或某些学习材料
Sig. (2-tailed)	0.368	0.267	0.055	0.340	0.908	0.488	0.082	0.360	0.747	0.717
初中										
PTT 项目学校	3.79	4.09	3.48	3.42	3.39	2.73	2.86	3.71	3.84	3.16
非 PTT 项目学校	3.87	4.07	3.42	3.43	3.42	3.02	3.02	3.68	3.83	3.21
Sig. (2-tailed)	0.177	0.704	0.493	0.873	0.718	0.002	0.081	0.692	0.849	0.535

数据来源：西发项目监测与评价调查，2006 年和 2008 年。

（二）PTT 对学生学校适应性的间接影响

在 2008 年中小学生问卷中，我们采用里克特式五点量表对学生的学校适应性进行了测量，经探索性因素分析，从中区分出师生关系、学校满意度、语文自我概念、数学自我概念等几个维度。经过独立样本 t 检验发现（结果参见表 5.8），PTT 学校学生和非 PTT 学校学生在学校适应方面表现出显著差异。比如在小学，PTT 校学生在学校满意度、语文自我概念、数学自我概念等方面均非常显著地好于非 PTT 校学生；在中学，PTT 校学生在师生关系、学校满意度、数学自我概念等方面也不同程度地明显好于非 PTT 校学生。

表 5.8　PTT 学校与非 PTT 学校学生在学校适应上的差异分析

		是否 PTT 项目学校	观测值	平均数	标准差	Sig. (2-tailed)
小学	师生关系	是	2 454	0.45	0.43	0.085
		否	7 458	0.44	0.43	
	学校满意度	是	2 452	0.60	0.35	0.001
		否	7 552	0.57	0.35	
	语文自我概念	是	2 460	0.58	0.42	0.000
		否	7 462	0.54	0.41	
	数学自我概念	是	2 489	0.16	0.29	0.007
		否	7 620	0.14	0.27	

续表

		是否 PTT 项目学校	观测值	平均数	标准差	Sig.(2-tailed)
初中	师生关系	是	1 255	0.74	0.32	0.000
		否	8 476	0.71	0.35	
	学校满意度	是	1 263	0.56	0.34	0.030
		否	8 598	0.59	0.33	
	语文自我概念	是	1 255	0.21	0.30	0.070
		否	8 528	0.23	0.30	
	数学自我概念	是	1 284	0.11	0.25	0.039
		否	8 699	0.10	0.23	

数据来源：西发项目监测与评价调查，2006 年和 2008 年。

（三）PTT 对学生数学和语文学业成绩的间接影响

本研究考察了 PTT 项目学校与非项目学校学生的平均成绩，然后采用独立样本 t 检验考察 PTT 学校学生与非 PTT 学校学生之间的差异。结果显示（参见表 5.9），小学阶段 PTT 学校学生与非 PTT 学校学生之间并未呈现出显著性差异。到初中阶段，PTT 学校学生的成绩非常显著高于非 PTT 学校学生，两组学生在数学方面的成绩相差 2.02 分，在语文方面的成绩相差 3.33 分。

表 5.9　PTT 学校与非 PTT 学校学生在学业成绩上的差异分析

		是否 PTT 项目学校	观测值	平均数	标准差	Sig.(2-tailed)
小学	数学	是	2 762	67.76	19.56	0.478
		否	8 655	67.45	20.59	
	语文	是	2 762	55.13	20.61	0.428
		否	8 655	54.77	22.06	
初中	数学	是	1 312	70.90	19.03	0.000
		否	8 999	68.88	20.64	
	语文	是	1 312	49.36	15.79	0.000
		否	8 999	46.05	16.40	

数据来源：西发项目监测与评价调查，2006 年和 2008 年。

第四节　讨　论

一、PTT 组织与管理方面存在的问题

整体上讲，各省区项目办都十分重视 PTT 的组织与实施，在培训者队伍建设、培训内容设计、培训教材选编、培训过程管理、培训后勤服务等方面都作了认真细致的部署，使培训工作能够有计划地逐层落实。但从教师满意度的调查情况来看，培训的组织与管理还存在一些不容忽视的问题。

1. 培训者和培训内容方面的问题

接受参与式培训的教师对培训者和培训内容的满意度明显低于对照组教师。从培训者方面来看，尽管各省区在工作报告和访谈中都声称非常重视培训者队伍建设，但我们在 2006 年培训现场考察中就发现，一些培训者在知识结构、专业素质和培训技能方面都有明显的缺陷，有待进一步改善和提高。而且，这种情况在多个省区都不同程度地存在。在有些省区，培训者接受培训的次数与普通教师基本相当，培训者并不能站在比普通教师更高层面上认识和思考问题。因此，整个参与式教学培训的质量就难以保障。另外，有些地方还存在培训者队伍不稳定的情况。

2. 后勤服务保障方面的问题

从调查结果来看，接受参与式培训的中小学教师对培训开销和后勤服务的满意度高于对照组教师。在现场考察阶段和教师访谈中，不少教师反映，西发项目培训有专项经费，教师参加培训的往返交通费用能报销，食宿费用也有补贴，基本上不用自己再有花销，他们感觉相对于其他培训来说是一个很大的变化。但值得注意的是，相对于其他培训要素，接受参与式培训的中小学教师对培训后勤服务的满意度得分都很低，排在倒数第一或第二的位置。这可能与当前教师培训中后勤服务整体水平偏低有关，也可能与教师的期待较高有关。在调研中，有培训者和教师指出，培训经费的使用以及培训后勤的安排都存在一些可以改进的地方。

3. 中学的参与式教学培训方面的问题

在中学，接受参与式教学培训的教师不仅对培训者和培训内容的满意度低于对照组教师，对培训效果的满意度也显著低于对照组以及小学教师。这可能与中学更接近中考，面临较大的考试压力有关。在访谈中，一些项目官员和教师反映，如果评价制度没有改进，中考仍然重点考查学生

的知识与技能，学校对教师的评价仍然倚重于学生的考试分数，参与式教学在中学的实施会遇到很多困难。中学阶段 PTT 的受重视程度、中学培训者的选择与培训、中学参与式教学的现场观摩与研讨、培训教材的开发等还存在极大的改进空间。

二、参与式教学培训之后的教师转变

培训的出发点和归宿在于教师教育观念与行为上的转变。在本次影响力评价中，我们对教师在接受 PTT 之后的观念与行为状况进行了调研，并与对照组教师进行对比。在观念上，调查发现，更多的小学教师认为参与式教学有助于提高学生的社会参与技能与学习成绩，反对将参与式教学等同于分组教学，相信参与式教学也适用于大班额教学和基础较差的学生。在行为上，个案研究表明教师在有意识地改变传统的“一言堂”教学局面，将教学时间更多地用于师生互动或小组活动，引导学生积极参与教学活动，较好地体现了参与式教学的互动性和主体参与性。但是，大规模问卷调查的结果并没有很好地支持这一结论。在各种参与式教学行为出现频率上，中小学 PTT 教师都没有呈现出任何相对于对照组教师的优势。可以说，PTT 教师行为转变的程度有待进一步加强。这可能与培训设计的针对性及培训实施的操作性有关。这一结果与国内新课程培训效果的研究基本一致，一些研究者（余文森，2005；赵建康，2006；周先龙，2006）发现，有些教师在接受新课程培训之后教育教学行为的转变还不够彻底，并未真正将新课程理念运用到具体的教育实践中，在教育观念层面与教育行为层面之间尚存在一定的落差。在未来，如何通过教师培训把先进的理念转化为有效的行动，转化为行动者的一种基本素质，应成为管理者和培训者重点关注的问题。

三、PTT 对学生发展的影响

教师接受培训之后转变教育观念与行为，最终受影响的是学生。在本次 PTT 影响力评价中，我们考察了 PTT 教师所教学生与非 PTT 教师所教学生在社会参与技能上的差异，发现 PTT 教师所教学生在社会参与技能上并没有体现出相对的优势，这可能是因为国家正在全面推行的新课程在教学理念上与参与式教学基本一致。在非 PTT 学校，教师也通过新课程培训接受了参与式教学理念，在培训之后有意识地转变教学方式，并引导学生积极参与到学习之中，通过合作、探究学习新的知识与技能。不过，我们的影响力评价发现，PTT 教师所教学生在学校适应性和学业成绩上表现出一些优势。这也在一定程度上说明 PTT 使教师在学生观、儿童参与权利保障、儿童心理维护等方面取得了一些进步。当然，这种影响不仅来自于 PTT，有些学校同时参加了土建项目或 SDP 项目，对学生发展都产生了一些积极的影响。

第五节　本 章 小 结

通过 PTT 影响力评价，我们可以初步得出以下一些结论。

第一，各项目省区都十分重视 PTT 工作，来自 99 个县、3 724 所小学的 35 782 名小学教师以及来自 38 个县、278 所中学的 4 231 名中学教师接受了县级以上 PTT。

第二，相对于非 PTT 教师而言，PTT 中小学教师对培训花费和后勤服务的满意度较高，对培训者和培训内容的满意度较低。

第三，在 PTT 教师内部，教师对 PTT 后勤服务的满意度偏低，有关工作亟待进一步改进。

第四，相对于非 PTT 教师，PTT 中小学教师，特别是小学教师，在参与式教学观念上发生了更多的积极转变。

第五，相对于非 PTT 教师，PTT 中小学教师在参与式教学行为上都没有体现出任何优势，行为转变需要一个更长的过程。

第六，相对于非 PTT 教师，PTT 教师所教学生在社会参与技能上没有呈现出显著的差异，但在学校适应性与学业成就上体现出一些积极的优势。

第六章 学校发展规划的影响力评价

本章首先概述学校发展规划及其在西部五省区的实施情况，其次利用西发项目监测与评价调查数据对学校发展规划的实施情况进行定量分析，然后详细介绍两个个案研究，最后是本章小结。

第一节 概 述

学校发展规划是一种新的学校管理理念和工具，其目的是将学校建设成社区的学校，加强社区与学校的关系，通过自下而上、上下结合的方式，依据社区的需要来管理学校。它强调不同群体平等参与学校管理，发挥所有相关利益群体的作用，是一种注重学校自我管理能力的管理思想和管理模式。为了探索适合不同学校的校本管理思想和方式，尤其是农村地区中小学自身发展需要的管理机制，西发项目将学校发展规划作为非常重要的一个子项目。自 2005 年开始，这一子项目在西部五省区的项目学校开始施行。

甘肃省是五省区中实施学校发展规划项目最多的省份。事实上，甘肃省在西发项目开始之前已开展了中英甘肃基础教育项目（该项目由英国政府资助）。根据甘肃省项目办的年度报告，甘肃省学校发展规划项目本着“重学校发展规划文本的制订与实施”的理念，促使校长掌握学校发展规划理念的精髓，从而促进学校管理水平的提高。学校发展规划在甘肃省 17 个项目县实施，其中 7 个重点县的 64 所省级示范校力争在成果、经验上有所突破和创新。

广西壮族自治区在 2006 年针对项目学校的校长和教师进行了省级与县级的培训，2007 年以后侧重于学校发展规划实施的指导技术、实施监测评价技术、学校内涵发展方面的专门培训。在总结前期工作的基础上，广西壮族自治区项目办提出了“由任务式行为转向自觉自主行为，由粗放型发展转向内涵型发展，由非常规转向常规，由机械执行状态转向灵活创造性地实践”四个转向，并在培训和技术指导过程中贯彻落实。2007年广西壮族自治区开发了学校发展规划实施监测与评价工具，并在五省区中首次使用。这套工具包括学校发展规划制定的监测评价表、实施的监测评价表、实施学校发展水平评价表和实施目标达成度监测评价表。自治区所有的项目学校都使用这套工具进行了自我监测评价，结果显示所有的项目学校因学校发展规划的实施呈现出了较明显的变化和发展趋势，体现在学校的管理机制和方式的进步、学校管理环境的改善、学校与社区的关系进一步密切等方面。

宁夏回族自治区项目实施的具体情况我们缺少详尽的资料，其学校发展规划年度报告仅到2006年。但是相关资料和数据显示，相对于2005年只有部分学校参与学校发展规划项目，2006年参与项目的学校数量明显增加，达到了112所。

四川省自2005年实施学校发展规划项目以来，共培训学校领导1 760人，在200多所学校开展了学校发展规划的制定和实施工作。2005年进行的省级专家学校发展规划培训，共培训了102人。2006年培训了10名省级培训者和12个县的36名学校发展规划县级专家，并在借鉴甘肃省学校发展规划材料的基础上，结合四川省试点培训的经验教训，修改形成了四川学校发展规划实施指南和文本框架。2006年由省级专家进行的学校发展规划培训中，1 690人接受了培训。2007年该省组织了学校发展规划实施研讨会，28个县的学校发展规划县级专家和实施学校发展规划项目的部分学校校长共68人参加。与会者交流学校发展规划制定与实施中的经验和问题，研讨可持续发展的策略。2008年，四川省组织12个县的专家开展了学校发展规划监测与评价培训，安排部署学校自评、县级专家监测与评价工作。

云南省学校发展规划的工作思路定位于“由点到面，逐步推进，突出亮点”。自2004年至2008年11月，该省分三个阶段分别在宁洱、禄丰、漾濞、陇川、永德和耿马（按开展项目的时间排序）六个项目县开展了学校发展规划工作。在四年时间里，云南省开展了九次针对培训者和学校管理人员的省级培训与研讨会。各项目县多次召开县级培训班，推动学校发展规划的执行，并及时解决执行过程中出现的问题。禄丰县将学校发展规划普及到全县；宁洱县的学校发展规划实施面扩大到五个乡镇，而且同家庭教育培训结合，提高社区的参与度，促进学校和社区共同发展；漾濞县在实施学校发展规划中加强学校和社区的联系，实施校本课程开发，促进学生全面发展；永德县在县级资源分配中参照试点校文本，优先考虑试点校的需求。

虽然五省区实施学校发展规划的具体模式以及侧重点各有不同，但综合来看共同的内容主要包括：（1）评价学校当前的发展水平，建立共同愿景，描绘学校发展的整体目标和基本策略；（2）将学校目标和策略指标化、具体化；（3）拟定出多种可供选择的发展方案及途径；（4）对短期、中期、长期的发展项目进行重要性排序；（5）在各种可供选择的方案中选定最优方案。图 6.1 描绘了学校发展规划的实施程序。相对来说，图中所示的“制定系统”在专家培训和指导下是容易做到的，比较困难的则是学校发展规划的实施系统与监测评价。

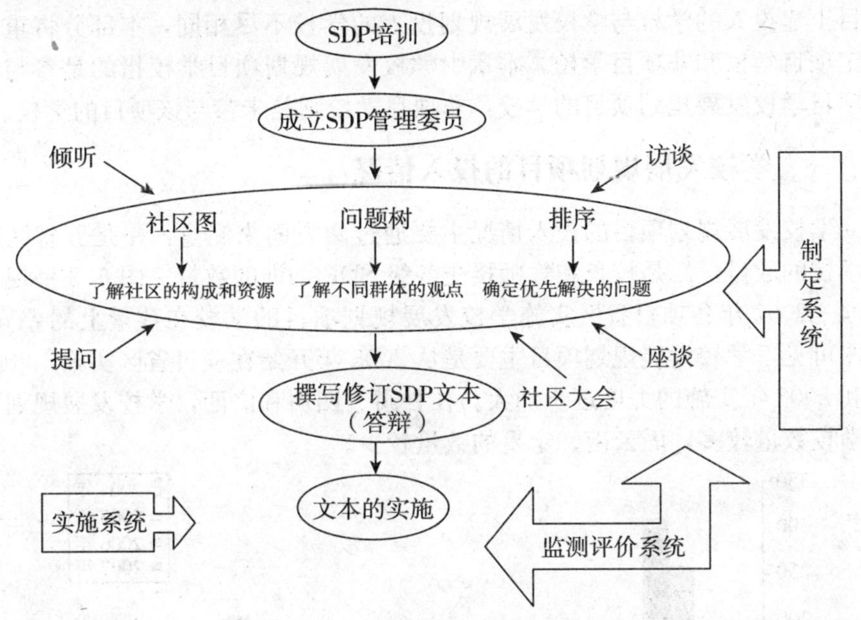

图 6.1　SDP 的运作模式

为了评价学校发展规划的影响力，我们通过大规模问卷调查收集有关学校发展规划实施情况的信息，同时选取个案学校进行深入分析。接下来，我们主要围绕以下三个问题陈述有关学校发展规划影响力评价的结果：

（1）项目学校校长、教师、学生和社区成员对学校发展规划的认知和理解程度怎样？

（2）实施学校发展规划对项目学校的管理产生了什么影响？

（3）实施学校发展规划对项目学校的学校与社区关系有何影响？

第二节　学校发展规划实施情况的定量分析

在2006年11月和2008年11月的两轮问卷调查中，校长、教师、学生、家长、村民村干部问卷中都设置了有关学校发展规划的问题，主要目的是为了了解利益相关者对学校发展规划的认知和理解状况。基于西发项目监测与评价调查的抽样数据，我们通过对样本赋权来推测五省区项目实施的总体情况。在本节中，我们主要从两方面来对学校发展规划的实施情况进行分析：一是项目投入的情况，二是项目实施的效果。由于参加西发项目土建投入的学校与学校发展规划投入的学校不尽相同，本部分将重新界定项目学校和非项目学校。本章中学校发展规划项目学校指的是参与西发项目学校发展规划项目的学校，非项目学校则是未参与该项目的学校。

一、学校发展规划项目的投入情况

学校发展规划项目的投入情况主要通过两方面来测量：一是五省区项目学校的数量，二是校长和教师接受各级SDP培训的数量。图6.2呈现了2004—2007年各项目省区实施学校发展规划项目的学校在数量上的差异。由图可见，学校发展规划项目主要是从2005年开始在项目省区实施，2006年和2007年实施的力度逐步加大。在甘肃、四川和广西，学校发展规划项目学校数量较多，而云南、宁夏的数量较少。

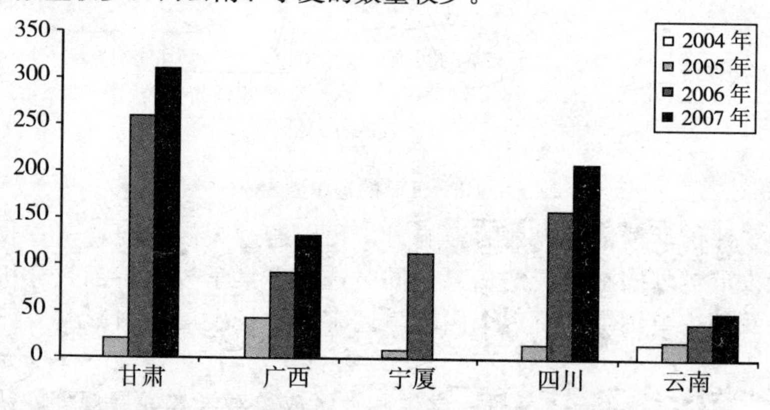

数据来源：五省区年度报告，2004—2007年。

图6.2　参与学校发展规划项目的学校数

表6.1呈现了小学校长和教师接受各级SDP培训的情况。从表中我们可以看出，2006年实行SDP的小学项目学校是3 500所，到2008年减少了233所，还剩3 267所。项目学校在样本学校中所占的比例从2006年的

50.1%下降到46.9%，而非项目学校在两年之间有所增加。从学校校长和教师接受SDP培训的平均人数来说，项目学校平均获得各级SDP培训的校长和教师数均多于非项目学校；从接受过SDP校长或教师培训的学校占样本学校的比例来说，项目学校依然远远大于非项目学校，其中项目学校获得国家级或省区级培训的校长人数占50.8%，而非项目学校只占8.4%。

表6.1　小学校长和教师接受各级SDP培训的情况

	SDP学校		非SDP学校	
	2006年	2008年	2006年	2008年
学校数（所）	3 500	3 267	3 479	3 706
学校所占比例（%）	50.1	46.9	49.9	53.1
校长接受国家级培训的平均次数	——	0.27	——	0.07
校长接受省区级培训的平均次数	——	0.56	——	0.02
校长接受县级培训的平均次数	——	1.75	——	0.58
校均接受省区级培训的教师数	——	1.70	——	0.30
校均接受县级培训的教师数	——	4.20	——	1.12
校均接受校级培训的教师数	——	9.89	——	4.54
校长接受过国家级培训的学校比例（%）	——	13.5	——	6.6
校长接受过省区级培训的学校比例（%）	——	37.3	——	1.8
校长接受过县级培训的学校比例（%）	——	84.3	——	44.7
教师接受过省区级培训的学校比例（%）	——	37.6	——	10.7
教师接受过县级培训的学校比例（%）	——	71.4	——	41.7
教师接受过校级培训的学校比例（%）	——	81.7	——	52.0

数据来源：西发项目监测与评价调查，2006年和2008年。

表6.2呈现了初中校长和教师接受各级SDP培训的情况。从表中可以看出，2006年实行SDP的初中学校数量到2008年基本没有变化，保持在1 009所。从校长或教师接受各级SDP培训的数量来看，项目学校校长与教师所接受的各级培训均多于非项目学校的校长与教师。在SDP学校中，校长接受国家、省区、县各级SDP培训的平均次数分别为0.17次、0.87次和1.65次；而在非SDP学校中，平均次数分别是0.02次、0.03次和0.31次。校均接受各级培训的教师数差别也很大，尤其是校均接受校级培训的教师数。从接受过各级校长培训或教师培训的学校比例来看，项目学校远远超过了非项目学校。比如在SDP学校中，大约11.2%的学校校

长曾经接受过国家级SDP培训，而非项目学校中该比例仅为0.8%。差距最明显的是接受过省区级校长培训的学校比例，项目学校和非项目学校分别是63.9%和2%。

表6.2　初中校长和教师接受各级SDP培训的情况

	SDP学校		非SDP学校	
	2006年	2008年	2006年	2008年
学校数（所）	1 009	1 009	1 317	1 317
学校所占比例（%）	43.4	43.4	56.6	56.6
校长接受国家级培训的平均次数	—	0.17	—	0.02
校长接受省区级培训的平均次数	—	0.87	—	0.03
校长接受县级培训的平均次数	—	1.65	—	0.31
校均接受省区级培训的教师数	—	3.82	—	1.74
校均接受县级培训的教师数	—	14.86	—	5.33
校均接受校级培训的教师数	—	44.98	—	7.93
校长接受过国家级培训的学校比例（%）	—	11.2	—	0.8
校长接受过省区级培训的学校比例（%）	—	63.9	—	2.0
校长接受过县级培训的学校比例（%）	—	76.1	—	26.1
教师接受过省区级培训的学校比例（%）	—	72.7	—	38.4
教师接受过县级培训的学校比例（%）	—	85.8	—	50.6
教师接受过校级培训的学校比例（%）	—	88.6	—	39.0

数据来源：西发项目监测与评价调查，2006年和2008年。

二、学校发展规划项目实施的效果

学校发展规划项目实施的效果主要通过校长对学校发展规划的理解，以及学校召开管理委员会、社区大会的次数等指标来测量。关于校长对学校发展规划的理解，我们选取了校长调查问卷中“学生有权利参与学校发展规划的制定与实施”、“教职员工积极参与学校发展规划的制定与实施”、“学生积极参与学校发展规划的制定与实施”、“家长和村民有权利参与学校发展规划的制定与实施”四道题目进行考察。

表6.3呈现了小学SDP的实施效果。在SDP项目小学中，对SDP具有较好理解的校长所占比例为66.5%，远远超过了非项目学校的45.9%。项目学校召开社区大会和学校发展大会的次数都超过了非项目学校。项目

学校中认为学校宣传过 SDP 的学生比例为 62.1%，而非项目学校该比例为 56.6%。知道 SDP 的学生所占比例在项目学校与非项目学校中几乎没有差异，均为 37%左右。这也在一定程度上说明学校对学生的权利与声音还没有足够地重视起来。

表 6.3 小学 SDP 的实施效果

	SDP 学校	非 SDP 学校	整体
分布	46.9	53.1	100.0
校长			
对 SDP 有较好理解的校长所占比例（%）	66.5	45.9	55.6
社区大会的次数	2.81	2.33	2.60
学校发展大会的次数	3.89	1.6	2.86
学生			
认为学校宣传过 SDP 的学生所占比例（%）	62.1	56.6	59.3
知道 SDP 的学生所占比例（%）	37.3	37.4	37.3

数据来源：西发项目监测与评价调查，2006 年和 2008 年。

表 6.4 呈现了初中 SDP 的实施效果。从表中可以看出，初中项目学校中对 SDP 有较好理解的校长比例为 55.5%，而非项目学校只有 6.5%。项目学校与非项目学校召开社区大会的次数都在 2 次以上，项目学校略高于非项目学校；而召开学校发展大会的次数两组之间有较大的差异，项目学校达到 5 次以上，而非项目学校只有 1 次左右。这在一定程度上可以说明 SDP 对项目学校产生了一定的影响。知道 SDP 的学生在样本中所占的比例在项目学校与非项目学校之间差异不大。

表 6.4 初中 SDP 的实施效果

	SDP 学校	非 SDP 学校	整体
分布	43.4	56.6	100.0
校长			
对 SDP 有较好理解的校长所占比例（%）	55.5	6.5	30.5
社区大会的次数	2.89	2.81	2.85
学校发展大会的次数	5.47	1.10	3.38
学生			
认为学校宣传过 SDP 的学生所占比例（%）	58.0	62.0	60.1
知道 SDP 的学生所占比例（%）	44.4	46.1	45.3

数据来源：西发项目监测与评价调查，2006 年和 2008 年。

此外，不管是项目学校还是非项目学校，小学校长对SDP的理解均好于初中。这可能是因为初中面临着升学考试的压力，校长把更大的精力放在了如何提高学生的学业成绩上，没有在SDP上花费太多的时间和精力。

第三节　学校发展规划的个案研究

2006—2008年，课题组在不同的时间对五个项目省区分别做了个案研究。其中宁夏、甘肃各选择了一所学校，其他三省区各选取了两所学校作为个案。2007年11月，课题组从宁夏回族自治区和甘肃省各选取了一所实施学校发展规划比较好的学校作为影响力评价研究的个案。这两所学校均由省区负责学校发展规划的项目负责人推荐，具有很好的典型性。研究人员采用了非常典型的人类学田野调查方法进行研究，在未与任何省区级学校发展规划负责人接触的情况下直接进驻学校，从星期一学生进校之前开始对学校一周的活动进行观察和体验，对学校发展规划文本档案资料作了细致考察。研究人员还走进社区围绕学校发展规划进行交流，搜集相关信息。2008年11月，课题组从四川省、云南省和广西壮族自治区各选取两所实施学校发展规划的学校作为影响力评价研究的个案。但此次个案研究采取的方法与2007年11月的个案研究方法有所不同。我们在进入学校之前，首先通过访谈个案学校所在的省区项目负责人，了解本省区学校发展规划的执行情况，然后再对个案学校所在县的项目负责人进行访谈，最后进入学校对校长、教师、学生以及社区成员进行访谈，了解学校发展规划的执行情况。个案学校的选择是由县项目办推荐两所学校，一所为学校发展规划实施情况比较好的学校，另一所则是相对一般的学校。具体的方法主要是访谈法和观察法。

由于篇幅所限，考虑到个案的典型性和代表性，我们在报告中仅呈现宁夏和甘肃两省区的个案研究结果。本部分报告主要评价学校发展规划执行的以下重要方面：（1）SDP文本格式化与学校管理的培训；（2）SDP设计的质量；（3）社区的参与；（4）SDP执行的各个步骤与过程要求的一致性；（5）SDP管理系统；（6）管理团队与管理理念；（7）资源管理与开发。以下我们对各个地区的个案进行分析，以评价学校发展规划项目的影响力。

一、宁夏回族自治区A学校

A学校，位于宁夏回族自治区中卫市西北，腾格里沙漠南缘，是一所兼有小学和初中的九年一贯制农村学校。全校共有师生 1 000 余人，其中小学部共有 11 个教学班，初中部 9 个教学班，平均班级规模为 40～50 人。全校共有寄宿生约 100 人。在编教师 46 人，代课教师 4 人，在编后勤服务人员 2 人，临时工 3 人。

Z 是 A 学校的校长，他于 2005 年在北京第一次参加学校发展规划培训，之后在银川接受相关培训，回到学校便开始对本校教师和行政管理人员进行培训，并于 2006 年年初对中卫市十几位中小学校长进行了培训。Z 校长遵循"学中思，思中学，最后办"的原则，本着"发现问题，提出问题，研究问题，解决问题"的逻辑，将 2007 年学校发展规划的工作重点概括为"安全是学校工作的基础，课堂是主阵地，质量是生命线"。

（一）学校发展规划推行状况

自 2005 年 Z 校长开始接受 SDP 培训以来，"校长培训学校领导，领导培训教师，教师再培训学生，学生再去培训家长"的四级培训体系逐步建立，并于 2006 年 7 月召开社区大会，征求针对学校发展的意见。该校相关档案材料、宣传资料较为完备，不仅有文本还有照片集、视频光盘等。校园环境有了较大改观，体育器材、测身高刻度尺、跳远标识等丰富了学生的课外生活。学校还建立了图书室、实验室、多媒体教室等，使教学形式、教学内容不断多元化。目前，无论是教师、社区村民还是学生、家长，都一致认为学校近年变化较大。这些变化主要表现在：

——提倡学生多方面发展，原来教室里都是《中学生守则》、《中学生行为规范》，现在都有学生作品的展示。学生不是所有的时间都在做作业，学生的个性特点要展现出来。

——坐校车按月交钱，一个月是七十块钱。要雇个司机，各项费用都挺高的，这也是开会讨论出来的，以前是六十，从上个学期开始涨。我们要是坐公交的话，要跑老远的路，如果偶尔稍微迟一点，人家的车都是不等的，像有时候这边比较偏，有时候车忙、坏了，反正挺麻烦的。现在就方便多了。

——管委会成员和学校老师开会，去年说，学校设施需要社区群众，也没有集资做什么，容易引起不好的影响。有力的出力，帮学校平整了校园操场。再就是还有国家扶贫给了 30 套桌椅，以村委会名义捐给了学校。

——再一个就是校长意见箱，学生就提意见，比如那个饮水问题，学生提出来的，配那个脸盆和脸盆架子。

——这个学校挺好的，因为当时我很小的时候就在这上学，当时这个学校特别的烂，但经过这几年，建得越来越好，校长挺努力的，把这个学校建得越来越好了。

这些变化与SDP推行过程中，校长及学校管理层对SDP理念的接受程度和理解程度密不可分。Z校长认为，SDP与传统的学校管理模式有很大不同：

过去都是听校长的，校长说咋办我们就咋办。基本上学校就一个领导，也不去商量，一定就去办。可是从做这个项目开始以后，做这个学校发展规划，这个是从群众最基层、自下而上来研究这个学校怎么发展、发展中会遇到哪些问题，把问题解决了，学校也就发展了。

与校长的理解相近，教导主任Y老师也提出了他对SDP推行的体会：

给我印象特别深的一点就是，实行这个项目以后呢，学校的管理不再是校长的事，或者学校领导、行政领导的事，也不是学校教师的事，应该说学校管理是学校、社区、家长和社会各界共同参与的事，应该是这样的。社区群众提出了许多合理化建议，我们根据这些建议提出我们学校的发展方向。而过去我们学校的发展就是校领导的事，甚至就是校长的事，我们跟着干就行。

Z校长将SDP给学校带来的变化进一步总结为七个方面：

第一是自下而上，第二是社区群体的关系，第三是社区和学校之间的关系改善了，第四是师生之间的关系改善了，第五是教师内部发生了根本变化，第六是教师继续教育的面广了，第七是校长的观念模式发生了变化。

J副校长也认为SDP的确带来了观念上的变革，但他对于SDP在事实层面上达到何种程度的效果则持更为严谨的态度：

我的心里话就是SDP或者说是PTT对我们学校来说，注入了新鲜血液。理念发生了变化，以前是自上而下，现在是自下而上的。以前学校管理是校长的工作，现在完全是多种人不同程度地参与，一起来制定学校发展规划。目的呢，就是把学校发展成所有的社区群众、教师、学生都满意的学校。事实上做到什么程度，我不太清楚。应该说做到了一部分，不能说全部做到。所做的一部分就是家长了解了学校，学生对老师的教育方式有所了解。

（二）存在的问题

通过对宁夏回族自治区A学校的个案调查发现，该校在SDP的施行过程中存在的主要问题是对 SDP 的施行缺乏深度反思。

从学校发展规划的内涵来看，它强调加强社区与学校的关系，依据社区的需要来管理学校，强调不同群体平等参与学校管理，发挥所有相关利益群体的作用。但通过调查发现，虽然 SDP 为该校带来了很多改变，但是学校校长、中层管理者、教师等对于 SDP 的深层含义缺乏深度反思。本次调研中发现，访谈对象在谈及学校变化时，首先想到的是硬件方面的改善，如土建项目、校园改善、校车等，或者只能泛泛谈及社区大会、管理理念等层面。不仅如此，我们还发现，上至校长下至村民，几乎没有人能够清晰地将学校未来一年或三年的发展思路讲清楚，甚至从未思考过类似的问题。很多人将 SDP 看成一种“管理理念”、“管理模式”、“管理技术”，却往往忽略了其中译名“学校发展规划”中最为关键的两层含义：发展与规划。

另外，也有为数不少的教师、学校管理者对 SDP 的理解停留在“自下而上”、“参与”等关键词上，而少有人思考如何将这些关键词附带的内涵真正运用到学校的发展进程中。Z 校长的“发现问题，提出问题，研究问题，解决问题”的十六字方针也在一定程度上反映了其对 SDP、对学校管理的理解，而这种理解显然是立足现在的“打补丁”式管理，而不是遥望未来的目标管理。目标的缺失，也是目前 SDP 推行过程中常常被忽略的地方。

就目前 A 学校推行 SDP 的情况来看，学校管理层和教师群体经过培训，对 SDP 理念的把握基本到位，但学生群体、社区人员则还存在很大的提升空间。在内化理念，进而指导行动层面，问题仍较为突出，且普遍缺乏对学校存在的问题的反思意识。

二、甘肃省 B 学校

B 学校是甘肃省古浪县的一所山区小学，经济文化相对滞后。学校现有教职工 26 人，教学班 14 个，学生 772 人，其中女生 365 人。

（一）SDP 推行状况

SDP 为 B 学校带来的变化主要集中在硬件改善和观念转变两个方面。对此，W 校长作了比较全面的总结：

> 从管理上来说，学校的管理就是日趋规范化。SDP 的一个中心就是自下而上的参与，比如说我们学校制定规章制度。过去制定规章制度是校长在办公室里闭门造车，制定的规章制度不一定结合实际啊，

老师们不愿意接受。通过实行这个项目，我们制定规章制度的时候，大家讨论，最后通过民主集中制的原则来确定。这是大家自己讨论的规章制度，所以大家都能自觉遵守。我记得以前领导强调怎么上课，现在不用这样了。

再者就是学生观念也变化了，学生参与学校的管理，家长也参与学校的管理。召开家长会的时候，学生家长指出学校有哪些毛病，我们可以改。再就是社区的群众交流的次数多了，他们也了解了学校的情况，他们对学校的工作也提建议。过去不一样，学校是学校的事，人家不管。

通过召开家长会，就说学校还有啥毛病，哪里还需要改，以后需要怎么改进，人人都可以参与。班级管理中，学生积极参与，人人有事干，事事有人干，班主任就轻松了。

对于学校这些变化，教师也有同感：

——我觉得培训完 SDP 以后，主要就是以前像我们学校这些规定制度就是校长领导直接制定的，自从实行 SDP 以后，什么制度都是通过教师会、校委会、管理委员会讨论通过以后才实行的。实行起来可能就比较有效一些，效果比较好。(Z 老师)

——最显著的一点就是更民主一些。比如村民代表、教师代表可以参与学校重大问题的讨论。这个代表不一定就是我，但肯定有人能参加。时间我记不大清楚了，有一次，学校组织讨论修改管理方面的一个制度，就是教学成绩的奖罚制度，当时我也参与了这个讨论。开始我们大家伙坐一块儿，讨论原来的制度是不是合适，然后怎么个改法，提出了方案，最后统筹了一下，决定把这个改了。更合理了，更人性化了。(C 老师)

——学校以前管理得不太好，这两年建立起制度，逐渐发展起来了。学生的学习质量提高了，2001 年的时候大概考过倒数第六，现在一般是前五名。从 2004 年教学大楼修好，娃娃们上学心情也好。原来学校的危房比较多，现在没有了，学生上学也放心了。原来的时候下大雨，我们也担心，家长也担心，学校领导也担心，应该说现在学习环境挺好的。(村干部 Q)

——以前就是对学生可以说是不太友善吧，他就是学生，我就是老师。现在角色进行了转换，换位思考，学生在心目中的位置提高了一截。他们学习的时候，比较开心。距离缩短了，学生对老师的敬畏之心就慢慢消失了。以前学生见到老师老远就跑了，现在都上前问候一下。教学方法各方面都有了变化。以前的教学观念比较死板，不太灵活，就是我教你学。现在是共同学习，学生乐于接受，相互考，相互背，我背你听，我出题你答，效率提高了。(W老师)

从以上访谈资料中可以看出，通过SDP培训及三年的施行，B学校管理者和教师对SDP的基本理念已有一定程度的理解，并能指导日常的工作。通过自下而上制定学校发展规划，师生主动参与学校管理，家长、社区群众参与学校管理的积极性有所提高。

(二) 存在的问题

通过个案调查发现，该校在SDP执行方面存在的主要问题，是传统的评价机制制约着利益相关者参与学校管理的积极性。

在走访中，我们发现，村民对于SDP的认识仍不到位。很多村民表示为生计所累，无暇顾及学校的事情，有的村民甚至学校发展管理委员会的成员也认为，学校管理只要将教学质量提高便是一所好的学校。

大多数时候说学习情况，一般是期考之后，说考得怎么样，老师教的好与坏。比如，我的孩子在这个班，你的孩子在那个班，是这个老师抓得好，还是那个老师抓得好……管理上存在的问题，这是学校内部的事情，我们也不太清楚……目前的问题就是学生太多，没办法，一个班上六七十个学生，国家规定一个班45人。其他问题也不是我们考虑的。(村干部X)

由以上资料可以看出，目前社区群众和学生家长对学校的关注主要集中在学生成绩是否提高上。对于这个问题，学校教师和校长在言谈中，也不同程度地流露出类似的想法。

教育嘛，不管它怎么办怎么改，最终目标就是让学生成材嘛，成人成材。不管教育怎么改革，首要的目标就是成材。(W校长)

这里的"成材"在很大程度上等同于升学顺利，或是最终考取大学。正是这样一种功利性极强的取向，导致家校之间的沟通成为一种"一对一"的策略性关系，而不是积极参与集体活动。下面这位村民的观点相当具有代表性：

刚开学的时候，把老师找着，到办公室里说一说，请老师到外面去吃个饭，说说娃娃的学习，给抓一抓。今年家里忙着，就没去，打算着呢。每年每学期都去。老师嘛，人家也辛苦着呢。我的想法就是，老师对学生该抓的时候抓，再说明确点呢，该打的时候打，但是老师们也不敢打，打完了以后他们也怕招事呢。(村民C)

家长与学校沟通一般指向子女学业成绩问题。因此，诸如社区大会、家长会等活动常常缺乏立竿见影的效果。

总之，学校在特定的地方空间中，具有一定的行为能力，同时也会遭遇到消极抵制或是外界群体策略性行为、功利性行为的限制。如何引导社区群众、学生、教师与自己归属的共同体命运融为一体，如何让他们认识到教育的目标不仅仅是应试而是培养学生生存的能力、批判的能力、思考的能力，而这种能力与现行评价机制并不矛盾，这是当前的一个关键问题。

在调研过程中，SDP 的核心理念“自下而上”一直被不断提起。事实上，SDP 项目的推行是“天、地、人间”的三重互动过程。“天”是国家的政策语境，“地”是学校、社区实际情境，“人间”是处于“地”上的各种角色的个体与群体。“人”对政策语境、社区情境的理解、解释、建构也同样融入了 SDP 的推行过程。从某种意义上讲，SDP 也正是在这种本土化建构过程中被消解了许多“异域特色”。

第四节　本章小结

SDP 不仅是学校根据社会发展状态，切实制定自身短期或中期目标和规划的一套方法论，同时也是一套学校教育管理模式。这套方法论或管理模式不仅要依托于学校组织内部系统的特殊性，更要加强与学校组织之外利益群体的关系，使得多方利益相关者都能参与到学校管理与发展的事务中来，从而把学校建成生长于并服务于社区的学校。通过以上问卷调查与个案研究的资料分析，我们认为 SDP 项目在西部五省区项目学校中取得了以下成效。

第一，SDP 理念已经在很大程度上渗透到了项目学校的校长、中层管理者、教师、学生的观念中。这种观念也在一定程度上影响到了学生家长与社区成员，激起了他们参与学校发展与管理的想法与行动。

第二，所有项目学校的校长与教师都接受了不同层次（国家级、省区级、县级、学校级）的 SDP 项目的培训，这使得项目学校 SDP 的制定都能按照规范的程序执行，如成立 SDP 管理委员会、召开社区大会、撰写文本等。所有项目学校的 SDP 文本基本上都很全面，并且很规范。同时各省区根据自身的不同情况，对 SDP 文本作了相应的调整，如制定规划的年限各不相同等。

第三，个案研究的学校都能根据制定的 SDP 文本内容去认真执行，给予学校教师与学生参与学校管理的权利，加强学校与社区的联系，尤其是重视家庭与学校之间的合作。学校管理工作有了很大的变化，各种利益群体的关系趋向和谐。

第四，校长及中层管理者具有了一定的反思能力，如反思教师与学生的权利、学校与社区关系等问题。一些社区成员在SDP的影响下在一定程度上改变了传统的学校观，他们也讨论如何参与学校发展与管理，如何为学校的发展做一些力所能及的贡献等。

第五，SDP模式也在一定程度上影响了当地教育行政主管部门对学校的管理，有些教育行政主管部门开始以SDP的施行来对学校进行年终评价。

总之，通过西发项目对SDP的培训和推广，项目地区很多学校开始实施SDP。这对于项目地区的学校管理确实产生了一定的积极作用，学校的校长、中层管理者、教师、学生的观念发生了一定程度的改变，学生家长和社区成员也产生了参与学校管理的想法。但是SDP的管理理念涉及学校内部、学校与社区、学校与政府的关系，深层次地推进SDP面临着诸多挑战，真正掌握和落实SDP还需要长期的过程。

中编

教育政策监测与评价的理论研究

第七章　教育政策的监测与评价概述

监测与评价是国际组织项目管理的一个重要工具，也是许多国家公共政策制定、实施与反馈的一个关键环节。为了能够比较全面地理解监测与评价的概念、方法与技术，本章将首先界定监测与评价的概念，然后介绍监测与评价在政策生命周期中的作用，分析教育政策监测与评价的意义，最后探讨监测与评价实施的主要步骤。

第一节　监测与评价的概念界定

监测与评价是两个紧密关联、密不可分的概念，我们经常看到它们一起出现。为了在政策或项目管理中恰当地运用它们，并为政策或项目的发展服务，我们首先要明确二者的含义、区别与联系。

一、什么是监测

监测（monitoring）是指随着项目的实施与开展，系统地收集和分析有关项目的进展、项目预期目标的达成程度等信息的过程。通过收集有关指标的变化信息，它帮助项目管理者及其他利益相关者保持对项目的动态了解，追踪项目的实施情况、资源的分配情况和目标的达成情况等。当项目实施出现异常时，它可以在短时间内迅速将信息反馈给项目管理者，以便他们及时作出调整，进而改进项目实施方案，确保项目顺利开展。监测主要回答以下六个问题：

（1）项目或政策是否按照计划实施与推行？

（2）项目或政策的投入是否很好地瞄准了目标人群？

（3）事先计划的产出是否有效完成？

（4）现实的产出是否与项目最终结果持续相关？

（5）在实现项目或政策结果的过程中，我们面对哪些问题、风险以及挑战？

(6) 针对项目或政策执行过程中发生的变化，需要作出哪些决策调整？

通过回答以上六个问题，管理者可以及时发现并改正不足，并调整方案或出台配套措施。这样，一方面可以有效地干预政策实施；另一方面还能促进政策制定者、实施者之间达成一致意见，明确项目或政策实施的工作重心，强化各方责任，提高项目资源配置的合理程度。

二、什么是评价

评价（evaluation）是对项目的整个过程，包括设计、实施和结果进行客观、系统的分析，目的是要确定项目是否带来预期的影响（或者反过来说，实际变化在多大程度上是由项目引起的），具体是如何产生这些影响的，实施的效率如何，以及项目的可持续性如何。这些信息对项目管理者、项目资助方和受助方来说，都是宝贵的经验。评价主要回答以下四个问题：

(1) 项目或政策结果产生的原因是什么？

(2) 项目或政策的实施对目标人群的具体贡献有哪些？影响如何？

(3) 我们怎样才能改进项目或政策的实施结果？

(4) 从项目或政策的实施过程中，我们可以获得哪些经验和教训？

三、监测与评价的区别

从以上定义可知，监测与评价在分析问题的深度、内容、目标等方面有着本质区别。监测回答的是 where 和 how 的问题，即项目或政策的实施进展到哪一步了，进展得怎么样。它是描述性的。而评价回答的是 how 和 why 的问题，即预定的目标在多大程度上实现了，是怎样实现的，为什么能够实现或是为什么不能实现。它回答的是因果关系。如图 7.1 所示，评价不仅要关注目标群体在项目实施前后的变化，还要将这种变化在实验组和对照组之间进行对比，从而剥离其他因素的影响，得出项目的净影响。这是评价区别于监测的本质所在。

为了更全面、更深入地理解监测与评价的区别，我们从目的、方法、时间、经费、数据收集、关键问题六个方面对二者进行对比。表 7.1 呈现了比较的结果。

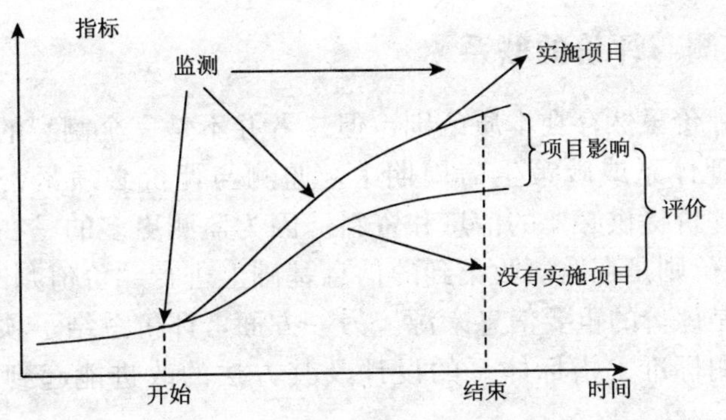

图 7.1　监测与评价的区别示意图

表 7.1　监测与评价的区别

	监测	评价
目的	项目的日常管理，监测项目实施的效率，及时发现问题，反馈信息。	测评项目实现预期目标的程度，为后续项目的设计和实施提供强有力的信息。
方法	构建指标体系	科学的实验设计、数量统计分析技术
时间	整个项目实施过程	项目中期或后期
经费	可以通过项目的日常管理来实现，成本较低。	需要进行大规模抽样调查，成本较高，花费一般在 5 万美元以上。
数据收集	在整个项目实施过程中持续地、阶段性地进行多次数据收集。	一般需要 1～3 次（项目开始前、实施中、结束后）数据收集。
关键问题	项目按照原计划执行了吗？ 项目活动是否指向目标人群？ 项目的预期目标实现了吗？ 结果和目标的各项指标有所提高吗？	项目实现预期目标的程度如何？ 项目所产生的净影响是什么？ 项目是否有成本收益？ 将项目进一步推广时，需要注意什么？ 从中可以学到哪些经验和教训？

四、监测与评价的联系

监测与评价虽然存在本质区别，但二者并不是完全割裂的。在一个完备的项目管理体系或政策生命周期中，监测与评价必须紧密结合。一方面，监测为评价提供必要的信息和资料。因为监测更多的是在进行“事实挖掘”，而评价则是在监测收集到的信息基础上进行“价值判断”，所以高质量的监测是评价的重要信息来源。另一方面，评价总结了项目的经验和教训，对监测标准、指标体系的设计及其方法的改进能起到很好的促进作用。

总之，监测与评价既有区别，又紧密联系，二者相互支撑，缺一不可。监测与评价共同构成了广义的评价活动，二者的侧重点各有不同。

第二节　教育政策监测与评价的意义

在教育政策的生命周期中，是否充分发挥监测与评价的作用，其政策过程存在着本质的区别。图 7.2 显示了没有监测与评价状态下政策的过程。这时政策的制定与实施是一个简单的线性过程，在政策的每一个环节不存在及时的反馈与调整，政策的执行缺乏弹性，结果难以评价。

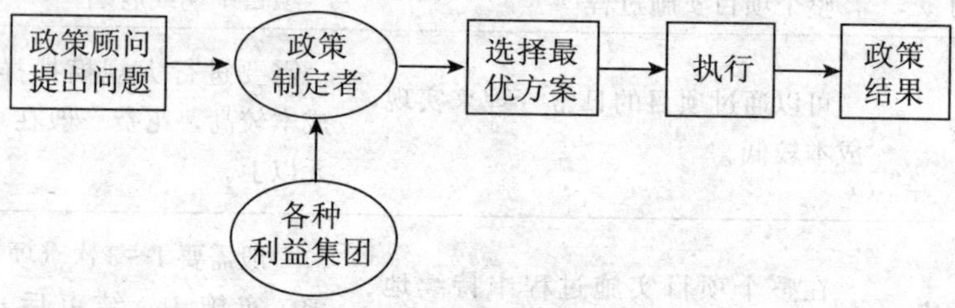

图 7.2　关于政策的线性过程的理解

图 7.3 显示了包含监测与评价机制的项目或政策生命周期。这时政策的生命周期不再是一个简单的线性过程，而是一个螺旋上升的过程。监测与评价机制贯穿于发现问题、提出方案、执行政策以及评价与调整的每个环节，在其中起着非常关键的作用。由于监测与评价机制的存在，政策的生命周期成为一个学习的过程，政策质量不断提升。

在实际工作中，监测与评价是任何一个项目或一项政策实施中都必不可少的环节，从这个意义上说监测与评价并不是一个新鲜事物。但是，我们所强调的教育政策的监测与评价和过去以工作经验为基础的监测与评价存在明显差别。第一，我们所强调的监测与评价是建立在严密设计之上

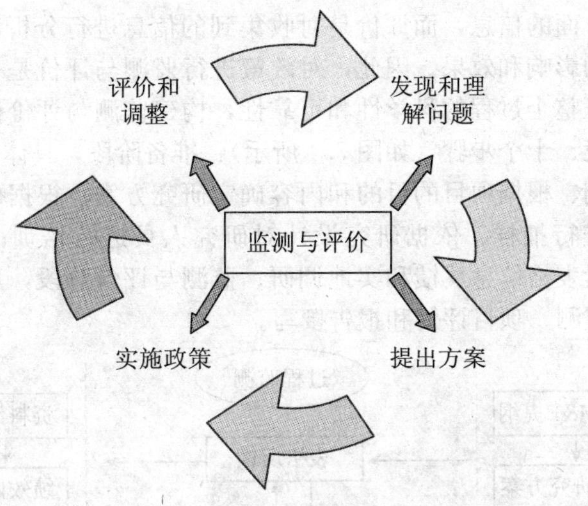

图 7.3　政策是一个循环的过程

的，是在对政策的投入、产出与结果的精细化描述基础之上，在大量的证据基础之上的监测与评价。它解决了现行实际工作中许多评价缺乏足够证据支持的问题，使对教育项目或政策的评价更为科学客观。第二，包含了监测与评价机制的教育政策的制定、实施与调整的过程，实际上是将教育政策的制定、实施与调整看做一个不断学习的循环过程。通过不断的学习，政策的有效性不断提高，使教育实践越来越逼近政策目标。

正是基于科学的教育政策的监测与评价这两个特点，实施科学的教育政策的监测与评价具有非常重要的意义。首先，它有助于我们提高决策水平。如果没有监测与评价，那么政策制定者只能依据个人经验和主观判断来进行决策。但是通过科学的监测与评价收集实地调研的数据，政策制定者可以在掌握证据的基础上进行决策，决策的依据更为充分、科学。而且，监测还可以将政策执行过程中出现的问题及时反馈给管理者，帮助他们调整方案，保证政策的顺利实施。这样，在政策的制定、实施与调整的每一环节，监测与评价都充分发挥了作用。其次，它有助于明确各主体之间的责任，强化问责制。最后，它有助于我们反思和总结经验。通过监测与评价，反思政策的整个执行过程，有助于我们积累经验，提高政策水平，为今后的工作提供借鉴。

第三节　构建监测与评价体系的过程

监测是一个持续不断的过程，是在政策实施的过程中，收集项目的投入和产出等方面的信息，而评价是对收集到的信息进行分析和总结，以评价政策产生的影响和效果。因此，对政策进行监测与评价是一个系统的过程。为了保证整个过程的科学性和可靠性，构建监测与评价体系一般需要经过三个阶段、十个步骤（如图 7.4 所示）：准备阶段，具体包括制定监测与评价的提纲、根据项目的目的和内容确定研究方案、根据研究方案确定的抽样方法进行抽样、依据研究设计对研究人员进行培训；信息收集阶段，具体包括表格信息反馈和实地调研；监测与评价阶段，具体包括资料汇总、绩效监测、项目评价和报告撰写。

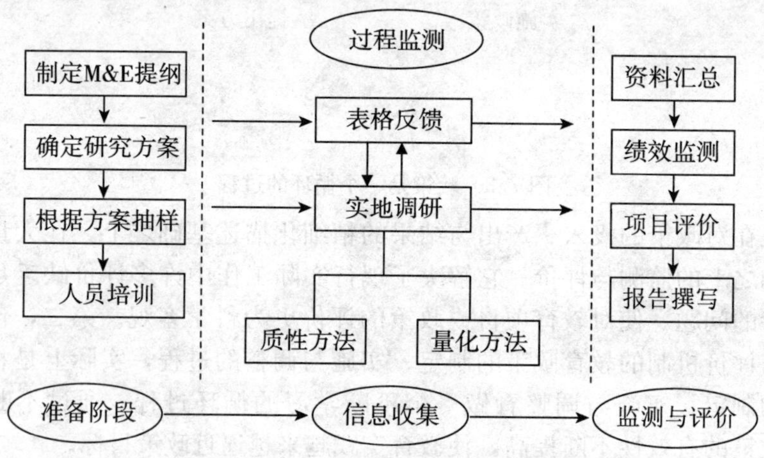

图 7.4　构建监测与评价体系的三个阶段十个步骤

通过图 7.4 我们可以看出，构建监测与评价体系（M&E）要经过准备、信息收集及监测与评价三个阶段。其中，信息收集的过程也相当于过程监测的过程。

一、准备阶段

在准备阶段，制定 M&E 提纲指的是根据监测与评价的任务和目标，确定 M&E 的工作日程、财力和人力安排等方面。第二个步骤确定监测与评价的研究方案是整个过程中最核心最重要的工作。研究方案包括监测与评价的内容与指标、实地调研的抽样方案和研究工具、数据收集以及分析方法等。研究方案的设计是一项基础性的工作，是建立在对项目相关信息充分了解的基础之上的。当然，研究方案也不是一成不变的，它可以根据第二个阶段获得的相关信息进行适当的调整。第三个步骤是根据研究方案进行抽样。抽样是一个比较复杂却至关重要的过程，样本的选择直接关系到项目评价的真实性和可靠性。从已有的研究来看，监测与评价的样本一般是通过随机的方式来选择有代表性的样本。第四个步骤是对参与监测与评价的相关人员进行培训，尤其是对实地调研和数据录入、数据分析人员的培训，对这些人员的培训直接关系到数据收集直至数据分析的质量。

二、信息收集阶段

从监测与评价体系的整个链条来看，信息的收集同样也是依据研究方案来进行的，收集到的信息（包括数据和相关文字信息）的质量和全面性受制于研究方案和参与人员的素质。

从整体上来看，信息收集阶段也相当于项目监测与评价的过程监测阶段。相关信息主要通过两个途径获得：已有表格的收集和反馈以及对样本的实地调研。其中，已有表格的收集和反馈相对比较容易和便捷，我们可以通过已有的统计年鉴、相关地区政府机构的报告和数据库等方面来获得我们需要的财力、人力、物力等方面的信息。对样本的实地调研一般来说是一项比较浩大的工程，需要耗费相当大的人力、物力和财力。即便如此，这个环节能够为项目监测与评价提供数据支持，是不可或缺的。在实地调研的过程中，应该注意的是质性研究方法和量化研究方法的配合使用。这两种技术方法各有其优势和劣势，可以起到相互补充和相互验证的作用。质性的、参与式调查的人类学技术方法可以研究比较复杂和富有争议的问题，而且可以深入剖析问题产生的原因和结果，但其成本较高，进行大样本调研的难度较大，很难保证样本的代表性。而量化研究方法可以将研究问题数量化，结论明确，更有说服力，但不利于对复杂问题进行研究。因此，应该将两类方法结合起来，扬其所长，避其所短，以保证研究结果的客观真实性。

三、监测与评价阶段

这一阶段是整个监测与评价体系的落脚点，是对监测与评价的结果进行反馈的阶段，也是对研究人员的技术要求最高的一个阶段，包括研究人员的数据统计分析能力、宏观掌控能力等研究技术和能力。具体来看，这一阶段包括资料汇总、绩效监测、项目评价和报告撰写四个步骤。

资料汇总是将第二个阶段收集到的数据和信息进行归类整理及存档，以备项目的监测与评价使用。绩效监测是根据研究方案设计的绩效指标来监测和评价项目实施的过程、项目的目标完成情况等。项目的评价是依据已有的研究方案来评价项目产生的效果和影响，为后续的政策制定和实施提供数据支持。整个监测与评价体系的最后一个环节是撰写报告。报告在呈现监测与评价结论的同时，应该注意提出项目实施过程中存在的问题，并为后续的项目实施提供建设性的意见，以达到把握项目实施的方向、合理利用及配置资源、提高效率和效益等目的。

构建监测与评价体系的三个阶段、十个步骤是一个持续的、相互影响的过程。其中的任何一个环节都是不可或缺的。一个环节的失误有可能连带地使后续工作的成果大打折扣，因此应当重视三个阶段中的任何一个步骤。只有这样才能保证研究报告的科学性、可靠性和可借鉴性。

第八章　教育政策的监测

为了有效地实现教育政策的预期目标，不仅需要制订完善的政策执行计划，还需要相关人员严格执行计划。但是，在教育政策的实际执行过程中，各种未曾考虑到的突发困难不可避免，这些困难可能会影响到目标的实现。作为一项最常规、最有效的项目管理工作，监测的重要功能是评价项目执行过程中实际开展的各种活动，系统地测量与记录项目运行过程以及项目过程性指标的具体信息，及时提供反馈信息。监测的展开，使决策者、项目执行者以及其他利益相关者能够了解项目是否处于良好的运行状态，这也是项目责任人向公众和其他利益相关者提供项目信息的需要。

第一节　教育政策监测的分类

根据监测内容的不同，教育政策的监测可以分为过程监测和绩效监测。

一、过程监测

过程监测主要用来监测项目的实施过程和实施机制。它贯穿于项目实施的整个过程中，作为项目管理的信息反馈机制而存在。过程监测的作用有两点。

第一，发现项目执行的问题。在项目的实际执行过程中，往往由于项目执行者没有按照设计执行、错误执行或不合格执行，或没有完全提供适当的干预给目标人群，使得项目效果急剧减小。许多项目失败的主要原因在于执行中出了问题。通过过程监测，可以了解目标人群参与项目的程度，分析项目实施过程中项目投入的到位和使用情况以及项目生产和完成情况，及时纠正项目执行中出现的问题。

第二，发现并解决突发问题。在大的社会经济环境下，教育政策执行中难免会遇到很多项目没有设计到的突发问题。例如，“两免一补”政策执行过程中，就出现了免杂费后学校公用经费紧缺的突发问题。通过过程监测，对相关数据或信息及时分析，可以敏锐地发现并向上反馈各种突发问题，及时修正项目或者出台配套措施，将突发问题的损失降到最低。

总之，过程监测应该作为项目实施过程中的一项长效机制建立起来。对项目实施进行全程监测，其实施通常应建立科学合理的指标体系来完成，主要可以通过一些投入和产出的指标来监测项目的实施过程。

二、绩效监测

绩效监测的基本假设是项目能够产生预期结果。在项目的实施过程中，在控制项目投入的使用和产出的生产基础上，配合相应的指标可以监测预期结果是否完成。从项目理论的角度出发，基于项目预期设计的方案，能够清楚地界定项目的预期结果（短期结果和长期结果）。同时，这些结果指标是可以测量与识别的，通过对这些结果指标的测量可以衡量项目的绩效。通过绩效监测，可以回答哪些计划的活动已经正常展开，哪些没有按照计划展开，预期结果在何种程度上得到实现。总之，通过绩效监测能够及时对项目实施的进展进行反馈，及时纠正项目在实施过程中出现的偏差，对项目的完成及时作出有效的决策。

绩效监测的报告根据其内容可以分为三种：（1）每季度或者每月进程报告。管理者可以把它作为常规的项目控制管理工具；（2）针对紧急状况的临时报告，可以对主要问题提供深层的技术分析。这个报告一般需要包括项目的重新调整、背景和前期完成情况。（3）终期报告。这一报告是在项目完成的短期内根据以往的经济发展情况来分析项目的成果。通过比较成本、产出、预期的收益来评价项目和执行部门的效益。

绩效监测是关于项目是否达到期望目标的持续反馈，并且指出哪些地方做得好或者不好及其原因，这个信息可以用来调整项目的管理策略或出台调整措施。因此，要确保绩效监测在项目管理中发挥应有的效果，必须设计一个学习和反馈系统：监测人员掌握相应的监测技术；监测过程中的责任通过相对应的工作计划的形式进行确认；定期组织监测人员开会以反馈信息，撰写的监测报告必须给出预设结果指标的具体信息；鼓励利益相关者参与到监测的工作中；监测的信息在适当的时间、地点、范围内进行发布。

第二节　监测的指标体系

完备、充足、有效的资料是进行监测的前提。监测过程收集到的资料以及从资料中得到的相关信息是项目评价的信息基础。同时，监测资料的收集必须紧扣项目监测与评价所构建的指标体系。监测关注正在发生的事，是对项目全程进行常规的、连续的、同步的、微观的评价。通过监测，可以获得关键性指标的连续信息，分析项目的资源（人、财、物）是否严格按照预期规划进行配置，项目是否按照原定的标准和程序执行，用于特定目标群体的资源是否真正落实到位，项目的预期目标是否实现等。由于信息反馈的周期短，项目管理者能通过监测迅速掌握项目执行过程中的细节信息，进而确保在项目执行中及时发现问题并进行分析，总结项目执行过程中的经验教训，调整项目设计或出台配套措施，进而促成预期目标的实现。

建立良好的指标体系（indicator system）是实施项目监测的核心。监测指标体系是由一系列具有针对性、可得性、可跟踪性及时效性的指标构成的。根据指标测量的对象以及用途，可以将监测指标分为投入指标、产出指标和结果指标。三类指标中，投入指标主要测量为了实现项目目标而进行的人、财、物的投入，主要用来分析项目的资源是否严格按照预期规划分配；产出指标主要测量通过项目投入所获得的直接福利，即项目投入对项目覆盖对象带来的直接变化，主要用来分析用于特定目标群体的资源是否落实到位；结果指标测量的是项目产出的获得、使用情况以及满意度等，即分析项目产出对目标群体带来的直接的或间接的影响，主要用来分析项目目标的达成情况。其中，前两类指标均属于中间指标，结果指标属于终期指标。中间指标测量的仅仅是项目或政策的干预情况以及这种干预带来的直接产出，仅与该项目或政策的实施相关，而终期指标与项目的目标息息相关，测量项目目标的达成情况。

以西发项目为例，西发项目的总目标是改善西部地区五省区的基础教育质量，提高贫困学生，尤其是少数民族学生与女童的入学率与完成率，使他们能够接受高质量的基础教育。围绕这一总目标，西发项目影响力评价研究按照投入、产出和结果的逻辑框架构建相关的监测指标体系（如图8.1所示）。

通过上述指标体系的建立，就可以比较精细化地监测项目活动，获取大量项目执行情况的数据，为系统、科学地评价项目效果奠定基础。

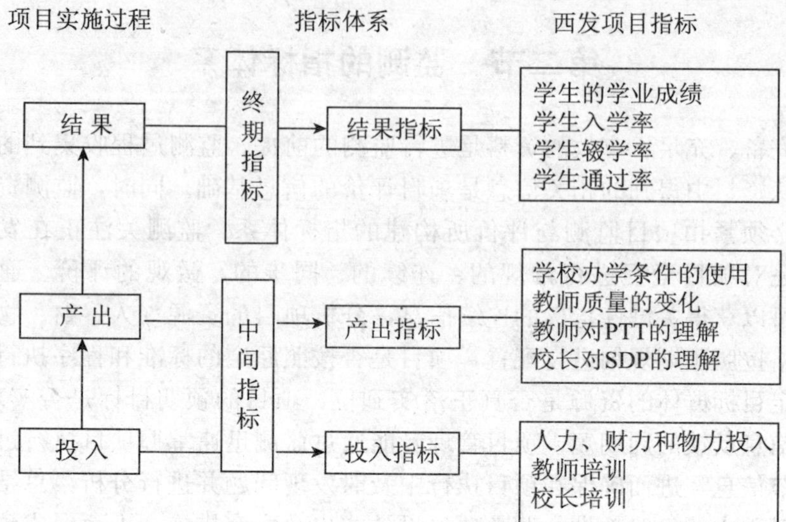

图 8.1　项目实施过程及监测与评价指标体系

第三节　监测资料的收集

监测资料的收集主要通过实地调研资料以及项目管理者现有的第二手资料来获得。接下来，我们将就这两种收集资料的方法进行具体介绍。

一、实地调研

通过实地调研采集资料是监测资料获取的重要途径。实地调研材料的收集一般来说是一项比较浩大的工程，需要耗费相当大的人力、物力和财力。即便如此，这个环节能够为项目监测与评价提供数据支持，是不可或缺的一个过程。实地调研材料的收集涉及以下两个方面。

第一，科学的抽样方法，确保所选择的样本具有较好的代表性。根据评价设计以及需要，样本的选择有所不同，主要可分为三类。（1）全面调查。即将特定时间、特定范围的所有样本都列入调查范围。（2）抽样调查。在任何抽样调查中，抽样技术的选择与应用是不可避免的。一般而言，样本抽取的方法分为简单随机抽样、分层随机抽样、多阶段抽样、整群抽样、系统抽样、非概率抽样等。在实际的操作中，应当根据项目评价设计和需要进行选择或结合使用。例如，西发项目影响力评价采用的是准实验设计，对实验组和对照组采用的是依概率比例系统抽样法。（3）个案调查。通过对一个或多个样本进行分析，从中收集各种信息，这是定性方法收集资料的重要途径。个案调查对于研究者的能力具有较高的要求。

第二，量化方法与质性方法的结合，确保能获得全面的监测资料。量化方法收集资料具有标准化的格式。研究者从整体的研究设计出发设计资料收集方法，主要通过问卷调查、访谈、观察等手段获得。每一个调查对象都采用统一格式记录信息，并可以将研究问题数量化，结论明确，更有说服力。量化方法的基本逻辑是调查样本对总体的代表性。量化方法收集资料的质量与抽样设计紧密相关，被认为是一种最常用的数据收集方式。同时，根据所选择的评价方法，资料收集方案有所差异。例如，西发项目影响力评价使用倍差法评价时所需定量数据往往需要针对实验组和对照组，在项目实施前、后收集资料。基于定量方法收集到的资料被称为定量资料。定量方法收集资料需要丰富的统计知识作理论支撑，可以在广泛的目标群体中进行，在量化分析中对影响力的规模和分布进行调整，进而使评价结果更具有说服力。其最大的不足在于，尽管能收集大量的数据，但收集、录入、统计、分析数据往往需要耗费很长的时间，这往往会影响监测中对于时效的要求；同时在这些环节中对于抽样技术、软件使用技术的要求往往较高。

定性方法主要包括观察法和访谈法等。采集资料的途径比较多元，主要有：知情者访谈（key informant interview），受访者在一系列的问题中根据个人知识和经历选择感兴趣的话题开放性地作答，访谈形式是质性的、半结构化的，利用开放式的问题，获得受访者的认识、态度、行为等相关信息；焦点小组讨论（focus group discussion），讨论在具有相似背景的参与者中进行，参与者可能是项目受益人或实施员工，主持人在事先准备好的访谈记录提纲中记录下受访者的评价以及行为；直接观察（direct observation），在项目现场对研究对象进行直接或间接的观察，通过感知或记录获取有关感性资料。定性方法收集资料重点在于与相关群体的深入接触，对项目实施有广泛、细致的了解。通过质性的、参与式调查的方法可以研究比较复杂和富有争议的问题，而且可以同时研究问题的原因和结果。但其成本较高，难以进行大样本调查，代表性和外推性较小。基于定性方法收集到的资料被称为定性资料。

两种资料收集方法各有所长，将两种方法结合起来，扬其所长，避其所短，可以起到相互补充和相互验证的作用，以保证研究结果的客观真实性。

二、二手资料

二手资料通常是相关部门或单位因为其他的目的已经收集好的资料，

资料是对原始调查信息处理后的内容。例如，统计年鉴、相关地区政府机构的报告、项目管理者的执行报告等。二手资料的收集相对比较容易、便捷，人力、财力、物力成本较小，并且有些资料并不是研究者实地调研能够获得的。相对于项目监测与评价所开展的实地调研，二手资料的不足之处在于，针对性、时效性、全面性和客观性都有待评估。因此，有必要对二手资料信息进行相关评定。同样，二手资料也可以划分为定性资料和定量资料。

三、数据管理

数据的管理同样非常重要，必须以数据库的形式对数据进行管理，以方便和保证研究人员对数据进行相关的统计分析。数据的管理涉及四个步骤。

第一，数据录入软件的选择。数据录入软件的选择对于数据质量的保证非常重要。随着数据管理水平的不断提升，产生了专门的数据录入软件。例如，西发项目监测与评价调查数据录入采用的是 CSPro 软件。CSPro 是由美国普查局开发、中国国家统计局计算中心进行汉化移植的。它可以让用户在单一的集成开发环境中创建、修改和运行数据录入、批量编辑以及交叉制表应用程序。它可按照每个观察单位（一个或多个调查问卷）来处理数据，其中每个观察单位可以由一个或多个数据记录组成。

第二，数据录入模板的建立。数据录入模板建立的关键在于编码。包括样本的编号、变量名的编写、变量的取值等方面。

第三，数据的录入。数据录入最重要的是培训数据录入人员，确保数据录入人员熟悉数据编码和软件以及相关要求。从保证数据录入质量的角度，双份录入校对以及录入数值范围设定等措施非常重要。在这里，不得不提到 EpiData 软件，它具有双份输入校对的功能，可以打印出双份独立录入后的不一致部分，数据管理者可以较为容易地进行修改，从而有效地减少录入错误的发生。

第四，数据的清洗。大规模的数据调查中，调查者填写的错误、数据录入者的错误等在所难免。数据的错误对于数据分析的准确性会产生很大的影响。因此，在数据管理中有必要对数据进行清洗。数据清洗主要是针对异常值、缺失值等进行处理，通过删除样本、替代数据等方式进行处理。

第九章 教育政策的评价

评价是对项目的设计、执行和结果进行客观、系统的分析。它的目的是要确定项目是否对项目的受益者带来了预期的效果，具体是如何产生这些效果的，实施的效率如何，以及项目的可持续性如何。本章首先简述教育政策评价的模式，然后重点介绍教育政策影响力评价，包括影响力评价的实验设计、方法技术。

第一节 教育政策评价的模式

国际组织构建了完备的监测与评价方法体系，其中包含很多方法，它们各有利弊，在实际操作时应根据需要进行选择。为达到正确、有效、全面地发现问题、分析问题和解决问题的目的，在选择时，可将多种方法有机地结合起来。本部分主要介绍四种较为常用的评价方法。

一、参与式评价

参与式评价方法（participatory evaluation methods）的内在逻辑是，通过相关人员在项目监测与评价中广泛参与，充分考虑群众的意见，与相关人员建立起良好的合作关系，促进相关者对项目的认同感和责任感，提高项目受益者自我决策和发展能力，最终实现项目的可持续发展。通常情况下，参与式评价的步骤为：首先进行利益相关者分析（stakeholder analysis），这是评价的起点，目的是了解项目所涉及群体的特征及其参与项目的情况，并确定哪些人应为分析对象，以及何时进行分析；接下来进行受益者评价（beneficiary assessment），召集项目受益者参与讨论，从受益者的角度获得反馈意见；最后是参与式评价，在确定的参与者范围以及获取受益者建议的基础上，召集不同层面利益相关者共同讨论，不管是采取头脑风暴法还是其他手段，快速确定困难，收集和分析资料，进而提出改进建议。

参与式评价方法是项目评价的重要方法。该方法强调相关群体，特别是项目直接干预对象参与其中，这样能确保获取资料的客观真实，真实反映项目实施的成败得失。其不足之处在于，群众意见往往存在分歧，统一意见需耗费大量时间；同时，由于进行的是集体评价，参与者可能从自身利益出发进行评价，提出的建议可能不够客观、公正。因此，参与式评价方法并不能代替专家的作用，它通常与其他评价方法结合使用。

二、逻辑框架法

逻辑框架法（the logical framework approach）是由美国国际发展署（U. S. Agency for International Development，USAID）在 20 世纪 60 年代后期用于项目规划而设计的一种方法。其前提假设是，当必要的外部条件得到满足时，项目活动的投入、产出、目标、目的之间有着必然的因果逻辑关系；同时，所有投入、产出、目标、目的都能通过一定的方法或手段进行度量。在使用该方法进行评价时，需要设计逻辑框架表。该表列出项目各个阶段的具体目标及其标准，实现目标的活动及其影响因素；在项目进行中，评价人员在逻辑框架表中填入各项活动和影响因素的实际情况，评价人员通过对比实际状况和规定状况，可以建立起早期预警系统（early warning system），及时发现问题，分析原因，并提出对策。

作为一种综合、系统的研究和分析问题的思维框架，逻辑框架法在项目立项决策、可行性研究、过程评价、结果评价中都普遍采用。它可以对关键因素和相关问题作出系统的、合乎逻辑的分析。但逻辑框架方法仍然存在着不足。首先，因为该方法是动态评价方法，项目在进展中所处的情景随时发生着变化，这对逻辑设计的合理性提出了很高的要求。其次，对逻辑框架指标设计的要求高，指标过少，不能充分考察，指标过多，收集数据成本较高，可操作性较差；另外，考虑到数据的可得性，一些非常好的绩效指标不得不放弃。最后，如果逻辑设计过于严格和死板，利用该方法进行监测和评价，可能会扼杀创新能力。

三、成本效益分析

成本效益分析主要是通过评价项目的成本和效益，确定项目是否有成本效益，可以说主要是用来评价效率问题。对于教育问题的成本效益分析比较权威的是亨利·列文的研究，集中反映在其与帕特里克·J. 麦克尤恩的合著《成本效益分析》（*Cost-effectiveness Analysis*）一书中。在这本书中，作者主要对比了四种成本分析方法：成本效益（cost-effectiveness）分析、成本收益（cost-benefit）分析、成本效用（cost-utility）分析及成本可行性（cost-feasibility）分析。① 此书除了介绍四类方法的使用之外，还列举了丰富的案例，这些案例均是采用这些成本分析方法研究教育问题的代表性研究。这四种方法各有利弊，在对政策或项目进行监测与评价的过程中使用最多的主要是成本效益分析和成本收益分析两种分析方法。前者主要是通过非货币形式来考察成本和结果，后者主要是将成本和结果货币化，然后进行成本效益分析。而成本效用分析与成本收益分析非常相似，不过成本效用分析除了可以测量数量，还可以测量质量。成本可行性分析则仅仅测量成本。在分析过程中，如果项目的成本超出了预算，则认为该项目是不可行的，也就没有进一步分析的必要了。表 9.1 是四类成本分析方法的对比。

表 9.1　成本分析方法的对比和总结

分析方法	分析的问题	成本的测量	结果的测量	优点	缺点
成本效益分析	哪个方案能够在给定效益的情况下使用最低的成本(或给定成本时效益最大)？	投入资源的货币价值	效益单元	①仅需要成本和效益数据，数据易得；②容易对效益进行标准化的评价；③在评价仅有单一目标或有少数几种目标的备择方案时非常有用。	①只能评价有相似目标的多个方案；②不能评价单一的方案是否有价值，只能在比较两个或多个方案时才能使用。
成本收益分析	①哪个方案能够在给定收益的情况下使用最低的成本(或给定成本时收益最大)？	投入资源的货币价值	收益的货币价值	①可以测量项目的纯收益，确定收益是否超过成本；	成本和收益必须用货币形式来表示，在通常情况下很难实现。

① Henry M. Levin & Patrick J. McEwan, *Cost-effectiveness Analysis*, Sage Publications, 2001, pp. 10-26.

续表

分析方法	分析的问题	成本的测量	结果的测量	优点	缺点
成本收益分析	②一个方案的收益是否大于成本？			②可以对不同领域的项目进行比较，如教育项目和健康、交通等项目的比较。	
成本效用分析	哪个方案能够在给定效用的情况下使用最低的成本（或给定成本时效用最大）？	投入资源的货币价值	效用单元	①可以将个人偏好整合到效用单元里；②可以把对效益的多重测量改用效用统一测量。	①有时很难保证对个人偏好测量的一致性和准确性；②不能评价单一的方案是否有价值，只能在比较两个或多个方案时才能使用。
成本可行性分析	一个项目是否可以在已有财政预算下实施？	投入资源的货币价值	无	可以在评价结果之前，提前剔除那些没有成本可行性的方案。	由于不测量结果，不能评价项目的总体价值。

资料来源：根据 Henry M. Levin，Patrick J. McEwan（2001），Mari Clark，Rolf Sartorius（2004）等研究汇总。

科学的成本分析有利于在项目实施过程中产生最大的效益，实现资源的合理有效配置，有助于在一定项目投入的情况下，获取最大的回报。鉴于成本收益分析和成本效益分析两种方法应用的广泛性，本部分主要介绍这两种成本分析方法。成本收益分析的理论基础是：在几种项目方案（包括不实施的方案）中进行选择时，必须采用产生最大纯收益（总收益减去总成本）的方案。在成本收益分析过程中，需要对一个项目的收益和成本进行估计，包括有形的、无形的，直接的、间接的。此外，还需要采取一定的途径把成本和收益转化为货币形式，这样就局限了成本收益分析的使用范围，因为在很多情况下，很难将成本和收益都转化为货币形式。在无法转换为货币形式的情况下，我们可以选用成本效益分析方法。进行成本效益分析时，数据比较容易获得，相对较容易实现，但它只能评价有相似目标的几个方案，只能在比较两个或多个方案时使用，不能用来评价单一的方案或者多重目标的几个方案。

整体来看，成本分析方法最大的好处在于其蕴涵了清晰的经济假设，采用科学的计量方法对项目的效率和效益进行评价，能够为改进资源配置有效性、资源回报率提供令人信服的依据。但是，运用这种方法的门槛较高，人力、财力和物力资源的数据必须可得，要求评价者具有较强的经济学知识和统计分析能力；同时，在解释结果时必须谨慎，尤其是在那些产出指标不可量化的情况下。

四、影响力评价

影响力评价（impact evaluation）一般在项目执行结束时或结束后进行，是就项目对个人或者机构的影响作出系统性的评价，项目的影响可以是消极的或者是积极的，可以是预期的或者是没有预期的。项目影响的指标都是可识别和可测量的，但是困难在于把这些结果与具体的项目活动联系起来，并用指标来说明项目产生的具体影响。其困难的根源在于许多影响结果的因素并非评价者能控制的。在这种情况下，把项目产生的影响与其他因素的影响结果区分开来并非易事，要区分这种结果需要影响力评价的专门技术，所得到的评价结果与其他非项目因素无关，进而能够反映该项目的效果。

影响力评价一般是大样本的，对项目参与者和未参与者间、参与前和参与后状况作对比评价。评价时需要综合使用快速评价、参与式评价方法以及正式调研所获得的信息和资料。影响力评价可以在很好地控制外部因素的情况下，通过对对照组和实验组的对比，很好地测量项目的产出及其影响，进一步比较替代性方案的有效性和可行性，回答利益相关者所关心的核心问题。所提供的结论将有助于优化资源配置，为将来项目的设计和管理提供更有说服力的经验教训。但是，影响力评价通常耗费大量的时间成本和财力成本，当决策者需要快速、及时的信息时，影响力评价的优势将大打折扣；同时，由于模型设计和分析的技术含量和复杂程度较高，增加了该方法推广的难度。①

---

① Independence Evaluation Group of World Bank. *Institutionalizing Impact Evaluation within the Framework of a Monitoring and Evaluation System*. http://www.worldbank.org/oed/ecd/，2009.

表 9.2 教育政策评价方法及其特点概览

评价方法	使用时间	作用及优点	不足之处
参与式评价	项目前、项目中及结束后	能调动相关人员参与项目的热情，便于共同发现问题，解决问题；参与者需要得到关注。	耗时；所得结论不够客观、公正，难以推广。
逻辑框架方法	项目中及结束后	验证项目设计的有效性，及时发现项目的问题以便于改进；简单，直观。	对逻辑假设正确性要求高。
成本效益分析	项目后	用于多投入、多产出评价，为改进资源配置、提高效率提供令人信服的依据。	耗时长，成本高，对评价和分析结果的技术要求较高。
影响力评价	项目后	通过对照组（准对照组）和实验组的比较，可对项目成功度以及可持续性作出评价，便于总结经验以及找到可替代性方案。	耗时长，成本高，技术含量和复杂程度较高。

表 9.2 所列四类评价方法模式中，影响力评价是应用最广泛、方法最复杂、实施起来最困难，但同时也是功能最强大的评价方法模式。评价结果的科学可靠性建立在严谨的实验设计、实事求是的数据、科学的数据分析方法基础之上。鉴于其方法和技术的复杂性，本书将花费一定的篇幅介绍影响力评价中最关键的技术：实验设计和技术方法。

第二节　影响力评价的实验设计

为了保证影响力评价结果的可靠性，在评价的过程中应当选择与实验组对应的对照组。对于对照组来说，最理想的状态是对照组与实验组之间除了是否接受项目干预这项因素存在差异以外，其他有可能对结果产生影响的因素完全相同。也就是说，除了是否实施项目之外，实验组和对照组的差异应该最小化。但是这种理想的状态往往是很难实现的，为了尽可能地保证实验组和对照组的可比性，我们要有严格的实验设计。国际上使用最多的两种实验设计是随机实验设计和准实验设计。

总体来说，实验设计可以分为随机实验设计和准实验设计。每一种设计又可细分为前后测实验组设计、单后测实验组对照组设计以及前后测实验组对照组设计等。在实验设计中，最完美的，也就是说能在最大程度上控制项目之外因素的设计是所罗门四组设计。① 表 9.3 中我们将从评价方法、研究设计、案例、成本和时间几个方面来对比随机实验设计和准实验设计，同时也单列出目前应用比较广泛的事后比较设计和能最大程度测量项目净影响的所罗门四组设计。

表 9.3　影响力评价的模式和研究设计

模式	评价方法	研究设计	案例	成本和时间
随机实验设计	项目实施前、后对比评价	①确定有资格参与项目的主体，在这些主体中随机分配实验组和对照组；②项目实施前后对实验组和对照组的调查研究。	墨西哥的PROGRESA项目评价	时间：一至五年，根据项目产生影响需要花费的时间确定；成本：五万至一百万美元不等，主要由项目的大小和复杂性决定。
准实验设计	项目组和对照组在项目干预前期、后期的对比	①在实施项目和未实施项目群体中随机抽取样本，确定实验组和对照组；②对实验组和对照组项目干预前期和后期的调查研究。	中国的西发项目影响力评价	花费的时间和成本与随机实验设计类似。
事后比较	项目组和非对等对照组的对比	收集关于项目受益群体的数据，对照组通常是不对等的，数据收集仅仅在项目实施之后进行，经常使用差异分析控制两组的差异。	孟加拉国小额贷款项目的影响力评价	成本：五万美元以上，一般情况下是上述两类模式的三分之一或二分之一。

① R. L. Solomon. An Extension of Control Group Design. *Psychological Bulletin*, Vol. 2, No. 46, 1949.

续表

模式	评价方法	研究设计	案例	成本和时间
所罗门四组设计	两个项目组和两个对照组	①确定有资格参与项目的主体并在这些主体中随机分配两个实验组和两个对照组；②对一个实验组和一个对照组进行前测；③实施项目干预；④对四个小组同时进行后测。⑤计算项目影响力。	美国的大学生管理技能开发项目多元方法的评价	花费的时间和成本高于以上三种模式，具体视项目不同而有所不同。

资料来源：根据 Clark，Sarforius & Bamberger（2004）等研究汇总。

表 9.3 中我们从评价方法、研究设计、案例及时间和成本四个方面对随机实验设计、准实验设计、事后比较和所罗门四组设计进行了对比。本部分我们将具体阐述四类研究设计。在论述时，我们主要以前一后测实验组对照组设计为例来叙述，前后测实验组设计、单后测实验组对照组设计可以视为前一后测实验组对照组设计的特殊形式。

一、随机实验设计

在随机实验设计中，首先要确认具有参与项目资格的群体。然后，在这个群体中完全随机地分配实验组和对照组，并对实验组和对照组在项目实施前后的相关情况进行调研。随机实验设计确保了在项目实施前，两个群体间所具有的可观测与不可观测变量或特征在统计意义上是同质的。正是因为其同质性，我们可以通过项目结束时两个群体在结果指标上的差异来考察项目的净效应。这种实验设计方法能够在最大程度上保证对照组与实验组的相似性，得出的研究结论更具可靠性，更具说服力。但是这种方法实施的前提是：影响力评价包含在一项重大项目或政策的工作内容之中，项目或政策的实施是在随机实验设计的基础上来进行的。此外，这种方法也是备受争议的，其实施难度较大，成本较高。此外，这种完全随机分配项目受益对象的做法涉及伦理和道德问题。对于政府和项目管理者来说，实验组和对照组群体是随机选择的，而不是按需分配的。但是，从伦理和道德层面上来说，对照组的个体被剥夺了享受项目的权利。因此，在日益注重民主、自由和法治的今天，这种实验设计方法应当谨慎使用。

随机实验设计有其非常显著的优势，在各大国际组织的影响力评价项目中，很多项目都采用了此类实验设计方法，如美国的住房津贴项目（emergency housing assistance program，EHAP）等。此处我们以涉及教育领域的 PROGRESA 项目作为案例，对 PROGRESA 项目的评价是一个非常成功的随机实验设计案例（Schultz，2003）。PROGRESA 是墨西哥政府 1997 年开始的一个项目，项目涉及营养、健康和教育三个方面，其中最大的一项是教育。这个项目的目的是在短时间内减轻贫困，长期通过人力资本累积缓解贫困。政府对项目的效果进行了非常严格的评价，这个项目因此受到了广泛的关注。项目建立了一个非常有价值的高质量的数据库系统，在项目伊始就开始收集数据（1997—1998 年）。负责该项目的政府部门确定了 506 个符合项目条件的社区，并收集了他们的时间序列的数据。然后，从这 506 个社区中随机抽取了 186 个社区作为对照组不参与该项目，不过这 186 个社区在两年后也参与到了项目中。在这两年中，政府共收集了四轮面板数据。这一研究设计能够充分保证影响力评价的质量，能够为项目的后续推广提供宝贵的经验。①

二、准实验设计

在准实验设计中，在实施和未实施项目的两个群体中分别随机抽取实验组和对照组，并对这两个群体进行项目实施前期和后期的调查研究。对于影响力的测量分为实验组与对照组之间的前后对比（以下简称“前后对比法”）以及实验组和对照组的配对比较（matched comparison between project and control group，以下简称“配对法”）。前后对比法的对照组与实验组是对同一群体项目实施前后的对比。配对法是最常用的准实验评价模型，通过选择一个没有参加项目的，且与实验组具有可比性的对照组，来对比实验前后实验组和对照组的变化情况，对照组的结果被假定为实验组在没有项目干预情况下的结果。

准实验设计操作相对简单，应用范围较广。但是它面临的最大的一个问题是在实验设计中所选择的实验组和对照组是否真的是同质的、类似的或者可以比较的。即使这两组在收入或其他可量化的特征上是可比的，我

① Orazio Attanasio，Costas Meghir & Ana Santiago. *Education Choices in Mexico，Using a Structural Model and a Randomized Experiment to Evaluate PROGRESA*. http://www.homepages.ucl.ac.uk/~uctpjrt/progresa_ll.pdf.，2005.

们也很难控制像动机之类的非认知因素的差异。国际上很多影响力评价项目均采用了准实验设计的方法，如1976年开始的萨尔瓦多房屋项目对工作雇佣和收入的影响力评价等。本书关于“西部地区基础教育发展”项目影响力评价采用的也是准实验设计。

三、事后比较

事后比较的研究设计通常是在项目开始实施以后或者项目完成以后进行调查和测量。这种研究设计往往是受研究时间、经费的限制而采用的方法。这种实验设计的对照组往往是不对等的，因此也令其对项目影响力的测量备受争议。但其所需经费较少，需要的时间周期较短，较易实施，成为影响力评价比较常用的研究设计之一。如果时间和经费允许，能够进行第二轮的数据收集的话，将会大大提高结果的解释力度。

四、所罗门四组设计

如前文所述，所罗门四组设计能够在最大程度上考察项目或政策实施的净影响。所罗门四组设计是理查德·L. 所罗门（Richard L. Solomon）于1949年提出的。他认为仅有实验组和对照组的研究设计是非常有局限性的，实验前测极有可能对后测产生影响，从而影响到实验效果。鉴于此，所罗门设计了这种非常严密的实验方法。这种实验设计由四个随机选择的群组组成：两个实验组和两个对照组。这四组样本均为随机选择产生。对于样本的测试也分为前测和后测。前测分别选择一组实验组和一组对照组，后测则在四个小组中同时进行。其实这种实验设计也是前边三类实验设计的综合。

具体的实验设计模式如表9.4所示。

表9.4　所罗门四组设计的模式

	前测	项目干预	后测
A组	参与	干预	参与
B组	参与	未干预	参与
C组	未参与	干预	参与
D组	未参与	未干预	参与

这种实验设计是一种非常理想的设计方法。它可以控制和测量前测的主要效果，可以控制前测与项目干预之间的交互作用。从表中我们可以看

出，A、B、C、D四个组中有一个组，即A组为实验组，另外三组均为对照组。通过A组和C组、B组和D组的对比，可以考察项目前测的影响。同时，通过A组和C组的对比，可以考察前测与项目干预的交互作用对实验产生的影响。而项目的“净影响”便可以用如下公式表示：

$$\text{Impact}(I)=[(A_2-A_1)-(B_2-B_1)]-PI-PI\times T \qquad (9\text{-}1)$$

在公式9-1里，A_2 指A组的后测成绩，A_1 指A组的前测成绩，B_2、B_1 分别指B组的后测成绩和前测成绩，PI 指的是前测对项目干预效果的影响，$PI\times T$ 指的是前测和项目干预对项目的交互作用，$(A_2-A_1)-(B_2-B_1)$ 其实就是传统的两组设计中考察项目影响的计算方法，但是如果项目的前测能够对被试产生影响，那么就不能简单地通过 $(A_2-A_1)-(B_2-B_1)$ 来测量项目的影响力了，可以通过上面的公式从中剔除前测的影响及前测和项目干预的交互作用来考察项目干预的效果。

通过以上分析可知，所罗门四组设计的优势表现在，研究者可以检查前测可能产生的效果，将事前测定的反作用效果分离出来，更加清晰地认识到实验干预的效果。与其他研究设计相比，对无关变量的控制比较完善。但这种研究设计的劣势也是显而易见的。由于需要选择四个群组，需要选择的被试较多，随机选择样本的可能性较小，实验设计非常复杂，需要的实验经费数额较大。因此，在目前的研究中这种研究设计使用较少。

我们通过戴维·纳兹米尔斯的一段描述可以更清晰地认识所罗门四组设计：

> 所罗门四组设计……包含了与经典设计（实验前—后对照组设计）相同的特征，再加上在项目开始之前不测量的比较组和实验组。这样，测量反馈的结果能够直接通过比较两个实验组和两个比较组而评价出来。两相比较结果就会显示X（项目）是否对不受项目前测步骤影响的组有独立影响。①

在这里，纳兹米尔斯所说的比较组和我们文章中所讲的对照组是相同意义的术语，是可以互换的。

以上主要介绍了四类影响力评价的研究设计。四类之间并不是对等的关系。随机实验设计和准实验设计是如今影响力评价中应用非常广泛的实验设计方法；事后比较是准实验设计的一种特殊情况；所罗门四组

① ［美］理查德·D. 宾厄姆、克莱尔·L. 菲尔宾格著，朱春奎、杨国庆等译：《项目与政策评估——方法与应用》，复旦大学出版社2008年版，第109页。

设计是随机实验设计的一类，是最完善、最严谨、最科学的一种实验设计方法。文中我们主要以前一后测实验组对照组设计为例来叙述，除了前一后测实验组对照组设计之外，在随机实验设计和准实验设计中都包括了前后测实验组设计、单后测实验组对照组设计。前后测实验组设计是仅包括实验组，而没有对照组的研究设计；单后测实验组对照组设计则是包括了实验组和对照组，但是没有进行前测的设计方式。这两种实验设计方法与前一后测实验组对照组设计相比，在剔除项目的净影响力时都有其局限性。

此外，也有学者提出项目实验设计中可以使用反身设计、补丁设计等实验设计方法。鉴于其复杂性，以及在教育政策研究中较小的使用范围，我们将不作详细论述。

第三节　影响力评价的技术方法

影响力评价是项目评价方法体系中一种重要的方法。标准的影响力评价基于比较的思想进行，使用项目非参与者的结果指标来估计项目参与者在未接受项目干预状况下的结果指标，对两组样本的结果指标进行比较，进而评价项目的影响效应。但是，项目非参与者的结果指标与参与者在未接受项目干预状况下的结果指标存在着系统上的差异，这种差异在估计影响效应时存在选择性偏差。

研究者基于不同的假设设计①了各类具体的技术手段，剥离非项目因素对结果指标产生的干扰，获得项目影响的净效应。西发项目便是采用影响力评价方法对项目进行评价。本部分主要介绍影响力评价的具体技术方法：首先，对项目影响力评价主要估计的效应参数进行概括性介绍；其次，对选择性偏差问题进行说明；再次，介绍几种常用的影响力评价具体技术手段；最后，指出进行影响力评价时需要注意的几点问题。

一、项目效应参数的定义

评价项目影响最根本的困难在于，同一观测主体不能在同一时间处于两种不同的项目干预状态下。换句话说，我们只能观察到项目干预群体的结果以及项目未干预群体的结果，不能观察到同一环境下项目干预

① 关于不同评价方法研究假设的综述可以参见 Heckman & Robbins（1985，1986），Heckman（1990），Heckman & Smith（1996）等人的相关文献。

群体在未接受项目干预时的结果。以西发项目为例，要评价 2006—2008 年西发项目对西部地区教育质量指标所产生的影响，我们选择学校平均成绩作为提高教育质量的结果指标（y），y_{i08}^{1} 表示第 i 个学校在参与西发项目状况下 2008 年末的学校平均语文成绩，y_{i08}^{0} 表示第 i 个学校在没有参与西发项目状况下 2008 年末的学校平均语文成绩。在 y_{i08}^{1} 和 y_{i08}^{0} 的数据均能获得的情况下，西发项目对目标人群产生的影响很容易测得，即 $\alpha_{i08}=y_{i08}^{1}-y_{i08}^{0}$。但在现实世界中，同时观测 y_{i08}^{1} 和 y_{i08}^{0} 是一种“反事实状态”(counterfactual)，① 这两类数据无法同时获得。因此，要评价项目的真实影响，必须利用影响力评价的技术方法。

事实上，在生物等自然学科中，针对无法同时收集同一观测主体在同一时间处于两种不同的项目干预状态下结果的问题，通过控制法可以很好地得到解决。例如，为评价一种全新培育手段的效果，选取 n 个种子样本，把它们随机分配到实验组和对照组，实验组样本接受全新的培育手段，对照组仍接受原有培育手段。在实验室条件下，可以通过严格控制，确保是否接受全新培育手段是两组样本所处环境存在的唯一差异。这样，对照组可以作为实验组在没有接受干预状况下的很好替代，两者效应之差就可以看成是新培育手段本身的效应。

但在教育政策项目中，一方面由于很难找到合适的对照组来作为实验组若处于不接受干预状态时的一个很好的替代，另一方面由于在社会项目中设定对照组的成本太高，因此实际处理时往往采用非实验数据进行项目的影响效应评估，选择一个对照组来作为参加者若处于不接受干预状态时的一个替代。在介绍影响力评价具体技术之前，我们首先对影响力评价所需估计的项目效应参数进行定义。不管采用哪种技术，影响力评价主要关注科学的估计四个常用的效应参数：平均项目影响效应（average treatment effect，ATE）、参加组平均项目影响效应（average effect of treatment on the treated，ATT）、非参加组平均项目影响效应（average effect of treatment on the none-treated，ATNT）以及局部平均项目影响效应（local average treatment effect，LATE）。根据比约克隆和莫菲特(Bjorklund & Moffitt，1987)、赫克曼（Heckman，1997）、赫克曼和维特拉西尔（Heckman & Vytlacil，2000）的相关文献，本书就这四个参数进

① 既然实验组已接受项目干预，那么没有进行干预只是一种假设，不可能存在于现实中。

行简单介绍。①

模型设定如下：

$$y_i^1=\beta+\alpha_i+\mu_i \quad (9\text{-}2)$$
$$y_i^0=\beta+\mu_i$$

在模型 9-2 中，β 是截距项，α_i 是项目对样本 i 产生的影响效应（treatment effect），μ_i 是结果指标 y_i 中不可观测部分。我们将 9-2 改写如下：

$$y_i=\beta+\alpha_i d_i+\mu_i \quad (9\text{-}3)$$

模型 9-3 的变量定义与模型 9-2 相同。其中，d_i 是工具变量，$d_i=1$ 表示该样本参与项目，$d_i=0$ 表示该样本没有参与项目。

决定样本 i 是否参与项目的因素很多，我们用 Z_i 表示决定样本 i 是否参与项目的可观测因素（例如，在学校援助项目中，学校的贫困生比重等因素），用 v 表示决定样本 i 是否参与项目的不可测因素（例如，在学校援助项目中，校长努力程度等因素）。模型假定，利用 Z_i 和 v 可以定义样本 i 是否参与项目的决策方程（design equation）：

$$d_i^*=g(Z_i,\ v_i)$$

其中
$$\begin{cases} d_i=1 & if \quad d_i^*\geqslant 0 \\ d_i=0 & if \quad d_i^*<0 \end{cases} \quad (9\text{-}4)$$

在 9-4 中，d_i^* 为一潜变量，$d_i^*>0$ 时，表示第 i 个人参加；反之，表示第 i 个人不参加。通常采用 logit 或者 probit 模型来拟合 9-4。

参加组平均项目影响效应表示项目对真正参加者的平均项目效应。例如，某一学校援助项目，那些参加项目的学校，因为项目的参加而导致结果指标的增加量即为参加组平均项目效应，该指标反映了项目对项目真实干预群体的平均影响效应。基于方程 9-2、9-3 以及 9-4，参加组平均项目效应可以表示为：$\alpha^{ATT}=E(\alpha_i \mid d_i=1)=E[\alpha_i \mid g(Z_i,v_i)\geqslant 0]$。

平均项目影响效应表示随机抽取一些人参加项目时的平均项目效应，其中不存在自选择过程。例如，某一学校援助项目，完全随机选择一些学

① 在实际研究中，项目干预对参加组平均项目影响效应通常是研究者最感兴趣的参数。因此，在下文对影响力评价技术的介绍中，主要以参加组平均项目影响效应的估计为例进行介绍。在实际研究中，根据各参数的不同特征，界定不同的参与群体，适当调整模型假设，即可估计得到项目平均影响效应、非参加组项目评价影响效应、局部平均项目效应等参数。当然，也有模型是专门针对某项参数的估计设计的，非连续回归设计（discontinuity regression design）就是针对局部平均项目效应进行的估计。

校参加（决定学校参加项目与否的因素完全随机），由于援助项目的参与，导致项目学校在结果指标上发生的变化即为平均项目效应，该指标反映了项目对整体产生的平均影响效应。基于方程 9-2、9-3 以及9-4，平均项目效应可以表示为：$\alpha^{ATE}=E(\alpha_i)$。

非参加组平均项目影响效应表示项目对对照组的平均项目效应。例如，某一学校援助项目，那些没有参加项目的学校，因为项目的开展而导致结果指标的变化量即为非参加组平均项目效应，该指标反映了项目对项目未干预群体的平均影响效应。基于方程 9-2、9-3 以及 9-4，非参加组平均项目效应可以表示为：$\alpha^{ATNT}=E(\alpha_i \mid d_i=0)=E[\alpha_i \mid g(Z_i, v_i)<0]$。

局部平均项目影响效应表示由于相关项目的开展而导致状态变化的那部分样本的平均项目效应。例如，某一学校援助项目，在项目中提供物资援助时不参加，但改为援助经费时选择参加的这部分样本产生的平均项目效应。该指标反映了因为项目具体实施措施对特定群体的平均影响效应。假设在 Z^* 的可测因素下，样本参加项目；而在 Z^{**} 的可测因素下，样本不参加项目，那么，基于方程 9-2、9-3 以及 9-4，非参加组平均项目效应可以表示为：$\alpha^{LATE}=E[\alpha_i \mid d_i(Z^*)=1, d_i(Z^{**})=0]$。

二、选择性偏差问题

在参与项目是完全随机过程的情况下，通过对照组的设定可以得到以上四个参数的一致估计，遗憾的是，在教育投资等公共项目中开展随机实验的难度大、成本高，这造成实验组与对照组之间存在本身特质的不同，导致 OLS 估计存在选择性偏差（selection bias）。具体来看，我们将方程 9-3 改写为：

$$\begin{aligned} y_i &= \beta+\alpha^{ATE}d_i+[\mu_i+d_i(\alpha_i-\alpha^{ATE})] \\ &= \beta+\alpha^{ATE}d_i+e_i \end{aligned} \tag{9-5}$$

其中 $e_i=\mu_i+d_i(\alpha_i-\alpha^{ATE})$

在非随机过程的情况下，由于 $\alpha^{ATE}=E(\alpha_i)\neq\alpha_i$，那么，$\mathrm{cov}(e_i, d_i)\neq 0$，不满足 OLS 的经典假设。$e_i$ 要么与决定样本参与项目的可测特征向量 Z 相关，要么与决定样本参与项目的可测特征向量 v 相关，因此，产生两类非随机选择问题：可测变量的非随机选择（non-random selection on the observables）与不可测变量的非随机选择（non-random selection on the unobservables）；同时，相关可能来自于非项目效应，即 u_i 与 d_i 相关，也可来自于项目效应的相关，即 u_i 与 α_i 相关。

当存在样本非随机选择的问题时，利用 OLS 方法不能估计得到真实的

α^{ATE}，具体如下：

$$E(\hat{\alpha}^{OLS})=E(\hat{y}\mid d_i=1)-E(\hat{y}\mid d_i=0)$$
$$=\alpha^{ATE}+E(\alpha_i-\alpha^{ATE}\mid d_i=1)+E(\mu_i\mid d_i=1)-E(\mu_i\mid d_i=0) \quad (9\text{-}6)$$

当不存在来自于非项目效应的相关，即 d_i 与 u_i 不相关时，OLS 估计得到参加组平均项目影响效应，即 $E(\hat{\alpha}^{OLS})=\alpha^{ATE}+E(\alpha_i-\alpha^{ATE}\mid d_i=1)=E(\alpha_i)=\alpha^{ATT}$；但是，当存在来自于非项目效应的相关，即 d_i 与 μ_i 相关时，OLS 估计不能得到任何有意义的结论。

在计量经济学手册（*Handbook of Econometrics*）第六卷①中，著名计量经济学家赫克曼与维特拉西尔就社会项目影响力效应评价的计量经济学方法进行了详细的综述。赫克曼与维特拉西尔指出，由于选择偏差存在的必然性，且选择偏差将对项目影响效应的估计产生较大的消极影响，如何解决选择偏差成为影响力评价的核心问题。

三、主要技术手段

早在 1951 年，费希尔（Fisher）就提出利用实验设计的方法来评价项目影响效应。即从总体中随机抽取两组样本，一组作为对照组，一组作为实验组，在实验组中实施项目干预，并与对照组进行比较。由于完全随机性，不存在选择偏误，用 OLS 就可以获得项目影响效应，但实验设计需要对随机产生的两组样本分别控制，因而成本很高，很难操作。此后，鲁宾和罗森鲍姆（Rubin & Rosenbaum，1973，1976，1979，2004）、赫克曼（1974，1976，1979，1985，1986，1989，1997，1999，2003）、莫菲特（1991）围绕选择偏差的解决，设计并发展了不同的方法，主要包括：倍差法、配对法、工具变量法、赫克曼选择修正法（Heckman selection method）、非连续设计法（discontinuity design，又称为前后法）。

随着计算机技术的发展，各种方法都可以通过计算机软件（STATA、SAS、SPSS 等软件针对每种方法都有专门设计的运行模块）较为便捷地实现。在实际研究中，每种方法各有所长，应当结合具体情况合理挑选。限于篇幅，本部分仅介绍倍差法、配对法和工具变量法这三种最主流方法。事实上，其他方法基本上都是从这三种方法演变而来的。

---

① James J. Heckman & Edward E. Leamer. *Handbook of Econometrics* (Volume 6B). North Holland，2007，pp. 70-72.

（一）倍差法

倍差法是影响力评价中应用最为广泛的数据分析技术。这种方法最早由赫克曼与霍茨（Hotz）（1989）① 提出。当数据为纵向数据或多截面数据时，在较为宽松的框架下，运用该方法可以得到项目影响效应的一致估计。其关键假设是：如果没有施加项目影响，实验组和对照组在结果变量上的变化应该是一样的。然后用两组随着时间在结果变量上的变化来评价项目的影响。② 在本部分，笔者将对倍差法的原理进行简介，并探讨倍差法在实际操作中面临的困难。

1. 原理简介

为简单说明，我们仅考虑两个时点数据的情况。每个样本在项目实施前和实施后分别进行观测。如图 9.1 所示，假设 k 为项目实施的时点，$t_0<k$ 和 $t_1>k$，分别表示项目实施前和项目实施后的两个观测时点。

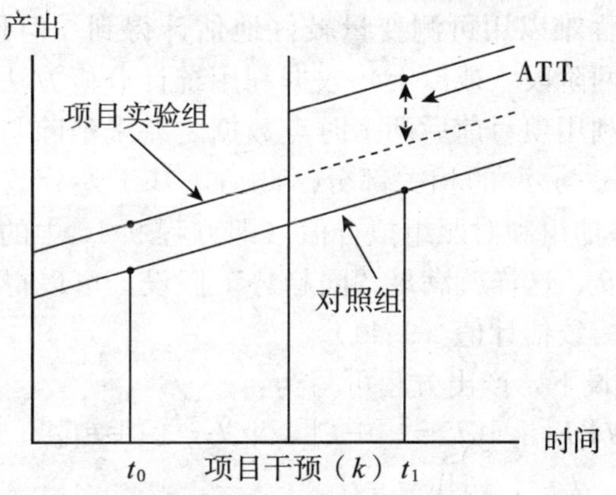

图 9.1　倍差法的基本原理

定义 d_{it} 为样本 i 在时点 t 是否接受项目干预的状态变量，以及 d_i 为样本是否为实验组的哑变量。

$$d_i=\begin{cases}1 & \text{如果} \quad t=1\\0 & \text{否则}\end{cases}$$

① James. J. Heckman, et al. Choosing Among Alternative Nonexperimental Methods for Estimating the Impact of Social Programs: The Case of Manpower Training, *Journal of American Statistics Association*, Vol. 84, No. 408, 1989.

② Stephen Machin & Anna Vignoles. *What's the Good of Education? —The Economics of Education in the UK*. Princeton University Press, 2005, pp. 197-201.

倍差法定义的产出方程如下：

$$y_{it}=\beta+\alpha_i d_{it}+\mu_{it} \tag{9-7}$$

倍差法的基本假设时，在产出方程 9-7 中，产出方程中不可观测的个人特殊因子 μ_{it} 被分解为三部分：

$$\mu_{it}=\phi_i+\theta_t+\varepsilon_{it} \tag{9-8}$$

其中，ϕ_i 表示只与自身相关、不随时间变化的部分；θ_t 表示只与时间相关、不随个体变化的共同趋势部分，可以理解为受外界环境因素变化的自然增长部分；ε_{it} 为相互独立的随机误差项；并假设 ϕ_i、θ_t、ε_{it} 三者均值为零，且相互独立。用公式表示如下：

$$E[\mu_{it}\mid d_i,t]=E[\phi_i\mid d_i]+E[\theta_t\mid t] \tag{9-9}$$

这样，$E[\mu_{it_1}-\mu_{it_0}\mid d_i=1]=E[\mu_{it_1}-\mu_{it_0}\mid d_i=0]=E[\mu_{it_1}-\mu_{it_0}]$

由于个人特殊因子 μ_{it} 与 d_i 相关，所以无法利用产出方程直接估计得到项目影响效应。与配对法最大的差别在于，倍差法认为，样本 i 是否参与项目的决策方程难以用可测变量较好地估计得到。但是，在“同趋势”的假设下，基于两阶段（或以上）数据利用统计分析方法可以较好地估计项目净效应，即利用项目前后两个时点数据之差来消除与时间无关的部分 ϕ_i，这就消除了 μ_{it} 与 d_i 的相关部分。此后，基于差分数据估计产出方程(9-7)，基于用参加组和对照组拟合值（即方程 9-10 中的期望）之差来消除共同趋势部分 θ_t，这样就满足“同趋势”假设，可以得到项目对实验组平均影响效应的一致估计值（9-11）。

在 DID 的假设下，产出方程可写为：

$$E[y_{it}\mid d_i,t]=\begin{cases}\beta+E[\alpha_i\mid d_i=1]+E[\phi_i\mid d_i=1]+E[\theta_t\mid t] & \text{如果}\\ \quad d_i=1 \ \text{且} \ t=t_1 & \\ \beta+E[\phi_i\mid d_i]+E[\theta_t\mid t] & \text{否则}\end{cases} \tag{9-10}$$

利用方程（9-10），我们可以通过连续两次差分估计得到项目平均影响效应：

$$\begin{aligned}\alpha^{ATT}&=E[\alpha_i\mid d_i=1]\\&=\{E[y_{it}\mid d_i=1,t=t_1]-E[y_{it}\mid d_i=1,t=t_0]\}-\\&\quad\{E[y_{it}\mid d_i=0,\ t=t_1]-E[y_{it}\mid d_i=0,\ t=t_0]\}\end{aligned} \tag{9-11}$$

2. 倍差法的困难

DID 方法的重要假设是实验组与对照组随时间有相同的变化趋势，即 θ_t。但当这一假设不成立的时候，利用 DID 方法并不能得到项目影响效应的一致估计。由于这些假设都具有不可观测的特征，我们通常很难或者说不可能对其进行验证。① 事实上，实验组与对照组随时间有不同的变化趋势往往难以避免，若研究假设完全不能得到满足，则估计得到的结果将完全错误。例如，在教育发展项目评价中，如果所选对照组与实验组来自不同的年龄段（比如，对照组来自小学一年级，参加组来自小学六年级），高年级学生在项目干预期内身心发展趋势明显快于低年级学生，那么，利用倍差法估计得到的项目影响效应将会高估真实状况，得到该教育项目影响效应的错误估计结果。

有助于解决这一问题的方法是获得更多时点的时间序列追踪数据（包括项目实施前和实施后），以便于分析是否存在不一致的变化趋势。就这一问题，著名学者迈耶（Meyer）展开了大量的研究，② 感兴趣的读者可以查阅相关文献。

（二）配对法

配对法在影响力评价中被广泛应用。为了获得实验组在不接受项目干预状况下的结果估计值，评价者选择可比的未接受干预的研究对象作为对照组，并使得对照组与实验组的情况尽可能保持一致，即非项目干预因素外的其他可能影响结果的因素在对照组与实验组之间保持均衡。在本部分，笔者将对配对法的原理进行简介，介绍配对法中常用的配对技术选择趋势得分法，并探讨配对法在实际操作中存在的困难。

1. 原理简介

由于难以控制所有的变量，因此，OLS 方法难以得到无偏的项目影响效应。另一种思路就是不用回归的方法，采用配对的方法。配对法的基本假设是，在决策方程 9-4 中，是否参与项目取决于可观测的变量（Z_i，例如年龄、性别、生活背景等），而非不可观测变量（v_i，例如个人动机等特殊因素）。因此，当利用科学方法对实验组与对照组进行配对后，只存在项目干预与否这一因素会造成两组结果指标的差异。

在这一基本假设下，配对法利用可观测的变量可以找出适当的对照组，两个研究组在各种变量的分布上基本一致，即将实验组的环境复制到对照组，并把对照组的产出结果作为实验组在未接受项目干预情况下的结

① David Albouy. *Program Evaluation and the Difference in Difference Estimator*, *Economics* 131. http://emlab.berkeley.edu/users/webfac/saez/e131_s04/diff.pdf，2004.

② Bruce D. Meyer. Natural and Quasi-Experiments in Economics，*Journal of Business and Economic Statistics*，Vol. 13，No. 2，1995.

果指标。配对法可以利用横截面数据与时间序列数据，在标准的计算公式中，除构造配对变量外，对变量的时间维度并不会深入考察。① 因此，我们在对配对法进行简介时，也只考虑横截面的情况。

在方程 9-2 中，我们假设非项目效应 μ_i 和项目效应 α_i 均可由可测变量向量 $\vec{X}$ 解释一部分，我们将 α_i 记为 $\alpha_i=[\alpha_i-\alpha(\vec{X}_i)]+\alpha(\vec{X}_i)$，将 μ_i 记为 $\mu_i=[\mu_i-\mu(\vec{X}_i)]+\mu(\vec{X}_i)$，这样，方程 9-2 可以改写为：

$$\begin{aligned} y_i^1&=\beta+\mu(\vec{X}_i)+\alpha(\vec{X}_i)+[(\mu_i-\mu(\vec{X}_i))+(\alpha_i-\alpha(\vec{X}_i))] \\ y_i^0&=\beta+\mu(\vec{X}_i)+(\mu_i-\mu(\vec{X}_i)) \end{aligned} \tag{9-12}$$

在方程中，$\mu(\vec{X}_i)$ 是对 y_i^0 的可预测部分，$\mu_i-\mu(\vec{X}_i)$ 是在控制可测的配对向量 $\vec{X}$ 后的残差部分；$\alpha(\vec{X}_i)$ 是项目干预对具有可测配对向量 $\vec{X}_i$ 的实验组的平均影响效应，α_i 是项目对第 i 个样本的特殊项目影响效应，α_i 与 $\alpha(\vec{X}_i)$ 的差异在于，α_i 考虑到了个体 i 的一些不可测因素可能造成项目影响效应的差异。

配对法的研究者作出条件独立假设（CIA），$(y_i^1,\ y_i^0)\perp d_i\mid X_i$ 即 $\mu_i\perp d_i\mid X_i$ 这样，一旦控制可测变量向量 $\vec{X}$，在具有相同的可测变量向量 $\vec{X}$ 下，若没有项目的干预，实验组与对照组样本的结果指标应该相同。这样，在具有相同的可测变量向量 $\vec{X}$ 下，我们就可以用 y_i^0 作为实验组的非实际状态的替代值，并估计得到相关参数。这就引出配对法评价的第一个假设：

$$E[\mu_i\mid d_i,\vec{X}_i]=E[\mu_i\mid \vec{X}_i] \tag{9-13}$$

配对法事实上是在构造实验数据。其结果的好坏取决于构造非实际状况（counterfactual）的质量。在进行研究时，我们需要确认每一个实验组样本都可以基于可测变量向量 $\vec{X}_i$ 找到与之相匹配的样本。这一假设得以满足的前提是，具有可测变量向量 $\vec{X}_i$ 的样本并不是完全接受项目干预，这就引出配对法的第二个假设：

$$0<P[d_i=1\mid \vec{X}_i]<1 \tag{9-14}$$

① Richard Blundell & Monica Costa Dias. Alternative Approaches to Evaluation in Empirical Microeconomics, *Journal of Human Resources*, Vol. 44, No. 3, 2009.

两个假设总结如下：

假设 1：在给定可测配对向量 $\vec{X}$ 的条件下，(Y^0，Y^1) 与 d 独立，即 (Y^1，Y^0)$\perp d \mid \vec{D}$。

假设 2：在给定可测配对向量 $\vec{X}$ 的条件下，样本参与项目的条件概率大于 0 小于 1，即$0<P[d_i=1 \mid \vec{X}_i]<1$。

在方程 9-13 和 9-14 这两个假设下，我们可以利用配对法估计参数。

$$\alpha^{ATT}(S)=E[y^1-y^0 \mid d=1,\vec{X}_i\in S]$$
$$=\frac{\int_S E[y^1-y^0 \mid d=1,\vec{X}]dF(\vec{X}_i \mid d=1)}{\int_S dF(\vec{X}_i \mid d=1)} \tag{9-15}$$

在 9-15 中，S 代表了实验组与对照组的可测变量向量 $\vec{X}_i$ 分布的子空间。F 是在条件 $d=1$ 下，X 的累积分布函数。那么，$\alpha^{ATT}(S)$ 是项目对空间 S 中具有特征 $\vec{X}_i$ 的样本产生的平均影响效应。

在实际估计中，9-15 式中 $\alpha^{ATT}(S)$ 可以写成如下形式：

$$\hat{\alpha}=\sum_{i\in T}\{y_i-\sum_{j\in C}\tilde{\omega}_{ij}y_j\}\omega_i \tag{9-16}$$

在 9-16 中，T 和 C 分别代表项目实验组与对照组集合；ω_i 是实验组人群的权重，一般选择简单权重，即 $\omega_i=\frac{1}{N_1}$（其中 N_1 为实验组样本数量）；$\tilde{\omega}_{ij}$ 为作为实验组样本 i 的对照组样本 j 的估计权重，且 $\sum_{j\in C}\tilde{\omega}_{ij}=1$，$\tilde{\omega}_{ij}$ 依赖于 $\vec{X}_i$ 与 $\vec{X}_j$ 之间的距离，目前常用的距离有趋势得分距离 (propensity score distance)、马氏距离（Mahalanobis distance）、欧氏距离 (Euclidean distance) 等。在估计 ATT 时，权重 $\tilde{\omega}_{ij}$ 的选择是最重要且最难解决的问题，只要选择了合适的权重 $\tilde{\omega}_{ij}$，即可估计得到 ATT 以及其他项目影响效应参数，不同的权重估计方法将产生不同的匹配方法。

要估计项目平均影响效应，需要更严格的假设，即

$$E[\mu_i \mid d_i,\vec{X}_i]=E[\mu_i \mid \vec{X}_i] \tag{9-17}$$
$$E[\alpha_i \mid d_i,\vec{X}_i]=E[\alpha_i \mid \vec{X}_i]$$

$$0<P[d_i=1 \mid \vec{X}_i]<1 \tag{9-18}$$

在假设 9-17 和 9-18 下，可以估计项目平均影响效应：

$$\alpha^{ATE}(S)=E[y^1-y^0 \mid \vec{X}\in S]$$
$$=\frac{\int_S E[y^1-y^0 \mid \vec{X}]dF(\vec{X})}{\int_S dF(\vec{X})} \tag{9-19}$$

2. 趋势得分匹配

在可测变量向量 $\vec{X}$ 具有很高的维度时，可能产生“维度灾难”（dimensionality disaster）问题。此时，很难在对照组中找到同时满足 $\vec{X}$ 向量所有维度取值都相同的情况，甚至即使近似的情况也很难得到满足，因此实施起来非常困难。针对于此，罗森鲍姆与鲁宾（1983）最早提出了趋势得分（propensity score matching）法。① 趋势得分法可以将众多需要匹配的指标综合成一个指标，起到降维的作用，使得配对更易操作，也使得影响力评价模型大为简化。罗森鲍姆与鲁宾利用严谨的数学推导证明利用趋势得分法进行匹配与直接利用可测向量 $\vec{X}$ 进行匹配是等价的。对于指标多、关系复杂的数据，趋势得分法具有较强的灵活性和可操作性，因此它在实际研究中得到了广泛应用。

趋势性得分 $P(X)=P[d_i \mid \vec{X}]$表示在给定可测向量 $\vec{X}$ 下，具有 $\vec{X}$ 特征的人接受项目的概率。事实上，基于决策方程 9-4，我们利用 logit 模型、probit 模型或者非线性概率模型可以较为容易地估计得到相应的趋势性得分。在一般配对法假设 9-13 和 9-14 下，趋势得分配对的假设等价于：

$$E[\mu_i \mid d_i,\vec{X}_i]=E[\mu_i \mid \vec{X}_i]\Rightarrow E[\mu_i \mid d_i,P(\vec{X}_i)]=E[\mu_i \mid P(\vec{X}_i)] \tag{9-20}$$

$$0<P[d_i=1 \mid \vec{X}_i]<1 \tag{9-21}$$

在该假设下，$E[y_i^0 \mid P(\vec{X}_i),d=0]=E[y_i^1 \mid P(\vec{X}_i),d=1]$，因此，就可以用 $E[y_i^0 \mid P(\vec{X}_i),d=0]$作为 $E[y_i^0 \mid P(\vec{X}_i),d=1]$的非实际状况（counterfactual），进而估计项目影响效应。在影响效应估计方程（9-15）中，权重 $\tilde{\omega}_{ij}$ 取决于趋势得分距离（propensity score distance），取决于第 i 个被研究对象的趋势得分 P_i 和对照组第 j 个被研究对象的倾向得分 P_j。

① Paul R. Rosenbaum, et al. The Central Role of the Propensity Score in Observational Studies for Causal Effects, *Biometrika*, Vol. 70, No. 3, 1983.

例如，利用核距离计算得到的 $\tilde{\omega}_{ij}=\frac{K(P_j-P_i)}{\sum_{j=1}^{N_{C,i}}K(P_j-P_i)}$，其中，$K$ 是某一对称密度函数（symmetric density function），当其参数取 0 时，K 取最大值。

在实际研究中，配对的方法远不止趋势得分匹配这一种，最近邻匹配（nearest nerighbor matching）、核匹配（kernel matching）、局部线性匹配（local linear matching）等等都是常用的一些匹配方法，在本书中不详细展开，感兴趣的读者可以参阅贝克尔和伊契诺（Becker & Ichino，2002）①以及勒文和夏内西（Leuven & Sianesi，2003）的文章。② 随着理论与技术的发展，各种技术并不是孤立使用，往往是有机地结合在一起。例如，将趋势得分法与最近邻匹配、核匹配、局部线性匹配等方法有机结合在一起，得到的结论会更加有效。

3. 配对法的困难

配对法在实施中存在的困难主要在于以下三点。第一，数据的可得性。在很多研究中，收集到所有同时影响 d_i 和（Y^1，Y^0）的可测变量的观察值是一件非常困难的事情。同时，研究往往需要较大规模的样本。第二，必须筛选出科学的配对指标。配对指标过多，会产生不完全配对（incomplete matching），而配对指标过少，会产生不精确配对（inexact matching）。第三，对研究者选择具体配对方法能力的要求很高。即能构建科学合理的决策隐函数方程以及选择合适的距离函数计算配对权重的要求很高。

如果配对成功率较低，即存在较多的实验组样本不能根据我们所选择的可测指标进行匹配（excluded），那么我们就很难通过配对法估计得到有效的项目影响效应参数。即使基于可配对的部分样本进行估计得到相关参数，我们也只能得到项目对这些可配对子样本的平均影响效应。

4. 配对法与倍差法的结合（MDID）

随着研究不断向前推进，近年来，大量研究者将配对法与其他计量方

---

① Sascha O. Becker, et al. Estimation of Average Treatment Effects Based on Propensity Scores, *The Stata Journal*, Vol. 2, No. 4, 2002.

② Edwin Leuven & Barbara Sianesi. *PSMATCH2: Stata Module to Perform Full Mahalanobis and Propensity Score Matching, Common Support Graphing, and Covariate Imbalance Testing*. http://ideas.repec.org/c/boc/bocode/s432001.html, 2003.

法有机结合，提出了新的评价思路，并通过严格的数学推导证明方法的结合能很大程度上提高估计项目影响效应参数的精确性。例如，德赫贾和沃赫拜（Dehejia & Wahba，1998，1999）提出了分层配对法，基本思想是解决具有嵌套结构的公共项目数据不满足传统模型假设的问题；戴蒙德和赛肯（Diamond & Sekhon）提出了基因配对法，将生物工程学中的研究工具引入社会项目评价中；赫克曼等人提出了配对倍差法（matching difference-in-difference method)，即在能够获得时间序列数据的情况下，通过将倍差法与配对法有机结合到一起，在一定程度上解决两种方法所存在的问题，进而得到更加有效的估计结果。①

接下来，我们重点介绍配对倍差法。将配对模型方程 9-12 中 μ_i 分解成固定效应 n_i、时间趋势 m_t 以及个人特质因素 o_{it} 三部分。MDID 得以进行的前提是我们至少能够获得样本个体在项目实施前和实施后的两期数据。我们同样假设两个时点（t_0，t_1），$t_0<k<t_1$，其中 k 为项目实施时点。模型设定如下：

$$y_i^1=\beta+\mu(\vec{X}_i)+\alpha(\vec{X}_i)+[(n_i+m_t+o_{it}-\mu(\vec{X}_i))+(\alpha_i-\alpha(\vec{X}_i))]$$
$$y_i^0=\beta+\mu(\vec{X}_i)+(n_i+m_t+o_{it}-\mu(\vec{X}_i)) \tag{9-22}$$

MDID 同样有以下三点假设。

假设 1：实验组与对照组有着共同趋势——即假设实验组在没有接受项目干预情况下，他们在产出指标上的变化状况与对照组相同，即趋势项 m_t 对于实验组与对照组都是相同的。

假设 2：在控制了可测变量向量 $\vec{X}$ 后，结果指标变化中的不可观测部分的变化量②与样本是否参与项目独立，即 $(\mu_{it_1}-\mu_{it_0})\perp d_{it_1}\mid\vec{X}_i$。

假设 3：在控制了可测变量向量 $\vec{X}$ 后，样本 i 在时间 t_1 参与项目的概率大于 0 小于 1，即$0<P[d_{it_1}=1\mid\vec{X}_i,t]<1$。

在假设 1-3 下，利用追踪面板数据，项目影响效应 MDID 的估计结果可以表示如下：

---

① James J. Heckman, Hidehiko Ichimura & Petra E. Todd. Matching as an Econometric Evaluation Estimator: Evidence from Evaluating a Job Training Programme. *The Review of Economic Studies*, Vol. 64, No. 4, 1997.

② 与单纯配对法最大的差异在于，配对法假设不可观测部分与是否参与项目独立，而 MDID 的假设是变化量与是否参与项目独立。

$$\hat{\alpha}^{MDID}=\sum_{i\in T_1}\{(y_{it_1}-\sum_{j\in T_0}\tilde{\omega}_{ijt_0}^{T}y_{it_0})-(\sum_{j\in C_1}\tilde{\omega}_{ijt_1}^{C}y_{it_1}-\sum_{j\in C_0}\tilde{\omega}_{ijt_0}^{C}y_{it_0})\}\omega_i \tag{9-23}$$

在方程 9-23 中，$\omega_i=\frac{1}{N_1}$，为简单权重；（T_0，T_1，C_0，C_1）分别表示实验组和对照组在项目开展前后的样本集合；$\tilde{\omega}_{ijt_0}^{T}$ 代表 t_0 时点，样本 i 与其在集合 T_0 中配对样本 j 之间的权重（权重计算公式可以采用核距离等）；$\tilde{\omega}_{ijt_1}^{C}$ 代表 t_1 时点，样本 i 与其在集合 C_1 中配对样本 j 之间的权重；$\tilde{\omega}_{ijt_0}^{C}$ 代表 t_0 时点，样本 i 与其在集合 C_0 中配对样本 j 之间的权重。

（三）工具变量法

1. 原理简介

工具变量法是解决项目影响力评价中选择性偏差问题的另一种方法。该方法仍是以方程 9-2、9-3 以及 9 4 为基本模型，认为结果指标能部分地由可观测变量向量 $\vec{X}$ 解释（即方程 9-12 中的可观测变量向量 $\vec{X}$）。换句话说，与配对法相似，工具变量法同样认为决策方程 9-4 中的变量包括产出方程 9-4 中的所有可观测变量向量 $\vec{X}$ 以及其他一些回归变量。但是，与配对法最大的不同在于，工具变量法并不认为一旦控制可测的、对样本参与项目与否存在影响的变量后，实验组与对照组的结果指标与是否参与项目指标（d）独立，即（Y^1，Y^0）$\perp d\mid\vec{X}$ 不成立。

工具变量法的假设如下。

假设 1：能够找到一些变量（用向量 $\vec{V}$ 表示），这些变量与样本是否参加项目有关，即 $P[d=1\mid\vec{V}]\neq P[d=1]$；

假设 2：这些变量（$\vec{V}$）与产出方程中的不可观测变量不相关，即 $E[\mu\mid\vec{V}]=E[\mu]$。

在这两个假设下，工具变量是造成样本非随机分配的外生性来源，工具变量（$\vec{V}$）的变化是造成参与决策变量 d 发生变化的唯一来源。通过建立概率模型，产出变量通过参与项目概率潜变量（例如趋势得分，记作 $P(\vec{V})=P[d=1\mid\vec{V}]$）：

$$\begin{aligned}E[y_i\mid\vec{V}]&=\beta+\alpha E[d_i\mid\vec{V}]+E[\mu_i\mid\vec{V}]\\&=\beta+\alpha P(\vec{V}_i)+E[\mu_i]\end{aligned} \tag{9-24}$$

$$=E[y_i \mid P(\vec{V}_i)]$$

基于两个假设，我们可以定义两组不同的向量 $\vec{V}^*$ 和 $\vec{V}^{**}$，两组不同的向量 $\vec{V}^*$ 和 $\vec{V}^{**}$ 造成参与项目概率潜变量发生变化：

$$E[y_i \mid \vec{V}_i=\vec{V}^*]-E[y_i \mid \vec{V}_i=\vec{V}^{**}]=\beta+\alpha[P(\vec{V}^*)-P(\vec{V}^{**})] \quad (9\text{-}25)$$

那么，工具变量估计得到的项目对实验组平均影响效应可以写作：

$$\alpha=\frac{E[y_i \mid \vec{V}_i=\vec{V}^*]-E[y_i \mid \vec{V}_i=\vec{V}^{**}]}{[P(\vec{V}^*)-P(\vec{V}^{**})]} \quad (9\text{-}26)$$

在 9-26 中，分子由 OLS 对产出方程估计得到，分母对决策方程估计建立概率模型得到。①

2. 工具变量法的困难

工具变量法最大的困难在于工具变量选择的有效性（Angrist & Kruger，1992）。事实上，影响工具变量质量的因素主要有两方面：第一，很难能够找到工具变量能完全满足假设 1 和假设 2；第二，所选择的工具变量并不能完全预测样本参与项目与否的概率。如果所选择的工具变量质量不高，估计的项目影响效应就难以准确。理论计量研究也表明，无效的工具变量可能会比 OLS 估计引起更大的偏误（Bound & Solon，1999；Neumark，1999）。

四、需要注意的问题

（一）数据的质量

数据是对项目实施影响力评价的基石。正如赫克曼（1999）② 指出的，在对项目影响力评价的过程中，如果忽视了数据本身，利用错误数据不可能得出项目效应值的准确结果。与实验室数据不同，教育项目所处的外部环境具有时间维度的动态性和空间维度的差异性，要收集到高质量的数据面临较大的困难。整体来看，项目影响力评价中存在的数据质量问题主要表现在以下三个方面：（1）对照组选择不当；（2）解释变量测量的

① 这里所介绍的事实上是最简单的非连续工具变量 Wald 估计。当工具变量为连续性变量时，估计难度加大。感兴趣的读者可以参阅赫克曼的相关文献。

② James J. Heckman, et al. Characterizing Selection Bias Using Experimental Data. *Econometrica*，Vol. 66，No. 5，1999.

口径不同，尤其是经费，哪些应当纳入，哪些不应当纳入；（3）污染偏差（contaminate bias），实验组中包含非参加者，或者对照组中包括参加者。

（二）方法的选择

从理论上而言，供我们选择的评价方法很多，但针对某一具体的项目，并不是每种方法都适合。一些评价方法常常会面临很多局限，真正可用的方法可能会很少。选择不恰当的方法会对评价结果造成很大误差。选择一个合适的方法通常需要考虑以下几点。

（1）项目特征。项目是某一地区范围的还是全国范围的，是局部小范围内的还是全局的。

（2）关注参数的差异。实际情况中我们关心的参数可能不同，ATE，TT，LATE 或 MTE 等，根据估计参数的不同所选择的方法也应有所变化。正如前文所提到的，如果要估计 LATE，最好采用专门针对它所设计的非连续回归分析。

（3）数据特性。单截面数据、交叉数据还是纵向数据，实验组和对照组数据是来自同一个地方还是两个完全不同的地方。数据特征的这些差异都会影响到方法的选择。总之，在实际研究中，必须在综合考虑以上三点的基础上选择合适的评价方法，进而在现有数据的条件下，估计出与项目净影响效应最接近的近似值。

（三）时效性悖论

在信息化的时代，人们对于信息时效性的要求越来越高。这就要求教育项目及其相应的评价部门必须在较短的时间内完成项目影响力评价，以便能将评价结果及时地汇报给相关决策部门，同时通过各种传媒手段将相关结果公布于众。但是，一方面，为保证评价结论的科学性和可靠性，需要进行尽可能严谨的项目影响力评价设计，整个评价过程可能需要几个月甚至数年的时间；另一方面，教育项目的干预结果往往存在滞后性，对于大多数教育项目来说，其成效甚至需要多年后才能完全体现，过早的评价可能会低估项目影响效应。例如，“两免一补”教育项目的重要目标之一是提高教育均衡程度，但是从项目本身而言，“两免一补”项目的实施需要不断进行调整，需要运行足够长的时间才能达到稳定与成熟。从提高教育均衡程度这一目标而言，教育质量提高后带来均衡程度的提高不可能在较短的时间内实现，要完全评价该项目的成效少则一两年，多则十余年。这无疑与信息时代对时效性的追求产生了冲突，导致项目影响力评价中时效性悖论的产生。

下编

教育投资效益的实证研究

第十章 西部农村中小学教育生产函数的实证研究

教育生产函数研究一直是国外教育经济学研究的重要内容，它对于各国教育政策的制定与学校管理的实践产生了重要的影响。本研究结合我国西部五省区农村中小学较大样本的调查数据，采用两水平线性模型，分析了不同层面投入对产出的影响。基于西部农村中小学资源配置与学生个体成绩关系模型的实证研究结果，建议重视人力资源配置，聘请具有任职资格的教师在农村学校任教，逐步缩小农村地区的贫富差距，重视家庭教育，提高物力资源的使用效率，提高公用经费在事业费中的比重。

第一节 问题的提出

从西方教育经济学发展的历程来看，第一阶段（20 世纪 60 年代初至 70 年代）与第二阶段（20 世纪 70 年代）的研究主要停留在教育的经济价值（人力资本理论）和劳动力市场选聘过程与内部结构上。由于 20 世纪 80 年代西方国家出现了“公共管理危机”，作为公共服务重要组成部分的公立学校教育成为人们关注的焦点。各国的教育改革普遍把矛头指向了缺乏效率和效益的科层公共教育体制，因而导致了公共教育重构运动。这场公共教育体制变革的动因来自于人们对教育的更平等、更普及、高质量和高标准的追求，来自于人们对公共教育发展的规模、速度、质量和效率的不满。教育经济研究者开始转向研究教育过程，借鉴经济学中的生产函数来研究教育生产函数。例如，利用教育生产函数来定量研究学生认知成绩与教育成本、教师工作投入、学校资源投入、学生社会经济背景等元素之间的关系，以便为教育资源的效用最大化提供管理学与教育学方面的建议，对学校教育教学及管理的微观过程给予实质性的指导。

最早的教育生产函数方面的研究要追溯到 1966 年美国的科尔曼报告（the Coleman report）。当时科尔曼是为了调查美国社会学校机会均等问题而进行的以公平性为目的的研究，但是这份报告利用了教育生产函数来探究学校投入与产出之间的关系，发现学校在决定学生学业成绩上没有起到重要作用，而是家庭及同伴关系是影响学生学业成绩的重要因素。这份报告的发现，使一些发达国家开始关注学校资源的使用问题。那么学校的资源配置到底是一个怎样的过程呢？是不是增加学校资源投入真的对学校产出没有影响呢？为回答这些问题，理论界开始研究学校的投入产出关系。可以说科尔曼的报告掀起了对学校资源和学校绩效关系的研究热潮，从而使教育生产函数研究也成为教育经济学重要的研究领域，西方的教育经济学者开始关注定量研究学生认知成绩与学校资源投入、学生社会经济背景等之间的关系。

20 世纪 80 年代以来最具影响力的研究首推哈努谢克（E. A. Hanushek，1989，1995，1997）对美国以及发展中国家教育生产函数研究成果的综述。哈努谢克在 1989 年对美国 1988 年之前的 187 项教育生产函数研究结果进行了统计分析，主要针对生师比、教师教育程度、教师工龄、教师工资、生均开支、管理、设备与学生学业成绩的关系。1995 年他又对发展中国家 96 项学校教育生产函数研究与美国相关研究结果进行了比较。1997 年他的研究对象范围更广，对已发表的 376 项教育生产函数研究成果进行了更为详尽的研究。他坚持认为在学校资源和学生学业成绩之间没有强有力的自始至终的联系。

然而，另外一些研究则认为学校经费与学生学业成绩有关系。20 世纪 90 年代中期，赫奇斯等人（L. V. Hedges，R. D. Laine & R. Greenwald，1994）使用元分析（meta-analysis）方法对哈努谢克所做的统计过程提出质疑，并重新分析。交叉研究的结果表明，生均费用每提高 10%，学生的学业成绩提高一个标准差的 2/3。其他一些学者也认为改进数据和统计方法，可以得出学校资源与产出有关系。比如，班级规模缩小、教师经验增加等都可以提高学生平均成绩（Ferguson，Ronald，1991）。蒙克（D. H. Monk，1991）的研究表明，学校投入在控制了家庭背景后对教育产出有非常大的影响。

威尔兹等人（E. Velz，E. Schieffelbein & J. Valenzuela，1993）对拉美国家所进行的研究表明，76.5%的研究证实获得课本和其他阅读材料对学校产出有显著正影响，41.2%的研究证实获得教辅资料对学校产出具有显著正影响，并且分别有 47.4%，45.6%和 40.3%的研究证实教育专业知识、教师受教育年限和教师教龄对学校产出具有显著正影响。

中国在教育生产函数方面的研究还非常少见。最具影响力的研究当属蒋鸣和 1993 年的研究成果（蒋鸣和，2000）。他采用 1990 年中国中、东、西9省区328个县的教育经费统计数据，对农村基础教育投入与学生成绩关系进行了实证研究。他的研究表明，校舍及设备条件与教育质量之间存在显著相关性。小学生均教育事业费和教育质量之间相关关系较弱，而初中学生的学业成绩和所有教育资源投入因素均有显著的相关性，特别是生均教育事业费相关程度很大。他采用的研究方法是积差相关分析，没有采用教育生产函数研究常用的回归分析方法。

邓业涛（2005）在其硕士学位论文《关于小学教师师资状况与教育质量关系的实证研究》中运用多元线性回归分析方法，对甘肃省4个县的小学师资状况与学校教育质量之间的关系进行了实证分析。结果表明，小学教师质量是影响教育质量的重要因素。实证研究未发现教师工资在影响学生成绩方面有正向的显著作用。薛海平（2007）在其博士学位论文《中国西部教育生产函数研究——甘肃农村初中学生成绩影响因素分析》中运用分层线性模型发现甘肃农村初中教师质量对学生成绩有很大影响。此外，他还发现拖欠教师工资对甘肃农村初中教育质量有较大的负影响。

总之，由于教育生产具有自身的独特性，如复杂的教师工作难以测量与监控，教育产出具有联结性、多样性与相互排斥性等特点，这些特点使之不能简单地适用于标准的生产函数和成本最小化的逻辑，对于教育生产过程的分析也将变得极其复杂，尤其是得出普遍性的结论更为困难。但是，在特定的背景下对教育投入与产出进行分析，还是会为政策制定者与学校管理者提供许多非常有意义的发现。

本章将以教育生产函数方法为基础，采用多层线性模型，以学校为调查单位，基于西部农村公立中小学校抽样调查数据进行学校教育投入与学生成绩产出关系研究。另外，本章将采用增量模型来克服传统回归模型难以解决的学校质量潜在的内生性问题，构建学生个体的学业成绩与教育投入的两水平线性模型。

第二节 研究方法

一、数据来源

本研究所采用的数据来自世界银行贷款/英国政府赠款“西部地区基

础教育发展”项目影响力评价课题的基线调查。①

在西发项目中，采用问卷调查法和标准化考试法来收集研究需要的数据。设计和使用的调查工具有：学校基本情况调查表、学生及家庭基本情况调查表、教师基本情况调查表。针对学生的语文和数学技能所进行的考试，测量工具是由相关的教学专家和教育与发展心理学专家共同编制的，并经过信度、效度检验，而后用于对小学六年级学生和初中三年级学生施测。测试时间是 2006 年 10 月下旬和 11 月上旬。

我们采用多阶段依概率比例系统抽样方法选取被试。② 第一阶段是从参与西发项目的五个省区所有项目县中以项目覆盖人口数为抽样辅助变量随机选择 15 个项目县；第二阶段是以这 15 个县中的项目乡镇为单位，从每个县中按照依概率比例系统抽样方法③抽取 3 个项目乡镇；第三阶段在被选取的每个项目乡镇中，依据各学校在校生数按比例随机抽取 4 所小学。考虑到西部农村乡镇中的初中学校数量较少，因而在抽取初中学校时，采用上述在第一阶段抽取的 15 个项目县为抽样单元，即在每个项目县中依据各初中学校在校生数按比例随机抽取 6 所初中学校。这样预计共产生 165 所小学和 90 所初中。最后，再以这些学校各自为单位，从中随机抽取小学六年级和初中三年级各一个班的学生作为被试。但是，实际抽取的各县小学数和初中数由于受西发校舍建设项目学校有限、学校地理位置偏僻等因素的影响而与计划抽取的数量略有不同。实际抽取 163 所小学和 90 所初中参与调查。根据抽样概率计算，参与调查的 163 所小学中的 5 997 名学生代表了五省区 112 个西发项目县的约 288 533 名小学生，90 所中学 4 544 名学生代表了五省区约 536 458 名初中学生。因此，本研究的外在效度较高。正式测试的监考人员为各县教师进修学校教师，而非本校人员，并由我们课题组成员对他们进行监考和数据采集培训，所以严格的质量监控也保证了研究的内在效度。

---

① 基线调查（baseline survey）是指项目/政策实施前的前测。2006 年 10 月下旬，西发项目影响力评价课题组进行调研时，西发项目已经开始实施。所以，严格意义上说，西发项目监测与评价调查并不能称为基线调查。在此，我们近似地将它看做基线调查。

② 西发项目影响力评价课题第一次正式调研的抽样方案是由此课题组英方咨询专家卢多维科·卡拉罗（Ludovico Carraro）和马诺斯·安东尼尼斯（Manos Antoninis）设计的。

③ 将项目乡镇的人口数作为确定乡镇这个单元入样概率的辅助变量，同时在选择乡镇时也考虑到需要保证一定比例的少数民族乡镇数量。

二、教育产出指标的选择

从教育产出的多样性、联结性与相互排斥性来看，教育生产函数的分析不能追求完备性，而应该根据具体的教育方案目标来设定教育产出指标。本研究根据教育部2001年颁布的《义务教育课程设置实验方案》，以义务教育阶段学生掌握读写算的基本技能、方法以及基础知识的程度作为学校教育产出指标，并分为学校层级的教育产出和学生个体的教育产出。具体测量工具是采用学科专家编制的数学、语文测验试卷。小学数学、语文试卷的Alpha内部一致性信度分别为0.797，0.794，信度水平较高。初中数学、语文试卷的Alpha内部一致性信度分别为0.800，0.553，数学试卷的信度水平较高，语文试卷的信度水平一般。产出测量指标参见表10.1。

表10.1　学校教育目标及教育产出测量指标

教育目标	学校层级的教育产出测量指标	学生个体的教育产出测量指标
掌握读、写、算基本技能	数学标准化测试平均成绩、语文标准化测试平均成绩	数学标准化测试成绩、语文标准化测试成绩

三、教育投入指标的选择

学校教育生产函数分析所使用的教育投入一般包括学校方面的投入、教师方面的投入、学生家庭以及学生个体方面的投入。至今对教育投入要素的选择仍缺乏理论指导，大多数教育生产函数研究中的教育投入要素选择都是基于前人实证研究的结果，或是根据政策的需要，也有的研究是凭直觉进行选择。有学者认为在缺少完美的理论演绎情况下，从归纳角度去选择投入要素数据进行分析也是适合的。本研究也是基于对前人研究归纳的方法选择纳入初始模型的投入变量。下面按照两个维度对投入指标进行归类：一是按照教育投入的不同层级进行分类，即分为学校、班级、学生个体及家庭层面的投入，这里投入要素包括数量与质量两方面；二是按照教育投入的属性划分，分为人力资源投入、物力资源投入和财力资源投入（参见表10.2）。

表 10.2　学校教育投入指标体系

	学校层面	班级层面	学生及家庭层面
人力资源投入	生师比、专任教师具有任职资格比例、专任教师具有大专以上学历的比例（中学）、专任教师具有中师及以上学历的比例（小学）、专任女教师比例、少数民族专任教师比例	班级规模、数学教师教龄、语文教师教龄、同伴影响	学生投入：学习努力程度、独立学习能力、平均每天完成数学、语文作业家庭时间
物力资源投入	生均学校占地面积、生均教室面积、生均校舍建筑面积、生均图书册数、（物理、化学、生物）实验室达到教育部规定的标准等级		家庭投入：SES
财力资源投入	生均教育经费、生均事业费、生均公用经费		

注：(1) 同伴影响的测量指标为同班同学父亲、母亲的平均受教育年限；(2) 学习努力程度的测量指标为学生平均每天课外阅读及做非老师布置数学习题的时间；(3) 独立学习能力的测量指标为学生是否能独立完成数学、语文作业，采用 4 分量表测量；(4) SES 是由家庭是否有彩电、电话、电动摩托车、水厕、自来水，以及父亲、母亲是否务农、母亲是否小学毕业、父亲是否初中毕业等形成的反映家庭社会经济状况的综合指标。

以上投入产出模型中投入指标的设计是基于已有研究或政策需要得到的比较理想的投入指标体系，还需要经过指标的区分度及与产出指标的相关性检验来筛选。① 一般选取区分度较高且与产出指标相关性显著的投入指标。如果指标的区分度很低，但是根据前人研究的结论，以及与产出指标的相关分析，此指标对产出有重要影响，则需要在投入产出模型之中保留此指标。

① 由于中学实验室达到教育部规定的标准等级与学校学生平均成绩的相关系数非常小，不具有统计意义上的显著性，而且这些指标的缺失数据较多，所以没有将这些指标纳入用于分析教育投入与产出关系的两水平模型中。

四、分析单位的选择

选择分析单位是教育生产函数计量中的一个非常重要的问题，也是一个相当困难的问题。选择分析的单位是一个国家、一个省、一个地区、一个学区，还是一所学校、一个班级或学生个体，主要与研究目标有关，也与研究工具的选择有关。例如，教育生产函数的早期研究主要集中在宏观层次，许多研究都是以学区或学校层面数据为分析单位，研究学区或学校资源配置与产出之间的关系。不过，由于这些研究在方法上存在着一定的缺陷，后来的研究越来越关注微观的数据。主要原因是这类方法往往忽视了学校内部的差异，隐含的假设是每个学生平均地接受学校资源，而实际情况则可能是班级之间的资源配置（如教师水平、班级规模等）存在着一定的差异。后来随着统计学中多层线性模型的发展与应用，教育生产函数研究中开始利用多层线件模型技术来研究教育投入与产出问题。多层线性模型可以同时处理学生个体、班级层面、学校层面或学区层面的数据，使得投入产出的分析更贴近教育现实，也能更全面地分析教育投入与产出的关系。本章采用多层线性模型，选择的分析单位也是多层面的，既有学校层面的数据，也有班级和个体层面的数据。

五、分析方法

本章采用的分析模型是两水平线性模型。假设模型中第一水平为学生，第二水平为学校。水平 1 的模型与传统的回归模型类似。所不同的是，回归方程的截距和斜率不再假设为一个常数，而是不同的学校回归方程的截距和斜率都不同，是一个随机变量。每所学校回归方程的截距和斜率都依赖于第二水平的变量（如学校的类型、管理方法等），这样就构成了一个两水平线性模型。

水平 1（学生）：$Y_{ij}=\beta_{0j}+\beta_{1j}X_{ij}+e_{ij}$ (10-1)

水平 2（学校）：$\beta_{0j}=\gamma_{00}+\gamma_{01}W_j+u_{0j}$ (10-2)

$\beta_{1j}=\gamma_{10}+\gamma_{11}W_j+u_{1j}$ (10-3)

合并的模型为：$Y_{ij}=\gamma_{00}+\gamma_{10}X_{ij}+\gamma_{01}W_j+\gamma_{11}X_{ij}W_j+u_{0j}+u_{1j}X_{ij}+e_{ij}$ (10-4)

其中 Y_{ij} 表示第 j 所学校第 i 个学生因变量的观测值（如学生成绩），X_{ij} 表示第 j 所学校第 i 个学生自变量的观测值（如学生的性别、家庭背景等），W_j 表示第 j 所学校的学校特征变量（如学校类型等）。对于第一水平模型，β_{0j}，β_{1j} 分别表示第 j 所学校回归直线的截距和斜率，e_{ij} 表示第 j 所

学校第 i 个学生的测量误差。对于第二水平模型，γ_{00}，γ_{01} 分别表示学校变量 W_j 对于截距 β_{0j} 的回归直线的截距和斜率，u_{0j} 表示由第 j 所学校的学校变量带来的截距上的误差。γ_{10}，γ_{11} 分别表示学校变量 W_j 对于斜率 β_{1j} 的回归直线的截距和斜率，u_{1j} 表示由第 j 所学校的学校变量带来的斜率上的误差。

对多水平线性模型进行参数估计时，一般从最简单的方差成分分析（variance component analysis，或称零模型）入手，即构建一个不包括任何自变量的两水平模型，以考察第一水平模型中的截距在第二水平不同单位间的方差是否显著。如果方差显著，则继续采用两水平线性模型进行分析，否则采用传统的普通最小二乘回归（OLS）分析。

零模型（null model）：

水平 1：$Y_{ij}=\beta_{oj}+e_{ij}$ (10-5)

水平 2：$\beta_{0j}=\gamma_{00}+u_{0j}$ (10-6)

令 $Var(e_{ij})=\sigma^2, Var(u_{0j})=\tau_{00}$

σ^2 代表组内（水平 1）的随机变异，τ_{00} 代表组间（水平 2）的随机变异。

在方差成分分析中，用跨级相关系数（intra-class correlation coefficient）ρ 表示因变量在第二水平的变异占因变量总变异的比例，取值在 0 到 1 之间，ρ 值越大，说明第二水平变异占总变异的比例越大。

$$\rho=\frac{\tau_{00}}{\tau_{00}+\sigma^2} \tag{10-7}$$

如果经检验，拒绝 H_0：$\tau_{00}=0$，即第二水平方差显著存在，则适合采用两水平线性模型继续分析。在第二水平模型中需要加入学校特征的变量。若两水平模型既包含了第一水平的预测变量，也包含了第二水平的预测变量，就形成了完整两水平模型，这样就可以通过理论建构来说明或解释 Y 的总体变异是怎样受第一水平和第二水平的因素影响的。

完整两水平线性模型：

水平 1：$Y_{ij}=\beta_{oj}+\beta_{1j}X_{ij}+e_{ij}$ (10-8)

水平 2：$\beta_{0j}=\gamma_{00}+\gamma_{01}W_j+u_{0j}$ (10-9)

$\beta_{1j}=\gamma_{10}+\gamma_{11}W_j+u_{1j}$ (10-10)

利用传统回归模型研究教育生产问题最难以克服的困难是学校质量潜在的内生性。目前解决内生性问题的方法有两种。一是采用增值模型（value-added model）。增值模型考虑学生的初始能力与家庭社会经济背景、学校的社会经济结构（如享受免费午餐的学生比例）、学生的性别结构与种族结构等因素，将这些因素作为模型中的解释变量。二是寻找工具变量（instrument variables）。工具变量是不直接影响学生学习结果但对学生获得资源产生影响的变量。比如，人口出生率和对班级规模的限制条例会影响学校的班级规模，而班级规模的大小对学生学业成绩有一定的影响。这种变量实质是一种影响产出的间接变量。采用结构方程模型可以很好地区分各解释变量对产出变量的直接效应与间接效应。本章采用的是增值模型方法，即在两水平线性模型中加入一个测量学生学习基础的变量作为解释变量，以解决质量内生性问题。

第三节 研究结果

一、被试基本信息及学生标准化测试平均成绩和标准差

我们抽样的小学六年级学生分布在西部五省区的 163 所小学。参加数学和语文测试的学生为 5 997 人，其中男生有效记录为 3 030 条（占有效记录的 52.10%），女生有效记录为 2 783 条（占有效记录的 47.90%），缺失记录为 184 条，有效记录占总样本的 96.90%（见表 10.3）。

表 10.3 小学六年级学生数学和语文标准化测试平均成绩及标准差

	有效样本量	数学平均成绩/标准差	语文平均成绩/标准差
总样本	5 813	71.584/17.793	58.284/19.688
男生	3 030	72.155/17.650	57.180/19.615
女生	2 783	71.267/17.863	59.899/19.563

由表 10.3 可知，所有标准化测试学生的数学平均成绩是 71.584 分，标准差是 17.793 分；语文平均成绩是 58.284 分，标准差是 19.688 分。相对数学成绩来看，小学六年级学生的语文成绩比较低，平均成绩只接近 60 分。这可能是语文试卷的难度高于数学试卷造成的，但是也不能排除学生阅读理解能力和语言运用能力较低的因素。而且，语文成绩分布的离散程度高于数学成绩，高出 1.895 分。对比男女生成绩，可以发现男生数学成绩稍好于女生（t 检验的 $p=0.057>0.05$），但是语文成绩情况则相反，女生语文成绩高出男生平均成绩 2.719 分，而且具有统计意义上的极其显著性差异（$p=0.000<0.01$）。

我们抽样的初中三年级学生分布在西部五省区的 90 所中学，总样本为 4 544 条记录，其中男生有效记录为 2 301 条（占有效记录的 52.00%），女

生有效记录为 2 125 条（占有效记录的 48.00%），缺失记录为 118 条，有效记录占总样本的 97.40%（见表 10.4）。

表 10.4　初中三年级学生数学和语文标准化测试平均成绩及标准差

	有效样本量	数学平均成绩/标准差	语文平均成绩/标准差
总样本	4 426	76.432/16.935	51.279/15.122
男生	2 301	77.710/16.920	49.716/15.165
女生	2 125	75.518/16.645	53.274/14.772

由表 10.4 可知，所有标准化测试学生的数学平均成绩是 76.432 分，标准差是 16.935；语文平均成绩是 51.279 分，标准差是 15.122 分。相对数学成绩来看，初中三年级学生的语文成绩比较低，平均成绩没有达到 60 分。这可能是由于此次统考语文试卷的难度高于数学试卷，但也很可能是学生阅读理解能力低的反映。语文成绩分布的离散程度与数学成绩几乎没有差异。

对比男女生成绩，可以发现男生数学成绩极其显著高于女生（t 检验的 $p=0.000<0.01$），平均高出 2.192 分。与小学六年级学生情况相同，语文成绩情况则相反，女生语文成绩极其显著高于男生平均成绩（$p=0.000<0.01$），高出 3.559 分。学生数学与语文成绩在不同性别上的显著性差异，反映出男生和女生在数学逻辑思维能力和语言理解能力上的各自优势。因此，在中小学数学和语文教学中既要因势利导，也要针对男女生认知和思维上的弱势，采取有效教学策略帮助他们弥补缺陷，提升数学和语文技能。

二、两水平线性模型

我们基于学校层级（班级层面的变量归入学校层级）和学生个体层级的两水平线性模型来分析各类投入变量对产出的影响，即构建学校资源配置与学生个体成绩关系模型，分小学模型与初中模型两类。两水平线性模型涉及的学校层面的人力、物力、财力投入变量以及学生及家庭层面的投入变量参见表 10.2。学生水平的控制变量有学生性别、民族以及上学期期末数学、语文成绩（标准分）。学校水平的控制变量是学校平均社会经济状况指标和学校类型。

由于两水平线性模型分析不允许第二水平存在缺失值，因而我们删去了第二水平存在缺失值的学校记录和相应的学生记录。小学模型中最后参与分析的学校样本量为 112 所，初中模型中最后参与分析的学校样本量为

76所。

完整两水平线性模型的第一水平学生预测变量有性别、上学期期末数学考试成绩（数学成绩模型）、上学期期末语文考试成绩（语文成绩模型）、独立学习能力以及学生家庭社会经济状况等变量。为了解释上的方便，将所有预测变量进行依组均值中心化变换。第二水平变量为表10.2给出的学校人力、物力、财力资源投入变量以及学校学生家庭平均社会经济状况和学校类型指标（小学学校类型分为三类：村完小、乡镇中心小学、九年一贯制学校，模型中纳入两个虚拟变量，即是否乡镇中心小学、是否九年一贯制学校；初中学校类型分为两类：纯初中学校，非纯初中校）。因为篇幅所限，下面仅呈现小学资源配置与学生个体数学、语文成绩关系的完整两水平线性模型。

根据初始模型结果，我们删去了对各随机系数影响不显著的第二水平预测变量，但是保留了对第一水平截距影响虽不显著但回归系数绝对值较大的变量：专任女教师比例、生均教室面积和是否为乡镇中心小学，以及是否为九年一贯制学校。而且根据随机系数模型随机效应部分参数估计结果，学生家庭社会经济状况对学生数学成绩影响程度在不同学校之间不存在显著性差异，因而其回归系数应设为非随机系数。最终完整两水平线性数学成绩模型为：

Level－1 Model

Y＝B0＋B1・A5＋B2・ZSES＋B3・ZMATHPRE＋B4・GENDER＋R (10-11)

Level－2 Model (10-12)

B0 ＝ G00 ＋ G01 ・ FATHERME ＋ G02 ・ MOTHERME ＋ G03 ・ CLASSROO＋G04・WOMENTEA＋G05・NATIONAL＋G06・EDUEXPPE＋G07・EDUCOMEX＋G08・SCHZSES＋G09・TYPE1＋U0

B1＝G10＋G11・CLASSROO＋G12・STUTEARA＋G13・EDUEXPTO＋U1

B2＝G20

B3＝G30＋G31・MOTHERME＋G32・TYPE1＋G33・TYPE2＋U3

B4＝G40＋G41・TYPE1＋U4

与上述数学成绩模型分析过程类似，可以得到完整两水平语文成绩模型为：

Level－1 Model

Y＝B0＋B1·A6＋B2·ZSES＋B3·ZLANGPRE＋B4·MINORITY＋R (10-13)

Level－2 Model (10-14)

B0 ＝ G00 ＋ G01 · FATHERME ＋ G02 · MOTHERME ＋ G03 · CLASSROO＋G04·WOMENTEA＋G05·NATIONAL＋G06·BOOKSPER＋G07·EDUEXPPE＋G08·EDUCOMEX＋G09·SCHZSES＋G010·TYPE1＋U0

B1＝G10

B2＝G20

B3 ＝ G30 ＋ G31 · MOTHERME ＋ G32 · WOMENTEA ＋ G33 · NATIONAL＋U3

B4＝G40＋G41·TYPE1＋U4

注：以上方程中各变量含义分别是：A5 为独立学习能力，ZSES 为学生家庭社会经济状况，ZMATHPRE 为上学期期末数学考试成绩，ZLANGPRE 为上学期期末语文考试成绩，GENDER 为性别，MINORITY 为民族，FATHERME 为父亲平均受教育年限，MOTHERME 为母亲平均受教育年限，WOMENTEA 为专任女教师比例，NATIONAL 为少数民族专任教师比例，STUTEARA 为生师比，CLASSROO 为生均教室面积，BOOKSPE 为生均图书册数，EDUEXPPE 为生均事业费，EDUCOMEX 为生均公用经费，EDUEXPTO 为生均教育经费，TYPE1 为是否乡镇中心小学，TYPE2 为是否九年一贯制学校，SCHZSES 为学校学生家庭平均社会经济状况。

经模型拟合度检验，完整两水平线性数学成绩模型和语文成绩模型拟合度均显著高于随机系数模型（卡方检验的 $p=0.000<0.05$），这两个成绩模型均显著有效。

由表 10.5 可知，生均教室面积、生均事业费、生均公用经费、学校学生平均社会经济状况、是否为乡镇中心小学对于第一水平截距没有显著影响，即对学校学生数学标准化测试平均成绩没有显著影响，而少数民族专任教师比例、专任女教师比例、父亲平均受教育年限、母亲平均受教育年限对于学校学生数学平均成绩有显著影响（在 0.05 显著性水平下）。值得注意的是，在控制其他第二水平预测变量不变的情况下，少数民族专任教师比例每上升 1%，学校学生数学平均成绩将下降 6.60 分；相反，专任女教师比例每上升 1%，学校学生数学平均成绩将增加 10.01 分；父亲平均受教育年限对学生数学平均成绩有显著正影响，每增加一年受教育年限，学生数学平均成绩将增加 2.71 分；而母亲平均受教育年限情况正好相反，学生数学平均成绩将下降 2.38 分；生均公用经费每增加 1 000 元，学生数学平均成绩将上升 3.03 分；而生均事业费情况则相反，每增加 1 000 元投入，学生数学平均成绩将下降 2.00 分；① 学校平均社会经济状况对学生数学平均成绩也有很大程度的负影响，平均社会经济状况每增加一个标准分，学生数学平均成绩下降 3.84 分；生均教室面积对数学平均成绩具有一定程度的负影响，生均教室面积每增加 1 平方米，学生平均成绩将下降 0.42 分。学校类型变量对学生数学平均成绩具有一定程度的正影响。平均而言，乡镇中心小学学生数学平均成绩比村完小和九年一贯制学校高出 2.70 分。家庭社会经济状况（SES）对学生数学成绩影响极其显著，学生家庭社会经济状况越好，其数学成绩也越高。在控制其他第一水平预测变量不变的情况下，每增加一个 SES 标准分，其成绩将增加 0.89 分。

表 10.5　完整两水平数学成绩模型参数估计结果（固定效应）

固定效应	系数	标准误	T 统计量	自由度	p 值
For INTRCPT1，B0					
INTRCPT2，G00	72.65	0.990	73.365	102	0.000
FATHERME，G01	2.71	0.996	2.726	102	0.008
MOTHERME，G02	−2.38	0.931	−2.562	102	0.012
CLASSROO，G03	−0.42	0.392	−1.074	102	0.286

① 这一结果与研究假设相反。根据我们推测，生均教育事业费与学生学业成绩不完全是线性关系，很可能是先升后降再逐步缓慢上升的反 S 型曲线。我们将生均事业费在 500～1 000 元和 1 000～2 500 元两阶段（我们调查样本的生均事业费 95%的置信区间是［0.571，1.27］，均值为 0.920 千元，因此我们以 1 000 元作为分段点）对学生数学、语文成绩进行简单回归，发现由 500～1 000 元阶段的样本得到的数学、语文成绩回归模型分别是 mathmean＝70.095＋1.296eduexpe，langmean＝53.111＋5.947eduexpe，而且前一个方程回归系数在 0.05 水平上显著；而由 1 000～2 500 元阶段的样本得到的数学、语文成绩回归模型分别是 mathmean＝78.473－4.401eduexpe，langmean＝66.547－6.443eduexpe，且两个方程回归系数均不具有统计意义上的显著性。所以出现上述结果与我们没有对样本依据教育事业费数据进行分段划分采用两个线性模型有关。尽管生均事业费高于千元的学校成绩模型出现负回归系数，但是数学、语文成绩总体均值还是显著高于生均事业费低于千元的学校，说明高投入的学校教育产出还是明显好于低投入的学校。只是对这两类学校再增加投入的效应不同，对于生均事业费低于千元的学校增加投入会带来正的产出效应，而对于生均事业费高于千元的学校再增加投入会带来负的产出效应。

续表

固定效应	系数	标准误	T 统计量	自由度	p 值
WOMENTEA，G04	10.01	4.367	2.293	102	0.024
NATIONAL，G05	−6.60	2.391	−2.758	102	0.007
EDUEXPPE，G06	−2.00	1.738	−1.151	102	0.253
EDUCOMEX，G07	3.03	2.441	1.242	102	0.218
SCHZSES，G08	−3.84	2.582	−1.488	102	0.14
TYPE1，G09	2.70	2.114	1.276	102	0.205
For A5 slope，B1					
INTRCPT2，G10	−0.88	0.347	−2.537	108	0.013
CLASSROO，G11	0.47	0.159	2.972	108	0.004
STUTEARA，G12	0.11	0.029	3.690	108	0.001
EDUEXPTO，G13	0.27	0.095	2.863	108	0.006
For ZSES slope，B2					
INTRCPT2，G20	0.89	0.268	3.298	3418	0.001
For ZMATHPRE slope，B3					
INTRCPT2，G30	6.76	0.447	15.116	108	0.000
MOTHERME，G31	0.84	0.330	2.533	108	0.013
TYPE1，G32	−2.28	1.041	−2.191	108	0.030
TYPE2，G33	−1.97	0.996	−1.977	108	0.050
For GENDER slope，B4					
INTRCPT2，G40	0.89	0.462	1.917	110	0.057
TYPE1，G41	−3.59	1.015	−3.538	110	0.001

由表10.6可知，父亲平均受教育年限、生均教室面积、专任女教师比例、学校学生家庭平均社会经济状况、生均事业费、生均公用经费以及是否为乡镇中心小学对学校学生语文平均成绩没有显著性影响；母亲平均受教育年限、少数民族专任教师比例、生均图书册数对于学校学生语文平均成绩有显著性影响（在0.10水平下）。与数学成绩模型类似，在控制其他第二水平预测变量不变的情况下，少数民族专任教师比例、母亲平均受教

育年限对学生语文平均成绩具有较大程度的负影响，而专任女教师比例、父亲平均受教育年限对学生语文成绩产生正向影响。生均公用经费、生均事业费、学生家庭平均社会经济状况对语文成绩的影响与对数学成绩的影响完全相似。生均图书册数对语文平均成绩具有显著正影响，生均图书每增加 1 册，学生平均成绩将增加 0.36 分；生均教室面积对学生语文平均成绩影响程度很小，每增加 1 平方米教室面积，学生语文平均成绩上升 0.08 分。学校类型变量 1 对学生语文平均成绩具有一定程度的正影响。平均而言，乡镇中心小学学生语文平均成绩比村完小和九年一贯制学校高出 3.54 分。学生家庭社会经济状况对学生语文统考成绩影响极其显著，学生家庭社会经济状况越好，其语文统考成绩也越高。在控制其他第一水平预测变量不变的情况下，每增加一个 SES 标准分，其成绩将增加 1.41 分。

表 10.6　完整两水平语文成绩模型参数估计结果（固定效应）

固定效应	系数	标准误	T 统计量	自由度	p 值
For INTRCPT1 B0					
INTRCPT2，G00	59.51	1.274	46.699	101	0.000
FATHERME，G01	1.83	1.285	1.425	101	0.157
MOTHERME，G02	−2.39	1.124	−2.13	101	0.035
CLASSROO，G03	0.08	0.508	0.166	101	0.868
WOMENTEA，G04	7.04	6.214	1.133	101	0.261
NATIONAL，G05	−7.18	3.341	−2.15	101	0.034
BOOKSPER，G06	0.36	0.199	1.794	101	0.075
EDUEXPPE，G07	−1.89	1.897	−0.997	101	0.322
EDUCOMEX，G08	3.92	2.673	1.466	101	0.146
SCHZSES，G09	−1.02	3.776	−0.269	101	0.789
TYPE1，G010	3.54	3.101	1.142	101	0.257
For A6 slope B1					
INTRCPT2，G10	−0.35	0.249	−1.398	3466	0.162
For ZSES slope，B2					
INTRCPT2，G20	1.41	0.293	4.82	3466	0
For ZLANGPRE slope，B3					
INTRCPT2，G30	7.12	0.489	14.55	108	0

续表

固定效应	系数	标准误	T统计量	自由度	p值
MOTHERME，G31	1.02	0.375	2.719	108	0.008
WOMENTEA，G32	1.92	2.568	0.747	108	0.457
NATIONAL，G33	2.07	1.393	1.487	108	0.14
For MINORITY slope，B4					
INTRCPT2，G40	−1.01	0.925	−1.096	110	0.276
TYPE1，G41	3.91	2.345	1.666	110	0.098

三、小学生数学和语文成绩两水平线性模型的分析结果

第一，由西部农村小学生学业成绩的两水平线性模型分析发现，学生数学成绩总的变异中有38.69%来自学校之间的差异，学校差异在学生语文成绩总的变异中所占比例则更高，已达48.93%。学校内部学生成绩差异分别占学生数学、语文成绩总变异的61.31%和51.07%，说明学校因素及学生个体因素对学生成绩影响都较大。相对而言，学生个体因素对成绩影响更大些（胡咏梅，2007）。与国际上相关研究相比，学校因素对学生成绩的影响是比较大的，可能反映出我国西部农村小学学校间办学条件差异较大。

第二，由小学生学业成绩完整两水平线性模型分析结果可知，从学校人力资源投入角度考察，少数民族专任教师比例对小学生数学、语文平均成绩具有显著的负向影响。专任女教师比例对数学平均成绩具有显著的正向影响。母亲平均受教育年限对学生数学、语文平均成绩具有显著负影响，而父亲平均受教育年限情况正好相反。其他人力资源投入变量如生师比、班级规模、数学和语文教师教龄、专任教师任职资格比例以及学历合格率等均对学校学生平均成绩影响程度较小，不具有统计意义上的显著性。

第三，从学校物力资源投入角度来看，生均图书册数对小学生语文平均成绩具有显著正影响，对数学平均成绩影响不显著；生均教室面积对小学生数学平均成绩具有一定程度的负影响，但不具有统计意义上的显著性。

第四，从学校财力资源投入角度来看，生均公用经费对小学生平均成绩具有较大程度的正向影响，生均教育事业费对学生平均成绩具有一定程

度的负影响，但是不具有统计意义上的显著性。

第五，在学校层面上，在控制其他变量影响之下，来自家庭社会经济状况好的学生比例越高的学校，其学生学习平均成绩越低。从学校类型来看，乡镇中心小学学生平均成绩高于村完小和九年一贯制学校。平均而言，乡镇中心小学学生数学、语文平均成绩比村完小和九年一贯制学校高出 2.70 分、3.54 分。因此，总体上来说，乡镇中心小学的教育质量高于村完小和九年一贯制学校。

第六，在学生个体层面上，学习基础对小学生个体成绩影响极其显著。数学、语文学习基础好的学生数学、语文标准化测试成绩也较高；独立学习能力对学生成绩影响显著，独立学习能力强的学生，此次测试成绩也较高；家庭社会经济状况对学生个体成绩影响极其显著，来自社会经济状况好的家庭中的学生成绩显著高于家庭社会经济状况差的学生。而完成家庭作业时间和阅读课外书籍以及演算课外习题时间对小学生个体成绩影响很小，没有被纳入回归方程。

四、初中学生数学和语文成绩两水平线性模型的分析结果①

第一，由初中学生学业成绩两水平线性模型分析发现，学生数学成绩总的变异中有 32.41%来自学校之间的差异，学校差异在学生语文成绩总的变异中所占比例略低些，为 27.77%。而学校内部学生成绩差异分别占学生数学、语文成绩总变异的 67.59%、72.23%。与小学情形相同，初中学校间学生成绩差异也低于学校内部学生成绩差异。这一结果反映出西部农村初中学校间教育质量差异并不太大，学生及家庭教育投入是造成初中学生成绩差异更为重要的因素。

第二，由初中生成绩完整两水平线性模型分析结果可知，从学校人力资源投入角度来看，生师比对学校学生数学、语文平均成绩的正向影响显著；少数民族专任教师比例对语文平均成绩的负向影响显著；专任教师具有任职资格比例则对数学平均成绩的正向影响显著；专任女教师比例虽然对成绩影响不具有显著性，但是其影响程度也较大；父亲平均受教育年限与母亲平均受教育年限对学生平均成绩具有较大程度的正影响，但在统计意义上不显著。而其他人力资源投入变量如班级规模、数学和语文教师教龄以及学历合格率等均对学校学生平均成绩影响程度很小，没有被纳入最

① 胡咏梅：《学校资源配置与学生学业成绩关系研究——基于西部五省区农村中小学的实证分析》，北京师范大学博士学位论文，2007 年。

终的完整两水平线性模型。

第三，从学校物力资源投入角度来看，生均学校占地面积对初中学生数学平均成绩具有显著正影响，生均教室面积对数学平均成绩也有较大程度的正影响。此外，生均教室面积对语文平均成绩具有显著正影响，生均图书册数对语文平均成绩具有一定程度正影响。

第四，从学校财力资源投入角度分析，三项指标对初中学生数学、语文平均成绩均不具有显著影响。生均教育事业费、生均公用经费分别对数学、语文平均成绩具有一定程度的负影响。

第五，学校学生家庭平均社会经济状况仅对初中学生数学平均成绩有很大程度的正影响，对语文平均成绩影响程度很小。不同类型的初中学校学生平均成绩差异不具有显著性。

第六，从学生个体及家庭投入因素对其成绩影响角度来分析，学习基础对初中学生成绩影响极其显著，数学、语文学习基础好的学生数学、语文标准化测试成绩也较高；独立学习能力对学生数学成绩的正向影响也极其显著；家庭社会经济状况对学生数学成绩的正向影响极其显著，但是对语文成绩影响不显著。完成家庭作业时间和阅读课外书籍以及演算课外习题时间对初中学生数学、语文成绩影响程度均很小，没有统计意义上的显著性。这一结果仍然与小学情况相同。

第四节　讨　　论

下面我们将分别从学校人力资源投入、物力资源投入和财力资源投入以及学生个体及家庭背景等几个方面讨论研究结果，比较国内外教育投入与学生成绩关系的同类研究结果，并解释差异性。

一、人力资源投入要素

综合分析中小学学校资源配置与学生学业成绩关系模型结果可以发现，目前我国西部农村中小学人力资源投入变量中对学生学业成绩影响显著的主要是少数民族专任教师比例、生师比以及专任教师任职资格比例。

少数民族专任教师比例对中小学生学业成绩的影响均为负向，其原因可能有两个方面。一是出现边际收益递减现象，即当少数民族专任教师比例达到一个临界点后，学生学业成绩的增量随着少数民族专任教师比例的增大反而下降。在少数民族地区虽然本地教师有利于对中小学生的语言教学，但是过高比例的少数民族专任教师可能在其他学科（如数学）的教学方面不具有优势。二是少数民族专任教师队伍整体教学水平较低，导致少数民族专任教师比例与成绩存在负相关，而这一点已经得到证实。①

生师比对初中学生成绩具有显著正向影响，这可能与初中教育质量高的农村学校其规模一般较大有关。同等师资质量下，生师比很可能与学生学业成绩呈现负向关系，即生师比越低，学生学业成绩会越高。而本研究模型中只将抽样班数学、语文教师的教龄作为代表教师教学水平的测量指标，而这一指标未必能完全测度出教师的教学水平。因为教师的教学水平还与教师的工作努力程度、教学天赋、教学培训等诸多因素有关。因而测量指标的缺陷也可能是导致出现与原先研究假设不符的原因之一。

专任教师任职资格比例对初中学生学业成绩具有显著正影响，而对小学生学业成绩的影响并不具有显著性。这可能与小学代课教师文化程度基本可以胜任小学教学，而初中代课教师文化程度难以应对中学教学对知识和能力的要求有关。截至 2003 年年底，我国 50%的代课教师分布在西部地区，占西部教师总数的 9.5%（国家教育发展研究中心，2005）。此次调查显示，目前西部五省区小学尚有 5.76%的代课教师，初中学校的代课教师比例为 1.43%。西部农村教师队伍薄弱已经成为西部农村中小学教育发展的关键制约因素（国家教育发展研究中心，2001）。

国外学者关于人力资源投入与学生成绩关系的教育生产函数研究通常是关注生师比、教师教育程度和教师工龄。哈努谢克（1997）对 376 项教育生产函数研究结果的统计分析发现，在 276 项生师比与学生成绩关系的研究中，28%的研究表明生师比对学生成绩影响显著，其中 14%的研究显示是正影响，14%的研究显示是负影响；在 170 项教师教育程度研究中，仅有 14%的研究表明教师教育程度对学生成绩影响显著，其中 9%的研究显示是正影响，5%的研究显示是负影响；在 206 项教师工龄的研究中，有 34%的研究表明教师工龄对学生成绩影响显著，其中 29%的研究显示是正影响，5%的研究显示是负影响。安娜·维尼奥尔斯等人（Anna Vignoles, et al.，2000）在对英国近年来的教育生产函数研究所作的综述中得出如下结论：生师比在一些研究中显示对学生成绩具有显著的负影响，然而在英

① 少数民族专任教师比例与小学生数学、语文平均成绩的相关系数分别为 −0.144，−0.088，而且与数学成绩的相关系数具有统计显著性；少数民族专任教师比例与初中生数学、语文平均成绩的相关系数分别为 −0.148，−0.183，而且与语文成绩的相关系数具有统计显著性（在 0.10 的显著性水平上）。

国还没有实证研究表明，班级规模越小，学生成绩就越高。同时，他们指出，英国现有的研究学校资源配置与学生学业成绩产出关系的数据不能使研究者完成高质量的研究，数据质量的缺陷产生了一些方法论上的问题，如模型中变量的选择依据，不同方法的比较（如传统多元线性回归、DEA以及其他统计方法），以及通过引入工具变量、随机实验设计等手段克服学校资源的内生性问题。安德鲁·詹金斯等人（Andrew Jenkins, Rosalind Levacic & Anna Viginoles，2006）对2003年英国初中毕业生毕业考试成绩（general certificate of secondary education，GCSE）与学校资源投入之间的关系进行了实证研究，在回归模型中引入了工具变量。① 他们关注的学校资源变量是生均开支（expenditure per pupil)、生师比（pupil teacher ratio）和学生与非教学人员之比（the ratio of pupils to non-teaching staff）。其研究结果显示，生师比对GCSE综合得分②以及科学成绩具有显著的负向影响，但是对英语成绩和数学成绩不存在显著性影响。

总之，国外研究在生师比、教师教育程度和教师工龄对学生学业成绩影响方面还没有形成一致性的结论。比较而言，教师工龄对学生成绩的显著影响比例更大一些，其次是生师比，但是生师比对学生成绩正、负显著影响的比例几乎相同，仍然难以据此制定关于班级规模和学校规模的相关人力资源配置政策。教师教育程度对学生成绩是否真正具有显著影响还有待后续研究验证。

国内近期研究是邓业涛对参加中英甘肃基础教育项目的四个项目县的小学教师与学生学业成绩关系的研究。他采用的是多元线性回归模型，以县级数学统考合格率、语文统考合格率和双科统考合格率作为因变量分别建立回归方程。他的研究结果表明，教师学历合格率对数学统考合格率和双科统考合格率具有显著正影响，教师平均教龄对数学、语文以及双科统考合格率均具有显著正影响。此外，他的回归模型中还包括少数民族专任教师比例和专任女教师比例。研究结果表明，少数民族专任教师比例对数学统考合格率具有极其显著的负影响，对双科合格率也有较大程度的负影响；专任女教师比例对语文统考合格率和双科统考合格率具有显著的正影响，对数学统考合格率也有较大程度的正影响。

---

① 他们采用的是传统的OLS估计和加入工具变量后的两阶段估计方法，工具变量是学校规模（school size）和当地政府是由哪一个党派控制（political control）。

② GCSE的综合得分（GCSE capped points score）是指学生在GCSE中最好的8门课程成绩得分之和。

本研究与之不同的主要是研究对象和产出变量的选择，从而导致研究结果也有所不同。本研究结果表明，专任教师学历合格率对中小学生成绩的影响不具有统计意义上的显著性，数学教师教龄、语文教师教龄对中小学生学业成绩的影响为正，这与常识相符。教师教龄增加，通常也伴随着其专业技能的增进，因而产生正的边际效率也是合乎教师成长规律的。但是在本研究中，它们也不具有统计意义上的显著性。与邓业涛研究结果相同的是，少数民族专任教师比例对西部农村小学生学业成绩具有显著的负影响，而专任女教师比例仅对小学生数学统考平均成绩具有显著的正影响。

二、物力资源投入要素

综合分析中小学学校资源配置与学生学业成绩关系模型结果可以发现，目前西部农村中小学物力资源投入变量中对学生学业成绩影响显著的主要是生均图书册数、生均学校面积和生均教室面积。

物力资源投入变量中对小学生学业成绩影响显著的仅有生均图书册数。据此次调查，西部农村小学目前生均图书册数仅为6.87册，低于初中生均册数3.55册。小学阶段是学生语言技能成长最快的时期，这一时期的课外书籍对于扩大学生知识面，提高其阅读和写作技能是毋庸置疑的。初中物力资源投入变量中对初中学生学业成绩影响显著的主要是生均学校面积和生均教室面积，而且均是正向影响。小学学校物力资源投入变量唯有生均图书册数的边际产出效率较高，其余变量大多为负的边际产出效率。生均校舍建筑面积对初中学生成绩也存在一定程度的负影响。学校物力资源的边际产出效率为负，很可能与物质资源的存量和流量问题有关。建筑物、实验室、实验设备等物质资源必须被学生真正使用，才能对学业成绩产出产生正效应。图书、计算机、实验仪器等各种教育媒介的利用效率低下很可能是导致物力资源配置效率低下的重要原因。

国外学者关于物力资源投入与学生成绩关系的研究尚没有一致性结论。哈努谢克1997年对91项关于设备与学生成绩关系的教育生产函数研究结果进行了统计，仅有14%的研究显示设备对成绩的影响具有统计显著性，其中9%的研究显示为正影响，5%的研究显示为负影响。他对发展中国家学校教育生产函数的研究结果总结得出，在34项关于学校设施与学生成绩关系的研究中，有22项（占64.71%）支持了校舍建筑和图书馆藏书量对学生成绩有显著正影响。

国内关于校舍及设备条件与教育质量关系研究最早的是蒋鸣和于1993

年对于我国中、东、西9个省区的328个县的农村基础教育投入与学生成绩关系的实证研究。他的研究表明，校舍及设备条件与教育质量之间存在显著相关性。如农村小学标准化校舍比例与学生全科考试合格率的相关系数为0.20，农村小学理科实验设备配齐率与学生全科考试合格率的相关系数为0.32，农村初中学校标准化校舍比例与学生全科考试合格率的相关系数为0.32，农村初中学校理科实验设备配齐率与学生全科考试合格率的相关系数为0.20。本研究的研究对象、研究方法和研究结果均与之不同。蒋鸣和采用的是仅分析两个变量之间关系的积差相关分析方法，我们采用的是纳入了多个解释变量的两水平线性模型；而且蒋鸣和使用的产出变量是中小学学生全科考试合格率、留级率、辍学率等作为反映教育质量产出的指标，我们采用的是小学六年级、初中三年级学生的数学、语文两科的统考成绩。研究对象虽然也是我国农村中小学生，但是仅限于西部五省区，而且调查数据时间上也相隔16年。总的来看，西部农村中小学学校物力资源投入与学生成绩产出之间的关系不是很确定。值得关注的研究结果是，生均图书册数对小学生语文成绩具有显著正影响，生均教室面积对初中学生语文成绩影响是正向显著的，生均学校面积对初中学生成绩的正影响也是显著的，生均校舍建筑面积对中小学生成绩影响不具有显著性。

三、财力资源投入要素

综合分析中小学学校资源配置与学生学业成绩关系模型结果可以发现，目前西部农村中小学财力资源投入变量对于学生学业成绩的影响大多是负向的，但是不具有统计意义上的显著性。生均教育经费和生均教育事业费对小学生学业成绩具有负影响，生均公用经费对初中学生成绩具有负影响，不过对小学生成绩具有较大程度正影响。

生均公用经费与学生学业成绩关系密切。这与国际上相关研究结论一致，因为公用经费往往与学生的学习关系更密切。应该进一步提高对农村地区学校公用经费的投入。生均教育事业费与学生学习成绩呈负向关系，原因还无法得到实证支持，可能的原因是现行的教师工资制度没有真正反映教师的绩效，而公用经费被人员经费挤占。也可能与生均事业费超过平均水平的学校，其教育质量的发展已处于“瓶颈”期有关，单凭增加经费投入带来教育产出的持续提升已很困难。由此，建议着重加大对生均事业费低于平均水平的学校财力投入，对于生均事业费较高而教育产出不与之匹配的学校，建议从提高组织、管理及学校的有效运行方面着手，带来教育过程中的更高效率。此外，改革教师的工资制度，使其与教师的工作绩效挂钩也是有益举措。当然，最重要的是要保障西部农村义务教育经费总量继续增长，在保证教师人员经费支出的基础上，提高农村公用经费标准。

一些国外学者的研究与我们的研究结果类似。安娜·维尼奥尔斯等人（2000）在研究分析后得出如下结论：教育经费开支与学生成绩产出之间的关联性尚没有充足证据，即高教育经费开支没有导致更高质量的教育产出。因为教育经费开支大多流向了学区、管理者以及教师和其他职员的薪酬，并没有和学生成绩相关联。安德鲁·詹金斯等人（2006）对2003年英国初中毕业生毕业考试成绩（GCSE）与学校资源投入关系的实证研究表明，生均开支对学生GCSE综合得分以及科学成绩具有显著的正向影响，但是对英语成绩不存在显著性影响，对数学成绩的正影响仅对学习基础最差的40%学生具有显著效应。

国内早期关于生均经费与学生成绩关系的研究也是蒋鸣和1993年的研究。他的研究表明，小学生均教育事业费和生均公用经费与学生成绩的相关性不具有显著性，而初中学生的学业成绩与生均教育事业费相关程度很大。邓业涛（2005）的研究表明，生均公用经费对小学生考试合格率的影响表现得不是很确定，对数学合格率的影响是负向显著的，对于语文合格率的影响却是正向显著的。① 薛海平（2007）对甘肃农村初中学生成绩影响因素研究发现，初中学生成绩与生均公用经费之间存在显著负向的回归关系。他猜测出现这一结果的原因之一是农村初中学校存在其他支出项目挤占学校公用经费造成的。甘肃农村初中学校代课教师月基本工资与学校生均公用经费之间存在显著正相关关系，该结论在一定程度上支持了前述猜测。因此，在学校财力资源利用方面，要解决预算外教育开支对预算内教育经费的挤占问题。合理使用教育经费，才能提升西部农村学校财力资源的产出效率。

四、学生个体投入及家庭背景

关于学生家庭背景与学生学业成绩关系的研究最早的当属科尔曼报告（1966）。其研究发现，家庭背景特征似乎比教师和其他的学校投入特征更能全面地预测学生的学业成绩。其后的一些学者研究分析了学校因素和非

① 我们推测其原因可能是小学阶段，阅读课外书籍对学生语文水平的提升有重要作用，小学公用经费中图书丌支可能占较大比例。本研究结果也表明，生均公用经费对小学生语文成绩有较大程度的正影响。

学校因素对学生学业成绩的影响，得出家庭背景在解释成绩的差异上非常重要，尤其是父母的社会经济状况。在有效学校研究中，出现了更为细致的关于家庭背景对学业成绩影响的研究，认为学生整体的社会经济状况正如学生个体的家庭社会经济状况一样都是学生个体成绩的强有力的预测变量，即学生的成绩受益于其所在学校的学生总体家庭背景优越。卡尔达斯和班克斯顿（Caldas & Bankston，1997）使用多层分析模型从个人、学校、学区三个层面考察了家庭背景对学生学业成绩的影响，并控制了重要的学校过程变量，得出相比于种族和贫困状况，学生的家庭构成对学生成绩有显著影响的结论。艾伯特·帕克和埃米莉·汉纳姆（Albert Park & Emily Hannum，2001）采用中国甘肃农村基础教育调查的数据估计了小学生家庭社会经济背景对学生成绩的影响。研究结果显示，在控制教师特征和班级规模后，父亲的受教育程度对学生数学成绩有显著正影响，但是对语文成绩没有显著影响。母亲受教育程度对语文成绩和数学成绩的影响也不显著。沃斯曼（Wößmann，2003）采用 TIMSS 数据研究东亚五国或地区（中国香港、韩国、日本、新加坡、泰国）学生家庭背景对学业成绩的影响。研究结果显示，这五个国家或地区的父母受教育程度对其子女的成绩有显著正影响，其中这种影响在新加坡最为显著。帕梅拉（Pamela E. Davis-Kean，2005）采用结构方程模型研究了包括父母受教育程度在内的家庭社会经济背景如何影响儿童学习成绩问题。结果发现，家庭社会经济背景通过父母的信念和行为与儿童的学习成绩间接相连。

国内对学生家庭背景与学生学业成绩关系的研究还非常少。赵丽（2005）对北京市某小学采用整群抽样的方法进行影响该校学生学业成就因素的实证研究结果表明，学生父亲受教育程度对其子女成绩的正向影响具有显著性。由于此研究对象仅局限于北京市一所小学，其结论的外在效度较低。薛海平（2007）对甘肃农村初中生的学习成绩影响因素研究也表明，同伴父亲的受教育程度对学生语文成绩具有显著的正影响，对数学成绩也有不显著的正影响，而且家庭年人均收入对学生数学和语文成绩均有显著正影响。

本章研究结果表明，中小学学生及家庭教育投入是造成学生成绩差异的重要因素。家庭社会经济状况对学生个体成绩影响极其显著，来自社会经济状况好的家庭中的学生成绩显著高于家庭社会经济状况差的学生。而且本章研究将同伴影响（同班同学父亲、母亲平均受教育程度）纳入了学生成绩两水平线性模型。研究结果表明，母亲平均受教育年限对小学生数学、语文平均成绩具有显著负影响，而父亲平均受教育年限情况正好相反，对小学生数学平均成绩具有显著正影响，对语文平均成绩的正向影响虽不具显著性，但影响程度也较大。与小学情形不同，父亲平均受教育年限和母亲平均受教育年限均对初中学生平均成绩具有较大程度的正影响，但没有呈现出统计意义上的显著性。母亲平均受教育年限对中小学生学业成绩的影响正好相反，对初中生学业成绩的影响为正向影响，而对小学生学业成绩的影响为负向影响。这一结果与原先的研究假设相反。我们认为母亲受教育程度对子女学业成绩的正向影响是有条件的，只有母亲经常在子女身边，并对子女给予经常性的学业辅导或者对子女有适度的教育期望，这才可能出现正向影响。而我们调查发现，西部农村妇女文化程度普遍很低，27.6%的小学生母亲是文盲，59.9%的母亲具有小学文化程度，仅有 8.6%的母亲具有初中文化程度。自身文化水平的限制使她们难以对子女学业有实质性指导。此外，母亲受教育年限与其外出打工具有较大相关性（相关系数＝0.190，Sig.＝0.000），文化程度越高，妇女外出打工的几率越大，因而难以关注子女学习情况，更不可能给于经常性的学业辅导。这也是导致出现母亲受教育年限对小学生成绩具有负影响的原因之一。初中生母亲受教育程度与母亲不在家的比例也出现显著的正相关性，不过相关系数值低于小学生情形（相关系数＝0.120，Sig.＝0.000）。

尽管由于教育生产过程的复杂性，难以得到完美的投入产出模型。但是，自从 20 世纪 90 年代以后，随着人们对于学校教育质量关注程度的不断提升，国内外教育生产函数的实证研究越来越丰富，人们期待通过教育生产函数的研究来揭示教育生产规律，发现影响学校教育质量和学生个体学业成绩的重要因素，为教育投入政策的制定和学校教育质量的提升提供理论依据。而对于这一问题的研究又是非常困难的。例如，如何选择用于教育投入与产出模型的投入与产出测量指标，数据的可得性和测量指标的信度、效度问题等等都是研究者难以克服的障碍。希望本章研究能够为后续研究提供方法论和研究设计方面有参考价值的启示。

第十一章　西部农村小学效率研究

中国举办着世界上最大规模的基础教育，其中近60%在农村地区。自2001年建立"以县为主"的农村义务教育投入体制以来，尤其是2005年农村义务教育经费保障机制改革的进行，中国农村义务教育实现了"人民办"到"政府办"的根本性转变。自2002年到2007年，政府预算内农村义务教育经费投入从990亿元增长到2 707亿元，预算内投入占农村义务教育经费总投入的比重达到90%以上。迅速增加的教育经费投入有力地推进了农村地区义务教育事业的发展。但是，相对于农村义务教育发展的巨大需求，相对于学生、家长及社会各界的期望，仍然存在着较大的差距。农村教育资源稀缺的问题仍然存在，经费不足仍然是农村地区教育发展面临的最主要的制约因素。解决这一问题，一方面是继续加大投入，另一方面是不断提高教育资源的利用效率。在"人民教育政府办"的农村义务教育经费保障体制下，我们应当清醒地看到，要保持农村义务教育经费投入长期的、高速的增长并不容易，因此必须高度重视教育资源利用效率的提高，而学校作为教育发展最基本的运行单位，教育资源利用效率的提升必须从提高学校效率入手。

本章以西部地区农村小学为样本，将学校视为多投入、多产出的生产单元，利用数据包络分析方法（DEA）研究农村中小学办学效率，从宏观上评价教育资源投入与产出间的整体关系，从微观上评价学校效率并探寻提高学校效率的途径，以期能为教育资源配置以及使用状况的优化提供重要信息。

第一节　文献综述

随着人们对教育需求的日益增加，教育的供需矛盾不断加剧。学校效率问题成为政府、学者以及公众关注的焦点，众多学者对其展开了研究。在教育经济学研究领域，依据模型中是否要估计函数中的参数，教育效率研究可以分为参数法和非参数法。参数法是利用统计方法（多元回归方法等）估计前沿生产函数，估计模型所得到的残差被作为各样本的效率指标。例如，巴罗（Barrow）在1991年利用前沿生产函数法对英国20世纪中期的中学学校效率进行了研究，库珀（Cooper）和科恩（Cohn）在1997年利用前沿生产函数法对南卡罗来纳州中小学学校效率进行了研究。非参数方法是利用运筹学中的线性规划理论估计出生产前沿面，然后相对于这个生产前沿面计算各种效率。DEA方法是一种典型的非参数方法，由于非参数方法无需预设函数，无需设计权重，能同时对多投入多产出进行研究，因而在教育效率评价中得到广泛应用。本文亦将采用DEA方法对西部农村小学办学效率进行研究。

事实上，DEA在学校效率研究中的运用有着很长的历史，相关文献非常之多，涉及的问题也非常广泛。我们主要围绕使用DEA方法进行的小学阶段学校效率研究作简要总结。早期研究主要围绕“学校间办学效率是否存在差异”这一主题进行争论。例如，A. M. 贝桑和 E. W. 贝桑（A. M. Bessent & E. W. Bessent，1980）以美国加利福尼亚州某城市学区55所小学为样本，选择1977年阅读和数学测试成绩这2项产出变量，学生1976年测试成绩（阅读和数学）、家庭社会经济背景、生均教育经费等11项投入指标，建立DEA模型进行研究；路德维希和格思里（Ludwin & Guthrie，1989）以美国印第安纳州某学区36所小学为样本，选择能力、阅读、数学和语言测试成绩这4项产出指标，选择学生智力水平排名等4项产出指标，建立DEA模型进行研究；研究者均证实了学校办学效率间存在差异，并指出小学办学效率存在较大提升空间。此后，随着模型的改进和完善，研究不断深入，并得到了更多有价值的结论。沙洛和谢里安（Chalos & Cherian，1995）以美国伊利诺伊州207所小学为样本进行研究，指出财政中立以及税收改革对学校效率存在积极影响；安德森（Anderson）等（1998）以美国芝加哥学区小学为样本，搜集了1989年、1991年、1993年三个年度的面板数据进行动态效率研究，发现1988年学校改革使得芝加哥公立小学办学效率有了显著提高，并具体分析了提升学校效率的手段；曼塞冯和莫利内罗（Mancebon & Molinero，2000）以英国汉普郡南安普顿市和朴茨茅斯市176所小学为样本，在进行办学效率研究的基础上，建立Logit模型对造成学校无效的原因进行解释。近年来，国内部分学者对小学办学效率展开研究并得到了有益的结论。例如，李强等（2007）以陕西省6个区县共36所小学为样本进行研究，胡咏梅、杜育红（2008）以中国西部五省区112所小学为样本进行了研究，胡咏梅等（2009）以中国北京 7 个城区的 59 所小学为样本进行了研究，等等。

从国外研究来看，由于 DEA 方法是一种非参数方法，不能运用统计检验评价 DEA 所得结论的优劣。因此，要确保 DEA 研究能为管理者提供有价值的信息，投入与产出指标的选择、模型结果的稳健性检验非常重要。同时，需要尽可能地细化研究，探讨各种学校可控制因素以及不可控制因素对学校效率产生的影响。与国外研究相比，国内教育领域基于 DEA 方法对小学进行的学校效率研究起步较晚，为数不多的研究在模型设定、稳健性检验以及学校效率影响因素的研究中都存在一定的局限。纵观国内外研究，笔者认为有以下几方面的启示。

（1）评价结果对变量的选择非常敏感，且随着模型所选择变量的增加，前沿面上的决策单元数目会上升，进而影响估计精度。因此，需要高度重视变量的筛选以保证模型的质量。

（2）由于 DEA 方法的估计结果对极值较为敏感，研究者通过不断剔除极值（"刀切法"），采取迭代的方法评价模型的稳定性。

（3）同传统生产函数类似，遗漏变量问题在 DEA 模型中仍然存在。为解决这一问题，研究者引入"增值性"思想，将决策单元上年度产出变量（例如，上一年学校平均成绩）作为当期投入变量，以控制各种遗漏变量对模型估计结果可能带来的误差。

（4）部分学者在研究中对不同方法（DEA 方法、SFA 方法、传统多元回归方法等）得到的结论进行比较，以获得更加可信、稳定的结论。

（5）研究者不局限于单一时点的效率研究，还使用跨期的面板数据研究效率的动态变化，不仅能从宏观与微观的角度评价投入产出间的关系，还能评价某项政策或改革对决策单元效率的影响。

（6）研究样本不断增大。早期的研究基于小样本，尽管 A. M. 贝桑和 E. W. 贝桑（1980）指出 DEA 模型对样本数量的要求是 $n>3(r+s)$，其中 n 代表样本量，r 与 s 分别代表投入与产出变量数目，但研究者发现，样本量越大，所得结论越可靠。因此，在保证样本具有较高同质性的基础上，后续研究者应不断提高样本容量。

本章是在前一章研究基础上的深化。改进之处具体体现在：（1）重视变量选择，利用 Pastor 方法对投入产出变量进行了筛选；（2）利用"刀切法"对模型的稳定性进行检验；（3）基于效率得分截断数据的特征，建立 Tobit 模型，对学校效率的影响因素进行了深入分析。

第二节 模型与方法

一、DEA 方法简介

数据包络分析（DEA）利用线性规划方法构建观测数据的非参数（分段）曲面（或前沿面），然后相对于这个前沿面来计算效率。自 1978 年查恩斯（Charnes）等人在论文中首次提出 DEA 术语之后，DEA 方法得到广泛重视，研究者在研究中大量拓展和应用 DEA 方法。由于 DEA 不需要指定投入产出的生产函数形式，因此它可以评价具有较复杂生产关系的多投入、多产出决策单位的效率，这恰好适合具有多投入和多产出特点的教育部门。随着 DEA 模型的不断细化和完善，该方法不仅可以进行差异分析、敏感度分析和效率分析，也可以进一步了解决策单位资源使用的情况以供决策者参考。DEA 模型有不同的假设前提，若所有决策单元均可在最优规模运营时，可假定规模效益不变（constant return to scale，CRS）；当存在各种约束因素导致决策单元不能在最优规模运营时，应假定规模效益可变（variance return to scale，VRS）。与此同时，DEA 模型分为投入导向以及产出导向，两种导向的模型本质是对偶问题，二者均可识别相同的有效决策单元，CRS 计算得到的效率完全相同，但 VRS 计算的无效单元的效率得分存在差异。就学校而言，它们将利用政府所投入的教育资源，尽可能获得最大产出，产出最大化模型是最佳选择。因此，本部分将介绍产出导向的 DEA 模型。

$X_j=(x_{1j}, \cdots\cdots, x_{Rj})$，$Y_j=(y_{1j}, \cdots\cdots, y_{Mj})$，$j\in J$，$x_{rj}$ 表示第 j 个决策单元的第 r 项投入，y_{mj} 表示第 j 个决策单元的第 m 项产出。对目标单元进行效率评估，其投入和产出向量分别为 $X_o=(x_{1o}, \cdots\cdots, x_{Ro})$，$Y_j=(y_{1o}, \cdots\cdots, y_{Mo})$，产出导向的 DEA 模型如式（11-1）—（11-4）所示：

$$\text{Max} \quad \alpha_o - \varepsilon\left(\sum_{r=1}^{R} s_r^+ + \sum_{m=1}^{M} s_m^-\right) \tag{11-1}$$

$$\text{s.t.} \quad \sum_{j\in J} x_{rj}\lambda_j + s_r^+ = x_{ro}, r=1,\cdots,R \tag{11-2}$$

$$\sum_{j\in J} y_{mj}\lambda_j - s_m^- = \alpha_o y_{mo}, m=1,\cdots,M \tag{11-3}$$

$$\delta\sum_{j\in J}\lambda_j = \delta \tag{11-4}$$

其中，$\lambda_j \geqslant 0$，$s_r^+ \geqslant 0$，$s_s^- \geqslant 0$

模型中，s_r^+ 与 s_s^- 被称为松弛量，分别表示可以减少的投入量以及可以增加的产出量。ε是非阿基米德无穷小量，通常设定为10^{-5}，其作用是保证投入（产出）向量均为正且松弛变量不影响目标函数。$\delta=0$，假定前沿面是平面，求解 CRS 模型得到目标单元技术效率 α_0（technical efficiency，TE)；$\delta=1$，假定前沿面是凸超平面，求解 VRS模型得到目标单元纯技术效率α_0（pure technical efficiency，PTE)。若$\alpha_0=1$，目标单元为CRS（VRS）有效，α_0 越接近于1，其有效程度越高；α_0 越接近与 0，其有效程度越低。由于技术效率是纯技术效率与规模效率的乘积，计算$\frac{PTE}{TE}$可得到决策单元规模效率（scale efficiency，SE）。

二、Tobit 方法简介

运用DEA方法可以评价决策单元的相对效率。就个体而言，研究者可以依据松弛变量提出提高效率的建议，但并不能从宏观层面找到效率的影响因素。为此，需要引入多元分析技术找出效率的影响因素，从效率值的截断数据特征出发，应当建立 Tobit 模型进行第二阶段研究（张宁等，2006)。

Tobit 回归模型属于因变量受到限制的一种模型。其概念最早是由诺贝尔经济学奖获得者詹姆斯·托宾（James Tobin，1958）提出，取其前三个字母 Tob，然后取意 Tobit，命名为 Tobit 回归模型，尔后大量经济学家不断对其进行发展和完善。事实上，如果因变量是部分连续分布和部分离散分布数据时，普通最小二乘法（OLS）就不再适用，要解决这类问题需要采用基于最大似然估计原理的 Tobit 模型。以考察各种因素对 DEA 效率得分影响的研究为例，效率得分（y_i）是介于 0 到 1 之间的双截尾数据，所建立的 Tobit 模型如式（11-5）—（11-8）所示：

$$y_i^* = \beta_0 + \sum_{j=1}^{k} \beta_j x_{ij} + \varepsilon_i \tag{11-5}$$

$$y_i = y_i^*,\ if\ y_i^* \in (0,\ 1] \tag{11-6}$$

$$y_i = 0,\ if\ y_i^* \in (-\infty,\ 0) \tag{11-7}$$

$$y_i = 1,\ if\ y_i^* \in (1,\ +\infty) \tag{11-8}$$

模型中，y_i是由 DEA 模型得到的第 i 个学校的效率得分；y_i^* 是潜变量，它满足计量模型经典假设；向量 $\bar{x}_j$ 是影响学校效率的各种因素。

第三节　数据与变量

一、样本及数据

本章以学校为单位对西部农村小学效率进行研究。研究所采用的数据来自世界银行贷款/英国政府赠款“西部地区基础教育发展”项目影响力评价课题的调查。西发项目影响力评价课题根据依概率等比例抽样的原则，进行了县、乡镇、学校、班级四级的分层随机抽样，最终确定了15个抽样县、45个抽样乡镇、180所小学、360个小学抽样班级，在2006年和2008年进行了同一批样本的跟踪调查，获得一个两期的面板数据库。数据库拥有学校基本情况、学生及家庭基本情况、教师基本情况、学生学业测试成绩等基本信息指标，我们将从这些指标中筛选出模型的投入、产出变量。最终进入模型的样本为145所小学样本（其中学生样本4 600名）。①

二、投入产出变量选择

正如前文所述，变量的选择对于模型的质量非常关键。基于传统教育生产函数研究中所使用的投入与产出变量，本文初步拟定2个产出变量〔包括2008年校均语文标准化测试成绩（2008cscore）和校均数学标准化测试成绩（2008mscore）〕以及8个投入变量〔包括2006年校均语文标准化测试成绩（2006cscore）与校均数学标准化测试成绩（2006mscore）、师生比（Teastu）、教师学历合格率（Teaedu）、校舍面积（Sroom）、生均教育经费（Sexp）、母亲具有初中及以上学历比重（Medu）、父亲具有初中及以上学历比重（Fedu）〕。帕斯特（Pastor）等人（1999）基于严密的数学论证和推导提出了在DEA研究中较为有效的筛选变量方法（记为Pastor方法），类似于向前逐步回归法，目标是要从拟选择的诸多变量中选出最具代表性的变量。近年来，该方法已被诸多学者用于DEA研究中。本章将按照Pastor方法筛选变量，具体筛选过程见表11.1。

① 部分学校样本在投入和产出变量上存在缺失值，因此，最后的有效学校样本仅为145所；同时，在学生样本选择上，为了保证2006年和2008年成绩的可比性，我们仅选择了4 600名追踪学生作为学生样本（校均40名左右）。

表 11.1　利用 Pastor 方法筛选指标的过程与结果

	Step 1							Step 2						Step 3				
	M1	M2	M3	M4	M5	M6	M7	M3	M8	M9	M10	M11	M12	M8	M13	M14	M15	M16
产出变量																		
2008cscore	×	×	×	×	×	×	×	×	×	×	×	×	×	×	×	×	×	×
2008mscore	×	×	×	×	×	×	×	×	×	×	×	×	×	×	×	×	×	×
投入变量																		
2006chscore	×	×	×	×	×	×	×	×	×	×	×	×	×	×	×	×	×	×
2006mtscore	×	×	×	×	×	×	×	×	×	×	×	×	×	×	×	×	×	×
Teastu		×							×					×	×	×	×	×
Teaedu			×					×	×	×	×	×	×	×	×	×	×	×
Sroom				×						×					×			
Sexp					×						×					×		
Medu						×						×					×	
Fedu							×						×					×
Percent		14	51	3	28	10	13		40	12	18	8	12		11	15	5	8

第一，选择相关性最强的投入变量（不多于 2 个）与产出变量（不多于 2 个）建立 Step 1 中基础模型并计算效率。就本研究而言，成绩变量间相关性最强。因此，选择 2006 年数学、语文成绩作为投入变量，2008 年数学、语文成绩作为产出变量建立基础模型，即 Model 1。

第二，Step 1 中以 Model 1 为基础模型，增加一个变量到基础模型中，重新计算每个学校的效率。定义 ρ_1 为第 i 个学校在两个模型中效率变化百分比，若 ρ_1 接近于 0，说明新变量没有对效率得分产生较大影响。按照 Pastor 给出的判定标准，当 $|\rho_1|>0.1$，新增变量对样本效率产生的影响不可忽略。按照这个准则，Step 1 在 Model 1 中依次引入剩下的 6 个投入变量建立 Model 2-Model 7，与 Model 1 比较，计算每个模型中 $|\rho_1|>0$ 的样本比重（即表 11.1 中 Percent），发现引入教师学历合格率的 Model 3 中样本效率改变比重最大（51%的学校样本 $|\rho_1|>0.1$），因此，Model 3 为 Step 2 中基础模型。

第三，Step 2 中以 Model 3 为基础模型，重复前一步，发现引入师生比的 Model 8 中样本效率改变比重最大（40%的学校样本 $|\rho_1|>0.1$），因此，Model 8 为 Step 3 中基础模型。

第四，Step 3 中以 Model 8 为基本模型，重复前一步，发现引入生均教育经费的 Model 8 中样本效率改变比重最大（15%的学校样本 $|\rho_1|>0.1$），因此，Model 14 为 Step 4 中基础模型。

第五，Step 4 中以 Model 14 为基本模型，重复前一步，生均校舍面积、父母受教育水平中任意变量引入模型后，学校样本 $|\rho_1|>0.1$ 的比重分别为 12%、8%和 5%，按照 Pastor 的判定标准，若不存在 15%以上的学校样本效率得分变化（$|\rho_1|$）大于 0.1，新增变量对模型产生的改变可以忽略，该变量不必添加到模型中。因此，Model 14 为本研究最终确定的模型。

第四节 实证分析

本部分将基于上文所确定的 Model 14 进行实证分析。我们在呈现 DEA 模型结果的基础上，评价分析结果的稳定性，并将建立 Tobit 模型对影响中国西部农村地区小学学校效率的因素进行深入研究。

一、效率得分分布状况

从估计结果（见表 11.2）中我们可以看到，在全体样本学校中，西部地区农村抽样小学的技术效率平均得分是 0.75，有 19.3%的学校处于 CRS 生产前沿面上；纯技术效率平均得分是 0.85，有 30.3%的学校处于 VRS 生产前沿面上；规模效率平均得分是 0.88，有 20%的学校处于规模有效状态。因此，在我们的样本中，大部分学校相对效率较高；同时，可以在 DEA 模型中就每一所学校分别计算每项投入和产出的松弛变量（s_r^+ 与 s_s^-），通过在师生比、教师学历合格率以及生均教育经费支出这几个维度对每所学校制定出有针对性的调整方案，这有助于提高学校的办学效率。

如表 11.2 所示，我们的抽样学校包括了村完小、乡镇中心小学、九年一贯制学校以及教学点四种类型的学校，无论从均值还是从有效学校比例来看，村完小的办学效率状况最好，教学点和九年一贯制学校的办学效率状况最不佳；基于 Kruskal-Wallis 检验，① CRS 技术效率、VRS 纯技术效率与 SE 规模效率分别在 0.1，0.01 和 0.1 水平下通过显著性检验。这说明不同类型学校间的效率值确实存在差异。事实上，这与学校自身的特性和管理形式紧密相关。村完小是农村普通小学，有完整的一至六年级，它仅履行教学责任。乡镇中心校办学条件最好，在“以县为主”教育管理体制下，中心校成了“双肩挑”机构，不仅负责小学一至六年级教学，还负责乡镇教育教学行政管理。由于没有人事权、财经权和资源调配权，也没有行政机构强制执行力和相关制度的保障，这无形中加大了中心校管理难度。九年一贯制学校是把六年制小学和三年制初中合在一起，相比单一的小学或初中，一贯制学校人多、物多、事多，中小学的教育规律不同、教师层次不同，学生年龄跨度从 6 岁到 15 岁，学校管理任务及其难度也很大。教学点是为了满足居住分散的农村人口受教育的必然产物，但教学点规模小，不乏一师一校的个案，规模过小必定会限制学校效率和质量的提高。事实上，在学龄人口减少、农村布局结构调整的背景下，教学点正逐步减少。

表 11.2　样本小学效率得分的描述性统计分析

		样本量	均值	最小值	最大值	有效学校比重
全体样本	CRS 技术效率	145	0.75	0.34	1	19.3%
	VRS 纯技术效率	145	0.85	0.47	1	30.3%
	规模效率	145	0.88	0.48	1	20%
村完小样本	CRS 技术效率	94	0.76	0.34	1	24.1%
	VRS 纯技术效率	94	0.87	0.46	1	37.1%
	规模效率	94	0.87	0.48	1	24.7%

① 类似于方差分析，Kruskal-Wallis 检验适用于方差非齐性的小样本检验。

续表

		样本量	均值	最小值	最大值	有效学校比重
乡镇中心校样本	CRS 技术效率	32	0.77	0.46	1	18.8%
	VRS 纯技术效率	32	0.86	0.55	1	28.1%
	规模效率	32	0.89	0.58	1	21.8%
九年一贯制样本	CRS 技术效率	11	0.70	0.39	0.93	0
	VRS 纯技术效率	11	0.75	0.49	1	9%
	规模效率	11	0.93	0.58	0.99	0
教学点样本	CRS 技术效率	8	0.66	0.42	0.87	0
	VRS 纯技术效率	8	0.78	0.67	0.89	0
	规模效率	8	0.83	0.55	0.99	0

二、效率得分稳定性检验

由于 DEA 是一种线性规划的方法，不能直接运用统计方法进行检验。因此，本研究利用“刀切法”检验 DEA 效率得分的稳定性，稳定性越高，所建立模型的质量越好。以 CRS 技术效率的检验为例，每一步中，“刀切法”会在模型中筛掉一个最有效的学校，重新建立模型并计算剩余样本的 CRS 技术效率。由于样本中 CRS 技术有效的学校有 28 个，因此重复该步骤 28 次，得到 28 组新的效率得分，计算组间效率得分的斯皮尔曼相关系数（C_{29}^{2}个），相关系数的最小值是 0.86，均值是 0.97，迭代后效率得分均值与全体样本效率得分均值接近，标准差接近且都较小，这说明 CRS-DEA 模型稳定性较好（见表 11.3）。同样的，利用“刀切法”对 VRS 纯技术效率以及规模效率进行检验，可看到稳定性状况较好，可以用于后续分析。

表 11.3 针对有效学校进行的 DEA 结果稳定性检验

	有效学校数量	斯皮尔曼相关系数 最小值	最大值	均值	全体样本效率得分均值	全体样本效率得分标准差	迭代后效率得分均值	迭代后效率得分标准差
CRS 技术效率	28	0.86	1	0.97	0.75	0.18	0.75	0.18
VRS 纯技术效率	44	0.85	1	0.97	0.85	0.13	0.85	0.13
规模效率	29	0.92	1	0.99	0.81	0.14	0.88	0.13

三、DEA效率影响因素分析

在本部分，我们将建立Tobit模型对影响学校效率的因素进行分析。影响因素的选择遵循以下两个原则：（1）选择已有研究文献普遍采用的变量；（2）不应包含于DEA模型的投入、产出变量中（Ray，1991；Kirjavainen & Loikkanent，1998）。基于以上原则，本研究最后确定的影响因素包括：学校类型（ST）、① 班级规模（CS）、班级规模的平方（CSSQ）、学校规模（SS）、学校规模的平方（SSSQ）、生均图书册数（PB）、是否有新建宿舍（ND）、非留守儿童比重（NLBCP）②、家庭社会经济水平（SES）③。在Tobit回归模型中，因变量是各项效率得分，效率值越大，表明学校越有效率。因此，估计得到的回归系数若为正，则表明该因素对效率存在积极的影响。

我们分别以CRS技术效率得分、VRS纯技术效率得分以及规模效率得分为因变量建立了三个独立的Tobit模型，模型结果如表11.4所示。接下来，我们对学校效率影响因素进行讨论。

表11.4　DEA效率影响因素的Tobit估计结果

	$Tobit_{CRS}$		$Tobit_{VRS}$		$Tobit_{SE}$	
	系数	p值	系数	p值	系数	p值
ST	−0.04995**	0.033	−0.03993**	0.006	−0.01674**	0.000
CS	0.00566**	0.044	0.00106	0.119	0.00663**	0

① 在模型中ST是学校类型的分类变量，ST=1，村完小；ST=2，乡镇中心校；ST=3，九年一贯制学校；ST=4，教学点。

② 在农村劳动力大规模向城市转移的大背景下，出现了大量的农村未成年儿童不能与父母共同生活，这类儿童称为留守儿童。留守儿童的出现对原有的农村教育环境产生了较大的影响。为此，本章计算各学校非留守儿童学生比重，研究留守儿童这一因素是否对学校效率产生影响。

③ 学生家庭社会经济特征是影响学生学业成就的重要因素。本研究拟研究学校效率是否受到学生家庭经济社会水平的影响，为得到学生家庭社会经济指标，我们通过对学生家庭所拥有的耐用品（学生家庭是否拥有彩电、固定电话、摩托车，以及拥有手机数量）、家庭生活设施（家庭是否有水厕、是否毛坯房）以及父母职业和受教育水平（父亲职业分类、母亲职业分类、父亲受教育水平、母亲受教育水平）三类相关指标进行因子分析，以公因子的方差变异作为权重计算公因子综合得分作为学生个体家庭经济水平指标，以抽样学校为单位计算平均值，作为最后进入分析的家庭社会经济平均水平指标。

续表

	Tobit$_{CRS}$		Tobit$_{VRS}$		Tobit$_{SE}$	
	系数	p 值	系数	p 值	系数	p 值
CSSQ	−0.000065*	0.072	−0.000013*	0.092	−0.000069**	0
SS	0.000097*	0.055	0.000084**	0	0.0000361*	0.054
SSSQ	−6.87E-08*	0.097	−6.44E-08**	0	−2.51E-08**	0.042
PB	0.000145*	0.093	0.0000968	0.182	0.00015*	0.053
ND	0.02909*	0.087	0.01373	0.194	0.02260**	0.010
NLBCP	0.02763**	0.039	0.087927**	0.043	0.05284**	0.000
SES	0.00254	0.292	0.0047264	0.572	0.00706**	0.000
Constant	0.68418**	0.000	0.86992**	0.000	0.79706**	0.000
对数似然值	482.2		472.15		420.15	
伪 R^2	0.2679		0.0797		0.2506	

（一）农村小学同样存在规模经济

在三个模型中，班级规模与学校规模这两个指标的一次项（CS、SS）均为正，二次项（CSSQ、SSSQ）系数均为负。因此，班级规模与学校效率之间、学校规模与学校效率之间均呈现倒U型曲线的关系，且班级规模指标的一次项和二次项在CRS模型以及SE模型中都通过显著性检验，学校规模指标的一次项和二次项在三个模型中都通过显著性检验。分别计算模型中各变量的边际效应，得到班级规模对CRS技术效率的临界值是43.5，对VRS纯技术效率的临界值是40.7，对规模效率的临界值是48。学校规模对CRS技术效率的临界值是705.9，对VRS纯技术效率的临界值为651.3，对规模效率的临界值是719.12。由此可见，基于本研究的样本，班级规模为45人左右、学校规模为700人左右是农村小学的最佳规模。但在现实中，抽样小学平均班级规模为37人，校均规模为377人，尤其是校均规模，远远低于模型所得到的最优点。这反映出，农村小学办学中同样存在规模经济现象，规模的提高可以在一定程度上提高资源的使用效率。但是，农村小学的“最佳”规模不能“一刀切”。我国幅员辽阔，各地情况差异很大，尤其是偏远地区，农村特殊的地理环境使得一些“麻雀”学校有其存在的必然性，需要因地制宜兼顾效率与公平。

（二）学校生均图书拥有量与小学办学效率正向相关

从我们的分析结果可以看到，生均图书册数（PB）与学校办学效率间存在显著的正向关系。事实上，阅读图书不仅是学生增长知识的重要途径，也是教师获得教学资料，提高教学技术，实现自我发展的重要途径。因此，在偏远的农村地区，图书投入的成本低，边际收益高，增加学校生均图书拥有量能有效提高小学学校效率。

（三）新建宿舍是提高农村小学学校效率的重要途径

学校是否有新建宿舍面积（ND）这一指标与学校效率之间表现出显著的正向关系。这进一步验证了确保学校规模达到一定水平对学校办学效率的重要作用。从长期来看，新建宿舍是开设寄宿制学校的前提，是农村学校布局调整、规模扩大的基础。在前文中我们已指出，确保学校规模达到一定水平有利于办学效率的提高。随着规模的扩大，新建宿舍的成本会降低，形成规模经济效益。同时，在留守儿童大量存在的背景下，新建学生宿舍可以满足农村儿童不断增长的寄宿需求。这在长远意义上讲是有利于学校效率提高的。在抽样学校中，仅有23%的学校有新建宿舍。因此，相关部门应当根据地区的需求和实际情况进行规划，真正保证教育质量和效率的提高。

（四）家庭背景状况与学校办学效率存在正相关关系

估计结果与我们的研究假设一致，学校非留守儿童比重越大（NLBCP）、学生家庭社会经济平均水平（SES）越高，学校的办学效率越高。其中，学校非留守儿童比重这一指标在三个模型中均在0.05水平下显著。由此可见，要保证学生达到一定水平的教育产出，在其他条件保持不变的情况下，当家庭背景条件较好的学生比重越大，学校所必须的投入较小；当家庭背景条件较好的学生比重越小，学校领导和教师需要在管理和教学中有更多的投入，以弥补家庭教育投入的不足。因此，相关部门在评价学校办学效率以及制定政策时，对弱势群体比重较大的学校应有所倾斜，重视对那些留守儿童比重高、学生家庭经济水平低的学校的管理和扶持，在确保教育质量的基础上提高其办学效率。

第五节 结论与建议

中国教育的重点在基础教育，难点在农村地区。为提高和巩固农村教育事业，国家投入了大量的资源。但是，教育资源仍然稀缺，要确保农村地区儿童接受高质量的基础教育，必须提高学校办学效率。因此，对农村中小学办学效率进行系统的、深入的研究具有重要的现实意义。本章利用西发项目监测与评价调查数据，以西部 145 所农村小学为样本进行了办学效率的相关研究，主要得出如下结论。

第一，西部农村小学办学效率总体较高，但学校间办学效率存在很大差异。村完小的办学效率最高，九年一贯制学校和教学点的办学效率状况较差。学校办学效率存在较大的提升空间。

第二，适度扩大学校规模是提高农村小学办学效率的重要途径。办学效率与学校规模间呈现倒 U 形曲线关系，这说明适度扩大学校规模有利于学校办学效率的提高。但扩大学校规模面临着校舍不足等诸多困难。有效解决这类困难、因地制宜地实施规模办学是提高学校效率的基础。

第三，重视增加学校所拥有的图书量在提高学校办学效率中的作用。在农村地区，尤其是在偏远学校，图书是学生和教师获取知识的重要途径。且图书投入具有成本低、见效快等特点，提高生均图书拥有量对学校办学效率存在显著正向影响。因此，需要重视学校图书拥有量的不断提高。

需要说明的是，由于数据可得性所限，在影响农村小学办学效率的因素中，一些重要的因素本章并没有考虑。如学校内部的管理和制度建设、政府部门教育改革等都可能影响办学效率。当然，这也为进一步的研究指出了方向。

第十二章　教师对学生学业发展的影响研究

中小学教师作为第一线教育工作者，他们对学生学业发展有着最直接的影响。在美国等发达国家，研究者非常重视结合学生学业成绩就教师对学生学业发展的影响展开研究，这已成为发达国家教育领域的一个基本问题。研究结论成为提高教师教学质量、促进学生学业发展的决策信息（Goldhaber，et al.，1999；Hanushek，et al.，1999；S. Paul Wright，et al.，1997）。在中国，义务教育质量在东西部地区之间、城乡之间呈现严重的不均衡。就某种意义而言，教师质量的差异是造成这种不均衡的重要原因。那么，为保证西部农村学生获得较快、较好的发展，掌握西部农村中小学教师对学生学业发展影响的真实信息非常重要。

受技术、方法及数据所限，① 以发展中国家为样本进行的研究并不多（Teddlie，2004），② 中国也不例外。在中国，相关研究发展迄今仍在起步阶段，利用大规模微观数据研究并刻画教师对学生学业发展影响状况的研究很少，教师队伍建设决策依据的科学性程度不高。本章利用BEWAMS数据库，构建两水平增值性模型，结合学生学业成绩，就教师对学生学业发展的影响展开系统研究，较为准确地测量了中国西部农村小学教师对学生学业发展的整体影响，并进一步测量了教师个体在促进学生学业发展中发挥的作用，掌握了中国西部农村小学教师对学生学业发展影响的真实信息。研究证实，提高农村教师教学质量，促进农村地区内教师质量的均衡，是确保中国农村小学学生学业又快又好发展的关键。

---

① 缺乏完备的数据库是限制该类研究在发展中国家开展最重要的因素，而发达国家历来非常重视数据库的建设。

② 孙绵涛主编：《教育效能论》，人民教育出版社2007年版，第115页。

第一节 文献综述及研究假设

早期研究者基于投入产出视角，选择某一层面（例如学生层面）建立简单教育生产函数模型，将可测教师特征指标及其交互项放入模型，直接分析教师特征指标对学生成绩影响。由于研究往往难以得到教师指标对学生成绩存在显著影响，且不同研究间的结论存在诸多矛盾，这导致部分研究者（J. Brophy & T. L. Good，1986）甚至认为，相对于家庭背景等其他因素，教师在学生学业发展中发挥的作用非常有限。

尽管如此，绝大部分研究者仍然坚信教师是学生学业发展最重要的影响因素（Hanushek，1986）。研究者认为，早期模型存在两个主要问题：一方面，模型只引入直接可测教师特征指标，存在大量遗漏变量，仅凭可观测变量与学生成绩间的关系并不能真实反映教师对学生学业的影响；另一方面，教育数据存在嵌套结构，但简单教育生产函数模型将各层变量简单折合到某一层面，这不仅造成信息的丢失，且嵌套数据本身并不满足单层模型的关键假设，因而造成估计偏差。

随着理论和计量工具的发展，从20世纪80年代开始，研究者一方面利用纵向追踪数据，构建增值性模型，在很大程度上消除了遗漏变量问题，更大程度保证了研究结论的客观和公正；另一方面基于学生和教师匹配数据构建多水平模型，解决了教育数据嵌套问题，并能将学生学业发展归因于一系列随机效应（教师效应等），通过测量这些效应，就教师对学生学业发展的影响进行整体测量。其研究逻辑是，教师对学生学业发展的影响被视为一种“剩余”（residual），根据学生学业发展的决定因素理论，在尽可能控制非教师因素后，可近似认为学生学业发展在班级间仍然存在的差异主要是教师发挥作用的差异造成的。这种差异越大，教师对学生学业发展的影响也越大。班级学生平均成绩的实际结果与在平均水平估计结果的差异可认为是该班授课教师造成，并用这种差异度量教师真实影响效应（Bingham，1991）。

大量研究者基于以上研究逻辑，通过对班级层面随机效应的估计，验证并具体测量了教师对学生学业发展所产生的影响。许多研究者（Goldstain，et al.，1993；Sammons，Thomas & Mortimore，1997）得出，教师因素对学生学业发展的解释力度达到25%～30%，即在尽可能控制非教师因素对学生学业发展的影响后，可近似认为学生学业进步在班级间差异有25%～30%源于教师。赖特（Wright）等人（1997）根据数十年的长期面板数据进行研究后指出，教师教学质量是决定学生学业发展最重要的因素。短期而言，教师质量影响到学生学业成绩，但长远而言，影响效应的累积性将造成教师对学生学业发展的影响将远远高于研究估计。达林-哈蒙德（Darling-Hammond，2000）在类似研究模型的基础上深入分析后指出，在各种学校因素中，教师对学生学业发展的影响远远大于班级规模以及学校其他投入的影响。

值得注意的是，在控制非教师因素后，要保证学生学业发展的“剩余”全部来自于教师是任何研究都不可能实现的。我们只能基于严密的数学模型，证明“剩余”主要源于教师。相对于早期研究中相互不一致的结论以及人们头脑中所存在的教师对学生学业发展存在重要影响等模糊不清的概念，构建两水平增值性模型测量教师影响效应规模以及教师个体教学质量指数，这是教师对学生学业发展影响较为精细化和严密化的度量。研究为我们提供了样本教师在促进学生学业发展中所发挥作用较为清晰的信息。利用这些信息，管理者在加强教师队伍建设、促进教师质量均衡的过程中可以更加有针对性地作出决策。

第二节　数据及计量模型

一、数据

本章研究利用 BEWAMS 数据库中两阶段追踪面板数据研究教师对学生学业发展的影响，抽样学生在 2006 年就读于小学四年级，在 2008 年就读于小学六年级。在每阶段调研中，课题组针对抽样学生进行了语文和数学测试，收集了抽样学生及家庭、教师以及学校等信息，形成了学生、家庭、教师和学校相匹配的两阶段完整面板数据，涵盖了学生、教师、家庭、学校的信息。

二、计量模型

由于每所小学仅抽取一个班级，且大部分抽样小学一个年级只有一个班级，因此，本研究小学数据具有学生嵌套于班级的两水平嵌套结构，我们建立了学生—班级两水平增值性模型。

（一）零模型

零模型不含任何解释变量，它能判断数据嵌套结构的假设是否合理，具体如（12-1）—（12-3）所示：

$$\text{Level 1}：y_{ij}=\beta_{0j}+\varepsilon_{ij} \qquad \varepsilon_{ij}\sim N(0，\sigma^2) \tag{12-1}$$

$$\text{Level 2}：\beta_{0j}=\gamma_{00}+u_{0j} \qquad u_{0j}\sim N(0，\tau_{00}^2) \tag{12-2}$$

合并模型为：

$$y_{ij}=\gamma_{00}+u_{0j}+\varepsilon_{ij} \tag{12-3}$$

在零模型中，β_{0j}表示j班级学生的班级平均成绩，ε_{ij}代表学生个体间随机效应。γ_{00}表示所有学生的成绩平均值，j班级学生的班级平均成绩β_{0j}将围绕所有学生的平均成绩γ_{00}而变化，u_{0j}表示班级间的随机效应，即班级（以及班级所在学校）的特征给第j班级平均成绩与整体平均成绩γ_{00}之间的差异。这样，模型随机效应被区分为水平1和水平2，分别代表学生成绩的差异中源于个体差异的部分（组内差异）和源于班级差异的部分（组间差异）。通过计算跨级相关系数（*ICC*）衡量学生成绩的差异中多大比例来自于第二水平，*ICC*的值越大，说明构建两水平模型的必要性越大。

$$ICC=\frac{\tau_{00}^2}{\tau_{00}^2+\sigma^2} \tag{12-4}$$

在本章研究中，对于数学成绩，模型估计得到的组内方差为208.452 5，组间方差为142.427 7（$p<0.01$），*ICC*等于0.406，这表明约40.6%的学生数学学习成绩差异源自于班级；对于语文成绩，模型估计得到的组内方差为189.384 7，组间方差为169.434 8（$p<0.01$），*ICC*等于0.472，这表明约47.2%的学生语文学习成绩差异源自于班级。因此，数据具有显著的两水平嵌套结构，建立两水平模型是合理的。

（二）完整模型

正如文献综述所指出，本研究是在尽可能控制非教师因素对学生学业发展的影响后，将教师的影响视为一种“剩余”。通过对这种“剩余”的估计，从整体和个体层面分别测量教师的影响。为此，我们在零模型的基础上，引入教师不可控制、对学生学业发展存在影响的学生水平指标（S_{sij}，$s=1$，…，S）和班级水平指标（C_{cj}，$c=1$，…，C）构建完整模型（（12-5）—（12-8）式）。

$$\text{Level 1}：y_{ij}=\beta_{0j}+\sum_{s=1}^{S}\beta_{sj}S_{sij}+\varepsilon_{ij} \qquad \varepsilon_{ij}\sim N(0，\sigma^2) \tag{12-5}$$

$$\text{Level 2}：\beta_{0j}=\gamma_{00}+\sum_{c=1}^{C}\gamma_{0c}C_{cj}+\theta_{0j} \qquad \theta_{0j}\sim N(0，\tau_{00}^2) \tag{12-6}$$

$$\beta_{sj}=\gamma_{s0} \qquad s=1，\cdots，S \tag{12-7}$$

合并后的模型为：

$$y_{ij}=\gamma_{00}+\sum_{c=1}^{C}\gamma_{0c}C_{cj}+\sum_{s=1}^{S}\gamma_{s0}S_{sij}+\theta_{0j}+\varepsilon_{ij} \tag{12-8}$$

利用完整模型，一方面，我们通过计算教师影响效应规模$\left(\frac{ICC}{1-ICC}\right)$和教师边际影响效应$\left(\sqrt{\frac{ICC}{1-ICC}}\right)$从整体测量教师对学生学业发展①的影响（Scheeren & Bosker，1997）；另一方面，利用经验贝叶斯估计测量班级随机效应 θ_{0j}，得到教师个体对学生学业发展产生的影响。

（三）问题识别

在进行模型分析之前，我们首先对模型可能存在的问题进行识别，并尽可能加以解决，最大程度保证结果的准确性和有效性。

首先，遗漏变量问题。针对一些对学生学业发展存在影响，但不能获得数据的指标，我们通过引入代理变量加以解决。如家庭经济水平这一指标，BEWAMS 没有收集数据，本研究将家庭所拥有耐用品状况相关变量计算因子得分作为代理变量。

其次，样本非随机选择问题。在类似研究中，严重的非随机选择问题可能导致错误估计。但从本研究来看，中国政策要求就近入学，且样本均来自西部农村，择校现象较少，同时，样本小学一个年级基本只有一个班，理论上认为非随机选择问题在我们研究样本中并不明显。

再次，缺失值和异常值问题。某些指标存在缺失值，存在缺失值的样本在模型计算时将被自动剔除，模型间失去可比性；同时，某些指标存在异常值，异常值可能削弱估计效度。我们根据不同指标的具体情况，通过从其文件查找数据、取平均值替代、删减样本等手段进行纠正和处理。

最后，样本规模问题。研究者（Snijder & Bosker，1993；Orsak，1997）指出，组间样本规模差异过大可能高估教师影响效应，应尽量保证组间样本规模的一致性。奥尔萨克（Orsak）在研究中将组内样本规模控制在 30 人以内。本研究为减少班级规模差异造成的估计偏差，将样本组内规模控制在 10～30 之间。

---

① 需要指出的是，由于研究引入学生前测成绩建立增值性模型，研究结果可视为教师对学生学业发展的影响。

第三节　变量选择和定义

一、学生水平变量

（一）初始成绩

引入学生 2006 年标准化测试成绩 $Test\_score2006_{ij}$，建立增值性模型。

（二）人口统计学指标

包括学生性别（Femal ＝ 1，女生；Femal ＝ 0，男生）、民族（Minority＝1，少数民族；Minority＝0，汉族）两项虚拟变量。

（三）学生家庭背景特征指标

家庭对学生学业发展存在重要影响。本研究引入四类指标。（1）家庭在读子女数（C_N）。多子女家庭中存在着家庭教育资源的竞争，在读子女数越少，家庭教育负担越轻，每个子女可能获得家庭教育的投入越多；反之，获得家庭教育投入越少。（2）家庭经济状况（Feco）。受教育成本约束以及对子女受教育预期经济收益较低两方面原因所致，低收入家庭父母对子女受教育的需求较低（Lazear，1980）。但 BEWAMS 没有收集家庭收入数据，本研究通过对家庭拥有耐用品状况变量进行因子分析，将因子得分作为家庭经济状况的代理变量，得分越高，家庭经济状况越好。（3）父母受教育状况（Medu，Fedu）。父母教育状况与子女学业间的关系在同类研究中备受关注。本研究选择父亲与母亲受教育状况两个指标（1＝小学及以下，2＝初中，3＝高中及以上）。（4）父母外出状况（out 1，out 2，out 3）。在中国劳动力从农村到城市大规模转移的背景下，大量农村儿童因父母外出打工而不能与父母共同生活，这造成父母教育的缺失。本研究引入父母是否在家的指标控制父母外出对学生学业发展的影响（out 1＝1，父亲外出母亲在家；out 2＝1，母亲外出父亲在家；out 3＝1，父母均外出不在家；out 1＝out 2＝out 3＝0，父母均在家）。

（四）学生自我学习状况指标

从教育心理学的角度看，学生学习动机越强，学习中投入努力程度越大，但教师很难直接控制学生学习动机。本研究引入学生期望自己能获得最高学历水平（Stu _ exp）作为代理变量（0＝初中及以下，1＝高中，2＝大学及以上），假设学生期望能获得的最高学历越高，其学习动机就越强。同时，中国农村学生大多需要承担一定农活，若农活负担过重势必挤占学生学习的时间和精力。本研究引入学生在家每天做农活的时间及其平方项（Hou _ hold，sqHou _ hold）。

二、班级水平变量

（一）学校特征变量

本章研究除了引入学校类型（Type，即 1＝村完小，2＝乡镇中心小学，3＝九年一贯制）、学校规模及平方（S _ size、SQS _ size）、生均教育经费（C _ exp）等相关研究常用变量外，还引入了学校管理变量控制学校管理文化可能造成的影响。研究者（Levin，1995）指出，学校管理对教育质量影响较大。为此，本研究通过对教师问卷中教师对学校管理文化评价的各项指标进行因子分析，将计算得到的因子得分作为学校管理制度的代理变量。

（二）班级特征指标

班级特征变量的引入主要是控制班级同伴效应对学生学业发展的影响。为此，本研究引入抽样班级 2006 年班级平均成绩指标（mscore 06，lscore 06）、班级少数民族学生比重（pmin）、家庭经济状况公因子得分在班级层面的平均得分（cFeco）、在家需要花费大量时间（大于整体平均值为标准）干农活做家务学生比重（C _ hou _ hol）、学生期望获得大学及以上学历的比重（C _ exp）。

第四节　实证结果

一、教师整体影响效应的测量

表 12.1 和表 12.2 分别呈现了语文及数学模型估计结果。第一列是自变量英文缩写（具体定义参见变量选择部分，前面加上 cen 表示该连续变量经过中心化处理，学生水平变量组内中心化，班级水平变量整体中心化），第二列是零模型估计结果。第三列到第十二列是模型 1 到模型 5 的估

计结果。从整体看，数学模型与语文模型存在较大的一致性。同时，对比模型（1）—（5）的估计结果，估计参数较为稳定，这说明模型具有较好稳健性。在具体模型估计结果中，由于两水平模型充分考虑了数据嵌套结构，班级水平变量通过显著性检验的变量较之OLS模型明显减少，这从一个层面再次说明了构建两水平模型进行研究的合理性。在以上所建立的各个模型中，模型5对学生水平和班级水平的解释力度最大。它所能控制的非教师因素所产生的影响最大。因此，我们选择模型5就教师整体影响效应的测量结果进行讨论，主要得到两点结论。

第一，模型具有较好的解释力度。对比模型5与零模型，通过引入一系列学生个体、班级层面以及学校层面的教师不可控制因素变量，就语文模型而言，所引入的学生层面变量解释了学生语文成绩在个体层面差异的13.9%，所引入的班级层面聚类变量和学校层面变量能解释学生语文成绩在组间差异的36.5%；在数学模型中，所引入的学生层面变量能解释学生数学成绩在个体层面差异的19.4%，所引入的班级层面聚类变量和学校层面变量能解释学生数学成绩组间差异的30.00%。由于模型中所引入教师不可控制变量具有较好的解释力度，我们可以近似地认为，通过控制这些非教师因素变量，学生学业成绩在班级层面“剩余”的差异很大程度上是由教师教学质量的差异造成的，通过对这些“剩余”的估计即可测量教师对学生学业发展整体影响效应进行测量。

第二，科学量化了教师对学生学业发展产生的影响。利用“教师影响效应规模$=\frac{ICC}{1-ICC}$”以及“教师边际效应$=\sqrt{\frac{ICC}{1-ICC}}$”公式，我们得到中国西部农村小学语文和数学教师对学生学业成绩影响效应规模分别为0.65和0.59，对学生学业成绩影响的边际效应分别为0.81和0.77。这一结果意味着，从教师对学生学业发展存在影响的角度考虑，对于来自两个不同班级的学生，在控制了学生个体层面和班级层面教师不可控制因素后，某班级语文教师个体教学质量（即下文将估计的教师教学质量指数）每提高一个标准差，该班级语文平均成绩将提高0.81个标准分；某班级数学教师个体教学质量每提高一个标准差，该班级数学平均成绩将提高0.77个标准分。

表 12.1　小学语文模型估计结果

	零模型	Model 1		Model 2		Model 3		Model 4		Model 5	
		HLM	OLS	HLM	OLS	HLM	OLS	HLM	OLS	HLM	OLS
Type	—	−2.669**	−2.522	—	—	−2.326**	−2.330*	−2.741**	−2.571*	−3.192**	−2.637*
cenS_size	—	0.010**	0.005	—	—	0.012**	0.008	0.010**	0.005	0.008**	0.005
cenSQS_size	—	−6.82E−6*	−4.18E−06	—	—	−6.74E−6*	−5.13E−6	−6.18E−6*	−3.96E−6	−5.16E−6*	−3.58E−06
Cenmanage	—	1.544**	1.075	—	—	1.531**	1.129*	1.544**	1.102*	1.693**	1.147*
cenclscore06	—	0.131**	0.132**	—	—	0.091**	0.109*	0.124**	0.127**	0.122**	0.127*
cencFeco	—	1.743**	1.344	—	—	1.426**	1.213	1.660**	1.115	1.812**	1.204
C_hou_hol	—	−9.200**	−3.987	—	—	−9.647**	−4.615*	−9.046**	−3.706*	−8.290**	−3.567*
C_exp	—	0.086	0.076	—	—	0.216	0.067	0.129	0.050	0.245	0.002
C_min	—	−8.304**	−8.372*	—	—	—	—	−8.498**	−8.675**	−7.421**	−8.361**
cenlscore06	—	—	—	0.252**	0.267**	0.256**	0.270**	0.256**	0.269**	0.255**	0.268**
Female	—	—	—	1.180*	0.675	0.963**	0.527	1.003	0.539	1.457**	0.686
Minority	—	—	—	−2.385**	−0.403	—	—	−0.638	−0.730	0.692	−0.738
C_N	—	—	—	−2.415**	−0.984**	—	—	—	—	−2.742**	−0.983**
cenFeco	—	—	—	0.671	0.802**	0.847**	0.870**	0.900**	0.827**	0.882**	0.814**
Medu	—	—	—	—	—	1.431**	0.756	—	—	—	—
Fedu	—	—	—	1.121**	1.264**	—	—	1.391**	1.311**	1.039**	1.259**

续表

	零模型	Model 1		Model 2		Model 3		Model 4		Model 5	
	零模型	HLM	OLS	HLM	OLS	HLM	OLS	HLM	OLS	HLM	OLS
out1	—	—	—	−2.180**	−0.166	−1.526*	−0.163	−1.852**	−0.158	−1.777**	−0.171
out2	—	—	—	−4.949**	−1.383*	−4.016*	−1.375*	−3.745*	−1.298*	−3.915**	−1.368*
out3	—	—	—	−2.633**	−0.459	−3.075**	−0.445	−2.421**	−0.435	−2.233**	−0.449
cenHou_hold	—	—	—	3.260**	3.744**	3.397**	3.630**	3.590**	3.659**	3.787**	3.754**
censqHou_hold	—	—	—	−0.544	−0.727**	−0.608	−0.708**	−0.669	−0.717**	−0.681**	−0.731**
cenStu_exp	—	—	—	0.819*	0.892**	0.676	0.879**	0.242	0.845**	0.257	0.853**
_cons	61.467**	67.543**	68.011**	66.303**	61.484**	63.538**	63.196**	67.064**	65.746**	73.738**	67.976**
学生样本	3326	3326	3326	3326	3326	3326	3326	3326	3326	3326	3326
班级样本	123	123	123	123	123	123	123	123	123	123	123
R^2	—	0.0974	—	0.0934	—	0.190	—	0.196	—	0.220	—
组内方程成分	189.3847	—	189.3937	—	163.034	—	163.967	—	163.409	—	163.037
组间方差成分	169.4348	—	110.1038	—	169.4084	—	109.8636	—	108.072	—	107.497
ICC	0.472	—	0.368	—	0.510	—	0.401	—	0.398	—	0.397

注：* 表示通过 0.1 显著性水平检验，** 表示通过 0.05 显著性水平检验。

表 12.2　小学数学模型估计结果

		Model 1		Model 2		Model 3		Model 4		Model 5	
	零模型	OLS	HLM	OLS	HLM	OLS	HLM	OLS	HLM	OLS	HLM
Type	—	−1.470**	−1.563	—	—	−1.111**	−1.343	−1.512**	−1.598*	−1.930**	−1.671*
cenS_size	—	0.014**	0.008	—	—	0.015**	0.011	0.013**	0.008	0.011**	0.008
cenSQS_size	—	−6.25E−6*	−4.26E−6	—	—	−6.21E−6*	−5.12E−6	−5.68E−6*	−4.02E−6	−4.74E−6*	−3.63E−6
Cenmanage	—	1.558**	1.233*	—	—	1.474**	1.262*	1.582**	1.291*	1.728**	1.343*
cencmscore06	—	0.123**	0.149**	—	—	0.103**	0.137*	0.113**	0.140**	0.108**	0.139**
cencFeco	—	2.561**	1.210	—	—	2.248**	1.134	2.544**	1.106	2.698**	1.205
C_hou_hol	—	−10.733**	−8.107*	—	—	−11.189**	−8.769*	−10.818**	−8.017*	−10.133**	−7.880
C_exp	—	0.487**	0.833	—	—	−0.387**	0.685	0.447**	0.797	0.338*	0.742
C_min	—	−7.757**	−8.236**	—	—	—	—	−7.234**	−7.741**	−6.245**	−7.408**
cenmscore06	—	—	—	0.325**	0.326**	0.326**	0.327**	0.328**	0.327**	0.326**	0.326**
Female	—	—	—	−0.466	−0.018	−0.019	−0.146	−0.068	−0.129	0.487	−0.024
Minority	—	—	—	−3.560**	−0.625	—	—	−0.320	−0.196	−0.268	−0.186
C_N	—	—	—	−2.644**	−1.053**	—	—	—	—	−2.537**	−1.035**
cenFeco	—	—	—	0.096	0.237	0.190	0.330	0.218	0.266	0.200	0.252
Medu	—	—	—	—	—	0.768	0.086	—	—	—	—
Fedu	—	—	—	0.345	0.632	—	—	0.723	0.684**	0.398	0.628**

续表

	Model 1			Model 2		Model 3		Model 4		Model 5	
	零模型	OLS	HLM	OLS	HLM	OLS	HLM	OLS	HLM	OLS	HLM
out1	—	—	—	−1.869**	−0.938	−1.612*	−0.901	−1.971**	−0.928	−1.903*	−0.940
out2	—	—	—	−4.732**	−2.378*	−3.991**	−2.314*	−3.861*	−2.273*	−4.030*	−2.345*
out3	—	—	—	−1.278	−0.714	−2.009**	−0.709	−1.441*	−0.678	−1.273	−0.690
cenHou_hold	—	—	—	2.328	2.638**	2.291	2.5[illegible]7**	2.470*	2.564**	2.647*	2.663**
censqHou_hold	—	—	—	−0.352	−0.468	−0.372	−0.452	−0.425	−0.463*	−0.435	−0.477
cenStu_exp	—	—	—	1.261**	1.117**	1.227**	1.115**	0.873*	1.061**	0.895**	1.069**
_cons	72.900	77.873**	78.955**	78.463**	74.011**	73.613**	74.652**	77.029**	77.369**	83.195**	79.719**
学生样本	3326	3326	3326	3326	3326	3326	3326	3326	3326	3326	3326
班级样本	123	123	123	123	123	123	123	123	123	123	123
R^2	—	0.087	—	0.0761	—	0.122	—	0.159	—	0.230	—
组内方程成分	208.4525	—	208.444	—	171.515	—	171.576	—	169.389	—	167.986
组间方差成分	142.4277	—	103.724	—	138.568	—	103.493	—	102.596	—	99.749
ICC	0.406	—	0.332	—	0.447	—	0.376	—	0.377	—	0.373

注：* 表示通过 0.1 显著性水平检验，** 表示通过 0.05 显著性水平检验。

二、教师个体影响效应的测量

在前文中已经提到，在尽可能控制个体层面和班级层面影响因素后，可近似地认为学生学业成绩在班级层面的差异很大程度是由教师教学质量的差异所造成的。即数学（语文）模型中班级层面随机效应 θ_{0j} 可看做 j 班级数学（语文）教师个体在促进学生学业发展中所发挥的净效应。在美国等发达国家，对教师促进学生学业发展中净效应的测量成为教师问责、绩效考核的重要依据。

本章利用模型 5 具体测量了教师个体在促进学生学业发展中的净效应，将其命名为教师个体教学质量指数。本章研究样本班级规模介于 10～30 之间，根据已有文献，在组内样本规模不大时（样本量大于 30 为大样本），为避免极值对估计结果的干扰，应基于经验贝叶斯估计得到组内随机效应。在（12-9）式中，采用 OLS 估计得到组内随机效应 θ_{0j}，它是两水平模型中班级层面残差。对于小规模班级，估计结果可能仅仅由于随机误差的波动成为极端值，造成结果的不稳定，使得衡量得到的教师个体影响效应测量值有效性水平较低。那么，经验贝叶斯估计简单表示为(12-10)式，它是对教师个体影响效应进行的收缩估计，对 OLS 估计得到的 $\widehat{\theta}_{0j}$ 按其不可靠性成比例因子 λ_j 收缩，由于控制了组内随机波动（τ_{00}，即 θ_{0j} 方差估计值）、个体随机效应波动（σ^2，即 ε_{ij} 方差估计值）、组内样本规模（n_j，即 j 班学生数），这就大大削弱了小规模样本造成估计结果的不稳定，提高了测量结果的有效性。

$$\widehat{\theta}_{0j}=\overline{y}_{.j}-\widehat{\gamma}_{00}-\sum_{c=1}^{C}\widehat{\gamma}_{0c}C_{cj}-\sum_{s=1}^{S}\widehat{\gamma}_{s0}\overline{S}_{s.j} \tag{12-9}$$

$$\theta_{0j}{}^{*}=\lambda_j\,\widehat{\theta}_{0j} \tag{12-10}$$

其中：$\lambda_j=\dfrac{\tau_{00}}{\tau_{00}+\sigma^2/n_j}$

基于经验贝叶斯估计，本章对 123 个班级的语文和数学教师在学生学业发展中所发挥作用的净效应进行了具体的估算。由于模型尽可能控制了非教师因素的干扰，且引入增值性思想，依据指数所提供净效应的信息，我们能客观、公正地了解每一名教师在促进学生学业发展中所发挥作用的具体状况。该信息可作为中国当前正在实施的绩效工资考核的一项指标。受篇幅所限，本章没有具体呈现每一名教师教学质量指数的全部数值，图 12.1的教学质量指数箱图分别呈现了小学语文和数学教师教学质量指数的分布状况。

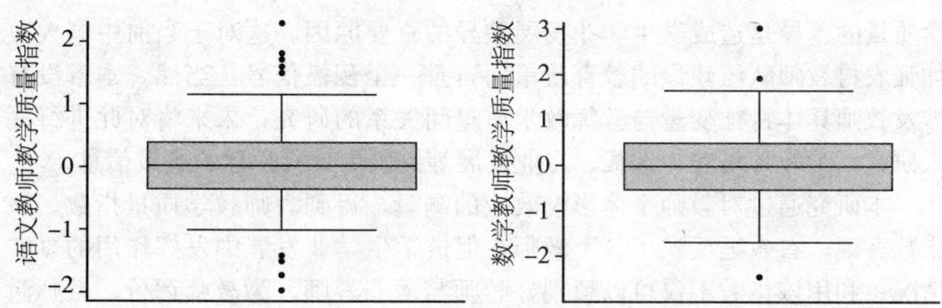

图 12.1　小学教师教学质量指数箱图

研究者（Uribe et al.，2003；Kane & Staiger，2001）指出，在不考虑极端样本的情况下，教师教学质量指数上下四分位数的距离可在一定程度上反映教师整体教学质量变化对学生学业发展产生影响的状况。按照这一估算方法，我们得到语文和数学教师的整体影响效应分别为 0.838 和 0.694。这意味着，对于来自两个不同班级的学生，在控制了学生个体层面和班级层面教师不可控制因素后，语文（数学）教师教学质量每相差一个标准差，两班语文（数学）平均成绩相差 0.838 分（0.694 分）。这与基于“教师边际效应$=\sqrt{\frac{ICC}{1-ICC}}$”公式估计的结果（语文和数学教师边际影响效应分别为 0.81 和 0.77）基本一致。

同时，我们对教师教学质量指数进行了简单的描述性分析。语文教师教学质量指数均值为－0.018，标准差为 0.653，变异系数为 36.27；数学教师教学质量指数的均值为－0.013，标准差为 0.749，变异系数高达 57。从以上描述性分析中不难得到，西部农村小学教师个体之间在学生学业发展中发挥的作用存在着非常大的差异。

第五节　结　论

本章基于大规模实地调研数据建立两水平增值性模型，对西部农村小学教师对学生学业发展的影响进行了经验研究。

在尽可能控制教师不可控制因素后，本章通过度量不同教师所教授学生间学业发展的差异，就教师对学生学业发展的整体影响进行了量化，得到教师影响效应规模和边际影响效应指数，较为清楚地掌握了西部农村小学教师在促进学生学业发展中所发挥作用的真实信息。我们发现，即使在依据传统质量指标衡量得到西部农村教师质量低下的现实状况下，西部农村小学教师在学生学业发展的过程中仍然发挥了不可忽视的作用。教师教学质量的差异是造成学生学业发展差异的重要原因。这对于当前中国大力加强农村教师队伍建设的教育政策而言是一个积极信号。当然，本章没有涉及教师具体特征变量与教师教学质量间关系的研究，未来将对此进行深入研究，为教师培养、选拔、专业发展等提供更具科学性的决策信息。

本研究通过对教师个体影响效应的测量，得到教师教学质量指数。该指数客观、有效地反映了各个教师在促进学生学业发展中发挥作用的真实情况。利用该指数不仅可以甄别好教师与薄弱教师，为教师评价、教师激励、典型教师改进等提供重要信息，提高教师队伍建设过程的精密性和科学性。同时，在分析教师教学质量指数后发现，西部农村小学教师在促进学生发展中存在巨大差异。这说明，在中国城乡间、区域间义务教育质量不均衡较为严重的现状下，西部农村地区内部义务教育阶段教师教学质量同样参差不齐。决策者在加强农村教师队伍建设中应充分关注到这一问题，切实加强区域内教师教学质量的均衡程度，确保“提高质量、促进均衡”这一教育政策目标的实现。

第十三章　农村初中生学业成绩与家庭社会经济背景研究

长期以来，在教育经济学的研究领域内，有很多学者将研究的重点放在学生学业成绩的影响因素上。在这之中，又以家庭社会经济背景对学生学业成绩的研究居多。究其原因不外乎有以下三点。第一，家庭教育是儿童自出生后接受到的最早教育，父母对子女的投入，无论是物质上的，还是精神上的，都会在儿童身上产生一定的影响效果。此外，家庭结构、生活环境等方面的因素也会伴随在儿童的成长过程中发生作用。第二，在研究教育公平的过程中，从“起点公平”到“结果公平”，学生的家庭社会经济背景都是一个必要的考量依据。第三，在儿童的教育过程中，尤其是在早期的基础教育阶段，家庭教育与学校教育是一个联合生产的动态过程。家庭和学校在这个过程中不断地进行分工与合作。尽管目前还鲜有这方面的研究成果发表出来，但这的确是在现实中存在的不争事实。

第一节　文献综述

一、国外的相关研究

关于学生家庭背景与学生学业成绩的研究最早出现于科尔曼报告（1966）中。其研究发现，学生的家庭社会经济背景特征，尤其是父母的社会经济状况对于学生学业成绩产出具有非常重要的解释意义。此后，一大批学者对此进行了研究，把学生的家庭社会经济背景（一般是家长的受教育程度、职业、收入等）作为变量，引入教育生产函数中。

哈努谢克（1986）的研究发现，父母的受教育程度对其子女的学业成绩产出具有显著的正影响，即父母的受教育程度越高，其孩子的学习成绩就越好。艾伯特·帕克与埃米莉·汉纳姆（2001）采用中国甘肃农村基础教育调查的数据估计了小学生家庭社会经济背景对学生成绩的影响。研究结果显示，在控制了教师特征和班级规模后，父亲的受教育程度对学生的数学成绩有显著的正影响，但是对语文成绩没有显著影响。母亲的受教育程度和家庭人均支出对语文和数学成绩的影响均不显著。帕特里克·J. 麦克尤恩（2003）使用智利1997年八年级学生成绩的调查数据研究表明，父母的受教育程度对学生成绩有显著的正影响，而且母亲的受教育程度影响更大。

学生能力国际评价（programme for international student assessment, PISA）指出，社会阶层的分化对教育产出有重大影响。通过回归分析，PISA的结果证明了在一个国家内贫富差距与相应的学生成绩差异间存在着正相关关系，学生家庭的社会和经济地位高，他们的学业成绩也较好。同时，PISA的分析结果也发现这样一个现象：较低阶层社会背景下的学生获得较低平均成绩水平不是必然的，它暗示学校和教育体系能够成功地调节社会背景和学习产出间的关系。

沃斯曼（2003）采用TIMSS数据研究了东亚五国或地区（中国香港、韩国、日本、新加坡、泰国）家庭背景对儿童学习成绩的影响。研究结果显示，这五个国家或地区的父母受教育程度对其孩子的成绩有显著的正影响，并且这种正影响在新加坡最为显著。

二、中国的相关研究

在中国的教育科学领域内，有关学生学业成绩与家庭社会经济背景的研究进展比较缓慢，但还是有些有关家庭社会经济背景的研究发表出来。赵丽（2005）对北京市某小学采用整群抽样的方法进行的影响该校学生学业成绩因素的实证研究结果表明，学生父亲受教育程度对其子女成绩具有显著的正影响，但是该项研究的样本对象仅局限于北京市的一所小学。薛海平（2007）利用“甘肃基础教育调查研究”项目调查数据，得出“甘肃农村初中学生家庭社会经济背景对学习成绩有重要影响”的结论。在控制了其他因素后，学生家庭收入和文化资本对学生数学成绩和语文成绩都有显著的正影响，但是父亲的受教育程度对学生成绩的影响均不显著。

三、不同的研究结论

尽管科尔曼报告的研究结论表明家庭社会经济地位与学业成绩产出存在很强的相关性，并且被广为接受，但是其他的一些研究报告也指出家庭社会经济地位与学业产出之间不过是中度或低度的相关而已。例如，怀特（White, 1982）对101篇文献的元分析结论表明职业只能解释约

4%，家庭收入的解释率不到10%，认为社会经济地位与学业成绩只呈现低度相关。台湾的郭浮安（1994）对15篇文献的元分析结论也支持怀特的结论。

第二节　研究方法

本章主要考查不同家庭社会经济背景下的学生学业成绩之间的差异，找出学生学业成绩产出与家庭社会经济背景之间的数量变化关系。同时，本章还将研究不同性别、民族学生之间的学业成绩产出差异问题。由于西发项目影响力评价的研究设计要求，所获得的数据仅限于西部的甘肃、广西、宁夏、四川、云南五省区中接受西发项目投入的农村地区，接受测试的学生为初中三年级，测试科目为语文和数学两科。①

西发项目监测与评价调查采取依概率比例系统抽样的原则，分为县、乡镇、学校、班级四级抽样。为保证样本采集的真实性，每级抽样都采用系统随机过程抽取。本章的研究主要采用一元回归的方法，构造家庭社会经济背景指数与学生学业成绩梯度（gradient），用来展示中国西部农村地区学生学业成绩与家庭社会经济背景之间的关系。

众所周知，家庭收入在数据的采集过程中存在不可靠性，还不可避免地会涉及个人隐私的问题。因此，我们选取了能反映家庭经济状况的"家庭是否拥有某种物品"作为家庭经济状况的替代指标，并与父母职业②和受教育程度③一起合成最终的家庭社会经济地位指数。④

① 按照ISCED-97以及中国学制的相关规定，确定本文中的有效样本为15周岁在公立学校初中三年级（ISCED9）就读的在校生。数学和语文两学科的测试题目为西发项目影响力评价课题组聘请相关学科专家特别设计的。

② 根据李春玲的《当代中国社会的声望分层——职业声望与社会经济地位指数测量》一文，在本问卷所列职业中，将务农设计为区分标准，且在样本中，父母职业为务农比例最高，具有较好的区分度。

③ 样本中父母的文化程度均比较低，父亲文化程度一般高于母亲。因此，为了保证变量的区分度，对于父亲文化程度，我们将初中及以上毕业为区分标准；对于母亲文化程度，我们将小学及以上毕业为区分标准。

④ SES指数的合成是依托初中学生样本完成的，包括初一、初三所有年龄段的学生。

第三节　数据分析及实证研究结论

一、学生成绩基本情况描述

本部分主要对学生总体及分性别、民族的学生成绩进行简单的描述性统计。学生数学、语文测试满分分别为100分、96分。具体的描述性统计结果如表13.1、表13.2所示。

表13.1　学生成绩描述性统计

	极差	最低分	最高分	均值 平均分	均值 标准误	标准差	偏度 统计值	偏度 标准误	峰度 统计值	峰度 标准误
数学	85	15	100	77.42	0.381 41	16.708 10	−0.976	0.056	0.746	0.112
语文	90	6	96	52.20	0.346 64	15.185 06	−0.286	0.056	−0.231	0.112

表13.1为样本总体学生成绩描述性统计量。从表中可知样本学生数学平均成绩为77.42分，语文平均成绩为52.20分。标准差分别为16.71，15.19，学生成绩的分布离散程度适中。从数学成绩变量与语文成绩变量的峰度和偏度值中我们可以看出，学生数学成绩、语文成绩的分布基本服从正态分布。

表13.2　分类别学生样本数及平均成绩

		汉族	少数民族	缺失	合计
男	样本数（*N*）	687	233	6	926
	占总样本的比例（%）	74.2	25.2	0.6	49.4
	数学成绩均值	78.98	77.85		78.73
	语文成绩均值	51.79	48.05	—	50.79
女	样本数（*N*）	657	289	2	948
	占总样本的比例（%）	69.3	30.5	0.2	50.6
	数学成绩均值	77.44	74.24	—	76.41
	语文成绩均值	55.02	51.01	—	53.78
缺失	样本数（*N*）	19	26	—	45
	样本数（*N*）	1 363	548	8	1 919

续表

		汉族	少数民族	缺失	合计
合计	占样本的比例（%）	71	28.6	0.4	100
	数学成绩均值	78.05	75.84	—	77.42
	语文成绩均值	53.3	49.6	—	52.2

表13.2为分类别的学生样本数及平均成绩统计表。从表中可知，在1 919位15岁的初中三年级学生中，男女几乎各占一半，汉族学生较多，占总样本的71%。从学生的平均成绩来看，数学成绩上，男生的平均成绩高于女生，汉族的平均成绩高于少数民族；语文成绩上，女生的平均成绩高于男生，汉族的平均成绩高于少数民族。考虑到不同性别、不同民族学生在学习成绩上的差异，在后边的回归分析中我们除了列出总样本的线性回归结果外，还将分性别、民族及性别与民族的不同组合分别做一元线性回归，并对相关结论进行分析。

二、学生成绩与SES指数一元线性回归分析

PISA项目使用家庭社会经济背景指数与学生学业成绩梯度这一概念来衡量学生学业成绩随家庭社会经济地位变化的程度，即通过回归或者曲线拟合的方法来确定这两者之间的函数关系（因为这两者之间有时候并不是直线的关系）。通过统计分析发现，使用一元线性回归的方法来解释本研究中学生学业成绩与家庭社会经济背景的关系比较好。

表13.3列出了学生数学成绩与SES指数一元线性回归分析的相关统计值。从表中我们可以看出，虽然回归方程的拟合度并不是很高，但是在男生、女生、汉族、汉族男生四个群体样本中，回归方程在0.1的水平上均是显著的。通过对1 919个总体样本的分析可知，方程在0.01的水平上通过了显著性检验，SES对学生数学成绩的影响是显著的，学生的SES指数每增加一个单位，学生的数学成绩则增加0.286个单位。通过表13.3中不同样本分析结论的对比，可以发现，SES指数对男生数学成绩的影响明显高于对女生数学成绩的影响，而且对汉族男生数学成绩的影响也要高于对男生总体的数学成绩影响。而在汉族女生、少数民族总体、少数民族男生、少数民族女生四个样本中，SES指数对数学成绩的影响并不显著，方程没有通过显著性检验。

表 13.3　学生数学成绩与 SES 指数的一元线性回归

		因变量:学生数学成绩								
		总体	男生	女生	汉族	少数民族	汉族男生	汉族女生	少数民族男生	少数民族女生
	样本量(N)	1 919	926	948	1 363	548	687	657	233	289
自变量:SES指数	R^2	0.008	0.012	0.003	0.009	0.003	0.016	0.003	0.003	0.005
	F 值	13.618	10.756	3.069	11.543	1.71	10.305	1.866	0.551	1.262
	相伴概率(Sig.)	0.000**	0.001*	0.08*	0.001*	0.192	0.001*	0.172	0.459	0.262
	常数项	74.486	75.119	74.339	74.919	73.772	74.836	75.605	76.265	71.483
	自变量系数	0.286	0.358	0.197	0.31	0.193	0.41	0.178	0.161	0.244

注:* 表示方程在 0.1 的显著性水平上显著,** 表示方程在 0.01 的显著性水平上显著。

表 13.4 列出了学生语文成绩与 SES 指数一元线性回归分析的相关统计值。同样，虽然回归方程的拟合度并不是很高，但是在男生、女生、汉族男生、汉族女生四个群体样本中，回归方程均在 0.1 的水平上通过了显著性检验，即方程是显著的。通过对 1 919 个总体样本的分析可知，方程在 0.01 的水平上通过了显著性检验。SES 对学生语文成绩的影响也是显著的，学生的 SES 指数每增加一个单位，学生的语文成绩则增加 0.275 个单位。另外，汉族学生的回归方程也通过了 0.01 显著性水平上的显著性检验，方程的回归系数为 0.293。即汉族学生的 SES 指数每增加一个单位，汉族学生的语文成绩则增加 0.293 个单位。通过表 13.4 中不同样本分析结论的对比，可以发现，SES 指数对男生语文成绩的影响要高于对女生语文成绩的影响，对汉族男生语文成绩的影响也要高于对汉族女生语文成绩的影响。少数民族组与少数民族男生组的回归方程则没有通过显著性检验。

家庭社会经济背景较好的学生家庭经济条件相对较好，父母受教育程度相对较高。我们推测家庭经济条件较好的家庭可以有较充足的经济实力为学生购买学习用品、辅导用书，或者为学生聘请家庭教师。父母受教育程度较高的家庭，家长能够对学生进行较好的学习辅导。因此，我们认为学生学业成绩与家庭社会经济背景指数的正相关关系是合乎情理的。

第四节　结　　论

通过回归分析可以得知，在中国西部五省区抽样学校，不管是在学生总体样本中，还是分性别、民族的学生样本中，学生的 SES 指数与学业成绩均呈正相关。即学生的 SES 指数越高，他就越可能获得较高的数学成绩或语文成绩。具体为，SES 指数每增加一个单位，学生的数学成绩则增加 0.286 个单位，语文成绩增加 0.275 个单位。当然在不同性别、不同民族的学生内部，SES 指数对学业成绩的影响程度是有所不同的，但始终呈现正向的影响趋势。

在这里有必要特别指出的是，SES 指数对男生成绩的影响要高于女生，尤其是在数学科目上。因此，不排除中国封建传统下的重男轻女思想在当今还有残留。此外，在总体样本内的学科之间差异比较上，SES 指数对数学成绩的影响要略高于语文。这一点在汉族男生的群体内比较明显。但是由此还不能够得出重理轻文的观念存在，还需要后续的研究给予支持。

表 13.4　学生语文成绩与 SES 指数的一元线性回归

		因变量:学生语文成绩								
		总体	男生	女生	汉族	少数民族	汉族男生	汉族女生	少数民族男生	少数民族女生
	样本量(N)	1 919	926	948	1 363	548	687	657	233	289
自变量：SES 指数	R^2	0.008	0.01	0.009	0.01	0.005	0.016	0.005	0.001	0.024
	F 值	15.108	8.992	7.829	12.46	2.534	10.062	3.347	0.115	6.39
	相伴概率(Sig.)	0.000**	0.003*	0.005*	0.000**	0.112	0.002*	0.068*	0.735	0.012*
	常数项	49.387	47.564	50.985	50.325	47.271	47.808	52.991	47.255	46.065
	自变量系数	0.275	0.314	0.274	0.293	0.212	0.379	0.211	0.073	0.445

注：* 表示方程在 0.1 的显著性水平上显著，** 表示方程在 0.01 的显著性水平上显著。

第十四章　转学对学生成绩的影响

在发达国家，特别是美国，转学是一个普遍现象。在一些城市的课堂里，学生转学率甚至高达 50% 以上（Alexander，Entwisle & Dauber，1996；Mehana & Reynolds，2004）。在转型时期的中国，各种因素导致的学生转学也很普遍。在城市地区，学生因为家庭居住地变化或者为了追求更好的教育质量而转学。此外，伴随大量农村剩余劳动力向城市转移，许多学龄儿童从农村迁移到城市上学。在农村地区，中小学布局调整政策导致许多教学点被合并，在教学点就读的学生转到新合并的学校就读。因此，无论是对家庭教育选择决策，还是评价学校布局调整等教育政策，研究转学对学生成绩的影响都具有重要意义。

很多学者指出，转学有可能影响学生的就学环境，从而对其身心发展和学业成绩造成不利影响（Mehana & Reynolds，2004）。也有学者认为，转学可能会因为转入学校质量的改善从而提高转学学生的成绩（Hanushek，Kain & Rivkin，2004）。同如此普遍的转学行为相比，利用微观数据探讨转学对学业成绩影响的经验研究却很少。已有研究大部分是基于国外的数据研究流动（mobility）对学生成绩的影响，特别是针对美国的研究，而国内相关研究几乎没有。

本章基于西发项目监测与评价调查数据，对西部农村地区小学生转学行为对成绩的影响进行了经验研究。我们不仅估计了转学对成绩的总体影响，还进一步区分了转学的异质性效应（heterogeneous effect）。为了验证转学之所以对成绩产生影响的机制，我们将学生适应性等非认知因素纳入模型之中，这也是以往研究中较少采用的方法。研究发现，转学在总体上对成绩具有显著的负效应。

本章接下来的结构如下：第一部分是对相关文献研究成果的综述，第二部分介绍了本章的数据来源与研究方法，第三部分是对经验检验结果的讨论，第四部分是结论以及对未来研究方向的建议。

第一节 文献综述

一、转学对成绩的总体影响

关于转学对学生成绩影响的经验研究结论尽管不确定，但是大部分研究都发现转学对成绩具有负面影响（Ingersoll，Scamman & Echerling，1989；Alexander，Entwisle & Dauber，1996；Temple & Reynolds，1999；Hanushek，Kain & Rivkin，2004；Mehana & Reynolds，2004）。这一方面是因为转学扰乱了课堂教学进度；另一方面也源自转学导致学生面临学校适应性的困难（Alexander，et al.，1996），转学学生必须面临环境、角色和期望等方面的转换（Mehana，et al.，2004）。哈努谢克等人（2004）认为，转学行为不仅给转学者本人产生各种影响，还会给转入学校和转出学校的未转学学生产生影响。

但是也有一些研究指出，转学可能会对转学者的成绩带来正面影响。斯旺森和施奈德（Swanson & Schneider，1999）发现，在高中早期（8—10年级）的流动（特别是转学）对早期的数学成绩没有直接影响，但是对高中后期（10—12年级）的数学成绩却具有正效应。根据麦哈纳和雷诺兹（Mehana & Reynolds，2004）的综述，少数研究发现转学对军人家庭子女的影响较小。哈努谢克等人（2004）认为，转学除了具有“扰乱效应”（disruptive effect），还可能存在“蒂伯特改善效应”（Tiebout improvement）。研究表明，跨学区转学能产生虽然较小却显著的教育质量改善效应。

二、转学对成绩的异质性影响

正是因为转学对成绩的总体影响不确定，因此有学者从不同角度分析了转学对成绩的异质性影响。

（一）转学对不同社会经济地位群体的影响

许多研究发现，从总体上看，转学的学生更多的是来自社会经济背景较差的家庭。转学动机主要是离婚、失业、家庭结构变化等负面因素（Temple，et al.，1999；Hanushek，et al.，2004；Mehana & Reynolds，2004）。这就意味着如果不对家庭社会经济背景加以控制的话，那么转学对成绩的影响可能仅仅反映的是家庭社会经济背景对成绩的影响。比如亚历山大等人（1996）发现，当控制了学生的家庭社会经济背景之后，转学对成绩的负效应不再具有显著性。哈努谢克等人（2004）则发现，在用成绩的增值量作为被解释变量后，转学的负效应变小了。麦哈纳等人（2004）的元分析表明，在控制了家庭的社会经济背景、智商以及初始成绩之后，转学的负效应变小了。

值得注意的是，有研究表明，转学对不同社会经济地位的学生具有异质性影响。哈努谢克等人（1996）发现，转学对成绩的负效应在社会经济地位较高的学生身上更加明显。① 当然也有完全相反的发现。比如莫里斯等人（Morris，Pestaner & Nelson，1967）就发现，对社会经济地位较高的学生而言，流动学生在语文成绩上获得高分的比例并不异于非流动学生，但是对社会经济地位较低的学生而言，流动学生在语文成绩上获得高分的比例异于非流动学生。② 斯特雷茨（Straits，1987）发现，居住地迁移对学生进步（progress）的负效应源于原居住地和新居住地之间的文化差异，但是这种负效应仅出现在父母教育水平较低的学生身上。

（二）转学对不同智力水平学生的影响

惠伦和弗里德（Whalen & Fried，1973）发现，转学对成绩的影响取决于学生的智商状况。在智商较高的学生当中，转学学生成绩高于非转学学生成绩，但是在智商一般的学生当中，转学学生成绩低于非转学学生成绩。

（三）不同转学频率的影响

和单次转学相比，多次转学对成绩的影响更大（Alexander，et al.，1996；Temple，et al.，1999；Hanushek，et al.，2004）。亚历山大等人（1996）发现，采用了区分转学次数的变量之后，多次转学变量具有显著性，但是单次转学变量不再显著。坦普尔（Temple）等人（1999）发现，相对于偶尔转学而言，频繁转学更会显著地对成绩造成负面影响。

（四）不同转学地点的影响

研究发现，社会经济地位较好的学生更多的是跨学区（市、州）转学，而社会经济地位较差的学生更多的是在同一学区（市、州）内部转学

---

① 这种负效应只在个别模型中具有显著性。

② 需要指出的是，该研究使用的是描述性统计分析，并没有进行回归分析。

(Alexander, et al., 1996; Hanushek, et al., 2004)。根据人力资本理论，人力资本可以提高迁移和配置能力，而社会经济地位较好的家庭一般积累的人力资本也较多，因此这种跨区转学更符合哈努谢克等人（2004）所说的"蒂伯特改善效应"意义上的转学。他们发现，跨学区转学对学生就学的质量有显著改善，同一学区内部的转学则无显著影响，并且同一学区内部转学比跨学区转学的干扰效应更大。

（五）不同转学时间的影响

转学的年龄或年级不同也会产生不同的影响。英格索尔（Ingersoll）等人（1989）发现，流动年级越早，负效应越大。麦哈纳等人（2004）的元分析证实了这一点。斯旺森等人（1999）发现，高中早期的转学不会对数学成绩产生直接影响，但是会提高高中后期的成绩，然而高中后期的转学则会对成绩产生显著的负效应。

第二节　数据来源及研究方法

一、数据来源

本章的数据来自西发项目监测与评价调查数据。按照依概率比例系统抽样的原则分别于2006年和2008年对西部的甘肃、广西、宁夏、四川、云南五省区农村地区的中小学进行了大规模抽样调查。本研究使用2008年小学抽样样本数据来研究转学对学生成绩的影响，抽样小学学生为当年小学四年级和小学六年级的学生。

二、研究方法与模型设定

本章研究以小学四、六年级学生的数学、语文标准化测试成绩①作为被解释变量，以包括是否转学这一关键解释变量在内的学生个体、家庭和学校层面的变量作为解释变量来构建模型，重点关注转学行为对学生学业成绩的总体影响和异质性影响。

模型的基本形式为：

① 此处的标准化测试成绩是指课题组采用能反映学生数学、语文能力发展情况的标准化测试题对学生施测所得成绩，所有的样本学校采用同样的数学、语文标准化测试题。因此，各个学校的学生成绩之间具有很好的可比性。

$$Y = f(T, F, S, O) \tag{14-1}$$

其中 Y 指学生的数学、语文标准化测试成绩，T 表示是否转学，F 表示学生个人及家庭因素，S 表示学生所在学校因素，O 表示其他因素，本研究主要关注学生的学校适应性。① 下面依次解释。

（一）转学变量

在研究转学对成绩的总体影响和异质性影响时，我们采取了不同的关于转学的变量。具体包括四类。

（1）“是否转学”虚拟变量。在研究转学对成绩的总体影响时，我们采用“是否转学”这一虚拟变量（1＝曾经转学，0＝未曾转学），以未转学作为基组。

（2）转学年级虚拟变量。为了考察不同转学年级对成绩的异质性影响，我们构建了 6 个转学年级虚拟变量，分别为“是否在一年级转学”（1＝是，0＝否），“是否在二年级转学”（1＝是，0＝否）……“是否在六年级转学”（1＝是，0＝否），以未转学作为基组。

（3）转学学校虚拟变量。为了考察从不同学校转学对成绩的异质性影响，我们构建了 2 个转学学校虚拟变量，分别为“是否从教学点转来”（1＝是，0＝否），“是否从非教学点转来”（1＝是，0＝否），以未转学为基组。

（4）“是否转学”与学生家庭社会经济地位得分的交互项。考虑到转学可能会对不同社会经济地位的学生产生不同影响，我们构建了该变量。

（二）学生个人及家庭因素

（1）个人特征。女生虚拟变量（1＝女生，0＝男生），家庭日常交流语言为少数民族语言虚拟变量（1＝家庭日常交流语言为少数民族语言，0＝家庭日常交流语言为汉语普通话或汉语地方话）。

（2）家庭特征。家中正在读书的孩子数量（连续型变量）。父亲是否外出打工虚拟变量（1＝是，0＝否）。母亲是否外出打工虚拟变量（1＝是，0＝否）。家庭社会经济地位得分（连续型变量，以下简称 SES）。②

---

① 学校适应性指的是在学校背景下愉快地参与学校活动并取得学业成功的状况。

② 家庭社会经济地位得分是选取父母职业、父母受教育水平、家庭经济状况三类指标合成的。

（三）学校因素

（1）学校类型。所在学校是否乡镇中心小学虚拟变量（1＝是，0＝否），所在学校是否九年一贯制学校（1＝是，0＝否），以所在学校是村完小作为基组。

（2）学校办学条件。生师比、生均图书册数、生均计算机台数三个变量（均为连续性变量）。

（四）学生的非认知因素：学校适应性

我们从师生关系、学校满意度、数学自我概念以及语文自我概念①四个维度考察了学生的学校适应性，通过对学校适应性量表的因子分析计算得到这四个变量的得分②（均为连续型变量）。

三、变量的基本统计结果

表 14.1 为相关变量的基本统计结果。如表 14.1 所示，转学学生的数学、语文成绩均显著低于未转学学生组。在全样本 11 417 名小学生当中，转学学生所占的比例为 37.9%，女生所占比例为 48.4%，家庭交流语言为少数民族语言的学生所占比例为 19.6%，父亲外出打工比例为 70.3%，母亲外出打工比例为 56.1%。

我们对各变量在未转学和转学学生两组间进行了差异检验。如表 14.1 所示，转学学生在使用少数民族语言学生所占比例、父母外出打工的学生所占比例上均显著高于非转学学生组。值得注意的是，转学学生在 SES 得分、生均计算机台数等指标上也显著高于非转学学生组。此外，转学学生在学校适应性得分上显著低于非转学学生组（数学自我概念差异不显著）。

① 数学自我概念和语文自我概念指学生对于自己学习数学、语文时面临的困难以及数学、语文能力发展状况的自我感知。以数学成绩为被解释变量时，考虑其数学自我概念；以语文成绩为被解释变量时，考虑其语文自我概念。

② 详见本书第四章第一节“学生发展的测量”部分相关内容。根据研究需要，我们仅选择了六个维度中与学生学业成绩紧密相关的师生关系、学校满意度、数学自我概念以及语文自我概念四个维度。

表 14.1　变量的基本统计结果

	全样本	子样本		
		未转学	转学	均值之差
数学成绩	67.52(20.35)	69.04(20.13)	65.78(20.05)	3.27***
语文成绩	54.86(21.72)	56.33(21.55)	53.02(21.54)	3.31***
女生(%)	48.4 (0.50)	49.8 (0.50)	46.1 (0.50)	3.68***
家庭日常交流语言为少数民族语言(%)	19.6 (0.40)	18 (0.38)	22.1 (0.41)	−4.02***
父亲外出打工(%)	70.3 (0.46)	66.4 (0.47)	76.4 (0.42)	−10.01***
母亲外出打工(%)	56.1 (0.50)	50.6 (0.50)	64.2 (0.48)	−13.58***
家中上学的孩子数量	2.43(0.86)	2.43(0.85)	2.44(0.86)	−0.02
家庭社会经济地位得分	11 (5.66)	10.9 (5.63)	11.2 (5.73)	−0.25**
学校是村完小(%)	57.3 (0.49)	57.7 (0.49)	56.2 (0.50)	1.50
学校是乡镇中心小学(%)	30.2 (0.46)	30.1 (0.46)	30.9 (0.46)	−0.84
学校是九年一贯制学校(%)	12.4 (0.33)	12.2 (0.33)	12.8 (0.33)	−0.65
生师比	24.3 (9.46)	24.41(9.20)	24.14(9.75)	0.28
生均图书册数	8.12(9.17)	8.25(9.39)	8.01(8.93)	0.24
生均计算机台数	0.02(0.03)	0.02(0.03)	0.02(0.03)	−0.004***
师生关系	0.44(0.43)	0.46(0.43)	0.41(0.43)	0.05***
学校满意度	0.57(0.35)	0.61(0.35)	0.52(0.35)	0.08***
数学自我概念	0.15(0.27)	0.15(0.27)	0.15(0.27)	0.007
语文自我概念	0.55(0.42)	0.56(0.41)	0.52(0.42)	0.05***

注：(1) 括号中为标准差。均值之差指的是未转学学生与转学学生各指标的平均值之差。(2) ** 表示通过 0.05 显著性水平检验，*** 表示通过 0.01 显著性水平检验。

第三节 回归分析结果与讨论

我们分别对数学、语文成绩构建模型来考察转学对学生成绩的影响以及影响的异质性。每学科分别包括 6 个模型，其中模型 1～3 考察转学的总体效应，模型 4～6 考察转学的异质性影响。具体为：模型 1 包括“是否转学”以及家庭和个人特征变量；模型 2 进一步加入了学校特征变量；模型 3 进一步加入了学校适应性变量；模型 4 进一步加入了“是否转学”和 SES 的交互项，考察转学对不同社会经济地位学生的影响；模型 5 用不同转学年级虚拟变量代替了“是否转学”虚拟变量，考察不同转学年级对成绩的影响；模型 6 用不同转学学校虚拟变量代替了“是否转学”虚拟变量，考察从不同学校转学对成绩的影响。具体结果如表 14.2、表 14.3 所示。

表 14.2 数学成绩回归分析结果

	模型 1	模型 2	模型 3	模型 4	模型 5	模型 6
个人及家庭特征						
女生	−0.90**	−0.88**	−1.14**	−1.14**	−1.21***	−1.22**
家庭日常交流语言为少数民族语言	−5.05***	−5.77***	−5.51***	−5.52***	−5.35***	−5.16***
家中正读书的孩子数	−0.69***	−0.62**	−0.38	−0.38	−0.32	−0.30
父亲外出打工	−0.88	−0.81	−0.83	−0.82	−0.81	−0.65
母亲外出打工	−5.19***	−4.88***	−4.05***	−4.06***	−3.98***	−4.29***
SES 得分	0.24***	0.23***	0.18***	0.12**	0.19***	0.16***
学校特征						
学校为乡镇中心小学	——	−0.41	−0.84	−0.82	−0.97*	−1.03*
学校为九年一贯制学校	——	−5.02***	−5.42***	−5.49***	−5.70***	−5.62***
生师比	——	−0.09***	−0.04	−0.04	−0.02	−0.05
生均图书册数	——	0.03	0.04*	0.04*	0.04	0.04*

续表

	模型 1	模型 2	模型 3	模型 4	模型 5	模型 6
生均计算机台数	——	14.13*	20.90**	20.35**	20.17**	14.09*
学生非认知因素						
师生关系	——	——	1.16**	1.18**	1.25**	1.29**
学校满意度	——	——	4.63***	4.61***	4.67***	4.81***
数学自我概念	——	——	5.27***	5.31***	4.90***	5.09***
转学行为						
曾经转学	−2.07***	−2.15***	−1.08**	−2.93***	——	——
曾经转学×SES	——	——	——	0.16*	——	——
一年级转学	——	——	——	——	−4.31***	——
二年级转学	——	——	——	——	−0.71	——
三年级转学	——	——	——	——	−0.44	——
四年级转学	——	——	——	——	−2.73***	——
五年级转学	——	——	——	——	2.08	——
六年级转学	——	——	——	——	1.05	——
从教学点转来	——	——	——	——	——	−2.94***
从非教学点转来	——	——	——	——	——	−0.13
常数项	68.21***	69.62***	64.62***	65.32***	64.51***	65.42***
调整后的 R^2	0.043 0	0.054 4	0.070 1	0.070 5	0.074 6	0.071 6
F	54.96	39.67	32.69	30.90	25.49	29.61
N	8 414	8 068	6 310	6 310	6 080	5 937

注：* 表示通过 0.1 显著性水平检验，** 表示通过 0.05 显著性水平检验，*** 表示通过 0.01 显著性水平检验。

表 14.3　语文成绩回归分析结果

	模型 1	模型 2	模型 3	模型 4	模型 5	模型 6
个人及家庭特征						
女生	0.38	0.46	0.27	0.35	0.31	0.36
家庭日常交流语言为少数民族语言	−5.43***	−6.44***	−5.57***	−5.42***	−5.23***	−5.31***
家中正读书的孩子数	−0.48*	−0.69**	−0.51*	−0.30	−0.16	−0.17
父亲外出打工	−1.53**	−1.34**	−1.30*	−1.18*	−1.35*	−1.40**
母亲外出打工	−4.84***	−4.51***	−3.63***	−3.70***	−3.31***	−3.75***
SES 得分	0.32***	0.32***	0.31***	0.29***	0.30***	0.29***
学校特征						
学校为乡镇中心小学	——	0.97*	0.09	0.32	0.39	0.29
学校为九年一贯制学校	——	−5.02***	−4.07***	−4.58***	−4.69***	−4.37***
生师比	——	−0.04	0.03	0.03	0.05	0.03
生均图书册数	——	−0.03	−0.004	−0.02	−0.01	−0.01
生均计算机台数	——	−2.82	3.71	1.57	1.93	−5.09
学生非认知因素						
师生关系	——	——	1.70**	1.99***	1.70***	1.94***
学校满意度	——	——	5.53***	5.48***	5.70***	5.73***
语文自我概念	——	——	1.61**	5.33***	5.31***	5.36***
转学行为						
曾经转学	−2.08***	−2.06***	−1.13**	−0.98	——	——
曾经转学×SES	——	——	——	−0.01	——	——
一年级转学	——	——	——	——	−6.42***	——
二年级转学	——	——	——	——	−1.75*	——
三年级转学	——	——	——	——	−0.82	——

续表

	模型 1	模型 2	模型 3	模型 4	模型 5	模型 6
四年级转学	——	——	——	——	−2.88***	——
五年级转学	——	——	——	——	1.90	——
六年级转学	——	——	——	——	−1.52	——
从教学点转来	——	——	——	——	——	−1.84**
从非教学点转来	——	——	——	——	——	−1.23*
常数项	54.43***	55.23***	49.21***	49.14***	48.90***	49.22***
调整后的 R^2	0.042 0	0.053 9	0.063 0	0.067 2	0.076 4	0.070 2
F	53.67	39.30	29.03	29.43	26.13	29.00
N	8 414	8 068	6 255	6 310	6 080	5 937

注：* 表示通过 0.1 显著性水平检验，** 表示通过 0.05 显著性水平检验，*** 表示通过 0.01 显著性水平检验。

一、转学对成绩的总体影响

转学变量在各个模型中都显著为负。即使考虑到家庭社会经济地位，转学学生的数学和语文成绩仍然比未转学学生低 2 分左右（见模型 2)。在包含了学生适应性等全部解释变量的模型中，转学学生的数学和语文成绩比未转学学生低 1 分左右（见模型 3)。

和男生相比，女生的数学成绩显著偏低，但是语文成绩则偏高（但不显著)。家庭日常交流语言为少数民族语言对成绩有显著的负效应。① 家中正在读书的孩子数量基本上对成绩有显著的负效应。父亲外出打工对子女的数学成绩没有显著影响，但是对语文成绩有显著的负效应。与之相比，母亲外出打工对数学和语文成绩的影响更大。家庭社会经济地位对成绩有显著的正效应，并且这种影响在语文成绩上更明显。

和村完小的学生相比，九年一贯制学校的学生成绩显著偏低，而中心校的学生成绩与基组相比不太确定，基本上没有显著差别。有意思的是，办学条件变量对数学成绩基本上有显著的正效应，特别是生均计算机台数，但对语文成绩没有显著影响。

① 事实上，当我们以学生的民族替代学生家庭日常交流语言作为解释变量时，该变量并不具有显著性。

将学校适应性纳入模型之后，我们发现学校适应性的确是转学对成绩产生影响的一种机制，适应性的提高对学生成绩有显著的正效应。

二、转学对成绩的异质性影响

（一）转学对不同SES学生的影响

转学对不同家庭社会经济地位学生的影响通过模型4来考察。就数学成绩而言，转学一方面直接导致其数学成绩偏低2.93分；另一方面，转学的这种不利影响会随着家庭社会经济地位的提高得到纠正，SES得分每增加1分，转学会使数学成绩提高0.16分。这意味着转学对SES较低的学生影响更大。当SES得分为18.31分时，转学对成绩的偏效应为0。如表14.1所示，全样本的SES均值为11分，即使加上1个标准差，SES得分也不过16.66分。因此，对于大多数学生而言，转学对其数学成绩都具有负效应。但是在语文成绩上，转学并不具有上述影响。

（二）不同转学年级对学生学业成绩的影响

不同转学年级对成绩的影响通过模型5来考察。不同转学年级对成绩的影响表现出两个有趣的特征。

首先，转学年级越低负效应越大。这一点在小学一年级转学变量上尤其明显。随着转学年级的提高，转学对成绩的负效应变小，并且不再显著。当转学年级为小学五、六年级时，甚至具有正的但不显著的影响。对此一种可能的解释是，小学一年级是学生心智发展的关键养成期，在此期间的转学容易引起学校适应性问题，而且这种影响还是长期的。而小学五、六年级转学一般是为了升入好的初中而转入办学条件较好的学校，因此转学会略微提高成绩。

其次，随着转学年级的提高，转学的不利影响逐渐减少，但是到了小学四年级转学突然又对成绩产生了显著的负效应。这一点和我们的样本结构有关。我们发现，小学四年级转学的学生中有60%以上目前就在小学四年级就读。也就是说，这部分学生在距离测试不久前刚转入目前的学校，学生需要重新适应新的学校环境，这对他们的学业成绩会产生负向的影响。

（三）从不同学校转学对成绩的影响

从不同学校转学对成绩的影响通过模型6来考察。从教学点转学对成绩具有显著的负效应，且这种不利影响大于从非教学点转学的影响。这意味着转学对原先在教学点就读的学生影响更大。一般说来，农村地区教学点的办学条件要差于村完小、乡镇中心小学和九年一贯制学校。因此，从教学点转学导致学生面临的学习环境转变更大，更容易产生适应性问题。

第四节 总 结

一、结论与政策建议

本章对西部农村地区小学生转学行为对成绩的影响进行了经验研究。研究发现，转学对数学和语文成绩均有显著的负效应。为了验证学校适应性是否转学对成绩造成负面影响的原因，本章的研究还控制了学生的非认知因素。研究结果显示，适应性的提高对成绩具有显著的正效应。

对转学异质性影响的研究表明，在数学成绩上，转学对家庭社会经济地位较低的学生影响更大；在小学一年级转学对成绩的影响最为明显，随着转学年级的提高，这种负面影响逐渐变小（不显著）甚至为正（同样不显著）；转学对那些从教学点转来的学生具有更明显的不利影响。

模型中的关键解释变量“是否转学”表现了较好的稳健性，因此我们可以在很大程度上推测转学的确对学生成绩具有显著的负效应。这一研究结果对家庭的教育选择决策以及评价政府的教育政策，特别是农村中小学布局调整政策，都具有重要的意义。布局调整政策的本意是提高办学效率和办学质量，但由此导致的转学会对学生成绩造成不利影响。这一点对从教学点转学的学生尤其明显，而撤销教学点恰恰是布局调整政策的一个重要措施。转学和成绩之间的这种关系在一定程度上可以归因于学生的学校适应性。布局调整政策在实施过程中更多地强调了硬件条件的变化，但却忽视了对学生学习软环境的调整。如果能针对转学学生开设相应的心理疏导课程，改善他们的人际关系，提高其对新的就学环境的认同感，可以缓解转学的不利影响。此外，在布局调整政策实施过程中，应当尽量避免学生在低年级转学。考虑到转学对社会经济地位较低的学生影响更大，转学之后的各种适应性调整措施更应该向这部分群体倾斜。

此外，家庭在子女教育上的作用也不可忽视，尤其是母亲在其中扮演着关键角色。在学生成长的关键时期，应当强化母亲与子女的联系，发挥母亲在家庭教育中的重要作用。这也为儿童应当跟随流动家庭在迁入地就学提供了政策依据。

二、未来的研究方向

尽管本章发现转学对成绩具有显著的负效应，但是本研究仍存在局限之处，这些也是未来的研究方向。

首先，虽然我们尽量控制了有可能影响成绩的各种因素，但是仍会有一些非观测因素在其中起作用。为了克服这一局限，更好的处理方法是采取面板数据进行二重差分估计（difference in difference estimate）。二重差分估计同时包括实验组（转学学生）和对照组（非转学学生）的横向对比，以及转学前后两个时期的纵向对比，可以较好地解决这一问题。

其次，我们的研究中并未考虑转学学生的转学原因。不同的转学原因直接影响到“干扰效应”和“Tiebout 改善效应”二者谁更明显。如果能将转学原因纳入分析之中，将会提高分析的有效性。

最后，本章研究的样本局限在西部农村地区，因此将结论推广到东、中部农村地区以及城市地区时需要慎重。

第十五章　小学寄宿生的学业成绩与学校适应性研究

近年来，中国在布局调整政策背景下，大量寄宿制学校发展起来，尤其是在西部农村地区。关于寄宿制学校，学术界存在着许多争议。本章主要关注西部地区农村寄宿制学校对小学生的影响，首先考察小学四年级寄宿生与四年级学生总体的学业成绩与学校适应性的差异，发现小学四年级寄宿生的数学成绩好于四年级学生总体，对学校的喜爱度低于四年级学生总体；其次，通过两水平线性模型发现学校投入、学生父母是否外出务工对寄宿学生数学成绩、学校喜爱度的影响显著。因此，为促进学生发展，不仅对留守儿童的发展应给予足够重视，而且加强农村寄宿制学校的建设，保障校舍卫生安全十分必要。

第一节　问 题 提 出

近年，随着义务教育普及工作的深入推进，提高农村义务教育质量成为中国当前教育工作的重要任务之一。为此，2001 年《国务院关于基础教育改革与发展的决定》中将调整农村义务教育学校布局列为一项重要工作，并指出应“因地制宜调整农村义务教育学校布局。按照小学就近入学、初中相对集中、优化教育资源配置的原则，对学校布局进行规划和调整。农村小学和教学点要在方便学生就近入学的前提下适当合并，在交通不便的地区仍需保留必要的教学点，防止因布局调整造成学生辍学”，“在有需要又有条件的地方，可举办寄宿制学校”。在这样的政策背景下，寄宿制学校迅速增长。至 2007 年，我国已投入 100 亿元，在中西部农村地区建成 7 651 所寄宿制学校，覆盖西部 536 个县，中部 417 个县，满足了 195.3 万名新增学生的就学需求和 207.3 万名新增寄宿生的寄宿需求。2006 年，全国小学寄宿生人数达 704 万人，占小学在校生总数的 6.6%，西部地区的这一比率明显高于东部和中部地区。

随着农村寄宿制中小学的发展，一些学者积极关注寄宿学生是否获得好的发展，学生的发展包括认知和非认知两方面。一些研究发现，一些农村寄宿学校存在着人员编制紧张，缺少生活指导教师，经费投入不足，住宿条件差，以及消防设施匮乏等问题（徐永生等，2005；杜育红，2006；范先佐，2007）。目前有关寄宿制学校与学生学业成绩的相关研究不多，一些研究表明，寄宿学生在学业成绩上有很大优势，寄宿生平均成绩高于非寄宿生成绩。关于寄宿学生心理情况的研究较多，结果显示多数寄宿学生在交往、社会适应性、抑郁情绪等方面要差于非寄宿学生（李德亮，2007）。但这些研究样本量较小，也很少进一步探究影响寄宿学生发展的因素。

布局调整、寄宿制学校建设的重要目标之一是提高教育质量，促进学生发展。寄宿学生在学校是否能够很好地适应环境，是否能在学业上很好地发展，哪些因素影响了他们的发展，是我们需要去探讨的问题。本章拟了解西部农村小学寄宿学生的发展情况，其中的寄宿学校主要是指西部农村新建或建设的义务教育阶段的寄宿制学校。学校既有走读生，也有寄宿生。本章对学生发展将考察学生认知与非认知两方面，以学生的学业成绩作为认知变量，以学生的学习适应性为非认知变量。本章的研究问题集中于：中国西部农村小学寄宿学生的发展情况，学校和个人层面的哪些因素对寄宿学生的发展产生了影响。

第二节　研究方法

一、数据来源

本章数据来源于世界银行贷款、英国政府赠款的“西部地区基础教育发展”项目影响力评价研究的调研数据。2008 年 11 月，项目组在参与项目的甘肃、广西、宁夏、四川和云南等西部 5 省区 15 个县进行了小学四、六年级学生抽样调查。本章研究从中选取有寄宿生的小学 76 所，在小学四年级，共有学生 2 674 名，其中寄宿生 969 名。

二、数据统计方法

对寄宿学生发展情况采用 t-test 统计方法进行分析。然后运用两水平线性模型分别考察学生个体、学校层面的因素对学生发展的影响。个体层面、学校层面的变量见图 15.1。

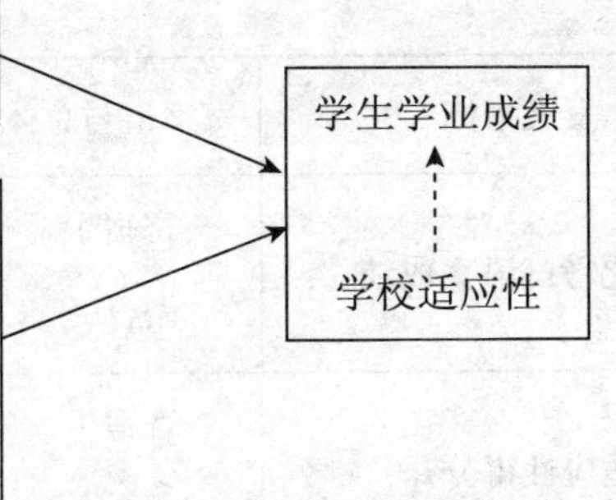

图 15.1　学生发展情况与学校、个人的关系

对于学生学业成绩主要使用教学专家、教育与发展心理学专家编制的标准化测试试卷进行测量。测试得分即为学业成绩得分。① 对于学生的学校适应性，我们使用因子分析的方法分析学生的学校适应性量表。通过分析，共提取四个公因子：问题行为、师生关系、自我概念和对学校的喜爱程度。②

第三节　实 证 结 果

一、小学寄宿生与非寄宿生发展情况比较

从表 15.1 可知，寄宿生与总体学生的发展情况相比较，小学四年级寄宿生数学平均成绩高于小学四年级学生总体；寄宿生语文平均成绩略高于小学四年级学生总体，但不存在显著差异。

表 15.1　寄宿生与全体学生的发展情况差异

发展指标	寄宿生与总体	平均值	均值之差	差异检验统计值
标准化考试数学成绩	寄宿生	64.17	1.93	2.934**
	总体	62.24		

① 具体参见本书第四章第一节“学生发展的测量”中相关内容。

② 因子分析的 KMO 值为 0.793，根据凯泽（Kaiser，1974）的观点，该量表中等程度地适合进行因子分析。此外，四个公因子的累积解释方差为 57.42%，解释力度较好。

续表

发展指标		寄宿生与总体	平均值	均值之差	差异检验统计值
标准化考试语文成绩		寄宿生	49.87	0.59	0.771
		总体	49.28		
学校适应性得分		寄宿生	15.93	−0.11	−1.263
		总体	16.04		
其中	问题行为	寄宿生	4.02	−0.01	−0.059
		总体	4.03		
	师生关系	寄宿生	4.08	−0.02	−0.860
		总体	4.10		
	自我概念	寄宿生	3.16	−0.01	−0.352
		总体	3.17		
	对学校喜爱程度	寄宿生	4.54	−0.04	−1.963*
		总体	4.58		

注：(1) *表示在0.10水平上存在显著性差异，**表示在0.05水平上存在显著性差异。(2) 问题行为、师生关系、自我概念、对学校喜爱程度是学校适应性的四个维度。

学校适应性包括问题行为、与教师的关系、自我概念和对学校的喜爱程度四个维度。寄宿生学校适应性总平均分及各维度均值都略低于小学四年级学生总体，但只有对学校的喜爱程度方面存在显著差异。那么，导致小学寄宿生与学生总体发展情况差异的原因有哪些呢？本文拟进一步了解影响小学寄宿生数学成绩、学校适应性中学校喜爱程度维度的个人因素和学校因素。

二、寄宿生发展影响因素分析

教育生产函数可以考察教育投入与教育产出之间的统计关系，已被较广泛地运用在教育研究领域。在获得教育产出量以及教育投入指标的相关数据之后，就可以利用多元回归分析方法获得教育生产函数，从而辨别不同投入的作用，并且对这些数量关系予以解释和评价。

本章假设学校办学条件、学生的个人特征和家庭特征作为投入均可能影响寄宿学生的学校喜爱程度和学业成绩。由于学生背景与学校办学条件的数据存在嵌套关系，因此采用二层线形模型进一步分析。模型的第一水平用学生个人特征和家庭社会经济地位来解释学生的学业成绩和学校喜爱程度，即性别、民族、学校适应性或学校适应性的各个维度、家庭经济条件用于预测学生的学业成绩，性别、民族、家庭经济条件预测学校喜爱程度；第二水平的模型是以学校的办学条件的差异来解释寄宿学生的数学成绩和学校喜爱程度的差异。

根据二层线性模型的分析原理，分别以数学成绩和对学校喜爱程度为因变量，个体层面和学校层面的变量为自变量，构成二层线性模型：

第一层个体水平方程

$$Y_{ij}=B_{0j}+B_{ij}*X_{ij}+R_{ij} \tag{15-1}$$

第二层学校水平方程

$$B_{0j}=G_{00}+G_{0ij}*W_{ij}+U_{0j} \tag{15-2}$$

$$B_{ij}=G_{i0}$$

其中 Y_{ij} 为数学成绩或对学校喜爱程度得分，X_{ij} 为个体层面自变量，W_{ij} 为学校层面变量。在数学成绩模型中，X_{ij} 个体层面自变量包括性别、民族、问题行为、师生关系、自我概念、对学校喜爱程度、家庭社会经济背景、父亲外出、母亲外出 9 个变量。在对学校喜爱程度模型中，X_{ij} 个体层面变量包括性别、民族、家庭社会经济背景、父亲外出、母亲外出 5 个变量。W_{ij} 学校层面变量包括乡镇中心小学、九年一贯制学校、寄宿条件、生均宿舍面积、生均校舍面积、生均危房面积、生均公用经费、生均计算机台数、具有任职资格教师比例、具有大专及以上学历教师比例、班级规模 11 个变量，其中寄宿条件指寄宿学生的基本生活设施条件，包括是否有自来水供应、热水供应、校园围墙、防火设施和应急灯配置，通过因子分析方法把这些分类变量转化为一个指数。i 为学生标号，j 为学校标号，B_{0j} 为方程截距，B_{ij} 为自变量对于因变量的效应，R_{ij} 为残差项。G_{0ij} 为自变量对截距的效应，U_{0j} 为误差项。

表 15.2　模型变量指标

变量类型	变量名称
因变量	数学成绩
	语文成绩
	学校适应性
	对学校喜爱程度

续表

变量类型		变量名称
自变量	第一水平（学生及其家庭状况）	问题行为
		师生关系
		自我概念
		对学校喜爱程度
		性别（参照类为女性）
		民族（参照类为少数民族）
		家庭社会经济背景
		父亲外出打工
		母亲外出打工
	第二水平（学校办学条件）	学校类型 乡镇中心小学 九年一贯制学校
		学校师资 具有任职资格教师比例 教师最后学历大专以上比例
		生均校舍面积
		生均危房面积
		生均公用经费
		生均计算机台数
		生均宿舍面积
		学校住宿条件
		班级规模

（一）寄宿学生数学成绩影响因素分析

为考察学生数学成绩是否受学校层面投入的影响，首先进行了方差成分分析，以考察第一水平模型的回归系数在第二水平的变异，即建立零模型。从零模型结果可以看出寄宿生数学成绩总的变异中有 65.1%来自校际间差异（见表 15.3），学校层面因素对学生数学成绩影响是不容忽视的，建立二层线性模型十分必要。

表 15.3 数学成绩零模型

随机效应	标准差	方差成分	卡方检验	跨级相关
水平 1 截距	16.357	267.547	1 951.288***	0.651
组间变异残差 U_0				
水平 1 组内变异残差 R	11.986	143.675		

数学成绩二层线性模型的分析结果见表 15.7。由完整模型参数估计结果可见，学生个体层面，母亲外出对寄宿生数学成绩有着显著的消极影响。母亲外出寄宿生较母亲未外出寄宿生数学成绩平均低 3.13 分。学校层面，寄宿条件对寄宿生数学成绩有着显著的积极影响。寄宿条件每提高一个标准差，数学成绩上升 2.21 分。具有任职资格教师比例同样显著地积极影响寄宿生的数学成绩，具有任职资格教师比例每提高一个标准差，数学成绩上升 0.14 分。具有大专及以上学历教师比例也显著影响寄宿生的数学成绩，不过方向为负向，有待进一步考察其原因。

（二）寄宿学生语文成绩影响因素分析

通过建立语文成绩的零模型（见表 15.4）发现，寄宿生语文成绩总的变异中有 76.8%来自于校际间差异，学校层面因素对学生成绩有很大的影响。应建立二层线性模型继续探讨学校层面因素的影响。

表 15.4 语文成绩零模型

随机效应	标准差	方差成分	卡方检验	跨级相关
水平 1 截距	20.910	437.232	3 291.971***	0.768
组间变异残差 U_0				
水平 1 组内变异残差 R	11.493	132.097		

由语文成绩二层线性模型的参数估计结果可见，学生个体层面，师生关系对寄宿生语文成绩有着显著的积极影响。师生关系得分每提高一个标准差，寄宿生语文成绩平均上升 1.56 分。学校层面，寄宿条件对寄宿生语文成绩有显著的积极影响。寄宿条件每提高一个标准差，语文成绩上升 2.22 分。生均宿舍面积也显著影响寄宿生语文成绩，不过方向为负向，生均宿舍面积每上升一个标准差，寄宿生语文成绩下降 1.48 分。

（三）寄宿学生学校适应性影响因素分析

为考察寄宿生学校适应性是否受学校层面投入的影响，首先建立零模型，进行了方差成分分析。零模型结果显示寄宿生学校适应性总的变异中有 39.7%来自校际间差异（见表 15.5），建立二层线性模型是必要的。

表 15.5 学校适应性零模型

随机效应	标准差	方差成分	卡方检验	跨级相关
水平 1 截距 组间变异残差 U_0	1.298	1.686	396.683***	0.397
水平 1 组内变异残差 R	1.601	2.563		

由学校适应性的完整模型参数估计结果可见，个体层面，民族和父亲外出对寄宿生学校适应性均有显著影响。相对于少数民族寄宿生，汉族寄宿生学校适应性平均得分高 0.52 分，具有统计显著性。父亲外出对寄宿生有显著负向影响，父亲外出的寄宿生较父亲未外出的学校适应性平均低 0.65 分。寄宿条件显著影响寄宿生学校适应性，寄宿条件每提高一个标准差，寄宿生学校适应性提高 0.16 分。生均危房面积显著消极影响寄宿生学校适应性，生均危房面积每提高一个标准差，寄宿生学校适应性降低 0.25 分。生均计算机台数对寄宿生学校适应性有显著正的影响，生均计算机台数每提高一个标准差，寄宿生学校适应性提高 14.00 分。教师具有任职资格比例也对学校适应性有显著正影响，其比例每提高一个标准差，寄宿生学校适应性提高 0.04 分。但是，生均公用经费、具有大专及以上学历教师比例与学校适应性存在显著负相关，有待进一步考察其原因。

（四）寄宿学生对学校喜爱程度影响因素分析

为考察学生对学校喜爱程度是否受学校层面投入的影响，首先建立零模型，进行了方差成分分析。零模型结果（见表 15.6）显示寄宿生对学校喜爱程度总的变异中有 32.7%来自校际间差异，建立二层线性模型也是必要的。

表 15.6 对学校喜爱程度的零模型

随机效应	标准差	方差成分	卡方检验	跨级相关
水平 1 截距 组间变异残差 U_0	0.343	0.118	420.771***	0.327
水平 1 组内变异残差 R	0.493	0.243		

由表 15.7 对学校喜爱程度完整模型参数估计结果可见，个体层面，父亲外出对寄宿生学校喜爱程度平均得分有着显著的消极影响。父亲外出的

表 15.7 寄宿生发展完整二层线性模型参数估计结果

自变量	因变量							
	数学成绩		语文成绩		学校适应性		学校喜爱程度	
	回归系数	标准误	回归系数	标准误	回归系数	标准误	回归系数	标准误
问题行为	0.21	0.901	1.38	0.887	—	—	—	—
师生关系	−1.10	0.956	1.56**	0.857	—	—	—	—
自我概念	1.62	1.022	0.31	0.918	—	—	—	—
对学校喜爱程度	2.19	2.343	0.82	1.57	—	—	—	—
男生	1.47	1.147	−0.47	1.25	−0.15	0.178	−0.05	0.044
汉族	3.28	2.217	0.57	1.888	0.52***	0.199	−0.01	0.076
家庭社会经济背景	−0.11	0.154	0.02	0.152	0.01	0.024	0.01	0.006
父亲外出	0.18	1.528	1.72	1.532	−0.65***	0.216	−0.12**	0.054
母亲外出	−3.13**	1.404	−1.03	1.769	0.00	0.234	0.03	0.056
乡镇中心小学	−2.01	5.266	1.50	7.665	−0.13	0.311	−0.09	0.121
九年一贯制学校	4.66	7.301	−4.91	13.303	−0.48	0.514	0.22*	0.12

续表

自变量	因变量							
	数学成绩		语文成绩		学校适应性		学校喜爱程度	
	回归系数	标准误	回归系数	标准误	回归系数	标准误	回归系数	标准误
寄宿条件	2.21**	0.906	2.22*	1.423	0.16**	0.076	0.05***	0.02
生均宿舍面积	−0.45	0.758	−1.48*	1.547	−0.08	0.065	−0.01	0.023
生均校舍面积	−0.83	0.656	0.13	0.97	0.05	0.048	−0.02	0.015
生均危房面积	−0.07	1.555	−1.95	2.636	−0.25**	0.117	−0.03	0.043
生均公用经费	−1.16	1.296	0.15	2.972	−0.29***	0.084	−0.07**	0.035
生均计算机台数	−34.84	88.606	89.19	169.249	14.00***	4.196	−1.02	1.466
具有任职资格教师比例	0.14*	0.082	0.13	0.147	0.04***	0.005	0.00	0.002
具有大专及以上学历教师比例	−0.17**	0.079	−0.22	0.155	−0.03***	0.006	−0.01**	0.002
班级规模	−0.17	0.158	0.18	0.214	0.00	0.011	0.00	0.003

寄宿生较父亲未外出的学生对学校喜爱程度低 0.12 分。学校层面，寄宿条件同样有着显著的积极影响。寄宿条件每提高一个标准差，对学校喜爱程度上升 0.05 分。但是，生均公用经费与具有大专及以上学历教师比例对学校喜爱程度存在显著负相关，有待进一步考察其原因。

表 15.8 显示了学校因素对寄宿生发展变异的解释率。在数学成绩方面，13.31％的变异可由学校办学条件的物力、人力等方面解释。语文成绩方面，学校因素解释了 2.69％的变异。学校因素对学校适应性的解释比例为 46.54％。在对学校喜爱程度方面，学校因素解释了变异的比例为 24.00％。由此可见，学校办学条件对寄宿生的数学成绩、语文成绩、学校适应性、对学校的喜爱程度有较大影响。

表 15.8　学校因素对寄宿生数学成绩和学校喜爱程度变异的解释比例

因变量	第一层方差	第二层方差	解释率（％）
数学成绩	19.118	49.159	18.37
语文成绩	15.763	11.773	2.69
学校适应性	0.289	0.785	46.54
对学校喜爱程度	0.028	0.028	24.00

第四节　结　论

以上数据分析结果可得出如下结论。

第一，小学四年级寄宿生数学成绩显著优于四年级学生总体，学校适应性也好于非寄宿生，寄宿生与非寄宿生语文成绩的差异没有显著性，但小学四年级寄宿生对学校的喜爱程度不及小学四年级学生总体。本研究关于学业成绩的结果与国内其他对农村寄宿小学生学业成绩的调查结果类似(陈建平，2004；李德亮，2008)。针对目前城乡寄宿小学生发展差异的发现，有必要进一步探寻其原因。

第二，学校间投入差异对寄宿生发展情况影响大。寄宿生数学成绩总的变异中有 13.31％来自学校之间的差异，语文成绩变异中有 2.69％来自学校间差异，学校适应性变异中有 46.54％来自学校间差异，对学校喜爱程度得分总的变异中有 11.31％来自学校之间的差异。学校因素对学生数学成绩、学校喜爱程度的影响是不容忽视的，尤其是学校寄宿条件有着显著的积极影响。可见，学校的投入对寄宿生发展情况有着重要的影响，与国内类似研究的结果一致（薛海平，2007）。这再次说明，在发展中国家，学生成绩的差异很大部分来源于学校（Bruce Fuller，1987）。物质条件作为基本的办学资源，它所发挥的作用是多方面的，将影响到教育过程和结果。

第三，寄宿生的某些个人因素对其数学成绩、学校喜爱度有显著影响。母亲外出不利于寄宿生数学成绩，父亲外出对学校适应性和学校喜爱度有显著的消极影响。目前，随着中国工业化的发展进程，有不少农村学生家长进城务工，出现了不少留守儿童。有的学者期望农村寄宿学校能促进留守儿童的发展，弥补亲子分离的教育缺失，但本研究发现这种弥补作用很有限。另外，民族特征对学校适应性有显著影响，汉族寄宿生显著优于少数民族寄宿生。

第四，学校投入包括师资、校舍、经费、寄宿条件对小学寄宿生发展情况均有不同影响，但作用的方向和程度不同。其中，教师中具有大专及以上学历的比例对数学成绩有负向影响的结果令人费解，有待于进一步分析。

总之，本章基于对中国西部农村地区小学四年级寄宿生的调查分析发现，父母外出务工等个人因素对其数学学业成绩、学校喜爱程度的消极影响较大；学校寄宿条件是寄宿学生的基本生活设施条件，自来水供应、热水供应、校园围墙、防火设施和应急灯等投入配置对小学四年级寄宿生的认知成绩和心理适应性的积极影响都较显著。为了促进学生发展，在农村寄宿制学校的建设过程中，对校舍卫生安全等应给予足够的重视。

第十六章　西部五省区农村学校布局调整与学生发展

农村中小学布局调整从20世纪90年代开始在各地逐步开展。其直接原因是生源持续减少，地方政府财力有限，大量村办小学重复建设，教育资源配置不合理。2001年5月，国务院颁布了《关于基础教育改革与发展的决定》，要求"因地制宜调整农村义务教育学校布局。按照小学就近入学、初中相对集中、优化教育资源配置的原则，合理规划和调整学校布局"。此后我国正式开始了较大规模的，有日标、有规划、有步骤的农村中小学布局调整工作。

国内学者在这方面已经做了比较多的调查研究，其中比较突出的有：郭清扬（2008）利用对我国中西部6省区38个县（市）177个乡镇的调查，发现我国农村中小学的布局结构调整力度较大，中小学的服务人口和服务范围都有显著的增加和扩大，学校规模的扩大更加明显，以前存在的学校规模过小、布局分散、资源利用效率低的问题得到了相当程度的改善。中西部地区农村中小学合理布局结构研究课题组（2008）使用相同调查数据也发现，农村中小学布局调整在促进教育资源合理配置、提高农村学校的规模效益、促进区域内教育均衡发展以及提高农村学校教育质量方面都起到了积极的作用。

同时，也有较多的研究发现，由于撤并学校、布局调整带来了学生上学距离远以及由此带来的安全问题和家庭教育负担增大、教师工作负担增大等问题（庞丽娟，2006；范先佐、郭清扬，2009；周芬芬，2008）。第三类研究主要集中在改进布局调整政策的建议方面（吴宏超、赵丹，2008；赵丹、王一涛，2008；吴宏超，2006；石人炳，2004）。然而，已有的研究对学校布局调整、撤并教学点对学生发展的直接影响则鲜有考察，对学生长远发展的影响更是少有分析。本章尝试在这方面提供初步的实证证据。

下文分为四个部分，第一部分介绍中国农村中小学布局调整政策的基本动因，第二部分介绍西部五省区农村中小学布局调整政策对学生学业成绩的影响，第三部分着重分析学校布局调整对学生学校适应性的影响，第四部分是研究结论和对农村中小学布局调整政策的进一步讨论。

第一节　农村学校布局调整政策的基本动因

一、农村学校布局调整是适龄入学人口下降的客观要求

学校布局调整的原因主要来自适龄入学人口的下降。国内外的研究都发现了这一动因（石人炳，2004）。随着我国计划生育政策的实施和城镇化速度的加快，农村人口出生率不断下降，农村小学生源减少成为一种普遍现象。针对这一现象，各地逐渐开始进行学校布局调整。就我们调研地区而言，① 适龄人口的情况如表16.1所示。

表16.1　项目乡镇估计的适龄人口（千人）

	初中			小学			小学六年级		
	2006年	2008年	变化(%)	2006年	2008年	变化(%)	2006年	2008年	变化(%)
甘肃	42	43	2.4	76	68	−10.5	15	13	−13.3
广西	173	161	−6.9	294	277	−5.8	53	49	−7.5
宁夏	89	89	0.0	175	171	−2.3	30	30	0.0
四川	154	160	3.9	289	254	−12.1	54	51	−5.6
云南	251	252	0.4	496	486	−2.0	82	85	3.7
总计	709	705	−0.6	1 330	1 256	−5.6	234	228	−2.6

数据来源：《中国人口与就业统计年鉴》中不同年份的出生率和自然增长率以及2003年项目乡镇人口数据。

需要说明的是，此处项目乡镇的适龄人口数是我们使用项目乡镇2003年的人口数据以及《中国人口与就业统计年鉴》的出生率和自然增长率指标估算的数据。② 这里的估计有明显的局限，因为省级层面的人口指标同项目乡镇的非常不同，我们也没有考虑人口迁移和儿童死亡情况。但是我们展示了省际和不同年级之间学校适龄人口的情况，这也是有意义的。

从估计的项目乡镇适龄人口分布情况来看，初中阶段的学校适龄人口上

---

① 本章数据来自“西部地区基础教育发展”项目影响力评价。

② 具体估算过程详见本书第三章第二节相关内容。

升，小学阶段则略有下降；相对于小学低年级，六年级下降的幅度较小。因此，人口背景趋势是很复杂的，需要在考察在校生人数时进一步考虑。

适龄人口数的变化将导致入学率的变化，进而影响在校生人数。本章利用《中国县（市）社会经济统计年鉴》提供的县层面的在校生数，对2003年、2005年和2007年①三年的在校生数进行了比较。比较对象包括项目县、非项目县中的国贫县和其他县，非项目县中的国贫县可以视为对照组。某些县由于不具备三年完整的数据，所以没有纳入计算，市区也没有纳入计算。

整体来说，项目县的小学在校生数呈下降趋势（见表16.2）。但是在项目县，这种下降主要发生在2003年到2005年之间；在2005年到2007年，项目县的小学在校生数基本保持稳定。在非项目县中的国贫县，下降幅度比项目县稍大，但总体趋势与项目县相同。在其他县，下降的幅度比前两者都大。然而，与小学在校生人数下降趋势恰恰相反，从2003年到2007年，中学②在校生人数呈持续增长趋势（见表16.3）。以上现象恰恰反映出适龄人口变化对中小学在校生人数的影响。由于我国计划生育政策的大力推行始于20世纪70年代，到了20世纪90年代中后期得到了贯

表16.2 项目县与贫困县小学在校生数的比较（单位：万人）

	项目县			非项目县					
				国贫县			其他县		
	2003年	2005年	2007年	2003年	2005年	2007年	2003年	2005年	2007年
甘肃	50.34	51.28	50.01	144.17	137.90	129.15	86.27	80.52	75.64
广西	47.74	43.96	43.80	48.81	44.85	43.15	305.75	275.54	269.60
宁夏	44.36	44.78	44.58	—	—	—	—	—	—
四川	122.84	113.87	112.76	114.01	113.92	116.43	348.50	318.94	299.37
云南	89.05	87.98	89.42	202.29	196.38	199.52	115.09	115.65	115.65
整体	354.34	341.87	340.56	509.29	493.04	488.27	855.62	790.64	760.27

数据来源：《中国县（市）社会经济统计年鉴》和五省区统计年鉴。

① 撰写本章时可获得的最新数据是2007年的数据。

② 需要说明的是，《中国县（市）社会经济统计年鉴》并没有提供单独的初中在校生数，而是将初中和高中的在校生数合并在一起，所以此处中学生在校生人数是包含初中和高中两个阶段的在校生。

彻落实，使得农村人口出生率下降。2003—2007年的小学生恰好出生在20世纪90年代中后期。因此，项目县小学在校生人数的下降是适龄人口下降的结果。而此阶段的初中生、高中生，大部分出生于20世纪80年代中后期，20世纪70年代开始推行的计划生育政策效果还没有完全显现，所以此阶段中学在校生人数是呈上升趋势的。

表16.3 项目县与贫困县初中在校生数的比较（单位：万人）

	项目县			非项目县					
				国贫县			其他县		
	2003年	2005年	2007年	2003年	2005年	2007年	2003年	2005年	2007年
甘肃	20.4	23.9	26.5	65.1	75.6	79.0	55.0	56.2	60.4
广西	28.3	27.1	26.1	27.5	27.2	26.5	181.9	180.8	174.3
宁夏	24.1	24.7	25.6	—	—	—	—	—	—
四川	73.9	68.0	68.1	54.9	59.2	65.6	229.6	230.0	234.9
云南	44.8	48.0	50.6	87.2	91.9	99.0	68.8	71.2	74.2
整体	191.6	191.7	196.9	234.8	253.9	270.1	535.3	538.3	544.0

数据来源：《中国县（市）社会经济统计年鉴》和五省区统计年鉴。

二、农村学校布局调整是教育资源优化配置的选择

很多县级地方政府都面临着为人口稀少地区或偏远山区提供优质教育的挑战。这是学校资源提供的成本效率方面的一个常见问题。伴随着学校适龄人口的下降，这个问题变得更为尖锐了。在某些情况下需要进行两难选择，要么投资于离孩子家更近的学校网络，但是无法保障教育的优质；要么提供较好的师资设备，但是有些孩子需要走很远的路上学，或者寄宿。这就导致了在教育质量和家庭潜在的高成本（不仅指经济方面，而且指孩子的安全，尤其是低年级的孩子和女生的安全）之间的两难选择，这在某种程度上又导致了失学或辍学。同时也要看到，离家近的较低质量的教育也可能导致辍学和失学。

学校布局调整政策试图应对这一两难困境，但是通常导致教学点（非完全小学，只提供某几个多年级的教学）的关闭和合并，以及相对较远的学校提供寄宿。同时，“两免一补”政策通过提供寄宿生补助减轻家庭负担间接支持了这一政策。

第二节　学校布局调整对学生学业成绩的影响

我们的调查显示，2004—2008 年项目乡镇教学点的关闭比例非常高。为了探讨学校布局调整对学生学业成绩的影响，本章以小学为例，从西发项目 2008 年五省区小学数据库中提取了相关样本，① 对此问题进行分析。由于项目整体数据库中没有具体被撤并学校的相关信息，因此，本章通过追踪学生信息来获得部分有关学校布局调整的信息：将来自教学点的转校生作为受学校布局调整影响的样本群体的替代，② 将同一所学校非转校生作为未受学校布局调整影响的样本群体。首先，我们对来自教学点的转校生和非转校生的学业成绩做了差异性检验，发现这两组学生的学业成绩存在显著性差异（详见表 16.4）。

表 16.4　来自教学点的转校生与非转校生学业成绩差异性检验

		样本量	平均值	标准差	标准误	t 检验
标准化考试数学成绩	非转校生	6 903	69.04	20.126	0.242	11.509**
	来自教学点的转校生	969	58.21	28.302	0.909	
标准化考试语文成绩	非转校生	6 903	56.33	21.553	0.259	9.617**
	来自教学点的转校生	969	47.48	27.454	0.882	

数据来源：西发项目监测与评价调查（2008 年西部五省区小学数据库）。

注：* 表示 0.05 的水平上存在显著性差异，* * 表示在 0.01 的水平上存在显著性差异。

为进一步分析学校布局调整对学生学业成绩的影响程度，我们又对学生学业成绩与影响学生学业成绩的各项因素进行了多元回归分析。回归方程如下：

$$Y=f(I,\ F,\ T,\ S,\ D)$$

① 本研究所使用数据来自西发项目监测与评价调查。施测时间是 2006 年 11 月和 2008 年 11 月。

② 本研究未能现场勘查来自教学点的转校生是否都是因为学校布局调整而转校。但是，我们对数据库中来自教学点的学生进行观察，发现这批学生转校并不是个别行为而是群体行为，所以将他们归因于布局调整政策所致。

其中因变量 Y 为 2008 年语文、数学标准化考试成绩，I 表示个人因素，F 表示家庭因素，T 表示教师因素，S 表示学校因素。① 同时，我们在自变量中纳入“是否受布局调整影响”的虚拟变量，在方程中用 D 表示。具体回归结果详见表 16.5。

表 16.5 小学生学业成绩与影响因素回归分析

	解释变量	标准化数学成绩模型	标准化语文成绩模型
个人因素	性别(女)	−1.21* (0.045)	1.76** (0.645)
	民族(汉)	1.36* (0.018)	1.68* (0.714)
	学校满意度	5.49** (0.972)	4.64** (0.846)
	学科自我概念	4.50** (1.165)	1.62 (0.841)
家庭因素	家庭社会经济地位	0.35** (0.054)	2.77** (0.414)
教师因素	师生关系	1.51** (0.773)	0.46** (0.056)
	教师对学生的评价	2.68** (0.815)	4.64** (0.846)
学校因素	生均图书册数	0.06 (0.912)	0.053 (0.980)
	是否乡镇中心校	−0.71** (0.943)	−0.465** (0.878)
	是否九年一贯制学校	−6.11** (1.067)	−4.08** (1.062)
	是否教学点转校生	−9.67** (0.941)	−6.43** (0.981)
	常数项	38.27** (1.248)	27.54** (1.278)
布局调整因素	样本量	3 980	3 980
	F 值	119.04**	94.58**
	调整 R^2	0.246	0.206
	Mean VIF	1.39	1.40

数据来源：西发项目监测与评价调查（2008 年西部五省区小学数据库）。

注：(1) 括号内为标准误。(2) * 表示系数在 0.05 的水平上显著，** 表示系数在 0.01 的水平上显著。

表 16.5 回归结果显示，两个模型的拟合度分别为 0.246 和 0.206，模型中大部分解释变量的回归系数在 0.01 的显著性水平下显著，且不存在共线性现象（Mean VIF=1.39/1.40<10）。从回归结果中，我们看到，来自

① 该四个维度是基于已有研究综合归纳而来，其中的具体因子得分由各维度的相关题项计算而得。

教学点的转校生的学业成绩要显著低于非转校生的学业成绩。其中，来自教学点的转校生的数学成绩比非转校生的数学成绩平均低9.67分，语文成绩平均也要低6.43分。尽管在影响学生成绩变异的各种因素中，学校布局调整对学生成绩的影响仅占很小一部分，但是这一小部分所产生的作用在统计上仍然是显著的。

第三节　学校布局调整对学生学校适应性的影响

学校布局调整对学生的学校适应性也有一定的影响。本研究中学校适应性是由学生调查问卷中相关题项，所提取出的6项公因子（问题行为、师生关系、学校满意度、教师对学生的评价以及学科自我概念）的得分加总算得，是一个连续变量，反映学生在校的总体适应情况。

表16.6的差异性检验结果表明，来自教学点的转校生不论在学校总体适应方面，还是在师生关系、学校满意度以及学科自我概念方面，都显著差于非转校生。对学校适应性的回归分析与独立样本 t 检验的结果也是一致的。

表16.6　非转校生与来自教学点的转校生学校适应性差异检验

		样本量	平均值	标准差	标准误	t 检验
学校总体适应性	非转校生	6 903	2.86	1.41	0.02	−6.689**
	来自教学点的转校生	969	2.57	1.35	0.04	
师生关系	非转校生	6 903	0.45	0.44	0.01	−2.366*
	来自教学点的转校生	969	0.42	0.42	0.01	
学校满意度	非转校生	6 903	0.59	0.35	0.004	−7.901**
	来自教学点的转校生	969	0.52	0.35	0.008	
语文自我概念	非转校生	6 903	0.56	0.42	0.005	−3.507*
	来自教学点的转校生	969	0.53	0.41	0.01	
数学自我概念	非转校生	6 903	0.16	0.28	0.003	−4.611**
	来自教学点的转校生	969	0.13	0.25	0.006	

注：*表示0.05的水平上存在显著性差异，**表示在0.01的水平上存在显著性差异。

表16.7中对学生学校适应性的逐步回归分析表明，来自教学点的转校生的学校适应性明显差于非转校生（回归系数为−0.139）。同时回归结果也显示，家庭社会经济条件对学生学校适应性有正影响，即家庭社会经济条件越好，学生的学校适应性也越好。一般而言，一直就读于乡镇中心校的非转校生相对于来自教学点的转校生，家庭社会经济条件较好。然而，学校办学条件对学生学校适应性的影响不显著。但学校类型对学生学校适应性的影响在0.01的显著性水平上显著，乡镇中心校和九年一贯制学校的学生学校适应性明显优于教学点转来的学生，这与现实情况是相吻合的。因为布局调整主要撤并的是教学点，从而促使原来在教学点就读的学生转移至乡镇中心校或九年一贯制学校，因此相对于一直就读于该两类学校的学生，来自教学点的转校生在学校适应性方面较差。

表16.7　学校适应性的回归分析

解释变量	回归系数	标准误	t	Sig.
性别（女）	1.268**	0.353	3.59	0.000
民族（汉）	0.784*	0.364	2.15	0.032
家庭社会经济条件	1.349**	0.193	6.98	0.000
办学条件	0.122	0.199	0.61	0.541
是否乡镇中心校	4.544**	0.503	4.55	0.000
是否九年一贯制学校	5.416**	0.539	10.05	0.000
是否教学点转校生	−0.139*	0.112	−0.35	0.029
常数	3.416**	0.573	5.96	0.000
样本量	651			
F值	54.48**			
调整R^2	0.397			
Mean VIF	1.43			

注释：(1) 因变量为学生学校适应性得分。(2) *表示系数在0.05的水平上显著，**表示系数在0.01的水平上显著。

因此，以上两组回归分析结果表明，学校布局调整不但对学生的学业成绩有显著影响，而且对学生的学校适应性也存在显著影响。来自教学点的转校生，不论在学业成绩上还是学校适应性方面，相对于非转校生都存在一定的劣势。

第四节　结论和进一步讨论

本研究对西部五省区甘肃、广西、宁夏、四川和云南的义务教育人群采用多阶段分层随机抽样的方法选取被试，每个阶段按照依概率比例系统抽样，对抽取的样本运用描述统计分析其布局调整情况和学校入学人数变化情况。同时运用多元回归分析布局调整导致的学生因布局调整而转学对其学业成绩的影响。结果发现以下几点。

第一，伴随着学龄人口规模的下降，2004—2008 年之间项目乡镇的学校关闭的教学点数非常高，关闭教学点的平均规模也下降很快。关闭教学点距离学校的平均距离更远了。

第二，由于学校布局调整而从教学点转学的学生与非转学的学生，其学业成绩有着显著差异。从回归结果中我们看到，来自教学点的转校生的学业成绩要显著低于非转校生的学业成绩。这是由于学校布局调整而转学对学生的学业有着显著负面的影响。

第三，对学生学校适应性的分析表明，由于学校布局调整导致的来自教学点的转校生的学校适应性明显差于非转校生。

综上所述，目前的学校布局调整政策需要更多地关注学生发展问题。布局调整不仅使得学生上学距离更远，从而可能不得不寄宿，而且学生的学业成绩和对学校的适应性都受到了消极的影响。

本研究还有一些值得讨论的问题。首先，本研究受数据收集的限制，课题组仅获得了 2006 年和 2008 年两次西部五省区的学校和学生信息数据，学校布局调整对学生长远发展的影响，需要结合更长期的跟踪数据加以分析。其次，本研究由于篇幅和时间限制，关于“两免一补”政策中对寄宿生的补助是否有助于缓解学校布局调整带来的寄宿生人数增加这样的问题，需要进一步加以分析和讨论。

主要参考文献

一、著作

1. 蒋鸣和著：《教育成本分析》，高等教育出版社 2000 年版。

2. 国家教育发展研究中心编著：《2001 年中国教育绿皮书——中国教育政策年度分析报告》，教育科学出版社 2001 年版。

3. 国家教育发展研究中心编著：《2005 年中国教育绿皮书——中国教育政策年度分析报告》，教育科学出版社 2005 年版。

4. 孙绵涛主编：《教育效能论》，人民教育出版社 2007 年版。

5. 何凤秋著：《政府绩效评估新论》，中国社会出版社 2008 年版。

6. 马旭晨编著：《现代项目管理评估》，机械工业出版社 2008 年版。

7. 周鹏、徐玖平编著：《项目评价管理》，经济管理出版社 2008 年版。

8. 国家统计局农村社会经济调查司编：《中国县（市）社会经济统计年鉴》，中国统计出版社 2004 年、2006 年、2008 年版。

9. 甘肃省统计局编：《甘肃统计年鉴》，中国统计出版社 2004 年、2006 年、2008 年版。

10. 广西壮族自治区统计局编：《广西统计年鉴》，中国统计出版社 2004 年、2006 年、2008 年版。

11. 宁夏回族自治区统计局编：《宁夏统计年鉴》，中国统计出版社 2004 年、2006 年、2008 年版。

12. 四川省统计局编：《四川统计年鉴》，中国统计出版社 2004 年、2006 年、2008 年版。

13. 云南省统计局编：《云南统计年鉴》，中国统计出版社 2004 年、2006 年、2008 年版。

14. 中华人民共和国教育部发展规划司编：《中国教育统计年鉴》，人民教育出版社 2004 年、2006 年、2008 年版。

15. 国家统计局人口和就业统计司编：《中国人口和就业统计年鉴》，

中国统计出版社 2004 年、2005 年、2006 年、2007 年、2008 年版。

16. 国家统计局农村社会经济调查司编：《中国农村贫困监测报告》，中国统计出版社 2007 年、2008 年版。

17. 中华人民共和国国家统计局编：《中国统计年鉴》，中国统计出版社 2008 年版。

18. ［美］M. 卡诺依编著，闵维方等译：《教育经济学国际百科全书》（第二版），高等教育出版社 2000 年版。

19. ［美］理查德·D. 宾厄姆、克莱尔·L. 菲尔宾格著，朱春奎、杨国庆等译：《项目与政策评估—方法与应用》，复旦大学出版社 2008 年版。

20. Donald T. Campbell & Lulian C. Stanley. *Experimental and Quasi-Experimental Design for Research*. Rand McNally，1971.

21. D. H. Monk. *Microeconomic Aspects of Schooling*：*An Overview with Implications for Policy*. NY：Harper Collins，1991.

22. Jaap Scheerens & Roel J. Bosker. *The Foundations of Educational Effectiveness*. Elserier Science Ltd. 1997.

23. Henry M. Levin & Patrick J. McEwan. *Cost-effectiveness Analysis*. Sage Publications，2001.

24. Stephen Machin & Anna Vignoles. *What's the Good of Education? —The Economics of Education in the UK*. Princeton University Press，2005.

25. Tim Coelli，et al. *An Introduction to efficiency and Productivity Analysis* (2nd edition). Springer Science Business Media Inc. 2005.

26. James. J. Heckman & Edward E. Leamer. *Handbook of Econometrics* (Volume 6B). North Holland，2007.

二、论文

1. 邹浮安：《家庭社经地位与学业成就之关系：后设分析》，载《教育研究咨询》1994 年第 3 期。

2. 聂衍刚、刘毅：《小学生学习适应性状况的研究》，载《教育研究与实验》2004 年第 4 期。

3. 陈建平：《农村小学寄宿制对学生综合素质发展影响的调查与研究》，载《基础教育研究》2004 年第 11 期。

4. 石人炳：《国外关于学校布局调整的研究及启示》，载《比较教育研究》2004 年第 12 期。

5. 邓业涛：《关于小学师资状况与教育质量关系的实证研究》，北京大学硕士学位论文 2005 年。

6. 赵丽：《关于小学生学业产出影响因素的实证探索——以建华实验小学为例》，北京师范大学硕士学位论文 2005 年。

7. 李春玲：《当代中国社会的声望分层——职业声望与社会经济地位指数测量》，载《社会学研究》2005 年第 2 期。

8. 董树梅：《影响城市寄宿制小学学生心理健康状况的家庭原因探析》，载《西北成人教育学报》2006 年第 4 期。

9. 徐永生、宋世兵、彭小满：《关注农村寄宿制学校校园安全》，载《湖南教育》2005 年第 12 期。

10. 吴宏超：《农村中小学布局调整的困境与出路》，中国教育经济学年会会议论文 2006 年。

11. 庞丽娟：《当前我国农村中小学布局调整的问题、原因与对策》，载《教育发展研究》2006 年第 1 期。

12. 张宁、胡鞍钢：《应用 DEA 方法评测了中国各地区健康生产效率》，载《经济研究》2006 年第 7 期。

13. 杜育红：《农村寄宿制学校：成本构成的变化与相关的管理问题》，载《人民教育》2006 年第 23 期。

14. 胡咏梅：《学校资源配置与学生学业成绩关系研究——基于西部五省区农村中小学的实证分析》，北京师范大学博士学位论文 2007 年。

15. 薛海平：《中国西部教育生产函数研究——甘肃农村初中学生成绩影响因素分析》，北京大学博士学位论文 2007 年。

16. 李德亮：《寄宿和走读高中生学业成绩及心理健康状况比较研究》，山东师范大学硕士学位论文 2007 年。

17. 韩豫：《发展项目监测评估理论在女童培训项目中的应用状况研究——以中英大龄女童技能培训甘肃秦安项目点评估为例》，兰州大学硕士学位论文 2007 年。

18. 李强等：《基于 DEA 方法评估中国小学教育的效率：以陕西省为例》，西北社会经济发展研究中心研究报告 2007 年。

19. 杨东峰、殷成志：《国家层面规划与政策的监测评估——国家规划与政策的监测评估国际研讨会综述》，载《管理学报》2007 年第 3 期。

20. 范先佐：《布局调整后的寄宿制学校建设问题》，载《教育管理》2007 年第 12 期。

21. 郭清扬：《农村中小学布局结构调整的实证研究与理论探讨——基于对中西部6省（区）38个县（市）177个乡镇的调查与分析》，华中师范大学博士学位论文2008年。

22. 周芬芬：《效率与公平：农村中小学布局调整的目标冲突与协调》，华中师范大学博士学位论文2008年。

23. 胡咏梅、杜育红：《中国西部农村小学资源配置效率评估》，载《教育与经济》2008年第1期。

24. 薛海平、闵维方：《中国西部教育生产函数研究》，载《教育与经济》2008年第2期。

25. 中西部地区农村中小学合理布局结构研究课题组：《我国农村中小学布局调整的背景、目的和成效——基于中西部地区6省区38个县市177个乡镇的调查与分析》，载《华中师范大学学报（人文社科版）》2008年第4期。

26. 曹建英、王海龙等：《寄宿儿童与一般儿童人格特征的比较研究》，载《教育前沿（综合版）》2008年第6期。

27. 范先佐：《农村学校布局调整与教育均衡发展》，载《教育发展研究》2008年第7期。

28. 东梅、常芳、白媛媛：《农村小学布局调整对学生成绩影响的实证分析：以陕西为例》，载《南方经济》2008第9期。

29. 赵丹、王一涛：《农村中小学布局调整过程中撤销教学点应注意的问题——基于中西部地区的调查研究》，载《河北师范大学学报（教育科学版）》2008年第12期。

30. 吴宏超、赵丹：《农村学校合理布局标准探析——基于河南省的调查分析》，载《教育发展研究》2008年第17期。

31. 储小庆：《农村寄宿小学生学校适应问题及对策研究》，西南大学硕士学位论文2009年。

32. 范先佐、郭清扬：《我国农村中小学布局调整的成效、问题及对策——基于中西部地区6省区的调查与分析》，载《教育研究》2009年第1期。

33. R. L. Solomon. An Extension of Control Group Design. *Psychological Bulletin*, Vol. 2, No. 46, 1949.

34. James E. Greene, et al. Factors Associated with School Mobility. *The Journal of Educational Sociology*, Vol. 35, No. 1, 1961.

35. J. S. Coleman, et al. Equality of Educational Opportunity.

Report prepared for the US Office of Education, 1966.

36. J. L. Morris, et al. Mobility and Achievement. *The Journal of Experimental Education*, Vol. 35, No. 4, 1967.

37. T. E. Whalen, et al. Geographic Mobility and Its Effect on Student Achievement. *Journal of Educational Research*, Vol. 67, No. 4, 1973.

38. Edward Lazear. Family Background and Optimal Schooling DecEisions. *The Review of Economics and Statistics*, Vol. 62, No. 1, 1980.

39. Authella M. Bessent & E. Wailand Bessent. Determining the Comparative Efficiency of Schools through Data Envelopment Analysis. *Educational Administration Quarterly*, Vol. 16, No. 2, 1980.

40. K. R. White. The Relationship Between Socioeconomic Status and Academic Achievement. *Psychological Bulletin*, Vol. 91, No. 3, 1982.

41. Paul R. Rosenbaum, et al. The Central Role of the Propensity Score in Observational Studies for Causal Effects. *Biometrika*, Vol. 70, No. 3, 1983.

42. Michael Bamberger & Eleanor Hewitt. Monitoring and Evaluating Urban Development Programs—A Handbook for Program Managers and Researchers. Word Bank Technical Paper, 1986.

43. Eric A. Hanushek. The Economics of Schooling: Production and Efficiency in the Public Schools. *Journal of Economic Literature*, Vol. 24, No. 3, 1986.

44. Byron W. Brown & Daniel H. Saks. Measuring the Effects of Instructional Time on Student Learning: Evidence from the Beginning Teacher Evaluation Study. *American Journal of Education*, Vol. 94, No. 4, 1986.

45. B. C. Straits. Residence, Migration and School Progress. *Sociology of Education*, Vol. 60, No. 1, 1987.

46. Gary M. Ingersoll & James P. Scamman & Wayne D. Echerling. Geographic Mobility and Student Achievement in an Urban Setting. *Journal of Public Economics*, Vol. 11, No. 2, 1989.

47. William G. Ludwin & Thomas L. Guthrie. Assessing Productivity with Data Envelopment Analysis. *Public Productivity Review*, Vol. 12,

No. 4, 1989.

48. Eric A. Hanushek. The Impact of Differential Expenditures on School Performance. *Educational Research*, Vol. 18, No. 4, 1989.

49. James J. Heckman, et al. Choosing Among Alternative Nonexperimental Methods for Estimating the Impact of Social Programs: The Case of Manpower Training. *Journal of American Statistics Association*, Vol. 84, No. 408, 1989.

50. World Bank. Impact Evaluation of World Bank Agriculture and Rural Development Projects: Methodology and Selected Findings. http://cdj. oxfordjournals. org/cgi/reprint/26/4/306. pdf, 1991.

51. Michael M. Barrow. Measuring Local Education Authority Performance: A Frontier Approach. *Economics of Education Review*, Vol. 10, No. 1, 1991.

52. Robert Moffitt. Program Evaluation with Non-experimental Data. *Evaluation Review*, Vol. 3, No. 2, 1991.

53. R. D. Bingham, et al. Evaluating Schools and Teachers Based on Student Performance: Testing an Alternative Methodology. *Evaluation Review*, Vol. 15, No. 2, 1991.

54. Ronald Ferguson. Paying for Public Education: New Evidence on How and Why Money Matters. *Harvard Journal on Legislation*, Vol. 28, No. 2, 1991.

55. S. C. Ray. Resource-Use Efficiency in Public Schools: A Study of Connecticut Data. *Management Science*, Vol. 37, No. 12, 1991.

56. E. Velz & E. Schiefelbein & J. Valenzuela. Factors Affecting Achievement in Primary Education. HRO Working Paper, No. 2, 1993.

57. Larry V. Hedges, et al. Does Money Matter? A Meta-analysis of Studies of the Effects of Differential School Inputs on Student Outcomes. *Educational Research*, Vol. 23, No. 3, 1994.

58. Bruce Fuller & Haiyan Hua & Conrad W. Snyder. When Girls Learn More than Boys: The Influence of Time in School and Pedagogy in Botswana. *Comparative Education Review*, Vol. 38, No. 3, 1994.

59. James J. Heckman & Jeffrey Andrew Smith. Assessing the Case for Social Experiments. *Journal of Economic Perspectives*, Vol. 9, No. 2, 1995.

60. Eric A. Hanushek. Interpreting Recent Research on Schooling in Developing Countries. *World Bank Research Observer*, Vol. 10, No. 2, 1995.

61. Bruce D. Meyer. Natural and Quasi-Experiments in Economics. *Journal of Business and Economic Statistics*, Vol. 13, No. 2, 1995.

62. Peter Chalos & Joseph Cherian. An Application of Data Envelopment Analysis to Public Sector Performance Measurement and Accountability. *Journal of Accounting and Public Policy*, Vol. 14, No. 2, 1995.

63. World Bank. Performance Monitoring Indicators: A Handbook for Task Managers. http://www. worldbank. org/html/opr/pmi/pmi. pdf, 1996.

64. Karl. L. Alexander, et al. Children in Motion: School Transfers and Elementary School Performance. *The Journal of Educational Research*, Vol. 90, No. 1, 1996.

65. S. Paul Wright, et al. Teacher and Classroom Context Effects on Student Achievement: Implications for Teacher Evaluation. *Journal of Personnel Evaluation in Education*, Vol. 11, No. 1, 1997.

66. Eric A. Hanushek. Assessing the Effects of School Resource on Student Performance: An Update. *Educational Evaluation and Policy Analysis*, Vol. 19, No. 2, 1997.

67. Samuel T. Cooper & Elchanan Cohn. Estimation of a Frontier Production Function for the South Carolina Educational Process. *Economics of Education Review*, Vol. 16, No. 3, 1997.

68. James J. Heckman & Hidehiko Ichimura & Petra E. Todd. Matching as an Econometric Evaluation Estimator: Evidence from Evaluating a Job Training Programme. *The Review of Economic Studies*, Vol. 64, No. 4, 1997.

69. Stephen J. Caldas & Carl Bankston III. Effect of School Population Socioeconomic Status on Individual Academic Achievement. *Journal of Educational Research*, Vol. 90, No. 5, 1997.

70. Pedro Belli & Jock Anderson, et al. Handbook on Economic Analysis of Investment Operations. http://www. preventionweb. net/files/1064_econanal. pdf, 1998.

71. James J. Heckman & J. J. Ichimura & Petra E. Todd. Matching

as an Econometric Evaluation Estimator. *The Review of Economic Studies*, Vol. 65, No. 2, 1998.

72. Douglas Horton. Disciplinary Roots and Branches of Evaluation: Some Lessons from Agricultural Research. *Knowledge, Technology & Policy*, Vol. 10, No. 4, 1998.

73. Tanja Kirjavainen & Heikki A. Loikkanent. Efficiency Differences of Finish Senior Secondary Schools: An Application of DEA and Tobit Analysis. *Economics of Education Review*, Vol. 17, No. 4, 1998.

74. Lascelles Anderson & Herbert J. Walberg & Thomas Weinstein. Efficiency and Effectiveness Analysis of Chicago Public Elementary Schools: 1989, 1991, 1993. *Educational Administration Quarterly*, Vol. 34, No. 4, 1998.

75. Eric A. Hanushek & J. F. Kain & S. G. Rivkin. Do Higher Salaries Buy Better Teachers? National Bureau of Economic Research Working Paper, 1999.

76. C. B. Swanson, et al. Student on the Move: Residential and Educational Mobility in America's Schools. *Sociology of Education*, Vol. 72, No. 1, 1999.

77. J. D. Angrist, et al. Using Maimonides' Rule to Estimate the Effect of Class Size on Scholastic Achievement. *Quarterly Journal of Economics*, Vol. 114, No. 2, 1999.

78. Dan D. Goldhaber & Dominic J. Brewer & Deborah J. Anderson. A Three-way Error Components Analysis of Educational Productivity. *Education Economics*, Vol. 7, No. 3, 1999.

79. J. T. Pastor, et al. A Statistical Test for Detecting Influential Observations in DEA. *European Journal of Operational Research*, Vol. 115, No. 3, 1999.

80. J. A. Temple, et al. School Mobility and Achievement: Longitudinal Findings from an Urban Cohort. *Journal of School Psychology*, Vol. 37, No. 4, 1999.

81. James J. Heckman, et al. Characterizing Selection Bias Using Experimental Data. *Econometrica*, Vol. 66. No. 5, 1999.

82. Judy L. Baker. Evaluating the Poverty Impact of Projects: A Handbook for Practitioners. http://go. worldbank. org/8E2ZTGBOI0, 2000.

83. Anna Vignoles & Rosalind Levacic, et al. The Relationship Resource Allocation and Pupil Attainment: A Review. http://cee. lse. ac. uk/cee%20dps/CEEDP02. pdf, 2000.

84. James Dewey & Thomas A. Husted & Lawrence W. Kenny. The Ineffectiveness of School Inputs: A Product of Misspecification? *Economics of Education Review*, Vol. 19, No. 1, 2000.

85. M. J. Mancebon & C. M. Molinero. Performance in Primary Schools. *The Journal of the Operational Research Society*, Vol. 51, No. 7, 2000.

86. E. Skoufias. PROGRESA and Its Impacts on the Human Capital and Welfare of Households in Rural Mexico: A Synthesis of the Results of an Evaluation by IFPRI. http://www. ifpri. org/themes/progresa/pdf/Skoufias_finalsyn. pdf, 2001.

87. Albert Park & Emily Hannum. Do Teachers Affect Learning in Developing Countries? Evidence from Matched Student—Teacher Data from China. *Social Science Research Council*, Paper Prepared for the Conference Rethinking Social Science Research on the Developing World in the 21st Century, 2001.

88. OECD-DAC. Glossary of Key Terms in Evaluation and Results-based Management. http://www. oecd. org/dataoecd/51/10/18074294. pdf, 2002.

89. Sascha O. Becker, et al. Estimation of Average Treatment Effects Based on Propensity Scores. *The Stata Journal*, Vol. 2, No. 4, 2002.

90. Wilbert van der Klaauw. Estimating the Effect of Financial Aid Offers on College Enrollment: A Regression-discontinuity Approach. *International Economic Review*, Vol. 43, No. 4, 2002.

91. Linda Darling-Hammond & Peter Youngs. Defining "Highly Qualified Teachers": What Does "Scientifically-based Research" Actually Tell Us? *Educational Researcher*, Vol. 31, No. 9, 2002.

92. C. Uribe & R. J. Murnane & J. B. Willett. Why Do Students Learn More in Some Classrooms than in Others? Evidence from Bogota. http://gseacademic. harvard. edu/~willetjo/pdf%20files/Uribe_Murnane_Willett_2003. pdf, 2003.

93. Edwin Leuven & Barbara Sianesi. PSMATCH2: Stata Module to

Perform Full Mahalanobis and Propensity Score Matching, Common Support Graphing, and Covariate Imbalance Testing. http://ideas.repec.org/c/boc/bocode/s432001.html, 2003.

94. Patrick J. McEwan. Peer Effects on Student Achievement: Evidence from Chile. *Economics of Education Review*, Vol. 22, No. 2, 2003.

95. Ludger Wößmann. Educational Production in East Asia: The Impact of Family Background and Schooling Policies on Student Performance. *Kiel Working Paper*, No. 1152, 2003.

96. David Albouy. Program Evaluation and the Difference in Difference Estimator, Economics 131. http://emlab.berkeley.edu/users/webfac/saez/e131_s04/diff.pdf, 2004.

97. OECD. Learning for Tomorrow's World—First Results from PISA 2003. http://www.oecd.org/, 2004.

98. Francesca Bastagli & Aline Coudouel & Giovanna Prennushi. Poverty Monitoring Guidance Note 1 Selecting Indicators. http://www.worldbank.org/poverty, 2004.

99. World Bank. Monitoring and Evaluation: Some Tools, Methods and Approaches. http://www.worldbank.org/oed/ecd/, 2004.

100. Jody Zall Kusek & Ray C. Rist. Ten Steps to a Result-based Monitoring and Evaluation System. http://www.worldbank.org/, 2004.

101. M. Mehana & A. J. Reynolds. School Mobility and Achievement: A Meta-analysis. *Children and Youth Services Review*, Vol. 26, No. 1, 2004.

102. T. Paul Schultz. School Subsidies for the Poor: Evaluating the Mexican Progresa Poverty Program. *Journal of Development Economics*, Vol. 74, No. 1, 2004.

103. Eric A. Hanushek & John F. Kain & Steven G. Rivkin. Disruption versus Tiebout Improvement: The Costs and Benefits of Switching Schools. *Journal of Public Economics*, Vol. 88, No. 3, 2004.

104. John DiNardo & David S. Lee. Economic Impacts of New Unionization on Private Sector Employers. *Quarterly Journal of Economics*, Vol. 119, No. 4, 2004.

105. Clark, Mari, Rolf Sartorius & Michael Bamberger. *Monitoring*

and Evaluation: Some Tools, Methods and Approaches. http://www.worldbank.org/oed/ecd,2004.

106. Orazio Attanasio & Costas Meghir & Ana Santiago. Education Choices in Mexico: Using a Structural Model and a Randomized Experiment to Evaluate PROGRESA. http://www.homepages.ucl.ac.uk/~uctpjrt/progresa_ll.pdf, 2005.

107. Palmela E. Davis-Kean. The Influence of Parent Education and Family Income on Child Achievement: The Indirect Role of Parent Expectations and the Home Environment. *Journal of Family Psychology*, Vol. 19, No. 2, 2005.

108. Kenneth Chay & Patrick J. McEwan & Miguel Urquiola. The Central Role of Noise in Evaluating Interventions that Use Test Scores to Rank Schools. *American Economic Review*, Vol. 95, No. 4, 2005.

109. Andrew Jenkins & Rosalind Levacic & Anna Vignoles. Estimating the Relationship between School Resources and Pupil Attainment at GCSE. Research Report, No. 727, Institute of Education, 2006.

110. World Bank. Impact Evaluation and the Project Cycle. http://www.worldbank.org/, 2006.

111. World Bank. Impact Evaluation of School-based Management Reform. http://www.worldbank.org/, 2007.

112. GSDRC. Monitoring and Evaluation Topic Guide. http://www.gsdrc.org/docs/open/ME3.pdf, 2007.

113. UNDP. Programming Manual Chapter 7: Monitoring, Reporting and Evaluation. http://www.oecd.org/dataoecd/37/47/35419508.pdf, 2008.

114. Guido W. Imbens & Lemieux Thomas. Regression Discontinuity Designs: A Guide to Practice. *Journal of Econometrics*, Vol. 142, No. 2, 2008.

115. X. Liu & K. Lu. Student Performance and Family Socioeconomic Status: Results from a Survey of Compulsory Education in Western China. *Chinese Education and Society*, Vol. 41, No. 5, 2008.

116. UNDP. Handbook and Book of Planning, Monitoring and Evaluation for Development Results. http://www.undp.org/eo/handbook, 2009.

117. Independence Evaluation Group of World Bank. Institutionali-

zing Impact Evaluation within the Framework of a Monitoring and Evaluation System. http://www.worldbank.org/oed/ecd/, 2009.

118. Yongmei Hu & Zhi Zhang & Wenyan Liang. Efficiency of Primary Schools in Beijing, China: an Evaluation by Data Envelopment Analysis. *International Journal of Educational Management*, Vol. 23, No. 1, 2009.

119. Richard Blundell & Monica Costa Dias. Alternative Approaches to Evaluation in Empirical Microeconomics. *Journal of Human Resources*, Vol. 44, No. 3, 2009.

附　录

附录 1：西发项目监测与评价调查抽样方法

西部地区基础教育监测与评价调查（BEWAMS）构建了一系列指标，搜集了有关学校、学生、教师、村民或村干部的信息。为了保证样本的代表性，我们依据严格的科学流程，设计了一套复杂的多阶段抽样方法。按照县、学校、学生和教师的顺序，依次抽取了抽样单位。在决定抽样设计和样本规模时，我们考虑了评价的目标，并且对一些关键指标的变异性作了特定的假设。

考虑到每一个分析单位都可能存在不同的被抽取概率，进行样本分析时就有必要对样本加权（权数等于被抽取概率的倒数）。由于小学和初中样本的选取采取了不同的方法，因此样本代表的总体也不一样，下面就分别叙述。

A1. 小学样本

小学样本的推断总体是整个项目乡镇的所有小学，项目学校和对照组学校都在同一个乡镇内部选取。因此我们的调查就可以反映所有项目地区的情况，但是不能反映每个省的情况。抽样过程如下。

1. 县。采用依概率比例系统抽样法（systematic sampling with probability proportional to size）选取 15 个县。抽样范围为所有的项目县，规模比例为项目县中项目乡镇的人口规模（数据来自项目执行报告）。

2. 乡镇。采用依概率比例系统抽样法（概率比例为乡镇人口规模），在每个县抽取大约 3 个乡镇。由于所有乡镇的少数民族人口比例都比较高，因此没有必要再根据民族成分对样本进行拆分。

3. 学校。在每个抽中的乡镇再抽取 4 所学校：其中包括 2 所项目学校（以按计划应该或者已经实际发生的土建工程作为界定标准）和 2 所对照组学校（其中在第三个乡镇只抽取1所对照组学校）。我们从县教育局拿到抽样乡镇所有小学名单，然后采用依概率比例系统抽样法（概率比例为学校在校生人数）分别抽取项目学校和对照组学校。

4. 教师。抽取了学校之后，对该校四、六年级的所有任课教师进行调查。

5. 学生。在四、六年级分别抽取1个班级，该班所有学生都接受调查和测试。为此我们需要记录每个年级的班级数。

6. 村民代表。抽样对象应当尽可能包括学校发展委员会的成员、村干部以及不同民族的群体。

在2008年第二轮调查的时候，我们回访了2006年受调查的所有学校。为了了解学校数量变化以及这种变化的重要程度，我们还搜集了其他一些相关信息，以此调整样本权重。

学校缺失情况

由于我们要跟踪回访2006年调查过的学校以及部分学生（也即2006年上四年级，2008年应该上六年级的那部分学生），因此在有些情况下就会出现学校缺失的现象。比如，有些乡村的非完全小学没有六年级，因此我们删除了2006年调查过的这些学校（共计5所），并且用2006年调查过的学生主要集中的学校作为替代。但是，这就导致替代那些乡村非完全小学的基本都是村完小或乡镇中心小学。在此情况下，我们保留了学生样本，但是删除了有关学校的信息（共计8所学校），因为这样会高估学校办学条件的改善程度。

还有2所2006年调查过的学校在2008年关闭了，另有1所2006年调查学校在2008年无法到达（地震原因）。因此，2008年一共有16所学校被删除。在2008年调查的173所学校中，构成我们面板数据的实际样本量是157所学校。

学生跟踪情况

由于许多学校一个年级有多个班级，面板数据的学生跟踪（针对2006年是四年级，而2008年是六年级的学生）需要将2006年调查时在一个班但是2008年分到不同班的学生召集在一起，因此学生权重的计算不再依据班级数，而是依据被调查的学生数和六年级注册学生数。这样做可以增加跟踪到的学生数，但也导致我们无法获得学生辍学、转学的间接衡量指标。

A2. 初中样本

由于项目初中的数量较少，并且大部分乡镇只有一所初中，因此初中的抽样就有必要使用更大的总体。对此，我们在抽样县的所有初中进行抽样，不再包含乡镇抽样这一环节。这就意味着初中样本反映的是整个抽样县的初中教育情况。具体抽样过程如下。

1. 县。15 个小学样本的抽样县仍旧作为我们的初中样本抽样县。

2. 学校。每个县抽取大约 6 所初中，其中包括 3 所项目初中（以按计划应该或者已经实际发生土建工程作为界定标准）和 3 所对照组初中。我们从县教育局拿到全县所有初中名单，然后采用依概率比例系统抽样法（概率比例为学校在校生人数）分别抽取项目学校和对照组学校。

3. 教师。抽取学校之后，所有初一、初三的任课教师都将接受调查。

4. 学生。在初一、初三年级分别抽取 1 个班级，该班所有学生都接受调查和测试。为此我们需要记录每个年级的班级数。

5. 村民代表。抽样对象应当尽可能包括学校发展委员会的成员、村干部以及不同民族的群体。

初中学校因为布局调整等原因发生变化的现象较少，因此 2008 年的时候只有 3 所初中学校被删除。对学生的跟踪方法和上述小学样本类似。

附录 2：各章附表

附表 2.1　毕业生数学、语文考试通过率

			小学		初中	
			2001 年	2007 年	2001 年	2007 年
甘肃	男生	数学	71.01	78.12	62.74	70.65
		语文	76.41	81.23	74.33	79.82
	女生	数学	69.85	77.04	60.25	67.67
		语文	76.48	81.18	71.66	77.42
广西	男生	数学	83.40	95.14	75.40	91.20
		语文	83.90	95.66	76.20	91.47
	女生	数学	80.60	93.92	73.00	90.38
		语文	81.30	94.44	73.20	90.33

续表

			小学		初中	
			2001 年	2007 年	2001 年	2007 年
宁夏	男生	数学	78.60	95.88	71.30	92.00
		语文	80.30	95.81	76.90	93.24
	女生	数学	77.46	94.38	69.09	89.78
		语文	79.61	95.85	75.28	91.79
四川	男生	数学	82.81	92.11	61.53	78.80
		语文	80.93	91.32	71.22	83.53
	女生	数学	77.55	88.73	57.78	76.49
		语文	81.55	90.39	57.57	83.39
云南	男生	数学	65.96	78.11	65.69	71.21
		语文	72.21	84.37	69.63	75.52
	女生	数学	65.60	79.15	62.09	67.72
		语文	71.99	85.52	68.37	75.23

数据来源：五省区年度报告，2001 年和 2007 年。

附表 3.1　五省区适龄儿童入学率（2004—2007 年）

		小学				初中			
		2004 年	2005 年	2006 年	2007 年	2004 年	2005 年	2006 年	2007 年
甘肃	男孩	94.10	95.40	95.80	93.46	80.00	85.00	90.00	89.50
	女孩	93.00	94.00	94.43	93.38	79.00	82.00	82.46	89.74
	少数民族	92.00	93.20	93.95	90.12	74.00	78.50	80.01	87.08
广西	男孩	98.00	98.30	98.87	99.09	82.00	83.00	90.06	93.83
	女孩	96.30	97.00	98.44	98.78	75.00	78.00	87.18	90.98
	少数民族	97.00	97.00	98.15	98.51	79.00	80.00	88.08	91.05
宁夏	男孩	97.83	98.94	99.51	99.61	90.22	94.91	97.09	97.57
	女孩	96.35	97.36	98.95	99.07	86.99	92.83	96.04	91.12
	少数民族	96.44	97.46	98.78	98.89	86.87	91.68	96.06	96.82

续表

		小学				初中			
		2004年	2005年	2006年	2007年	2004年	2005年	2006年	2007年
四川	男孩	92.80	93.15	96.88	98.64	90.02	90.09	90.91	91.70
	女孩	91.20	92.80	93.63	97.93	89.80	90.02	89.75	90.43
	少数民族	87.30	87.50	95.22	92.12	82.36	82.96	83.23	84.18
云南	男孩	98.81	98.86	99.00	99.21	88.45	90.33	93.42	94.33
	女孩	98.24	98.39	98.62	98.91	86.86	89.11	91.96	93.11
	少数民族	96.59	97.09	97.76	98.10	85.82	87.50	90.26	91.42

数据来源：五省区年度报告，2004—2007年。

附表4.1　2006年和2008年学生数学成绩变化

	项目学校			非项目学校			项目学校和非项目学校
	2006年	2008年	变化	2006年	2008年	变化	差异
小学	67.69	70.28	2.59	64.77	67.32	2.55	0.03
四年级	61.52	63.70	2.18	57.84	60.91	3.07	−0.89
六年级	73.22	75.75	2.53	71.71	73.19	1.48	1.05
追踪学生	61.23	75.36	14.12*	57.84	74.61	16.77*	−2.65
初中	70.26	71.49	1.23	70.51	70.99	0.48	0.75
初一年级	62.54	65.12	2.58	63.09	64.59	1.50	1.09
初三年级	79.92	80.81	0.89	79.02	79.19	0.17	0.72
追踪学生	63.00	80.32	17.32	64.19	78.08	13.89	3.43

数据来源：西发项目监测与评价调查，2006年和2008年。

注：*表示在10%的水平上存在显著性差异。

附表 4.2　2006 年和 2008 年学生语文成绩变化

	项目学校			非项目学校			项目学校和非项目学校
	2006 年	2008 年	变化	2006 年	2008 年	变化	差异
小学	53.89	57.81	3.92	53.37	54.01	0.64	3.27
四年级	49.07	52.65	3.59	47.92	45.61	−2.32	5.90
六年级	58.21	62.09	3.88	58.83	61.70	2.88	1.00
追踪学生	48.74	61.36	12.62*	46.28	62.57	16.29*	−3.67
初中	48.08	48.25	0.16	49.67	48.11	−1.56	1.72
初一年级	43.35	45.34	1.99	45.41	44.81	−0.60	2.59
初三年级	54.00	52.51	−1.49	54.56	52.35	−2.21	0.72
追踪学生	43.56	51.53	7.97	46.31	51.99	5.67	2.30

数据来源：西发项目监测与评价调查，2006 年和 2008 年。

注：* 表示在 10%的水平上存在显著性差异。

附表 4.3　小学不同性别、民族学生的数学成绩

		项目学校			非项目学校			项目学校和非项目学校
		2006 年	2008 年	变化	2006 年	2008 年	变化	差异
	性别							
四年级	男生	61.07	64.11	3.03	57.80	61.16	3.36	−0.32
	女生	62.05	63.52	1.47	58.10	61.14	3.04	−1.57
六年级	男生	74.10	76.29	2.18	72.64	74.18	1.54	0.65
	女生	72.35	75.28	2.94	71.11	72.11	1.00	1.94
追踪学生	男生	61.29	76.17	14.89*	57.83	75.33	17.49*	−2.61
	女生	61.19	74.45	13.26*	57.87	73.87	16.00*	−2.74
	民族							
四年级	汉族	61.77	62.72	0.96	55.72	62.30	6.58*	−5.63
	少数民族	61.49	66.08	4.59	63.47	58.88	−4.59	9.18
六年级	汉族	73.44	76.67	3.22	70.89	73.17	2.29	0.94

续表

		项目学校			非项目学校			项目学校和非项目学校
		2006 年	2008 年	变化	2006 年	2008 年	变化	差异
	少数民族	72.98	73.85	0.87	74.09	73.13	−0.96	1.82
追踪学生	汉族	61.43	76.67	15.24*	56.14	75.53	19.39*	−4.15
	少数民族	60.84	72.41	11.57*	60.64	73.09	12.45*	−0.88
家庭日常交流语言								
四年级	普通话或汉语地方话	62.98	64.79	1.81	57.41	63.21	5.81*	−4.00
	少数民族语言	56.40	60.43	4.03	60.20	53.02	−7.18	11.20
六年级	普通话或汉语地方话	74.14	77.24	3.10	72.20	74.71	2.51	0.60
	少数民族语言	69.60	69.91	0.31	68.55	65.29	−3.25	3.56
追踪学生	普通话或汉语地方话	62.25	77.16	14.90*	57.51	75.99	18.48*	−3.58
	少数民族语言	56.98	67.81	10.83*	59.64	67.01	7.37*	3.45

数据来源：西发项目监测与评价调查，2006 年和 2008 年。

注：*表示在 10%的水平上存在显著性差异。

附表 4.4　小学不同个人特征学生的数学成绩

		项目学校			非项目学校			项目学校和非项目学校
		2006 年	2008 年	变化	2006 年	2008 年	变化	差异
是否寄宿生								
四年级	是	63.01	61.00	−2.01	54.29	61.05	6.76	−8.77
	否	61.15	64.76	3.62	58.65	60.89	2.24	1.37
六年级	是	70.46	70.47	0.01	69.48	73.27	3.79	−3.78
	否	74.13	77.56	3.43	72.37	73.17	0.80	2.64
追踪学生	是	59.44	69.43	9.99	57.47	75.81	18.33*	−8.34

续表

		项目学校			非项目学校			项目学校和非项目学校
		2006年	2008年	变化	2006年	2008年	变化	差异
	否	61.87	77.46	15.59*	58.03	73.97	15.93*	−0.35
是否来自教学点								
四年级	是	60.17	60.67	0.49	56.40	59.50	3.10	−2.61
	否	62.72	66.27	3.55	59.59	62.28	2.69	0.85
六年级	是	73.30	71.24	−2.06	74.89	72.40	−2.49	0.43
	否	73.99	77.25	3.26	70.22	74.09	3.87*	−0.61
追踪学生	是	54.76	69.17	14.40*	55.88	72.20	16.33*	−1.92
	否	62.99	77.01	14.03*	58.31	75.18	16.87*	−2.84

数据来源：西发项目监测与评价调查，2006年和2008年。

注：*表示在10%的水平上存在显著性差异。

附表4.5　小学不同性别、民族学生的语文成绩

		项目学校			非项目学校			项目学校和非项目学校
		2006年	2008年	变化	2006年	2008年	变化	差异
	性别							
四年级	男生	47.60	52.65	5.05	47.45	46.03	−1.42	6.47
	女生	50.60	53.08	2.48	48.68	45.73	−2.95	5.43
六年级	男生	57.11	61.92	4.81*	57.94	61.80	3.86	0.95
	女生	59.45	62.33	2.88	60.48	61.54	1.07	1.81
追踪学生	男生	48.00	61.75	13.75*	45.82	62.48	16.65*	−2.91
	女生	49.57	60.92	11.36*	46.77	62.66	15.89*	−4.54
	民族							
四年级	汉族	47.57	51.63	4.06	44.48	46.40	1.92	2.14
	少数民族	52.69	54.43	1.74	56.85	44.56	−12.29*	14.03
六年级	汉族	57.99	62.01	4.01	56.94	61.72	4.79*	−0.77

续表

		项目学校			非项目学校			项目学校和非项目学校
		2006年	2008年	变化	2006年	2008年	变化	差异
	少数民族	59.39	62.30	2.90	63.53	61.49	−2.04	4.94
追踪学生	汉族	47.33	61.90	14.57*	44.69	63.91	19.21*	−4.64
	少数民族	52.02	60.20	8.18	48.89	60.36	11.47*	−3.29
家庭日常交流语言								
四年级	普通话或汉语地方话	49.82	54.32	4.51	46.92	47.99	1.07	3.44
	少数民族语言	46.59	47.10	0.50	53.15	37.71	−15.43*	15.94
六年级	普通话或汉语地方话	59.28	62.94	3.66	59.29	63.64	4.35	−0.69
	少数民族语言	53.79	58.73	4.94	56.07	51.76	−4.31	9.26
追踪学生	普通话或汉语地方话	49.11	62.72	13.61*	45.67	64.30	18.63*	−5.03
	少数民族语言	47.23	55.70	8.46	49.63	53.03	3.39	5.07

数据来源：西发项目监测与评价调查，2006年和2008年。

注：*表示在10%的水平上存在显著性差异。

附表4.6 小学不同个人特征学生的语文成绩

		项目学校			非项目学校			项目学校和非项目学校
		2006年	2008年	变化	2006年	2008年	变化	差异
是否寄宿生								
四年级	是	51.12	49.75	−1.37	44.96	45.47	0.51	−1.88
	否	48.50	53.77	5.27	48.60	45.66	−2.93	8.20
六年级	是	53.61	57.15	3.54	54.99	57.83	2.84	0.70
	否	59.72	63.78	4.06	59.95	63.50	3.55	0.51
追踪学生	是	47.05	55.77	8.72	43.12	61.30	18.18*	−9.46

续表

		项目学校			非项目学校			项目学校和非项目学校
		2006 年	2008 年	变化	2006 年	2008 年	变化	差异
	否	49.34	63.34	14.00*	47.97	63.25	15.28*	−1.28
	是否来自教学点							
四年级	是	46.50	53.92	7.42	49.00	42.61	−6.39	13.81*
	否	50.05	53.42	3.37	48.05	47.21	−0.84	4.22
六年级	是	54.41	58.37	3.96	62.16	59.95	−2.21	6.17
	否	60.87	63.39	2.53	57.24	62.56	5.32*	−2.79
追踪学生	是	40.88	56.03	15.16*	45.18	61.23	16.05*	−0.90
	否	50.89	62.80	11.91*	46.58	62.85	16.27*	−4.36

数据来源：西发项目监测与评价调查，2006 年和 2008 年。

注：* 表示在 10%的水平上存在显著性差异。

附表 4.7　初中不同个人特征学生的数学成绩

		项目学校			非项目学校			项目学校和非项目学校
		2006 年	2008 年	变化	2006 年	2008 年	变化	差异
	性别							
初一年级	男生	63.91	67.22	3.31*	63.94	64.46	0.51	2.79
	女生	61.05	64.17	3.12	62.45	65.28	2.83	0.29
初三年级	男生	81.42	81.41	−0.01	80.03	79.27	−0.77	0.76
	女生	78.50	80.15	1.65	78.41	79.06	0.65	1.00
追踪学生	男生	65.01	80.94	15.93*	64.94	78.09	13.15*	2.78
	女生	60.75	79.62	18.87*	63.42	78.07	14.65*	4.22
	民族							
初一年级	汉族	64.20	67.05	2.85	63.85	64.92	1.08	1.77
	少数民族	58.29	59.93	1.64	58.04	63.22	5.18	−3.54
初三年级	汉族	81.22	82.79	1.57	79.75	79.82	0.06	1.51

续表

		项目学校			非项目学校			项目学校和非项目学校
		2006 年	2008 年	变化	2006 年	2008 年	变化	差异
	少数民族	77.28	75.79	−1.49	74.83	75.21	0.39	−1.88
追踪学生	汉族	64.63	82.52	17.89*	64.93	78.60	13.67*	4.22
	少数民族	58.86	74.75	15.89*	59.64	74.91	15.26*	0.62
	家庭日常交流语言							
初一年级	普通话或汉语地方话	63.52	66.64	3.12	63.93	65.18	1.25	1.87
	少数民族语言	54.38	57.73	3.35	54.48	58.17	3.69	−0.34
初三年级	普通话或汉语地方话	80.38	81.71	1.33	79.64	79.89	0.24	1.09
	少数民族语言	76.89	73.01	−3.88	70.99	71.73	0.74	−4.62
追踪学生	普通话或汉语地方话	63.76	81.36	17.60*	64.94	78.66	13.73*	3.88
	少数民族语言	56.35	71.23	14.88*	57.03	72.53	15.50*	−0.62
	是否寄宿生							
初一年级	是	62.26	64.71	2.45	62.52	64.31	1.79	0.66
	否	63.11	66.91	3.80	63.94	65.13	1.19	2.61
初三年级	是	80.87	80.69	−0.18	79.05	77.32	−1.73	1.56
	否	76.18	81.48	5.30*	78.97	82.95	3.98	1.32
追踪学生	是	62.89	80.09	17.21*	63.57	77.46	13.89*	3.32
	否	63.47	81.07	17.60*	65.86	79.54	13.69*	3.91

数据来源：西发项目监测与评价调查，2006 年和 2008 年。

注：* 表示在 10%的水平上存在显著性差异。

附表 4.8　初中不同个人特征学生的语文成绩

		项目学校			非项目学校			项目学校和非项目学校
		2006 年	2008 年	变化	2006 年	2008 年	变化	差异
	性别							
初一年级	男生	42.51	45.27	2.77*	44.31	44.13	−0.17	2.94
	女生	44.43	45.84	1.41	46.87	45.89	−0.98	2.39
初三年级	男生	52.96	51.98	−0.98	53.23	50.93	−2.30	1.32
	女生	55.29	53.17	−2.12	56.26	53.77	−2.49	0.38
追踪学生	男生	42.72	51.09	8.37*	45.10	50.89	5.79*	2.58
	女生	44.55	52.02	7.47*	47.57	53.13	5.56*	1.91
	民族							
初一年级	汉族	44.83	46.22	1.39	45.81	44.77	−1.04	2.44
	少数民族	39.62	43.11	3.49	42.95	45.60	2.65	0.85
初三年级	汉族	56.06	53.88	−2.18	55.25	52.38	−2.88	0.70
	少数民族	49.72	48.97	−0.74	50.39	52.23	1.84	−2.58
追踪学生	汉族	44.92	52.94	8.02*	46.73	51.81	5.08*	2.94
	少数民族	40.10	47.96	7.85*	43.77	53.06	9.29*	−1.44
	家庭日常交流语言							
初一年级	普通话或汉语地方话	44.21	46.08	1.87	45.97	45.03	−0.93	2.80
	少数民族语言	36.16	41.47	5.31*	40.16	42.38	2.22	3.09
初三年级	普通话或汉语地方话	54.65	53.03	−1.63	55.05	52.74	−2.31	0.68
	少数民族语言	49.83	48.06	−1.77	48.17	48.24	0.07	−1.84
追踪学生	普通话或汉语地方话	44.30	51.99	7.69*	46.85	52.09	5.24*	2.44
	少数民族语言	37.04	47.54	10.50*	41.15	50.94	9.79*	0.71

续表

		项目学校			非项目学校			项目学校和非项目学校
		2006 年	2008 年	变化	2006 年	2008 年	变化	差异
	是否寄宿生							
初一年级	是	43.30	44.77	1.47	45.69	44.56	−1.13	2.60
	否	43.46	47.50	4.04*	44.99	45.31	0.32	3.72
初三年级	是	54.58	52.18	−2.39	55.11	52.36	−2.75	0.36
	否	51.73	53.88	2.15	53.69	52.43	−1.26	3.41
追踪学生	是	43.73	51.25	7.52*	46.18	52.66	6.47*	1.05
	否	43.02	52.56	9.54*	46.72	50.36	3.64	5.91*

数据来源：西发项目监测与评价调查，2006 年和 2008 年。

注：* 表示在 10%的水平上存在显著性差异。

附表 4.9　2006 年和 2008 年追踪学生中寄宿生（2006 年未寄宿而 2008 年寄宿）和非寄宿生（两年均未寄宿）数学、语文成绩变化（初中）

	2006 年	2008 年	变化
数学成绩			
寄宿生	64.12	81.00	16.89*
非寄宿生	65.69	80.59	14.90*
语文成绩			
寄宿生	44.97	52.79	7.82*
非寄宿生	46.12	51.06	4.94*

数据来源：西发项目监测与评价调查，2006 年和 2008 年。

注：(1) * 表示在 10%的水平上存在显著性差异。(2) 寄宿生指 2006 年未寄宿、2008 年寄宿的学生，非寄宿生指两年均未寄宿的学生。

附表 4.10　小学不同学校特征学生的数学成绩

		项目学校			非项目学校			项目学校和非项目学校
		2006 年	2008 年	变化	2006 年	2008 年	变化	差异
	学校类型							
四年级	村完小	64.04	62.82	−1.22	58.22	60.55	2.33	−3.55
	乡镇中心小学	60.84	66.27	5.43	59.05	64.57	5.52	−0.10
	九年一贯制学校	56.04	56.69	0.65	44.74	46.35	1.62	−0.97
六年级	村完小	72.72	75.16	2.44	70.49	74.86	4.37	−1.93
	乡镇中心小学	75.24	77.56	2.32	77.15	70.75	−6.40*	8.73
	九年一贯制学校	69.89	72.02	2.13	66.24	60.40	−5.84*	7.97
追踪学生	村完小	65.71	74.42	8.71*	58.88	75.75	16.87*	−8.17
	乡镇中心小学	58.61	77.44	18.83*	56.97	73.69	16.72*	2.10
	九年一贯制学校	57.37	69.82	12.45	44.22	62.09	17.88*	−5.42
	教学点	——	——	——	55.87	64.13	8.26*	——
	学校办学条件							
四年级	较低	62.43	62.40	−0.04	61.65	58.01	−3.64	3.60
	中等	62.03	67.23	5.20	55.71	63.40	7.69*	−2.50
	较高	59.96	60.69	0.73	54.87	61.05	6.18	−5.46
六年级	较低	67.81	75.07	7.25*	69.04	68.50	−0.54	7.80
	中等	76.00	76.01	0.01	72.70	76.09	3.39	−3.38
	较高	73.79	76.44	2.64	74.21	75.40	1.19	1.46
追踪学生	较低	54.04	77.28	23.24*	64.14	71.74	7.60*	15.64
	中等	70.46	72.24	1.78	52.71	76.13	23.41*	−21.64
	较高	70.40	73.54	3.14	56.90	76.20	19.30*	−16.16

数据来源：西发项目监测与评价调查，2006 年和 2008 年。

注：* 表示在 10%的水平上存在显著性差异。

附表 4.11　小学不同学校特征学生的语文成绩

		项目学校			非项目学校			项目学校和非项目学校
		2006 年	2008 年	变化	2006 年	2008 年	变化	差异
	学校类型							
四年级	村完小	51.30	49.42	－1.87	47.75	44.69	－3.06	1.19
	乡镇中心小学	50.33	58.42	8.09	51.53	49.92	－1.61	9.70
	九年一贯制学校	38.14	40.68	2.55	34.93	37.70	2.77	－0.23
六年级	村完小	56.34	61.11	4.77	57.00	62.64	5.64	－0.86
	乡镇中心小学	61.32	64.72	3.40	66.96	60.31	－6.65*	10.06
	九年一贯制学校	55.76	56.91	1.15	50.69	54.67	3.98*	－2.83
追踪学生	村完小	52.85	60.20	7.35	47.51	63.19	15.67*	－8.32
	乡镇中心小学	45.99	63.59	17.61*	45.38	62.53	17.15*	0.45
	九年一贯制学校	46.68	55.96	9.28	34.33	55.56	21.23*	－11.95
	教学点	——	——	——	26.52	39.48	12.96*	——
	学校办学条件							
四年级	较低	48.29	51.36	3.07	51.10	44.68	－6.41	9.49
	中等	51.28	60.37	9.09	43.81	47.48	3.67	5.42
	较高	46.09	43.21	－2.88	48.24	41.58	－6.66	3.78
六年级	较低	55.40	61.11	5.71*	55.82	59.68	3.86	1.85
	中等	61.17	63.68	2.52	60.49	64.68	4.18	－1.67
	较高	56.62	61.27	4.65	60.83	58.09	－2.73	7.38
追踪学生	较低	41.59	64.12	22.53*	54.83	62.12	7.29	15.24
	中等	58.60	58.45	－0.16	41.85	63.93	22.09*	－22.24
	较高	57.19	57.22	0.03	41.42	61.22	19.79*	－19.76

数据来源：西发项目监测与评价调查，2006 年和 2008 年。

注：* 表示在 10%的水平上存在显著性差异。

附表 4.12　初中不同学校特征学生的数学成绩

		项目学校			非项目学校			项目学校和非项目学校
		2006 年	2008 年	变化	2006 年	2008 年	变化	差异
	学校类型							
初一年级	普通中学	62.77	66.62	3.85*	64.12	65.38	1.26	2.59
	九年一贯制学校	59.02	55.77	−3.25	60.50	60.01	−0.49	−2.77
	完全中学	68.36	62.43	−5.92	66.77	70.53	3.76*	−9.69
初三年级	普通中学	80.87	82.41	1.54	78.04	77.62	−0.43	1.97
	九年一贯制学校	74.07	79.30	5.23	80.09	80.48	0.39	4.84
	完全中学	79.44	74.23	−5.20	87.05	87.54	0.50	−5.70
追踪学生	普通中学	64.18	81.90	17.72*	64.73	77.53	12.80*	4.93
	九年一贯制学校	56.29	78.17	21.88*	60.31	76.65	16.34*	5.54
	完全中学	60.37	72.93	12.56	69.84	87.50	17.66*	−5.10
	学校办学条件							
初一年级	较低	62.40	65.95	3.54	62.53	62.72	0.18	3.36
	中等	60.46	64.14	3.69	62.34	70.27	7.93*	−4.24
	较高	64.52	65.02	0.51	66.02	64.04	−1.98	2.49
初三年级	较低	80.60	79.81	−0.79	78.91	77.98	−0.92	0.13
	中等	65.88	80.98	15.10*	77.62	78.95	1.33	13.77
	较高	82.18	81.91	−0.27	81.28	80.79	−0.49	0.22
追踪学生	较低	63.04	78.76	15.72*	63.23	76.07	12.84*	2.88
	中等	64.80	80.98	16.18*	63.32	78.68	15.35*	0.83
	较高	61.62	81.83	20.21*	65.70	79.95	14.25*	5.97

数据来源：西发项目监测与评价调查，2006 年和 2008 年。

注：* 表示在 10%的水平上存在显著性差异。

附表 4.13　初中不同学校特征学生的语文成绩

		项目学校			非项目学校			项目学校和非项目学校
		2006 年	2008 年	变化	2006 年	2008 年	变化	差异
	学校类型							
初一年级	普通中学	43.80	46.68	2.87*	46.80	45.08	−1.72	4.59
	九年一贯制学校	39.54	43.42	3.88	42.21	42.63	0.42	3.46
	完全中学	44.49	37.27	−7.22*	47.35	48.28	0.93	−8.15
初三年级	普通中学	55.48	53.86	−1.62	54.59	52.37	−2.22	0.60
	九年一贯制学校	45.32	50.60	5.28*	53.91	51.11	−2.80	8.08
	完全中学	51.00	47.41	−3.59	58.36	56.49	−1.87	−1.72
追踪学生	普通中学	44.46	52.73	8.26*	46.98	52.31	5.33*	2.93
	九年一贯制学校	38.53	48.00	9.47*	42.82	49.10	6.28*	3.20
	完全中学	41.51	47.05	5.54	49.63	56.93	7.30*	−1.76
	学校办学条件							
初一年级	较低	43.79	45.32	1.53	44.79	43.21	−1.57	3.10
	中等	41.96	46.41	4.45	45.09	47.61	2.53	1.92
	较高	43.15	44.39	1.24	47.86	45.23	−2.63	3.87
初三年级	较低	55.58	52.36	−3.22	55.49	51.33	−4.16	0.94
	中等	40.49	52.35	11.86*	51.50	51.06	−0.44	12.30
	较高	54.54	52.80	−1.74	56.55	54.24	−2.31	0.56
追踪学生	较低	43.81	50.83	7.02*	45.68	50.75	5.07	1.95
	中等	43.90	51.85	7.96*	46.51	50.35	3.84	4.12
	较高	42.98	52.20	9.21*	46.89	54.21	7.32*	1.89

数据来源：西发项目监测与评价调查，2006 年和 2008 年。

注：* 表示在 10%的水平上存在显著性差异。

附表 4.14　2006 年描述性统计（小学）

变量名	样本数	平均值	标准差	最小值	最大值
班级规模	156	38.24	17.82	8.00	98.00
生均教室面积	151	2.31	1.62	0.00	12.03
生均校舍面积	151	4.43	2.76	0.00	16.25
生师比	157	25.98	12.25	5.49	94.00
生均图书册数	153	6.38	5.43	0.00	22.03

数据来源：西发项目监测与评价调查，2006 年。

附表 4.15　2008 年描述性统计（小学）

变量名	样本数	平均值	标准差	最小值	最大值
班级规模	154	37.40	17.55	3.00	77.00
生均教室面积	149	2.57	1.68	0.05	11.68
生均校舍面积	149	5.35	5.55	0.45	60.98
生师比	155	23.32	9.67	2.98	55.20
生均图书册数	155	9.09	10.42	0.00	81.63
生均电脑台数	153	0.02	0.03	0.00	0.16

数据来源：西发项目监测与评价调查，2008 年。

附表 4.16　2006 年和 2008 年抽样班数学和语文教师任职资格分布表（小学）

	频数		百分比		累积百分比	
	2006 年	2008 年	2006 年	2008 年	2006 年	2008 年
抽样班数学教师资格类型						
没有任何教师资格证	13	6	7.47	3.17	7.47	3.17
小学教师资格证	150	163	86.21	86.24	93.68	89.42
初级中学教师资格证	9	18	5.17	9.52	98.85	98.94
高级中学教师资格证	2	2	1.15	1.06	100	100
合计	174	189	100	100		

续表

	频数		百分比		累积百分比	
	2006 年	2008 年	2006 年	2008 年	2006 年	2008 年
抽样班语文教师资格类型						
没有任何教师资格证	16	5	8.29	2.63	8.29	2.63
小学教师资格证	156	157	80.83	82.63	89.12	85.26
初级中学教师资格证	20	23	10.36	12.11	99.48	97.37
高级中学教师资格证	1	5	0.52	2.63	100	100
合计	193	190	100	100		

数据来源：西发项目监测与评价调查，2006 年和 2008 年

附表 4.17　2006 年和 2008 年抽样班数学、语文教师任职资格与是否接受过西发项目 PTT 培训的交互表（小学）

	参加了		没有参加		合计	
	2006 年	2008 年	2006 年	2008 年	2006 年	2008 年
抽样班数学教师资格类型						
没有任何教师资格证	3	1	10	5	13	6
小学教师资格证	41	48	101	111	142	159
初级中学教师资格证	0	2	9	16	9	18
高级中学教师资格证	0	1	1	1	1	2
合计	44	52	121	133	165	185
抽样班语文教师资格类型						
没有任何教师资格证	3	0	12	5	15	5
小学教师资格证	45	49	103	104	148	153
初级中学教师资格证	2	7	16	16	18	23
高级中学教师资格证	0	0	1	5	1	5
合计	50	56	132	130	182	186

数据来源：西发项目监测与评价调查，2006 年和 2008 年。

附表 4.18　2006 年和 2008 年抽样班数学、语文教师是否骨干教师与是否接受过西发项目 PTT 培训的交互表（小学）

	参加了		没有参加		合计	
	2006 年	2008 年	2006 年	2008 年	2006 年	2008 年
抽样班数学教师资格类型						
县级或县级以上骨干教师	2	3	0	3	2	6
镇级或乡级骨干教师	10	5	13	11	23	16
校级骨干教师	17	28	59	48	76	76
非骨干教师	15	13	47	67	62	80
合计	44	49	119	129	163	178
抽样班语文教师资格类型						
县级或县级以上骨干教师	4	4	1	3	5	7
镇级或乡级骨干教师	15	6	15	15	30	21
校级骨干教师	19	22	65	50	84	72
非骨干教师	12	23	47	60	59	83
合计	50	55	128	128	178	183

数据来源：西发项目监测与评价调查，2006 年和 2008 年。

附表 4.19　2006 年和 2008 年抽样班数学、语文教师是否骨干教师的分布（小学）

	频数		百分比		累积百分比	
	2006 年	2008 年	2006 年	2008 年	2006 年	2008 年
抽样班数学教师是否骨干教师						
县级或县级以上骨干教师	3	6	1.76	3.31	1.76	3.31
镇级或乡级骨干教师	24	18	14.12	9.94	15.88	13.26
校级骨干教师	78	76	45.88	41.99	61.76	55.25
非骨干教师	65	81	38.24	44.75	100	100
合计	170	181	100	100		
抽样班语文教师是否骨干教师						
县级或县级以上骨干教师	6	7	3.17	3.74	3.17	3.74
镇级或乡级骨干教师	31	23	16.4	12.3	19.58	16.04

续表

	频数		百分比		累积百分比	
	2006 年	2008 年	2006 年	2008 年	2006 年	2008 年
校级骨干教师	89	74	47.09	39.57	66.67	55.61
非骨干教师	63	83	33.33	44.39	100	100
合计	189	187	100	100		

数据来源：西发项目监测与评价调查，2006 年和 2008 年。

附表 4.20　2006 年描述性统计（初中）

变量名	样本数	平均值	标准差	最小值	最大值
班级规模	87	59.08	13.81	33.00	90.00
生均教室面积	86	2.59	2.38	0.03	18.31
生均校舍面积	87	9.53	14.01	0.00	121.67
生师比	87	16.89	5.95	5.65	39.88
生均图书册数	86	11.84	13.33	0.00	115.21

数据来源：西发项目监测与评价调查，2006 年。

附表 4.21　2008 年描述性统计（初中）

变量名	样本数	平均值	标准差	最小值	最大值
班级规模	87	59.99	15.20	30.00	109.00
生均教室面积	87	2.54	1.71	0.33	7.84
生均校舍面积	87	8.06	5.78	0.67	41.84
生师比	87	16.12	5.34	4.52	31.38
生均图书册数	87	12.97	8.92	0.00	39.04
生均计算机台数	86	0.05	0.04	0.00	0.20

数据来源：西发项目监测与评价调查，2008 年。

附表 4.22　2006 年和 2008 年抽样班数学、语文教师任职资格的分布表（初中）

	频数		百分比		累积百分比	
	2006 年	2008 年	2006 年	2008 年	2006 年	2008 年
抽样班数学教师资格类型						
没有任何教师资格证	3	3	3.09	3.33	3.09	3.33
小学教师资格证	8	8	8.25	8.89	11.34	12.22
初级中学教师资格证	81	65	83.51	72.22	94.85	84.44
高级中学教师资格证	5	14	5.15	15.56	100	100
合计	97	90	100	100		
抽样班语文教师资格类型						
没有任何教师资格证	3	3	3.13	2.97	3.13	2.97
小学教师资格证	9	8	9.38	7.92	12.5	10.89
初级中学教师资格证	77	80	80.21	79.21	92.71	90.10
高级中学教师资格证	7	10	7.29	9.9	100	100
合计	96	101	100	100		

数据来源：西发项目监测与评价调查，2006 年和 2008 年。

附表 4.23　2006 年和 2008 年抽样班数学、语文教师任职资格与是否接受过西发项目 PTT 培训的交互表（初中）

	参加了		没有参加		合计	
	2006 年	2008 年	2006 年	2008 年	2006 年	2008 年
抽样班数学教师资格类型						
没有任何教师资格证	0	0	3	3	3	3
小学教师资格证	3	3	5	5	8	8
初级中学教师资格证	22	26	57	38	79	64
高级中学教师资格证	0	2	4	11	4	13
合计	25	31	69	57	94	88

续表

	参加了		没有参加		合计	
	2006 年	2008 年	2006 年	2008 年	2006 年	2008 年
抽样班语文教师资格类型						
没有任何教师资格证	0	0	3	3	3	3
小学教师资格证	3	3	5	5	8	8
初级中学教师资格证	22	26	57	38	79	64
高级中学教师资格证	0	2	4	11	4	13
合计	25	31	69	57	94	88

数据来源：西发项目监测与评价调查，2006 年和 2008 年。

附表 4.24　2006 年和 2008 年抽样班数学、语文教师是否骨干教师与是否接受过西发项目 PTT 培训的交互表（初中）

	参加了		没有参加		合计	
	2006 年	2008 年	2006 年	2008 年	2006 年	2008 年
抽样班数学教师资格类型						
县级或县级以上骨干教师	3	2	4	4	7	6
镇级或乡级骨干教师	2	4	9	4	11	8
校级骨干教师	10	11	16	14	26	25
非骨干教师	9	14	38	35	47	49
合计	24	31	67	57	91	88
抽样班语文教师资格类型						
县级或县级以上骨干教师	2	6	3	6	5	12
镇级或乡级骨干教师	4	1	6	6	10	7
校级骨干教师	11	11	22	13	33	24
非骨干教师	17	15	30	38	47	53
合计	34	33	61	63	95	96

数据来源：西发项目监测与评价调查，2006 年和 2008 年。

附表 11.1 本章研究所涉及变量的描述性统计分析

	指标来源	均值	标准差	最小值	最大值
产出变量					
2008 年校均语文标准化测试成绩（2008cscore）	班级水平	61.28	14.01	31	96.95
2008 年校均数学标准化测试成绩（2008mscore）	班级水平	74.03	12.92	37.38	99.13
投入变量					
2006 年校均语文标准化测试成绩（2006cscore）	班级水平	47.15	19.54	17.39	94.63
2006 年校均数学标准化测试成绩（2006mscore）	班级水平	58.27	17.59	30.17	95
师生比（Teastu）	学校水平	0.052	0.03	0.02	0.26
教师学历合格率（Teaedu）	学校水平	0.55	0.36	0.05	1
生均教育经费（Sexp）	学校水平	1.19	1.04	0.05	5.49
影响因素					
学校类型（ST）	学校水平	——	——	——	——
班级规模（CS）	学校水平	36.77	17.34	3	77
班级规模的平方（CSSQ）	学校水平	1 650.95	1 372.89	9	5 929
学校规模（SS）	学校水平	455.93	307.08	35	1 146
学校规模的平方（SSSQ）	学校水平	302 148.8	387 571	1 225	1 312 460
生均图书册数（PB）	学校水平	8.50	6.04	0.27	21.88
学校是否有新增宿舍面积（ND）	学校水平	——	——	——	——
非留守儿童比重（NLBCP）	班级水平	0.43	0.21	0	0.97
家庭社会经济平均水平（SES）	班级水平	−0.50	0.41	−1.60	0.81

注：该表中，班级水平的数据来自于学生问卷，学校水平的数据来自于校长问卷。

后　记

西发项目影响力评价的理论、方法与实践意义在前言与正文中都有详细的论述。作为西发项目影响力评价研究专家组的组长，我在这里想表达的主要是两方面的意思：一是实施西发项目影响力评价这样的大型项目对于高校科研组织与团队建设的意义；二是衷心的感谢，感谢各级领导的支持，感谢我们的科研团队，感谢参与项目的研究生，感谢我们的管理团队。

西发项目影响力评价研究带给我们的一个重要思考就是如何在高校，尤其是人文社会科学实施这种大型的科研项目。西发项目影响力评价涉及西部5个省区的112个县，抽样调查涉及15个县、244所学校、21 728名学生、3 132位教师和2 391名村民。每次调研动用上千人次，采集的数据量达500多万条。调研的组织需要国家、省（自治区）、县各级教育行政部门的支持，也需要样本学校的大力配合，需要对调研的实施人员进行培训，需要国家级课题组成员的现场技术支持，所有这些工作的完成确实对我们研究团队提出了严峻的挑战。从一定意义上来讲，高校教师是一个独立性非常强的工作，尤其是对理论学科与传统人文学科更是这样。我们团队之所以能够迎接这一挑战，圆满地完成了这一研究，关键在于我们都有相同的研究兴趣，我们都意识到没有丰富的数据支撑研究很难向前推进。西发项目影响力评价所建立的BEWAMS数据库是国内少有的包含了学校层面与学生个体层面投入与产出数据的较为完整的数据库。这一数据库作为我们项目的一个重要成果，也成了我们研究团队凝聚力之所在。因为经过课题组的共同努力，我们有了一个依靠个人力量无法得到的大规模的数据，使我们的团队在教育生产函数研究、教育投入对学生发展的影响研究、教育政策的监测与评价研究等领域有进一步推进的可能，也逐渐形成了我们团队的研究优势。但愿我们能在相关领域走得更深更远，从而推进我们的学科建设。

第二方面一定要表达的就是衷心的感谢。西发项目影响力评价能够得以完成，首先要感谢教育部财务司、各省区各县项目办、英国国际发展部、世界银行的领导与专家。没有他们的支持与指导，我们不可能圆满完成这一课题。我们要感谢教育部财务司陈伟光司长、崔邦焱巡视员、田祖荫副司长、何光彩处长、赵应生先生、辛倩倩女士、督导办周坚副主任，感谢教育部贷款办张光明副主任、王晓清处长、左涛副处长、张连敏处长，感谢英国国际发展部 John Leigh 先生、刘阳女士、俞莉女士，感谢世界银行邬健冰女士、肖丽萍女士，感谢各省区项目办与省区级专家组的专家，谢谢他们的支持与帮助。人民教育出版社领导和编审人员为本书的编审和出版付出了辛勤劳动，谨在此一并致谢。

我们尤其要感谢的是项目的两位国际专家，Ludovico Carrara 博士和 Manos Antoninis 博士。他们在研究设计、工具开发、数据分析以及报告撰写方面深入细致的指导，解决了我们工作中的许多难题，保证了研究得以高质量地完成。我们课题组成员感受特别深刻的是他们的工作态度与专业精神，不放过一点的瑕疵，一丝不苟。在工作过程中，两位博士与我们结下了深厚的友谊，愿我们之间的友谊与日俱增。

作为课题专家组组长，我要深深地感谢我们课题组成员的团队精神与专业贡献。我们的课题组主要由北京师范大学教育经济研究所、教育管理学院、教育统计与测量研究所、经济与工商管理学院的老师们组成。他们是：教育经济研究所胡咏梅教授、杜屏副教授、侯龙龙副教授、成刚博士、郑磊博士，教育管理学院赵德成副教授、朱志勇副教授、姚计海博士、牛志奎副教授，教育统计与测量研究所辛涛教授，高等教育研究所乔锦忠博士，经济与工商管理学院孙志军副教授、刘泽云副教授。另外，北京师范大学周作宇教授、褚宏启教授、毛亚庆教授、洪成文教授，中央民族大学常永才教授，在研究过程给予了许多支持与帮助，感谢他们的支持。

我们还要感谢参与课题的研究生们。他们的积极投入是课题顺利完成的重要力量。在西部贫困地区的调研非常辛苦，对他们既是一个学习与实践的机会，也是一次考验，更是人生的一笔宝贵财富。希望西部地区教育的田野调查对他们将来的研究与工作有所帮助。

另外，我要向几位参与项目管理工作的研究生表示感谢。这么大规模的项目能够顺利实施，管理是一个关键的因素，大量的组织协调与联系工作都是由担任项目管理秘书工作的几位研究生来完成的。他们是刘笑飞、夏雪、卢珂、耿俊蕾、曹浩文等。

总之，有太多的人对西发项目影响力评价研究的完成作出了贡献，恕不能一一列举。但项目组对每一位成员的贡献都铭记在心！

本书是在西发项目影响力评价研究报告基础上加工完成的。参加各章节撰写的人员分工如下：

前　言　杜育红
第一章　导论　郑磊　成刚　夏雪　刘娜　尹超
第二章　项目的监测　杜屏　梁文艳
第三章　项目活动对五省区义务教育普及情况的影响力评价
　　　　侯龙龙　曹浩文　杨素红
第四章　项目活动对五省区学生发展的影响力评价　胡咏梅　卢珂
第五章　参与式教学培训的影响力评价　赵德成
第六章　学校发展规划的影响力评价　朱志勇
第七章　教育政策的监测与评价概述　杜育红　卢珂
第八章　教育政策的监测　卢珂　梁文艳
第九章　教育政策的评价　梁文艳　卢珂
第十章　西部农村中小学教育生产函数的实证研究
　　　　胡咏梅　杜育红
第十一章　西部农村小学效率研究　梁文艳　杜育红
第十二章　教师对学生学业发展的影响研究　梁文艳
第十三章　农村初中生学业成绩与家庭社会经济背景研究
　　　　刘笑飞　卢珂
第十四章　转学对学生成绩的影响　郑磊　卢珂
第十五章　小学寄宿生的学业成绩与学校适应性研究
　　　　杜屏　赵汝英　赵德成
第十六章　西部五省区学校布局调整与学生发展
　　　　侯龙龙　张鼎权　卢永平
后　记　杜育红

本书是我们课题组三年多时间主要成果的汇集，既有对教育政策监测与评价的理论与方法介绍，也有具体实施监测与评价的案例，更包括了利用监测与评价数据进行学术探讨的一些研究论文。把这三个方面集中呈现给读者，主要是想比较全方位地反映监测与评价研究的全景。但限于时间，可能还存在着许多不足之处，拿出来也是想起到抛砖引玉的作用。希望有更多的学者关注教育政策的监测与评价，关注教育投入与产出的研究，以提高教育政策的有效性。

杜育红
2010 年 10 月 25 日
于北京师范大学